A APOSTA DO SÉCULO

TIM HIGGINS

A APOSTA DO SÉCULO

A TESLA, ELON MUSK E SEUS JOGOS DE PODER

Tradução
Renato Marques de Oliveira

Planeta ESTRATÉGIA

Copyright © Tim Higgins, 2021
Copyright © Editora Planeta do Brasil, 2022
Copyright da tradução © Renato Marques Oliveira
Título original: *Power Play: Tesla, Elon Musk, and the bet of the century*
Todos os direitos reservados.

Esta tradução foi publicada em acordo com a Doubleday, uma marca do grupo The Knopf Doubleday, uma divisão da Penguin Random House, LLC.

Preparação: Renato Ritto
Revisão: Fernanda Guerriero Antunes e Caroline Silva
Projeto gráfico e diagramação: Nine Editorial
Capa: Daniel Justi

DADOS INTERNACIONAIS DE CATALOGAÇÃO NA PUBLICAÇÃO (CIP)
ANGÉLICA ILACQUA CRB-8/7057

Higgins, Tim
  A aposta do século: a Tesla, Elon Musk e seus jogos de poder / Tim Higgins; tradução de Renato Marques de Oliveira. – São Paulo: Planeta do Brasil, 2022.
  432 p.

ISBN 978-65-5535-777-6
Título original: Power Play: Tesla, Elon Musk, and the bet of the century

1. Tesla (Firma) 2. Musk, Elon, 1971- I. Título II. Oliveira, Renato Marques de

22-2030   CDD 338.7

Índice para catálogo sistemático:
1. Tesla (Firma)

Ao escolher este livro, você está apoiando o manejo responsável das florestas do mundo

2022
Todos os direitos desta edição reservados à
Editora Planeta do Brasil Ltda.
Rua Bela Cintra 986, 4º andar – Consolação
São Paulo – SP CEP 01415-002
www.planetadelivros.com.br
faleconosco@editoraplaneta.com.br

A meus pais.

Sumário

Prólogo: O início _____9

Parte 1: Um carro realmente muito caro _____20
1: Desta vez pode ser diferente _____23
2: O fantasma do EV1 _____33
3: Brincando com fogo _____47
4: Um plano nem tão secreto _____59
5: Sr. Tesla _____68
6: O homem de preto _____82
7: Baleia branca _____94
8: Comer vidro _____115

Parte 2: O melhor carro _____128
9: Forças especiais _____131
10: Novos amigos e velhos inimigos _____141
11: Turnê de exibição _____150
12: Igualzinho à Apple _____163
13: Cinquenta dólares a ação _____174
14: Ultrabarra-pesada _____190
15: Um dólar _____201
16: O retorno de um gigante _____212
17: No coração do Texas _____220

Parte 3: Um carro para todo mundo ___228
18: Giga ___231
19: Tornando-se global ___242
20: Bárbaros na garagem ___252
21: Trabalho de parto ___264
22: Quase S-E-X ___278
23: Mudança de rota ___291
24: O inferno de Elon ___308
25: Sabotagem ___327
26: Furacões no Twitter ___333
27: A grande onda ___350
28: Boas-novas vermelhas ___368

Epílogo ___381
Nota do autor ___393
Agradecimentos ___395
Notas ___397
Índice remissivo ___419

Prólogo

O início

Em uma noite arejada de março de 2016, Elon Musk subiu ao palco do estúdio de design da Tesla diante de uma multidão de apoiadores. Vestido como um típico vilão de filme de James Bond, com uma jaqueta preta com a gola levantada, ele estava prestes a realizar o sonho de uma década, a concretização de um objetivo que o famoso empreendedor passou anos alimentando e construindo: a grande revelação de seu carro elétrico Modelo 3.

O estúdio de design – nos arredores do aeroporto de Los Angeles, no mesmo complexo onde funcionava a empresa de foguetes de Musk, a SpaceX – era o lar da alma criativa da Tesla. Um lugar mágico onde Franz von Holzhausen, o designer automotivo que contribuiu para a concepção do Novo Fusca, da Volkswagen, e para o ressurgimento da Mazda, comandou a equipe que moldou as ideias da imaginação de Musk. Juntos, os dois homens aspiravam a construir carros elétricos revolucionários e deslumbrantes, afastando-se do visual excessivamente nerd e tecnológico preferido pelos concorrentes, que havia muito viam esses veículos como meras experimentações inovadoras.

Centenas de pessoas compareceram a essa ocasião festiva. Uma festa de Elon Musk não era algo a se perder; fossem lançamentos relacionados à Tesla ou à SpaceX, os eventos que planejava eram acontecimentos que atraíam uma eclética mistura de empresários do Vale do Silício, figurões de Hollywood, clientes leais e entusiastas de automóveis. Até então a Tesla tinha sido uma marca de luxo de nicho – uma fantasia para os ambientalistas da Califórnia que acabou por se transformar em um capricho para os ricaços, um item de consumo imprescindível para pessoas abastadas a ponto de terem garagens repletas de BMWs, Mercedes e outros símbolos de status movidos a gasolina.

O Modelo 3, com o preço inicial anunciado de 35 mil dólares, trazia a promessa de algo diferente. Era a personificação da ambição de Musk de oferecer às massas um carro totalmente elétrico. Era uma aposta na forma de um carro compacto de quatro portas, uma arriscada jogada baseada na convicção de que a Tesla seria capaz de gerar o volume de vendas e de dinheiro para enfrentar, ombro a ombro, os maiorais entre os mandachuvas da centenária indústria automotiva: Ford, Toyota, Volkswagen, Mercedes-Benz, BMW e, claro, General Motors. O Modelo 3 determinaria de uma vez por todas se a Tesla era uma empresa automobilística de verdade.

Naquela noite, Musk, apenas um ano mais novo que Henry Ford quando, 108 anos antes, apresentou seu Modelo T, subiu ao palco, saudado por batidas estonteantes de música techno e pelos gritos dos fãs, para reescrever a história. Subiu ao palco para inaugurar uma nova era.

Foi a missão de mudar o mundo – e talvez até mesmo salvá-lo (e provavelmente ficar podre de rico no processo) – que ajudou Musk a atrair uma equipe de executivos para transformar em realidade sua ambiciosa visão. Na plateia, os mais importantes assistentes e auxiliares – gente escolhida a dedo na indústria de automóveis, de tecnologia e de capital de risco (incluindo o confidente e principal braço direito de Musk, seu irmão Kimbal) – deleitavam-se de empolgação.

No palco, Musk fuçou e revirou gráficos sobre o aumento da poluição de CO_2 enquanto lamentava os danos ambientais causados ao planeta. "Isso é muito importante para o futuro do mundo", disse ele à plateia, que o aplaudiu ruidosamente.

Um vídeo de produção caprichada mostrou os primeiros vislumbres do Modelo 3. Por fora e por dentro, o sedã parecia um farol que sinalizava o futuro. Curvas elegantes e linhas sofisticadas revestiam um interior diferente de tudo o que existia no mercado: no painel, com acabamento de madeira, não havia nenhum dos mostradores convencionais dos painéis dos carros típicos, que desapareceram para dar lugar a uma única tela grande, semelhante a um tablet, no centro da cabine. O carro zunia, veloz, por estradas sinuosas ao longo da costa da Califórnia.

Mais uma vez, a multidão aplaudiu e urrou. Alguém na plateia berrou: "Você conseguiu!".

Musk comandou o palco, dizendo ao público que a Tesla já havia recebido mais de 115 mil depósitos de mil dólares cada – um impulso de 115 milhões de dólares em dinheiro para a empresa. Poucas semanas depois, a Tesla divulgaria ter recebido mais de quinhentas mil reservas antecipadas. Era um número impressionante: 32% de unidades a mais do que a Toyota Motor Corporation conseguira vender naquele ano, nos Estados Unidos, do Camry, seu popular modelo de sedã para a família. E eram reservas – pessoas fazendo fila para comprar um carro dois anos antes de começar a ser produzido.

A equipe da Tesla havia elaborado um plano para começar a fabricar carros lentamente com a meta de ter milhares de unidades prontas até o final de 2017, aumentando sua capacidade semana a semana no decorrer de 2018. A previsão era atingir a marca de cinco mil carros por semana em meados do ano.

Esse volume – cinco mil carros por semana, 260 mil carros por ano – era um indicador de referência amplamente aceito, uma cifra definidora do que significava ser uma fábrica viável no panteão das grandes montadoras. Se Elon Musk e a Tesla conseguissem, poderiam se tornar uma nova e respeitável força na indústria automobilística.

Mas nem mesmo esse parâmetro era suficiente para Musk. Ele já se gabava de que, em 2020, poderia aumentar a produção da única linha de montagem da empresa fora do Vale do Silício para quinhentos mil veículos em um único ano – o dobro da maior parte das montadoras de automóveis nos Estados Unidos.

Seria difícil explicar o tamanho do exagero e da maluquice dessa declaração, se tivesse sido feita por qualquer outra pessoa a não ser Elon Musk.

As fabricantes de automóveis normalmente levam de cinco a sete anos entre o início do projeto de um novo veículo até sua entrega aos clientes. É um processo tedioso e complexo, refinado ao longo de gerações de experiência. Antes de um novo carro chegar aos showrooms das concessionárias, ele é testado no deserto, no Ártico e nas montanhas. Milhares de fornecedores contribuem para essa empreitada, construindo peças com espantosa precisão para veículos que, no fim, serão montados nas fábricas em verdadeiras operações de guerra gigantes e velozes, coreografadas minuciosamente.

No entanto, apesar de todo o dinamismo do visionário Musk, da energia, iniciativa e ambição inegáveis que demonstra, ao sair do palco naquele dia, mesmo com as encomendas chegando aos borbotões, ele não foi capaz de escapar da lógica financeira inevitável aprendida ao longo de um século por empresas como GM, Ford e BMW: o processo de fabricação de carros é um negócio brutal – e caro.

E os livros contábeis de Elon Musk estavam em situação desastrosa. A Tesla torrava, em média, 500 milhões de dólares por trimestre e tinha apenas 1,4 bilhão disponível em caixa – o que significava que, caso não mudasse alguma coisa drasticamente, corria o risco de ficar sem dinheiro em caixa no final de 2016.

Mas tudo isso fazia parte do jogo de confiança no qual Musk sempre soube que teria que entrar se algum dia quisesse criar a montadora mais valiosa do mundo. A fé criava a visão ambiciosa; a visão criaria um mercado; o mercado criaria o dinheiro; e o dinheiro criaria os carros. Musk tinha apenas que passar por todo esse processo em uma escala inimaginável e numa velocidade rápida o suficiente para estar um carro à frente de concorrentes, credores, clientes e investidores, que apostavam contra a empresa por meio de um processo chamado venda a descoberto,* que poderia pagar fortunas se o valor das ações da Tesla despencasse.

Musk sabia muito bem que era uma corrida perigosa.

Ou, em seus momentos mais sombrios, a versão extrema de um jogo inconsequente em que todos sairiam perdendo.

Em junho de 2018, pouco mais de dois anos após a espalhafatosa revelação do Modelo 3 de Musk, eu o visitei nas profundezas da linha de montagem da Tesla Inc., que é vasta feito uma caverna e fica a meia hora do Vale do Silício. Musk parecia cansado. Em um cubículo no chão de fábrica, vestia calça jeans e uma camiseta preta da Tesla, seu corpanzil de quase um metro e noventa curvado sobre um iPhone. A conta dele no Twitter, aberta na tela, mostrava uma incessante enxurrada de insultos e zombarias vindas de vendedores a descoberto; alguns dos investidores mais poderosos do mundo apostavam contra ele, prevendo seu iminente fracasso. Sua caixa de entrada continha novas mensagens de um funcionário recém-demitido que acusava o CEO de burlar regras e, no afã de reduzir custos, colocar vidas em risco.

---

* O investidor toma ações emprestadas e as vende na esperança de que sua cotação cairá. Se a cotação, portanto, efetivamente cair, esse investidor (conhecido no jargão do mercado como *short seller*) recompra as ações para devolver o empréstimo. O lucro obtido corresponde à diferença entre o valor de venda (maior) e o valor de compra (menor). Esse mecanismo de venda a descoberto também é chamado de *short sale*, *short selling* ou *selling short*. (N. T.)

Por cima do ombro de Musk, a linha de produção da fábrica assomava, imponente; era a mais grandiosa expressão da visão de Musk: uma descomunal criatura mecânica que ingeria peças cruas em uma extremidade e cuspia carros na outra. Com dois andares de altura e mais de mil braços robóticos ancorados ao chão e pendurados no teto, era uma manopla larga e comprida para os esqueletos de carro que forjava. Faíscas voavam enquanto os braços do robô se lançavam, velozes feito aves de rapina, para soldar chapas metálicas à estrutura da carroceria. O ar se enchia de um cheiro acre. Uma reverberação de metal retinia como um metrônomo ensurdecedor.

Após a estruturação da carroceria, a unidade seguia para a oficina de pintura, onde se aplicavam as cores branco-pérola e prata meia-noite, além do icônico vermelho do carro de corrida da Tesla. Em seguida, ia para a linha de montagem final, onde eram adicionadas as baterias de 450 quilos e inseridos e instalados todos os equipamentos e detalhes que fazem de um carro um carro – os bancos e estofamentos, o painel, a tela.

Era nessa conjuntura que estavam os problemas de Musk, e a razão pela qual, nos últimos tempos, ele dormia sozinho no chão da fábrica. A linha de montagem vinha sendo assolada por defeitos e dificuldades inesperados. Musk havia confiado demais nos robôs para a fabricação dos carros, ele mesmo admitiu. As dez mil peças exigidas de centenas de fornecedores criaram um ciclo infinito de complexidades. Para onde quer que olhasse, encontrava algo que não estava funcionando muito bem.

Musk pediu desculpas por sua aparência desleixada – fazia um bom tempo que não penteava os cabelos castanhos e não trocava de camiseta havia três dias. No fim do mês, completaria 47 anos. Estava um ano atrasado na produção do Modelo 3, o sedã que decretaria o sucesso ou o fracasso da Tesla.

Estava sentado em uma mesa de trabalho vazia. Numa cadeira a seu lado via-se o travesseiro que ele usava para as poucas horas de sono de cada noite. Um prato de salada pela metade. Um guarda-costas de prontidão por perto. A empresa à beira da falência.

Apesar de tudo isso, ele estava surpreendentemente empolgado e bem-humorado. Garantiu-me que daria tudo certo.

Algumas semanas depois, ele me ligou, sem dúvida em um estado de ânimo muito mais sombrio. O mundo inteiro estava contra ele. "Eu não tinha o menor interesse em desempenhar esse papel, porra!", Musk disse. "Estou fazendo isso porque acredito na porra da missão, porque acho que a energia sustentável precisa prosperar."

Se parecia o fundo do poço para Elon Musk, não era.

No âmago da luta de Musk e da história da Tesla há uma pergunta central: uma startup – uma empresa emergente – tem condições de conquistar uma das maiores e mais consolidadas indústrias da economia global? O automóvel mudou o mundo. Além da autonomia e mobilidade que ofereceu aos indivíduos e de todas as áreas da civilização moderna que ajudou a incubar e conectar, gerou uma economia retroalimentada. Detroit ajudou a formar a classe média, assegurando riqueza e estabilidade para as comunidades com que teve contato. A indústria automotiva também se tornou um dos maiores setores econômicos do país – gerando quase 2 trilhões de dólares em receitas anualmente nos Estados Unidos e empregando um em cada vinte norte-americanos.

GM, Ford, Toyota e BMW prosperaram a ponto de se tornarem ícones planetários que projetam, constroem e vendem dezenas de milhões de veículos a cada ano. Essas compras de automóveis passaram a representar mais do que apenas um equipamento; carros representam independência e status, transmitem um símbolo do sonho norte-americano e, cada vez mais, do sonho global.

O aspecto negativo é que, à medida que esses sonhos se espalharam mundo afora, os mesmos carros, por meio de sua fabricação e uso, contribuíram para gerar escalas sem precedentes de congestionamento, poluição e alterações climáticas.

Entra em cena Musk, que aos vinte e poucos anos já era um multimilionário que começou do zero e sonhava em usar sua recém-adquirida riqueza para mudar o mundo. A crença que tinha nos carros elétricos era tão firme que apostou toda a sua fortuna no sucesso desses veículos, flertando de perto com a falência por causa disso e, ao longo do caminho, destruindo três casamentos – duas vezes com a mesma mulher.

Uma coisa é criar uma rede social quando o concorrente é o MySpace, ou até mesmo usar uma plataforma busca e troca

de: online

para: on-line para desbloquear estoques excedentes de carros e apartamentos, enfrentar cartéis de táxis ou a indústria hoteleira. Outra coisa, totalmente diferente, é encarar as maiores empresas do mundo e desafiá-las em seu próprio território, disputando com elas a primazia em algo que aprenderam a fazer – muitas vezes a duras penas – no decorrer de mais de um século.

Invariavelmente, é um negócio de margem estreita. O carro médio pode gerar apenas cerca de 2,8 mil dólares em lucro operacional. Para chegar a esse ponto, é preciso alcançar uma escala extraordinária, incluindo a capacidade de manter uma fábrica funcionando às mil maravilhas, chegando a produzir cinco mil carros por semana. E mesmo que uma montadora consiga fazer isso, precisa ter a certeza de que alguém vai *comprar* todos os veículos.

Qualquer problema na produção ou nas vendas pode levar rapidamente ao desastre. Os custos aumentam cada dia que uma fábrica não está em plena operação ou que os carros não seguem para as concessionárias ou que os consumidores não os levam para casa. Esse fluxo de caixa, do consumidor para as concessionárias até os fabricantes, é a força vital da indústria automotiva; por sua vez, financia o desenvolvimento dos próximos veículos de uma empresa, algo que pode exigir enormes investimentos e custos irrecuperáveis.

A General Motors gastou um total de 13,9 bilhões de dólares no desenvolvimento de novos produtos em 2016 e 2017. Em um segmento no qual os lucros podem oscilar violentamente de um ano para o outro (a GM foi de 9 bilhões de dólares de lucros em 2016 para 3,9 bilhões de prejuízo em 2017), talvez não seja nenhuma surpresa que as maiores montadoras não consigam sobreviver sem uma fabulosa montanha de dinheiro: em 2017, a GM tinha 20 bilhões de dólares em caixa; a Ford, 26,5 bilhões; a Toyota e a Volkswagen encerraram o ano fiscal de 2017 com 43 bilhões de dólares em suas respectivas contas bancárias.

Os entraves para entrar no ramo automotivo são tão imensos que a última das grandes novas montadoras a surgir nos Estados Unidos – em 1925 – e que se mantém de pé até hoje foi a Chrysler. Ou, como Musk gosta de lembrar às pessoas, ao fazerem a mesma aposta ousada que ele está fazendo, apenas duas fabricantes de carros estadunidenses *não* faliram: a Ford e a Tesla.

Assim, uma pessoa tem que estar fora da realidade para querer entrar nesse mercado tão competitivo – e é o que muita gente pensa de Elon Musk. Mas ele não fugiu do desafio. Em vez disso, resoluto, dispôs-se a ir com sua empresa para um lugar onde as magníficas visões do Vale do Silício encontram a dura realidade de Detroit. A grande ideia de Musk é que na Tesla ele pode fazer os carros elétricos realmente darem certo; que os carros elétricos podem ter um desempenho superior ao de seus primos beberrões de combustíveis fósseis, que podem superá-los em termos tanto de estilo como de tecnologia; que podem representar para seus clientes uma economia de bilhões de dólares por ano em gasolina; e, fazendo isso, podem salvar o mundo de si mesmo.

Mas é uma promessa que às vezes obscurece a implacável – e categórica – ambição sob a qual os negócios de Musk e a Tesla operam. Muitos de nós talvez interpretemos mal ou subestimemos as jogadas da Tesla. Podemos enxergar o carro elétrico como um brinquedinho destinado a famílias com consciência ecológica e dinheiro de sobra ou a investidores de fundos de hedge com tendências progressistas. Ou que o carro elétrico pode ser a nova Ferrari para aquela crise de meia-idade que acabou de atingi-lo na estação de trem.

Mas esses nichos definitivamente não são os que a Tesla quer atingir. E é por isso que o destino da empresa está no Modelo 3, o carro elétrico para as massas. Como lamentou um banqueiro de Wall Street anos atrás: "Ou eles se tornam um fabricante de nicho como a Porsche ou a Maserati e fabricam cinquenta mil carros de luxo sofisticados por ano, ou descobrem como fazer um carro de 30 mil dólares que os coloque no ponto de inflexão de uma indústria de grande porte".

Esse ponto de inflexão é o Modelo 3.

O implacável impulso de Musk para criar o Modelo 3 e as táticas questionáveis que usou para chegar lá inquietaram concorrentes e observadores do ramo. Ao contrário da maioria dos executivos do setor automotivo, a filosofia de tomada de decisões de Musk flui a partir de seu ecossistema da Califórnia, onde é melhor fazer uma escolha rápida e errada que pode ser desfeita rapidamente do que perder tempo aperfeiçoando hipóteses. Para uma startup, tempo é dinheiro, e isso é ainda mais verdadeiro para uma fabricante de automóveis novata que, praticamente desde quando surgiu, torra milhões de dólares por dia.

Musk acredita piamente no poder do ímpeto, na ideia de que uma vitória leva à outra. E à medida que desenvolveu e vendeu sucessivos modelos de carros elétricos que acabaram com preconceitos do que os carros elétricos são capazes de fazer, não resta dúvida de que acumulou um punhado de vitórias pelo caminho.

O sucesso de Musk com os primeiros modelos de luxo da Tesla mobilizou os concorrentes e os fez partirem para a ação. Em 2018, as maiores montadoras do mundo corriam atrás do desenvolvimento de seus próprios carros elétricos, investindo mais de 100 bilhões de dólares para construir e lançar 75 veículos totalmente elétricos* ou híbridos do tipo plug-in** até o final de 2022, de acordo com um estudo. Em 2025, segundo as previsões dos analistas, quase quinhentos novos tipos de carros elétricos poderiam estar à venda, representando uma em cada cinco vendas de carros novos em todo o mundo.

Mas Musk abocanhou uma vantagem decisiva para a marca. Criou, quase sozinho, o *zeitgeist* do carro elétrico contemporâneo. É a personificação do carro elétrico contemporâneo. Para muita gente, ele *é* o carro elétrico contemporâneo.

E é por isso que, em 2018, o entusiasmo dos investidores pela visão de Musk empurrou o valor de mercado da Tesla para patamares mais altos que o de qualquer outra montadora dos Estados Unidos – antes mesmo de ter apresentado lucro anual ou vendido apenas uma fração que fosse dos carros. Esse aumento no preço das ações da Tesla indicava que os investidores apostavam no potencial da empresa para encabeçar a revolução do carro elétrico. O acesso da Tesla a bilhões de dólares de capital alimentou o crescimento da empresa e possibilitou que ela sobrevivesse.

Os investidores avaliavam a Tesla mais como uma empresa de tecnologia do que como uma montadora de automóveis tradicional, que é julgada duramente pelo desempenho trimestral e pelas baixas expectativas para o futuro. Isso foi uma boa notícia para Musk em 2018. Se a Tesla tivesse sido avaliada pelos investidores da mesma maneira como se avaliava a GM, seu valor teria sido estipulado em 6 bilhões de dólares – e não 60 bilhões. Se a GM tivesse sido avaliada como a Tesla, seu valor teria sido estabelecido na casa dos 340 bilhões de dólares, não 43 bilhões.

Entretanto, apesar de todo o burburinho midiático, a Tesla tem que operar de acordo com a mesma lógica financeira de qualquer montadora – cada novo produto representa um grande esforço e um passo em falso possivelmente fatal. Na verdade, isso é ainda mais verdadeiro para a Tesla por conta de seu minúsculo catálogo de modelos disponíveis. Os riscos de tropeçar aumentam à medida que a empresa cresce, à

---

* Que não dependem de outra fonte de energia para funcionar. (N. T.)
** Que têm motores a combustão, mas contam com enorme ajuda de propulsores elétricos e cujas baterias externas podem ser recarregadas do mesmo modo que os veículos zero emissão. (N. T.)

medida que as apostas vão de alguns milhões de dólares a muitos bilhões de dólares.

E embora a visão, o entusiasmo e a determinação de Musk roubem a cena e carreguem a Tesla nas costas, o ego, a paranoia e a mesquinhez dele ameaçam desfazer a coisa toda.

Os fãs e os detratores de Musk não se cansam dele. O rosto do homem apareceu em capas de revistas durante uma década. Foi a inspiração para a interpretação que Robert Downey Jr. fez de Tony Stark nos filmes do *Homem de ferro*. Ele é prolífico no Twitter, plataforma em que arranja briga e troca farpas com agências reguladoras governamentais das quais discorda, ataca vendedores a descoberto que apostam contra ele e faz piada com seus fãs a respeito de tudo, de animes japoneses a uso de drogas. Porém, cada vez mais as pessoas veem o outro lado de Musk. Exausto. Estressado. Preocupado. Desesperado. Inseguro. Resumindo: vulnerável.

A ambição nua e crua de Musk de virar a indústria automotiva de cabeça para baixo permitiria que ele fizesse o que era impossível até então? Ou sua arrogância acabaria por ser sua ruína?

Em meio às polêmicas figuras que surgiram no Vale do Silício nos últimos anos, é inevitável perguntar: seria Elon Musk um azarão, um anti-herói, um charlatão, ou uma combinação dos três?

Parte 1
Um carro realmente muito caro

Capítulo 1

Desta vez pode ser diferente

A ideia de um carro elétrico fez J. B. Straubel passar uma noite em claro no verão de 2003. Nessa ocasião, sua minúscula casa alugada em Los Angeles estava lotada de membros da equipe de carros solares da Universidade Stanford que tinham acabado de disputar uma corrida em Chicago. O evento bienal fazia parte de um crescente movimento para despertar, entre os jovens engenheiros, o interesse pelo desenvolvimento de alternativas aos veículos movidos a combustíveis fósseis. Straubel se ofereceu para hospedar a equipe da universidade onde ele havia estudado; exaustos por conta da árdua corrida, muitos dos engenheiros dormiram no chão.

Intensamente focado em seus próprios projetos, Straubel nunca havia participado da equipe durante os seis anos que passou na escola de engenharia de Stanford. Mas seus interesses pessoais alinhavam-se aos de seus convidados: ele também era obcecado pela ideia de alimentar carros com eletricidade – interesse que mantinha desde sua infância no estado de Wisconsin. Depois de formado, alternava entre Los Angeles e o Vale do Silício, lutando para encontrar seu lugar. Straubel não parecia um cientista louco determinado a mudar o mundo; era sossegado e tinha a agradável aparência de um típico universitário do Meio-Oeste dos Estados Unidos. Em seu íntimo, entretanto, nutria um torturante desejo de fazer mais do que trabalhar com amigos em uma startup como o Google ou entrar na burocracia de uma Boeing ou General Motors. Ele queria criar algo que mudasse tudo, fosse um carro ou um avião; queria ir atrás de um sonho.

A equipe de Stanford, assim como seus rivais, projetou um carro que funcionava à base de energia coletada do sol por meio de painéis solares. Pequenas baterias armazenavam parte dessa energia – para uso noturno ou quando o sol estivesse encoberto por nuvens. Por se tratar de uma corrida solar, no entanto, os organizadores impunham limites sobre o modo como as baterias poderiam ser usadas.

Straubel achou que essa proibição era equivocada. Nos últimos anos, a tecnologia de baterias havia melhorado drasticamente com o surgimento dos eletrônicos pessoais. Ele queria pensar além das regras arbitrárias definidas pelos organizadores da competição. Baterias melhores significavam que um carro poderia funcionar com maior autonomia sem depender tanto de painéis solares repletos de firulas e dos caprichos do clima. Por que não enfatizar a energia da bateria, qualquer que fosse a fonte, em vez de se fixar no sol?

Ele estudava um novo e promissor tipo de bateria que usava íons de lítio, popularizada primeiro pela Sony em suas câmeras de vídeo uma década antes e que depois se espalharam para notebooks, celulares e outros eletroeletrônicos. As células de íons de lítio eram mais leves e armazenavam mais energia do que a maioria das baterias recarregáveis existentes no mercado. Straubel conhecia os problemas impostos pelas baterias solares mais antigas – aqueles recipientes de chumbo-ácido em formato de tijolo eram pesadões e continham pouca energia. Talvez propiciassem uma autonomia de trinta quilômetros antes de o carro precisar encontrar um lugar para recarregar. Com o surgimento das baterias de íons de lítio, no entanto, Straubel viu o potencial para algo mais.

E ele não era o único: entre os que ficaram acordados com ele naquela noite estava um dos membros mais jovens da equipe de Stanford, Gene Berdichevsky, também aficionado por baterias. Enquanto conversavam, ele ficou empolgado com a ideia de Straubel. Durante horas a fio, trocaram ideias. Se unissem milhares de pequenas baterias de íons de lítio para criar energia suficiente para alimentar um carro, será que precisariam coletar a energia do sol? Fizeram as contas a fim de descobrir quantas baterias seriam necessárias para alimentar um carro com uma única carga para ir de São Francisco até a cidade de Washington. Esboçaram um veículo em forma de torpedo, com um design focado na aerodinâmica para aumentar o desempenho.

Levando meia tonelada de baterias e um motorista magro, calcularam que o carro elétrico poderia percorrer uma distância de quatro mil quilômetros entre recargas. Imagine a atenção que esse nível de autonomia receberia – era precisamente o tipo de façanha capaz de despertar o interesse mundial por carros elétricos. Entusiasmado pela conversa, Straubel sugeriu que a equipe mudasse o foco da energia solar para um carro elétrico de grande autonomia. Poderiam arrecadar dinheiro dos ex-alunos de Stanford.

O sol já raiava no quintal quando, meio atordoados, Berdichevsky e Straubel começaram a fuçar nas baterias de íons de lítio que Straubel mantinha por perto para fazer experimentos. Carregaram totalmente as células do comprimento de um dedo e depois se filmaram enquanto Straubel batia nelas com um martelo. O impacto desencadeou uma reação que deflagrou um incêndio, fazendo os tubos de bateria dispararem feito foguetes. O futuro parecia brilhante.

"Isso precisa ser feito", disse Straubel a Berdichevsky. "Temos que conseguir."

Jeffrey Brian Straubel passava os verões de sua infância no Wisconsin vasculhando as lixeiras à procura de dispositivos mecânicos para desmontar. Os pais cederam ao espírito de curiosidade do filho, permitindo que o porão da casa fosse transformado em laboratório doméstico. Straubel construiu um carrinho de golfe elétrico, fez experimentos com baterias e se encantou com a química. Certa noite, quando cursava o ensino médio, tentou decompor o peróxido de hidrogênio para produzir gás oxigênio, mas esqueceu-se de que havia restos de acetona em seu frasco, e o resultado foi uma mistura explosiva que detonou uma bola de fogo que sacudiu a casa e fez voar cacos de vidro. As roupas de Straubel pegaram fogo; o detector de fumaça disparou e a mãe dele correu ao porão, onde encontrou o rosto do rapaz jorrando sangue, de um ferimento que exigiu quarenta pontos. Até hoje, embora Straubel tenha a aparência de um homem sério do Meio-Oeste com carinha de bebê, uma cicatriz em sua bochecha esquerda sugere algo um pouco mais misterioso.

Straubel aprendeu a ter um novo respeito pelos perigos da química, o que o levou a se matricular, em 1994, na Universidade Stanford, onde o interesse pelo funcionamento da energia se manteve, concretizando uma paixão entre a magnífica ciência teórica e as aplicações práticas da engenharia. Ele se apaixonou, especificamente, pelo armazenamento de energia e pela geração de energia renovável, eletrônica de potência e microcontroladores. Por ironia do destino, desistiu de cursar uma disciplina sobre dinâmica de veículos – achou os detalhes sobre a suspensão de um carro e a cinemática do movimento dos pneus entediantes.

Straubel não era exatamente um entusiasta dos carros, mas das baterias. Seu cérebro de engenheiro via uma ineficiência no mundo dos carros movidos a gasolina. O petróleo acabaria, e queimá-lo para obter energia enche o ar de dióxido de carbono tóxico. Para ele, projetar um veículo elétrico não era criar um carro novo em si, mas encontrar uma péssima solução para um problema de engenharia. Era a mesma coisa que estar com frio em uma sala, ver uma mesa e queimá-la para se aquecer. É claro que isso criaria calor, mas a pessoa ficaria sem a mesa e numa sala enfumaçada. Tinha que existir uma maneira melhor.

Durante o verão do terceiro ano de Straubel na faculdade, um professor o ajudou a conseguir uma vaga de estágio numa empresa de automóveis em Los Angeles chamada Rosen Motors. Ela havia sido fundada em 1993 pelo lendário engenheiro aeroespacial Harold Rosen e seu irmão, o capitalista de risco Ben Rosen, presidente da fabricante de computadores Compaq Computer Corporation. Eles imaginaram um carro que quase não gerasse poluição e estavam trabalhando para desenvolver um trem de força ou conjunto propulsor* híbrido-elétrico. Queriam integrar um turbogerador movido a gasolina a um sistema de *flywheels* ou volantes, rodas que giram em altíssima velocidade e, no processo, armazenam um volume cada vez maior de energia cinética quanto mais rápido girarem, projetadas para criar a energia elétrica necessária para manter o veículo em funcionamento depois que o motor começa a movê-lo.

Foi a introdução de Straubel no ramo dos automóveis. Harold Rosen estabeleceu uma relação de afinidade com ele e o colocou sob suas asas. Em pouco tempo, Straubel começou a trabalhar nos rolamentos magnéticos das *flywheels* e a ajudar com os equipamentos de testes.]O verão passou voando; Straubel se deu conta de que precisava voltar para seu último ano em Stanford a fim de aprender mais sobre eletrônica automotiva.

De volta à universidade, trabalhou remotamente para Rosen até que recebeu um telefonema com notícias decepcionantes: a empresa estava fechando as portas. Foi uma das primeiras lições que Straubel aprendeu sobre as dificuldades de iniciar uma fabricante de automóveis do zero. A Rosen Motors torrou quase 25 milhões de dólares. A empresa

---

* São os componentes do veículo que geram e transmitem força, incluindo motor, sistema de transmissão e eixos. (N. T.)

havia instalado seu sistema em um cupê Saturn como uma espécie de prova de conceito (e destruíra também um Mercedes-Benz). Prometera um carro que seria capaz de ir de 0 a 100 km/h em seis segundos, com a esperança de futuramente se associar a uma montadora para implementar sua tecnologia.

Porém, mesmo com a entusiástica repercussão na imprensa, a Rosen Motors não conseguiu encontrar uma salvação. A piada que havia muito tempo circulava na indústria automobilística era que, para ganhar uma pequena fortuna no ramo automotivo, era preciso começar gastando uma grande fortuna. No "obituário" da empresa, Ben, que havia consumido parte da vultosa soma de 100 milhões de dólares que ganhara de um investimento muito bem-sucedido na Compaq, mostrou uma visão otimista a respeito de sua tentativa: "Numa indústria de grande porte, não são muitas as chances de modificar as coisas e fazer algo que seja bom para a sociedade, limpar o ar e reduzir o uso de petróleo. Era uma chance de mudar o mundo".

De volta a Stanford, Straubel alugou, com meia dúzia de amigos, uma casa perto do campus. Inspirado por sua experiência naquele verão, mas suspeitando que a ideia da *flywheel* de Rosen seria muito complicada de implementar, tomou conta da garagem para trabalhar na transformação de um Porsche 944 usado em um veículo movido exclusivamente a bateria. Começou com certo sucesso: construído de forma precária e a toque de caixa, seu carro mal-ajambrado, alimentado por baterias de chumbo-ácido, era extremamente rápido, produzindo "fritadas" no asfalto[*] e arrancadas incandescentes de quatrocentos metros. Straubel não deu a mínima para o manuseio ou a suspensão. Em vez disso, concentrou-se na eletrônica do carro e no sistema de gerenciamento das baterias. Esta era a chave: tentar descobrir como obter energia suficiente sem explodir um motor ou queimar as baterias. Straubel começou a conviver com outros engenheiros do Vale do Silício que tinham ideias semelhantes às dele e o apresentaram às competições de carros elétricos. Da mesma forma que Henry Ford demonstrava suas habilidades na pista todos os fins de semana cem anos antes, Straubel e seus amigos começaram a participar de corridas de arrancada. Ele descobriu que o truque para

---

[*] A "fritada" ou "borrachão" (em inglês, *burnout*, *peel out* ou *power brake*) é uma manobra em que o veículo parado, mas com as rodas girando em alta rotação, faz com que o atrito do pneu com o chão gere fumaça, faíscas e chamas devido à fricção. (N. T.)

se sair bem nessas provas automobilísticas era ter certeza de que as baterias não superaqueceriam e derreteriam.

Straubel continuou a fazer experimentações com carros elétricos e conheceu um engenheiro chamado Alan Cocconi, que havia trabalhado no projeto fracassado do carro elétrico da General Motors Corporation chamado EV1.* Em 1996, a empresa de Cocconi, baseada em San Dimas, cidade a cerca de cinquenta quilômetros do centro de Los Angeles, estava trabalhando em maneiras de gerar entusiasmo em torno da ideia dos carros elétricos. Eles tiraram proveito de um kit de montagem de carros** que, na época, era o brinquedinho preferido dos entusiastas de carros caseiros, com uma estrutura de fibra de vidro para um *roadster**** rebaixado de dois lugares. Porém, em vez de instalarem um motor a gasolina, alimentaram o carro com baterias de chumbo-ácido que empilharam nas portas. Resultado: um carro customizado capaz de acelerar de 0 a 100 km/h em 4,1 segundos, um desempenho tão bom quanto o de qualquer supercarro. O veículo tinha autonomia de cerca de 110 quilômetros com uma única carga – nem perto do que um carro comum poderia fazer com um tanque de gasolina, mas um início auspicioso. O mais impressionante foi que começou a derrotar Ferraris, Lamborghinis e Corvettes em provas de arrancada. Cocconi batizou seu carro amarelo-vivo de *tzero* – símbolo matemático que marca um ponto de partida (quando o tempo decorrido é igual a zero, ou "t-zero").

No final de 2002, no entanto, a empresa de Cocconi passava por maus bocados. Os clientes das montadoras estavam menos interessados em transformar carros convencionais em elétricos para impressionar os responsáveis pelas regulamentações ambientais, que por sua vez haviam transferido seu interesse dos carros elétricos para outras tecnologias de emissão zero. No fim das contas, ficou claro que o *tzero* era caro, e a construção dele, muito demorada. Inabalável, Cocconi, que vinha mexendo com baterias de íons de lítio para construir aviões de controle remoto, começou a trabalhar na conversão das baterias de chumbo-ácido do *tzero*.

---

* EV é a abreviatura de *electric vehicle*, ou "veículo elétrico". (N. T.)
** Em inglês, *kit car*. Trata-se de um conjunto de peças que um fabricante vende e o próprio comprador monta como um carro funcional; não costuma incluir sistemas mecânicos, como motor e transmissão. (N. T.)
*** O *roadster* é um tipo específico de conversível de dois lugares, capô longo e comportamento mais esportivo. O termo é utilizado também para carros sem teto, podendo ser chamado de *spyder*, dependendo da marca. (N. T.)

Essa ideia chamou a atenção de Straubel, que, agora já formado, costumava passar períodos na empresa de Cocconi enquanto dividia seu tempo entre Los Angeles e o Vale do Silício. Propôs a Cocconi a mesma ideia de um veículo com autonomia suficiente para cruzar o país de ponta a ponta que ele e a equipe de carros solares de Stanford haviam vislumbrado naquela longa noite do verão de 2003. Ele calculou que precisaria de cerca de dez mil baterias acopladas juntas e que construir o protótipo de demonstração custaria cerca de 100 mil dólares. A equipe da AC Propulsion gostou do entusiasmo de Straubel e estava ansiosa para executar o projeto – contanto que ele conseguisse o dinheiro necessário. Na verdade, Cocconi queria contratar Straubel, mas a empresa não tinha condições de pagá-lo.

De sua parte, Straubel não tinha certeza se estava pronto para se estabelecer em um emprego de verdade. Também passava um tempo com seu antigo chefe, Harold Rosen, na época já com setenta e poucos anos, que queria colocar em prática outra ideia tresloucada: uma aeronave de propulsão híbrida de alta altitude que pudesse ser usada para criar acesso sem fio à internet. Straubel achava que as baterias de íons de lítio também poderiam ser a solução de que Rosen precisava.

Enquanto Rosen e Straubel procuravam investidores para seu novo empreendimento aeroespacial, Straubel se lembrou de um cara de quem tinha ouvido falar em Palo Alto. Na época, Straubel sabia que Elon Musk era um membro aparentemente excêntrico do aeroclube local. Um dia, depois de devolver com atraso uma aeronave, irritando outros membros do aeroclube que tinham horário marcado para pilotar, Musk enviou um gigantesco buquê de flores para a recepção. Nos últimos tempos, o homem havia sido notícia por seu envolvimento com uma startup de pagamentos on-line chamada PayPal, adquirida pela empresa de comércio eletrônico eBay por 1,5 bilhão de dólares, e por usar sua recém-adquirida fortuna para abrir uma empresa de foguetes. Parecia uma pessoa que se sentiria atraída por ideias grandiosas e impossíveis. Talvez fosse exatamente o investidor de que eles precisavam.

Naquele mês de outubro, Straubel se inscreveu em uma série de conferências sobre empreendedorismo na Universidade Stanford para ouvir a apresentação de Musk, então com 32 anos. Musk iniciou assim sua fala: "Se você gosta do espaço, vai gostar dessa palestra". Antes de começar a contar os motivos de ter fundado uma empresa para fabricar foguetes chamada Space Exploration Technologies Corporation

[Corporação de tecnologias para exploração espacial], ou SpaceX, Musk discorreu sobre sua própria história. A narrativa dele tinha um quê de romances de Horatio Alger.* Nasceu e cresceu na África do Sul, emigrou sozinho para o Canadá aos 17 anos e mais tarde foi para os Estados Unidos a fim de terminar seus estudos de graduação na Universidade da Pensilvânia. Pouco depois de se formar, Musk e seu melhor amigo Robin Ren atravessaram o país de carro para fazer doutorado em Stanford. Musk queria se aprofundar na física da energia, convencido de que poderia fazer avanços impactantes na tecnologia de baterias, mas, depois de apenas dois dias de aula, abandonou o programa antes da era da corrida do ouro pelo grande aumento das empresas on-line no final dos anos 1990.

Straubel ouvia atentamente Musk, vestido de preto com a camisa desabotoada como se estivesse numa casa noturna europeia, esmiuçar em detalhes a própria história de origem. Musk disse que, na época, poucos capitalistas de risco na Sand Hill Road** compartilhavam sua visão a respeito da internet. Ele imaginava que a maneira mais rápida de ganhar dinheiro seria ajudar as empresas de mídia existentes a converter seu conteúdo para a rede mundial de computadores. Ele e seu irmão mais novo, Kimbal, fundaram a Zip2 para fazer exatamente isso, atraindo, por fim, a atenção para um programa da web pioneiro que dava direções para ir de um lugar a outro num mapa – uma ideia que mais tarde se tornaria onipresente. Era um recurso atraente para empresas de mídia especializadas em jornalismo, incluindo *Knight Ridder*, *Hearst* e *The New York Times*, que tentavam criar sites com diretórios de cidades. Em pouco tempo os dois jovens venderam a empresa por uma bolada em dinheiro vivo ("Uma moeda que recomendo vivamente", brincou Musk, em tom irônico), e agora o novo-rico Musk, com 22 milhões de dólares no banco, tinha um objetivo: abrir outra empresa. Sua aposta seguinte, no início de 1999, de que poderia substituir os caixas eletrônicos por um sistema seguro de pagamentos on-line – a startup que acabou sendo conhecida como PayPal – criou a verdadeira fortuna que ele usaria para financiar suas ambições maiores.

---

* Horatio Alger Jr. (1832-1899), escritor norte-americano de uma centena de livros cujo enredo seguia invariavelmente a mesma fórmula de personagens pobres que, por meio da honestidade, perseverança e trabalho árduo, encontravam a recompensa da riqueza material, quase sempre precipitada por um golpe de sorte. (N. T.)
** Avenida do Vale do Silício que corta Palo Alto, Menlo Park e a Universidade Stanford; é onde se concentram diversas empresas de capital de risco. (N. T.)

Uma pergunta incomodava Musk havia muito tempo: por que o programa espacial tinha sido paralisado? "Nos anos 1960, começamos basicamente do nada, não éramos capazes de colocar ninguém no espaço e por fim levamos pessoas à Lua e desenvolvemos toda a tecnologia para fazer isso; nas décadas de 1970, 1980 e 1990, porém, meio que saímos do rumo e em nossa situação atual não conseguimos sequer colocar uma pessoa na órbita baixa da Terra", declarou Musk. Na visão dele, isso não fazia sentido quando comparado a outras tecnologias, como microchips e telefones celulares, que com o decorrer do tempo ficaram exponencialmente melhores e mais baratas. Por que a tecnologia espacial definhara?

As palavras de Musk agradaram os ouvidos de Straubel, que vinha pensando coisas semelhantes a respeito da indústria automobilística. Depois da palestra, Straubel correu para falar com Musk, usando como isca seu contato com Rosen, conhecido nos círculos aeroespaciais pelo papel que desempenhou ajudando a desenvolver a moderna tecnologia de comunicação via satélite. Musk convidou Straubel e Rosen para conhecer a fábrica de foguetes SpaceX nos arredores de Los Angeles.

Straubel observou Rosen passear pelo escritório da SpaceX, em um antigo galpão na cidade de El Segundo, sem demonstrar estar impressionado. Insistiu em apontar falhas nos planos de Musk para um foguete que, em tese, custaria uma fração dos que estavam sendo construídos na época. "Isso vai dar errado", Rosen disse a Musk, o que deixou Straubel consternado. Musk não foi menos crítico em relação à ideia de Rosen de uma aeronave para criar internet sem fio: "É uma ideia estúpida". Quando se sentaram para almoçar, Straubel estava convencido de que a visita tinha sido um completo desastre.

Para manter a conversa, Straubel passou a falar de seu projeto de estimação, um carro elétrico que fosse capaz de cruzar o país. Explicou a Musk que trabalhava com uma empresa de vanguarda chamada AC Propulsion para usar baterias de íons de lítio, o que poderia ser exatamente a descoberta inovadora de que ele precisava. Era uma ideia que Straubel apresentava e tentava vender toda vez que tinha a oportunidade, e que a maioria das pessoas achava uma loucura. Mas Musk não achou. Alguma coisa fez sentido na cabeça de Musk, e Straubel percebeu só de olhar para ele. O rosto do homem abraçou a ideia. Seus olhos dardejaram de um lado para o outro enquanto pareciam processar a informação. Musk fez que sim com a cabeça. Ele simplesmente entendeu.

Straubel foi embora do encontro com a sensação de ter conhecido alguém que compartilhava de seu sonho. Depois do almoço, enviou um e-mail sugerindo que Musk entrasse em contato com a AC Propulsion se estivesse interessado em ver um exemplar do carro movido a íons de lítio. Musk não hesitou. Respondeu dizendo que queria contribuir com 10 mil dólares para o protótipo do veículo de grande autonomia de Straubel e prometeu ligar para a AC Propulsion. "Isso é muito legal, e acho que finalmente estamos nos aproximando do momento em que os carros elétricos serão uma opção viável", escreveu Musk.

Straubel não sabia que logo teria que competir pela atenção de Musk.

Capítulo 2

O fantasma do EV1

A ideia da criação da Tesla Motors não se iniciou com Elon Musk, tampouco com J. B. Straubel, mas com Martin Eberhard – um homem que já entrava na meia-idade. Quando o novo milênio começou, numa rápida sequência de eventos, ele vendeu a própria empresa, ainda embrionária, e enfrentou um processo de divórcio depois de quatorze anos de casamento. A ex-esposa ficaria com boa parte do dinheiro que Eberhard ganhara e conseguiu a posse da casa nas colinas acima do Vale do Silício, o lugar que o irmão arquiteto de Eberhard o ajudara a criar e de onde, em um dia de clima bom, era possível avistar o oceano Pacífico. O longo trajeto de carro até o novo emprego em uma incubadora de tecnologia, um lugar que ajudava startups a decolar, obrigava Eberhard a percorrer uma estrada de curvas fechadas através de um dossel de sequoias, o que lhe propiciava tempo de sobra para refletir sobre o que viria a seguir, tanto na esfera pessoal como na profissional. Aos 43 anos, Eberhard não sabia ao certo em que campo mergulhar, mas sabia que queria abrir outra empresa, uma que fosse relevante. Ou então... talvez cursar uma faculdade de direito?

Enquanto refletia sobre o assunto, começou a sonhar com algo mais imediato, ainda que fosse um clichê: queria comprar um carro esportivo. Algo rápido. Algo bacana.

Todos os dias, na hora do almoço, Eberhard, cujo cabelo e barba grisalhos lhe davam a aparência do personagem do pai na *sitcom* dos anos 1980 *Caras e caretas*, debatia com seu amigo de longa data Marc Tarpenning sobre qual carro deveria comprar. Cinco anos antes, em 1997, os dois haviam fundado juntos uma empresa, a NuvoMedia Inc., com o objetivo um tanto ousado de causar furor no ramo editorial. Ambos liam muito, viajavam com frequência e estavam cansados de carregar seus pesados livros físicos em longos voos. Ocorreu-lhes o pensamento: por que os livros não podem ser digitais?

O que se seguiu foi o Rocket eBook, leitor de livros eletrônicos precursor do Kindle, da Amazon, e congêneres. Em 2000, antes de os negócios on-line estourarem, eles venderam a NuvoMedia por 187 milhões de dólares para uma empresa mais interessada em suas patentes do que em sua almejada revolução digital. Como dependiam muito de investidores externos, a exemplo da Cisco e da Barnes & Noble, os dois tinham pouca participação acionária restante, o que significava que não se tornaram super-ricos como aconteceu com Musk quando vendeu a PayPal. E uma boa parte do dinheiro que Eberhard conseguiu faturar ficou com sua futura ex-esposa.

Enquanto passava os olhos por todos aqueles modelos de carros velozes, Eberhard queixava-se com Tarpenning da eficiência do combustível. O Porsche 911, de 2001, com transmissão manual, era um carro ótimo para se dirigir, mas bebia gasolina como se não houvesse amanhã. Rodava pouco mais de seis quilômetros por litro na cidade; saía-se um pouco melhor na estrada: quase dez quilômetros por litro. Enquanto isso, uma Ferrari e uma Lamborghini podiam ter uma média de apenas cinco quilômetros por litro. Um BMW Série 3 de 2001, mais acessível, alcançava uma média de cerca de 8,5 quilômetros por litro na cidade e na estrada.*

Em 2002, o aquecimento global ainda não havia ocupado o lugar central das conversas culturais, mas Eberhard tinha lido estudos que corroboravam o tema. A mente dele estava predisposta a acreditar nos argumentos racionais da ciência. "É uma espécie de tolice pensar que podemos continuar a emitir dióxido de carbono no ar e esperar que nada aconteça", dizia ele. Além do mais, para Eberhard era difícil ignorar a ideia de que os problemas dos Estados Unidos no Oriente Médio

---

* Nos países anglo-saxônicos usa-se o *gallon*, medida de capacidade de líquidos e cereais equivalente a 4,51 litros na Grã-Bretanha e a 3,78 litros nos Estados Unidos. (N. T.)

eram um subproduto da dependência norte-americana do petróleo – ideia que compartilhava com Tarpenning.

Engenheiro inveterado, Eberhard começou a pesquisar que tipo de carro, hipoteticamente falando, seria o mais eficiente: um veículo elétrico ou movido a gasolina. Preparou planilhas detalhadas para calcular a eficiência roda a roda (a energia total usada por um carro comparada às emissões de gases do efeito estufa). Ele se convenceu de que a eletricidade era a chave. O único problema era que não conseguia encontrar um carro elétrico que atendesse às suas necessidades – especialmente algo que fosse tão sexy quanto um Porsche.

Eberhard não estava sozinho. Na Califórnia, cada vez mais uma minoria bastante ruidosa de pessoas clamava por opções elétricas melhores. Seu colega na incubadora de startups, Stephen Casner, era uma delas. Casner havia comprado por sistema de *leasing*[*] um EV1, o concorrente da GM no mercado de carros elétricos ainda incipiente, o que fez com que mergulhasse de cabeça na subcultura emergente dos entusiastas de veículos elétricos. Casner compareceu ao rali anual da Associação de Veículos Elétricos, onde viu um modelo de Porsche convertido em elétrico por um aluno recém-formado em Stanford (ninguém menos que J. B. Straubel). Esse carro foi aclamado por quebrar o recorde de velocidade em uma corrida de arrancadas em Sacramento.

Sentado em um EV1 para um test drive, Eberhard esquadrinhou o carro. Certamente não parecia esportivo, estava mais para uma estranha nave espacial de dois lugares. Por causa da suavidade aerodinâmica, o EV1 tinha o chassi baixo e em formato de gota. Vistas de lado, as rodas traseiras, parcialmente cobertas por painéis da carroceria, pareciam olhos entreabertos. As decisões de design ajudaram a dar ao carro uma resistência ao ar 25% menor em comparação com outros veículos de produção, o que, por sua vez, significava que era mais eficiente em termos de energia e exigia menos baterias.

Peso e eficiência eram uma batalha constante para os fabricantes de carros elétricos. O pacote de baterias do EV1 pesava meia tonelada, quantidade considerável numa época em que o sedã médio pesava pouco mais de 1,5 tonelada. Localizado no meio do carro, o conjunto

---

[*] O sistema de *leasing* é uma espécie de aluguel ou financiamento de veículos feito por um banco no qual o cliente paga mensalmente uma taxa pelo uso do veículo por um período. Depois disso, o cliente pode comprá-lo pelo valor de mercado que terá lá na frente ou devolvê-lo e ficar com um modelo mais novo, continuando a pagar pelo serviço. (N. T.)

de baterias formava uma grossa parede entre os dois assentos, dando ao minúsculo veículo um aspecto ainda mais claustrofóbico. Por cima das baterias e em volta da caixa de câmbio, na mão direita de Eberhard, havia dezenas de botões, o que fazia com que parecesse mais uma calculadora científica do que um carro esportivo típico.

Mesmo assim, Eberhard ficou maravilhado com a aceleração. Pisar no pedal gerava uma rápida explosão. A GM alegava que o carro poderia ir de 0 a 100 km/h em menos de nove segundos. E sem o rugido do motor a gasolina, o passeio era silencioso, com apenas o zumbido suave do motor.

Não era o carro para Eberhard, não era o carro esportivo sexy que ele procurava. De qualquer maneira, o EV1 parecia um mero chamariz para atiçar a curiosidade. A GM estava exigindo a devolução imediata dos carros antes do período combinado com seus clientes e encerrando a produção da linha – que foi considerada uma perda de dinheiro. Mas, enquanto conversavam, Casner mencionou seu vizinho, um homem chamado Tom Gage, que trabalhava para um dos engenheiros originais do projeto EV1 em uma empresa de Los Angeles, a AC Propulsion, cujo dono, Al Cocconi, projetara um carro elétrico que eles estavam chamando de *tzero*.

Eberhard havia lido algo a respeito. Pouco depois embarcou em um voo com destino a Los Angeles para ver o carro de perto.

Quando chegou na AC Propulsion, Eberhard soube que Cocconi e Gage já haviam vendido duas das três unidades de *tzero* fabricadas. O preço: 80 mil dólares cada. Amarelo-vivo, o carro tinha uma frente inclinada de desenho animado e uma carroceria retangular atarracada. No lugar onde normalmente estariam as portas havia 28 baterias de chumbo-ácido empilhadas dentro de painéis, o que exigia que Eberhard desse um pulo para entrar e sair da apertada cabine, ao maior estilo *Os gatões*. O que faltava em refinamento e conforto, Eberhard constatou, o carro compensava em aceleração. Nada de embreagem. Nada de mudança de marcha. Adrenalina pura.

Apesar de tudo isso, o *tzero* tinha um problema em comum com o EV1: ainda dependia de baterias grandes e caras que propiciavam pouca autonomia. Enquanto conversavam, Eberhard cogitou usar baterias de íons de lítio, com as quais estava familiarizado por causa de seu leitor de livros eletrônicos. Na versão que Eberhad conta da história, todos os presentes ficaram em um desconfortável silêncio quando ele disse o que pensava – quase como se tivesse tocado em alguma ferida aberta. Cocconi rapidamente deu por encerrada a reunião.

Quando Eberhard voltou, Cocconi tinha algo para lhe mostrar. Acontece que os dois tiveram uma ideia semelhante. Entusiasta por aviões de controle remoto, Cocconi também notou os benefícios dos íons de lítio como um substituto para o hidreto de metal de níquel que normalmente se encontra nesses brinquedos. As baterias eram mais baratas e tinham melhor desempenho. Usando uma pequena verba, Cocconi começou a testar o palpite intuitivo de que poderia amarrar um punhado de células de baterias de laptop – sessenta para começar – de modo a criar um pacote de baterias que armazenasse mais energia. Ele desatou a falar sobre como precisavam converter o *tzero* para íons de lítio.

Se Cocconi conseguisse substituir as baterias de chumbo-ácido do *tzero* por 6.800 dessas baterias baratas de laptop, em teoria poderiam ter um carro mais leve com maior autonomia e melhor desempenho. O único problema era que a AC Propulsion estava ficando sem dinheiro. Sem a pressão das autoridades encarregadas das regulamentações ambientais da Califórnia por veículos elétricos obrigatórios, um dos maiores clientes da AC Propulsion, a Volkswagen AG, havia rescindido um contrato (trabalhavam juntos para converter veículos VW em elétricos a fim de ajudar a aumentar as vendas da empresa na Califórnia e evitar multas associadas às emissões dos veículos). As coisas pareciam sombrias para Cocconi na época, que demitia funcionários enquanto tentava encontrar uma maneira de salvar o negócio.

Eberhard queria um *tzero* e estava disposto a pagar por ele. Concordou em desembolsar 100 mil dólares pelo carro e dar a eles 150 mil adicionais para terem um respiro e manterem as coisas de pé enquanto convertiam o *tzero* para baterias de íons de lítio. Eberhard pensou consigo mesmo que talvez pudesse ajudá-los a se transformar em uma empresa de automóveis de verdade. A solução de um problema mais mundano da vida real, o incômodo de carregar livros pesados, levara Eberhard e Tarpenning a abrir a empresa anterior. Talvez agora ele pudesse solucionar aquele novo problema, abrir uma nova empresa e resolver sua crise de meia-idade em uma tacada só.

A ideia de um carro elétrico é tão antiga quanto o próprio automóvel. Os criadores já faziam experimentos com veículos movidos a bateria desde meados do século XIX. A esposa de Henry Ford teve um carro elétrico no início da década de 1900, num momento em que a tecnologia era vista como especialmente atraente para as mulheres, que ficavam desanimadas pela manivela e enojadas com a barulheira e o cheiro daquelas carruagens sem cavalos movidas a gasolina. O sucesso de Ford com o Modelo T, carro movido a gasolina que todo homem comum poderia dirigir, praticamente encerrou o debate entre gasolina e eletricidade. A capacidade da Ford Motor Company de produzir o veículo em massa a um custo que uma classe média em expansão tinha condições de pagar criou uma indústria de montadoras e uma rede de postos de abastecimento baseados em combustíveis fósseis. Um carro elétrico que talvez chegasse a custar cerca de três vezes mais do que um sedã típico e ter uma autonomia de apenas oitenta quilômetros não era uma proposta atraente.

Foi somente na década de 1990 que um carro totalmente elétrico deu a impressão de que poderia retornar. A General Motors Corporation surpreendeu a indústria ao apresentar um carro-conceito no Salão do Automóvel de Los Angeles em 1990 e, em seguida, apressou-se em produzir a ideia do que, em 1995, se tornaria o EV1.

O problema inerente ao EV1 era de matemática. Uma das dificuldades para os fabricantes de carros elétricos era que o custo das baterias de qualquer veículo totalmente elétrico acrescentava dezenas de milhares de dólares a seu preço final. Isso jamais seria aceitável para os departamentos financeiros corporativos das grandes montadoras, encabeçados por contadores que muitas vezes dispensavam itens e acessórios para economizar alguns poucos dólares – para não dizer centavos. A ideia de adicionar milhares de dólares ao custo de um carro era geralmente uma carta fora do baralho, sobretudo porque o carro elétrico apresentava uma gama de problemas para os clientes. O mais evidente deles era como fariam para recarregar as baterias; os carros elétricos não dispunham do benefício de usar o sistema de postos de abastecimento espalhados por todas as cidades e vilarejos do país desenvolvido ao longo de quase um século.

Para construir o EV1, os engenheiros trabalharam a partir da fórmula de que uma quantidade menor de baterias reduziria os custos. Mas isso, por sua vez, reduzia a autonomia. Era uma charada insolúvel.

Mesmo que a energia dos íons de lítio pudesse resolver o problema de autonomia, Eberhard ainda tinha de enfrentar o fato de que essas baterias, mesmo as mais baratas, ainda adicionariam custo em comparação com um carro a gasolina da mesma categoria, que não tem despesas análogas. Enquanto estudava a questão, concluiu que muitas montadoras, incluindo a GM, haviam fracassado ao apresentar os carros elétricos para os compradores comuns. Tinham tentado alcançar escala, na esperança de reduzir os custos das baterias. O resultado foi um carro repleto de concessões – não era empolgante o suficiente para agradar os compradores sofisticados da classe A e era ineficaz demais para competir nas fatias intermediárias e inferiores do mercado.

Por conta de sua experiência no segmento dos eletroeletrônicos de consumo, Eberhard percebeu que as montadoras estavam adotando o enfoque errado. A tecnologia mais recente era sempre vendida primeiro por um custo mais elevado, depois abaixava de preço para atender aos compradores comuns. Devia ser devorada primeiro por consumidores mais ávidos e dispostos a pagar mais caro para testar logo de cara as tecnologias novas e interessantes antes que se popularizarem para as massas. Por que com um carro elétrico seria diferente?

Eberhard encontrou inspiração nas vendas do Toyota Prius, um híbrido que usava uma bateria de bordo para armazenar a energia gerada ou pela frenagem ou pelo motor a gasolina do carro, reduzindo o consumo geral de combustível. Em larga medida, os compradores do que era essencialmente um Corolla de baixo custo e baixo nível tecnológico com um trem de força caro e ecológico tendiam a ser os mesmos que compravam modelos Lexus, a marca de luxo do grupo Toyota. Os astros e estrelas de cinema, querendo sinalizar as credenciais de defensores da natureza, apareciam em Hollywood a bordo desses carros. Enquanto dirigia pelas ruas estilosas e modernas de Palo Alto, Eberhard tirava fotos das garagens das casas onde havia BMWs e Porsches estacionados ao lado de carros Prius. Apostou que aqueles eram seus clientes em potencial. Pessoas preocupadas com o impacto ambiental de dirigir um carro e que, ao mesmo tempo, exigiam desempenho.

Ao desenvolver um carro esportivo elétrico de luxo, Eberhard não enfrentaria tanta pressão para reduzir o custo das baterias. E, por experiência pessoal, sabia que os compradores de carros esportivos poderiam ser do tipo disposto a perdoar e ignorar algumas coisas – até mesmo a confiabilidade –, contanto que tivessem uma boa performance e que a marca fosse considerada descolada.

Cada vez mais empolgado com um mercado em potencial, Eberhard convenceu Tarpenning a se juntar a ele para iniciar o que batizou de "Tesla Motors", homenagem ao inventor e pioneiro do motor elétrico Nikola Tesla, que projetou o sistema elétrico de corrente alternada que abastece residências em todo o mundo. Registraram a empresa em Delaware em 1º de julho de 2003 – a nove dias da data de nascimento de

Tesla, 147 anos antes – e começaram a tentar descobrir o que precisavam saber para entrar na indústria automobilística.

Chegaram a admitir que sabiam pouco. Viam isso como uma vantagem. A indústria passava por mudanças estruturais à medida que gigantes como a GM tentavam se adaptar às modificações nos gostos dos clientes e ao acúmulo de dívidas, altos custos de mão de obra e redução da participação de mercado. Durante gerações, as montadoras foram pioneiras em operações integradas verticalmente, nas quais fornecedores internos, operando dentro das próprias plantas de produção, abasteciam as peças necessárias para a fabricação de um carro até a etapa final de montagem. Para reduzir custos, esses fabricantes de peças começavam a se desmembrar para agirem como fornecedores terceirizados ao redor do mundo. Eberhard apostou que, em teoria, para produzir seu carro esportivo, a minúscula Tesla poderia comprar as mesmas peças usadas pelos gigantes do mercado.

E, aliás, por que *construírem* eles próprios o carro? Quando faziam leitores de livros digitais para a NuvoMedia, Eberhard e Tarpenning não montavam os aparelhos. Assim como a maioria das empresas de eletroeletrônicos de consumo, terceirizavam o trabalho. Eles descobriram que poucas montadoras de automóveis ofereciam esses serviços, mas uma delas chamava a atenção: a Lotus, fabricante de carros esportivos do Reino Unido.

A Lotus lançara havia pouco uma nova versão de seu *roadster* Elise. E se a Tesla comprasse algumas unidades do Elise e instruísse a Lotus a ajustar e modificar o design do carro para que fosse único e depois trocasse os motores de combustão por motores elétricos fabricados por Cocconi? Desta forma, teriam nas mãos um carro esportivo elétrico de última geração.

Outras pessoas já tinham pensado em projetar um carro elétrico, mas não haviam conseguido torná-lo lucrativo. Eberhard estava pensando em maneiras de mudar totalmente o negócio de fabricação de carros, trazendo para uma indústria centenária as lições aprendidas com uma carreira de empresário no Vale do Silício. A Tesla seria leve em ativos, focada na marca e na experiência do cliente. Ele concluiu que era o momento certo.

Em setembro de 2003, a AC Propulsion completou o carro encomendado por Eberhard para conversão, e os resultados o fizeram pensar que estavam no caminho certo. O novo *tzero*, com suas baterias de íons de lítio, havia perdido extraordinários 226 quilos. A velocidade de aceleração de 0 a 100 km/h melhorou para estarrecedores 3,6 segundos, o que o colocava entre os carros mais rápidos do mundo. A conversão também melhorou a autonomia do veículo, permitindo que percorresse 482 quilômetros com uma única carga, melhoria substancial em relação aos 128 quilômetros que Cocconi e Gage vinham registrando em seus *tzeros* mais antigos.

Eberhard pediu a seu vizinho Ian Wright, piloto amador de carros de corrida, que fizesse um test drive. Era diferente de tudo o que Wright havia dirigido antes. Tentar uma arrancada super-rápida em um carro movido a gasolina exige um veículo e um motorista de nível superior. O motorista precisa acelerar e engatar a embreagem no momento certo. Se a embreagem for engatada muito cedo, o carro perderá velocidade, já que não há torque suficiente para impulsioná-lo. Se for tarde demais, os pneus soltam fumaça. Tudo tem que ser cronometrado no instante preciso para que os pneus rodem exatamente no momento em que o motor estiver com a potência suficiente para fazê-los girar, nem um milésimo a mais. As transmissões automáticas podem ajudar o motorista, mas dependem de sistemas movidos a combustíveis fósseis.

Com o *tzero* não era assim. Eberhard e Wright constataram que o veículo elétrico já estava um carro inteiro à frente de onde a concorrência chegaria quando qualquer veículo movido a gasolina fosse capaz de passar por essas etapas. A aceleração tampouco diminuía enquanto o carro ganhava velocidade. "Parecia um carro de corrida em primeira marcha, mas uma primeira marcha que só continuava avançando e avançando até atingir 160 km/h", escreveu Wright mais tarde. Ele logo abandonou a ideia de fundar sua própria startup e se juntou a Eberhard e Tarpenning.

Enquanto tudo isso turbinava a ideia de Eberhard de criar um carro esportivo, o *tzero* sugeria uma possibilidade diferente para Gage e Cocconi. Eles queriam usar a nova tecnologia de baterias para fazer um carro elétrico comum. As baterias de íons de lítio dariam ao carro um novo tipo de autonomia; a tecnologia retirada de brinquedos possibilitaria a realização de tarefas diárias que precisassem de deslocamento.

Haviam feito grandes avanços juntos, mas uma coisa estava clara: os dois lados precisavam seguir caminhos distintos. Gage e Eberhard chegaram a um acordo. Se não podiam estar juntos no mesmo negócio, poderiam pelo menos fazer negócios juntos. Eberhard compraria os motores e eletrônicos de Gage para o *roadster* que ele planejava desenvolver. Mas não seria um acordo exclusivo: a AC Propulsion teria liberdade para fazer as próprias coisas.

O empecilho para ambos, no entanto, era que nenhuma das equipes tinha uma conta bancária grande o suficiente para criar um carro, por mais que a ideia parecesse boa. Precisariam levantar milhões de dólares para decolar. Chegou-se a um acordo de cavalheiros em que se comprometiam a não procurar os mesmos investidores.

Muito rapidamente, Elon Musk tornou-se um desses investidores em potencial da AC Propulsion – graças, em parte, a uma recomendação de J. B. Straubel. O nome de Musk também surgiu quando Gage mostrou o *tzero* para Sergey Brin e Larry Page, cofundadores do Google, o mecanismo de busca da web que havia sido lançado poucos anos antes. Durante uma demonstração do *tzero*, Brin e Page ficaram impressionados com o carro, mas mostraram-se hesitantes quanto a investir; a empresa deles ainda estava a alguns meses de abrir o capital. Brin sugeriu Musk. "Elon tem dinheiro", disse ele.

"O que você sabe sobre construir um carro?", perguntou Judy Estrin a Eberhard. A cofundadora da Packet Design, a incubadora onde Eberhard havia trabalhado antes de pedir demissão para se dedicar em tempo integral à própria ideia da Tesla, ouviu atentamente a apresentação que ele fez com o objetivo de despertar o interesse dela como investidora. A inteligência de Eberhard e sua capacidade de assumir riscos como empresário sempre impressionaram Estrin. Ela não duvidava da teoria dele de que era a hora propícia para um carro elétrico, mas a criação de uma empresa de automóveis era algo, por assim dizer, difícil de realizar.

Não foi a única vez que Eberhard e seus sócios encontraram resistência e ceticismo na busca por dinheiro. Laurie Yoler, amiga e colega da Packet Design que tinha boas conexões no mundo dos investidores, agendou e organizou reuniões para eles no Vale do Silício. Uma startup normalmente começava com certo capital inicial – um montante que vinha talvez do bolso do próprio fundador ou era arrecadado graças a vaquinhas entre amigos e familiares, para mostrar que a empresa contava com um forte apoio –, antes de acumular rodadas cada vez maiores de financiamento. A cada rodada, o fundador cedia parte do controle acionário da empresa à medida que outros compravam cotas, e os investidores efetivos tinham que aumentar seus investimentos ou enfrentariam a diluição. Os capitalistas de risco, por sua vez, administravam fundos que levantavam milhões de dólares com o objetivo de investir nessas startups, para em seguida auferir os lucros – graças à aquisição da startup por uma empresa maior ou então por meio de uma oferta pública inicial de ações (IPO, na sigla em inglês) em algum momento durante o período de existência do fundo (normalmente de oito a doze anos).

Naquela época, uma startup baseada em software, por exemplo o Facebook, era avaliada por sua base de usuários em expansão, não pelo lucro. A rede social de Mark Zuckerberg só foi começar a dar lucro cinco anos depois de ser fundada no dormitório da Universidade Harvard, anos antes de sua oferta pública inicial de ações. A Amazon passou quase uma década sem obter lucro anual; enquanto isso, gastou dinheiro para aumentar a base de usuários e construir sistemas de logística e infraestrutura digital incomparáveis. E esses são os casos de sucesso. Facebook e Amazon sangraram e sangraram dinheiro até que, em algum momento, deram a volta por cima.

Uma montadora não era um negócio no qual a maioria dos investidores cogitaria entrar. Em primeiro lugar, fazia gerações que uma nova empresa de automóveis bem-sucedida não surgia. E a matemática simples levou os investidores a reconhecerem rapidamente que seria um empreendimento intensivo de capital, ou seja, do tipo que requer uma grande quantidade de dinheiro, o que significava maior risco e tornava um grande retorno menos provável. Até mesmo tornar-se um fornecedor para uma empresa de automóveis, o que a equipe da AC Propulsion aspirava a fazer, era uma tarefa árdua; talvez levasse uma década ou mais até um de seus componentes aparecer em um veículo de produção em série, muito além do horizonte de tempo de um investimento normal de um capitalista de risco. Numa tarde de terça-feira no final de março de 2004, porém, Eberhard abriu sua caixa de e-mails e encontrou uma curta mensagem de Gage, com Musk incluído em cópia, sugerindo que os dois entrassem em contato. "Ele teria interesse em ouvir sobre suas atividades na Tesla Motors", Gage escreveu.

Eberhard leu o e-mail e imediatamente se lembrou de que, anos antes, ouvira uma palestra de Musk no campus de Stanford discorrendo sobre o que pensava de viagens espaciais e visitas a Marte. Claramente, Musk não era avesso a pensar grande.

O que o e-mail não dizia era que a AC Propulsion não conseguira convencer Musk de que tinha em mãos um negócio sólido. Ecoando involuntariamente os sentimentos do próprio Eberhard, Musk disse a

Gage que, a seu ver, a melhor maneira de fazer os carros elétricos serem descolados era começar no topo de linha, no nível dos carros de luxo, e depois descer até uma linha mais popular. Que tal converter o carro esportivo fabricado pela marca Noble, do Reino Unido? Ele estava pensando em importar um sem motor. Era um carro sexy, com certeza. Mas Gage e Cocconi não estavam interessados em seguir nessa direção.

Uma vez que as ideias deles estavam muitíssimo alinhadas, uma reunião entre Musk e a pequena trupe da Tesla foi arranjada. Tarpenning tinha compromissos em família, então coube a Eberhard e Wright voarem para Los Angeles munidos de um plano de negócios que vinham elaborando havia meses. Quebraram a cabeça analisando os números e calcularam que lhes custaria 49 mil dólares construir cada unidade do carro esportivo, que passaram a chamar de Roadster. A maior parte desse montante – quase 40% – serviria para bancar o custo das baterias, embora esperassem conseguir descontos à medida que a produção deslanchasse. Sem dúvida os fornecedores de baterias ficariam entusiasmados com a perspectiva de uma empresa cujos produtos dependessem não de uma única célula, como uma câmera digital ou um telefone celular, mas de milhares delas. Cerca de 23 mil dólares seriam necessários para fabricar o carro – comprando-se o chassi de um fornecedor terceirizado, como a Lotus, juntamente com os componentes de um veículo convencional. Em seguida, eles o venderiam por 64 mil dólares a um pequeno número de concessionárias aprovadas de antemão, que por sua vez o revenderiam aos clientes por 79.999 dólares. Essa matemática significava que a Tesla teria uma margem bruta de 15 mil dólares por veículo, o que lhes permitiria atingir o ponto de equilíbrio contanto que vendessem trezentos carros por ano, ou apenas cerca de 1% do mercado de carros esportivos de luxo dos Estados Unidos.

De acordo com as projeções, eles precisariam levantar um total de 25 milhões de dólares para financiar a criação da empresa e levá-la até o ponto de equilíbrio entre receitas e despesas, sem lucro nem prejuízo, o que imaginavam alcançar em 2006, momento em que começariam a ter lucro. Planejaram primeiro acumular 7 milhões de dólares, que usariam para começar a contratar engenheiros e pagar pela criação de um protótipo feito à mão. Em seguida, o plano seria levantar 8 milhões de dólares adicionais até o fim do ano, para pagar pelo desenvolvimento final do veículo e pela criação de protótipos adicionais. Nove meses depois, obteriam mais 5 milhões para pagar pelo maquinário e pelas ferramentas da fábrica e começar a criar estoque, com uma campanha de arrecadação final de 5 milhões em março de 2006 – dois anos após o investimento inicial – para custear o lançamento da produção.

O plano deles era bastante direto: fabricar um carro esportivo incrível que pudesse superar os melhores do mundo. Vendê-lo por 79.900 dólares. Entregar 565 unidades em quatro anos. Lucrar. Mudar o mundo. Poderia haver algo mais fácil? A matemática parecia muito simples. Na hora, não perceberam que estavam usando os números errados.

Musk estava entusiasmado, mas cético. "Convençam-me de que vocês sabem do que estão falando", disse ele quando se sentaram em uma sala de reuniões envidraçada perto do cubículo nos escritórios da SpaceX em El Segundo decorados com aeromodelos. Ele os interrogou sobre qual era o tamanho do financiamento necessário. "Por que não seria o dobro ou cinco vezes ou dez vezes esse valor?"

Os dois homens não tinham uma boa resposta para dar além de dizer que entraram em contato com a Lotus, depois de perseguirem executivos durante o Salão do Automóvel de Los Angeles, e que leram que o Elise havia sido desenvolvido por menos de 25 milhões de dólares. Musk não parecia convencido, e disse a eles que o maior risco – prevendo o futuro – era precisarem de muito mais dinheiro do que o calculado. Mesmo assim, Musk ficou intrigado.

Discutiram os planos para depois do Roadster. Eberhard vislumbrava uma "superversão" do carro, com transmissão em duas velocidades e interior mais caprichado, um veículo que pudesse competir com os concorrentes vendidos por seis dígitos. Ou descer para um segmento um pouco mais baixo do mercado e oferecer um cupê de quatro lugares que mirasse os compradores do Audi A6. Ou então quem sabe um SUV, para brigar com os outros utilitários esportivos? Uma vez que a empresa atingisse certo volume de produção, o que os levaria a adquirir peças mais baratas e reduziria os custos de fabricação, o preço dos carros "subsequentes" seria mais baixo. O que a Tesla de Eberhard representava era um roteiro para o lançamento de carros elétricos. Assim como um mapa do tesouro antigo, algumas partes eram confusas e baseadas em suposições – certas ou erradas. No fundo, porém, o caminho a seguir parecia claro. O Roadster poderia ser o começo de algo.

Depois de duas horas e meia de reunião, Musk disse que topava embarcar na empreitada, embora ainda quisesse falar com Tarpenning, ausente do encontro. Ele também tinha algumas condições. Musk estipulou que se tornaria o presidente. Além disso, precisavam fechar o negócio em dez dias porque sua esposa, Justine, estava com a cesariana de seus filhos gêmeos marcada.

Eberhard e Wright saíram da reunião exultantes. "Acabamos de conseguir o financiamento da empresa!", disse Eberhard a seu novo parceiro de negócios.

Enquanto Musk fazia uma investigação detalhada prévia sobre o negócio, a equipe da Tesla também realizou suas diligências de estudo e avaliação. A capitalista de risco Laurie Yoler, uma das investidoras de risco iniciais da Tesla, fez perguntas aqui e acolá sobre Musk. Relatou a Eberhard que o homem tinha a reputação de ser difícil e teimoso. Um fato que não era amplamente conhecido na época era como Musk deixara o cargo de CEO da PayPal: fora expulso da função por um conselho insatisfeito com seu estilo de gestão – enquanto ele estava em viagem de lua de mel. Isso aconteceu um pouco antes de a empresa ser vendida para o eBay, manobra que consolidou a posição de Musk como homem extremamente rico, mas também incutiu nele o sentimento de ter perdido o controle da própria criação. Foi um momento formativo para Musk. Ele nunca se esqueceria da sensação – ou da sangrenta briga financeira – de perder uma empresa.

Yoler estava preocupada. Eberhard também podia ser difícil e teimoso – uma característica comum entre os empreendedores, que precisam confiar nos próprios instintos contra uma multidão de pessoas que lhes dizem que suas ideias são muito arriscadas, imprudentes, infundadas. "Você só precisa conversar com ele", disse Eberhard a Yoler. Ela falou por telefone com Musk e rapidamente se tranquilizou. "Ele realmente me impressionou. Disse pra mim: 'Serei membro do conselho e um investidor muito rico, é só isso que procuro'", disse Yoler.

E assim, num piscar de olhos, fecharam negócio. Musk entrou com 6,35 milhões de dólares do investimento inicial total de 6,5 milhões. Eberhard contribuiu com 75 mil e o restante veio de outros pequenos investidores. Musk se tornou CEO; Tarpenning, presidente; e Wright, diretor de operações. Yoler foi colocada no conselho, assim como um amigo de longa data e mentor de Eberhard, Bernie Tse. Na noite em que o cheque do novo CEO foi depositado, todos se reuniram, exceto Musk, em um minúsculo escritório da Menlo Park que Eberhard havia alugado. Uma garrafa de champanhe passou de mão em mão e eles brindaram o início da empresa. Foi um começo auspicioso para um negócio promissor, que era deles de verdade.

Capítulo 3

Brincando com fogo

No quintal da casa de três quartos que J. B. Straubel alugou em Menlo Park havia uma pilha de motores elétricos usados, acondicionados individualmente em engradados de madeira. Havia dezenas deles, criando um forte contraste com a cerca branca e o gramado bem cuidado da casa do vizinho do outro lado da rua. Durante anos, Straubel havia coletado motores descartados do EV1, o fracassado carro elétrico da General Motors.

No início, sua coleção foi instigada pela curiosidade. Quando a GM finalmente cancelou o programa EV1 em 2003, a montadora de Detroit fez o recall de todos os seus carros, depois os despachou para serem esmagados em ferros-velhos, para o horror e os protestos coletivos dos compradores. Antes disso, Straubel quis saber se alguma peça sobressalente do veículo elétrico havia sobrevivido, talvez nas concessionárias Saturn, encarregadas pela GM de prestar assistência técnica de manutenção, revisão e consertos, como oficina autorizada, aos veículos elétricos. Essas peças poderiam ser úteis para Straubel adaptar carros a gasolina, como tinha feito com seu Porsche. Seu palpite se mostrou correto; ele encontrou um motor sucateado e imprestável nos fundos de um centro de serviços local da Saturn. Estupefato pela boa sorte, Straubel se preparou para uma difícil negociação com o revendedor de automóveis que guardava um tesouro tão raro. Em vez disso, o dono da concessionária olhou para ele e, incrédulo, disse: "Isso aí é lixo. Pode levar!".

Em pouco tempo Straubel mapeou todas as concessionárias Saturn no oeste dos Estados Unidos que haviam prestado serviços de assistência técnica ao EV1 e começou a ligar para elas, uma por uma. Quando se deu conta, tinha coletado quase uma centena de motores. Desmontou alguns para aprender os segredos, vendeu outros tantos a entusiastas dos veículos elétricos e fez planos para usar o restante em seus próprios projetos de carros elétricos – como aquele que acabara de vender a Elon Musk durante o almoço bastante improdutivo, a não ser pela venda, com Harold Rosen.

Straubel voltou para o Vale do Silício no início de 2003 com os 10 mil dólares investidos por Musk em mãos para começar a trabalhar em um protótipo de carro elétrico capaz de percorrer o país de ponta a ponta com uma única carga de baterias. Escolheu alugar sua casa pela proximidade com a garagem da equipe de carros solares de Stanford, onde esperava recrutar estudantes ávidos. Assim que se instalou, alinhou sua coleção de motores, montou sua oficina e começou a fazer testes e experimentos para encontrar maneiras de conectar células de íons de lítio a fim de fazer o pacote de baterias que produziria energia para seu carro. Ainda não sabia que Musk havia acabado de fundar uma empresa de carros elétricos, ao custo de milhões de dólares, com base em uma tecnologia muito semelhante à que ele estava aperfeiçoando.

Straubel ficou surpreso quando, em 2004, recebeu um telefonema de Martin Eberhard dizendo que tinha acabado de fundar uma empresa de carros elétricos que chamou de Tesla Motors, e perguntou se Straubel estava interessado em um emprego. Straubel ficou incrédulo. Conhecia todos na comunidade dos veículos elétricos, e o nome de Eberhard nunca havia aparecido nas conversas. O que o surpreendeu mais ainda é que o prédio de escritórios da Tesla estava localizado a menos de dois quilômetros da sua casa. Atordoado, Straubel foi de bicicleta até lá para saber mais.

Lá se reuniu com Eberhard, Marc Tarpenning e Ian Wright, que procuravam funcionários para ajudar a transformar em realidade o sonho *deles* de um carro elétrico. Precisavam de ajuda – muita ajuda. Viam-se como caras do mundo dos carros – anos antes, Eberhard tinha restaurado peças de um Ford Mustang 1966 em seu dormitório na Universidade de Illinois, e Wright passava seu tempo livre competindo em corridas de automóveis –, mas a experiência que tinham com a construção de automóveis era limitada.

O desafio da Tesla naqueles primeiros dias era criar o que era conhecido como "mula", o protótipo do veículo que pensavam ser capazes de fabricar mais tarde: especificamente, um casamento entre o chassi do carro da Lotus e o motor elétrico da AC Propulsion, que seria alimentado pela junção de milhares de baterias de laptop. O *tzero* da AC Propulsion lhes mostrara que os íons de lítio funcionavam. Agora tinham uma verba talvez equivalente a um ano de trabalho para construir uma mula. Se tudo desse certo, teriam algo para mostrar aos investidores na esperança de levantar a rodada de financiamento seguinte e para iniciar o desenvolvimento de um carro real a ser fabricado pela Lotus. Se tudo corresse conforme o planejado, o carro entraria em produção em 2006, dali a menos de dois anos.

Straubel, então com 28 anos, fora recomendado à Tesla pelos caras da AC Propulsion. Enquanto conversava com Eberhard nessa primeira reunião, Straubel percebeu que os dois perseguiam a mesma ideia em paralelo, sem saberem disso. Tinham muitos conhecidos em comum; ambos haviam entrado em contato com Alan Cocconi e Tom Gage da AC Propulsion. Ambos haviam iniciado negociações com Elon Musk.

Straubel saiu do encontro com a cabeça girando. Tudo aquilo estava acontecendo em seu quintal, envolvendo pessoas que ele conhecia, e ainda assim ele não tinha ouvido nada a respeito? Ligou para Musk e o bombardeou de perguntas: "Não pode ser real. É sério mesmo? Você está mesmo fazendo isso? Você se comprometeu a financiar isso? Você está determinado a continuar nessa até o fim?".

Musk lhe assegurou de que era verdade: "Estou muito animado. Precisamos fazer isso... você precisa entrar nessa, ou ir para a SpaceX".

Straubel escolheu a Tesla; foi contratado como engenheiro.

Além de Straubel, Eberhard estava contratando funcionários para a Tesla principalmente por meio de amigos e ex-colegas da NuvoMedia, o que incutiu na empresa de carros a mentalidade dos eletroeletrônicos de consumo. Tarpenning, tecnicamente o presidente da empresa, ficou encarregado de comandar o desenvolvimento de software e atuar como diretor financeiro até encontrar alguém adequado para a função. Wright supervisionava a engenharia. Rob Ferber, vizinho de Eberhard, cuidaria do desenvolvimento de baterias.

Assim que montou o esqueleto de uma equipe, a primeira ordem de negócios de Straubel foi entregar em mãos um cheque da Tesla para a AC Propulsion como parte do acordo para licenciar sua tecnologia. Em San Dimas, Straubel se hospedou em um hotel de beira de estrada de

40 dólares o pernoite perto da oficina, onde viveria enquanto fazia a engenharia reversa do motor elétrico e outros sistemas da AC Propulsion. Em muitos aspectos, para Straubel era um sonho que se tornava realidade. Ele estava trabalhando ao lado de seus amigos e sendo pago para fazer isso. Eberhard e Wright já tinham ido ao Reino Unido para finalizar seu negócio com a Lotus, e a montadora despachou o primeiro Elise para San Dimas. Straubel e a equipe da AC Propulsion iniciaram o trabalho. Começaram arrancando o motor a gasolina para dar lugar a um motor elétrico e baterias. Rapidamente Straubel se deparou com um dos primeiros obstáculos do carro da Tesla.

Enquanto os motores EV1 empilhados na casa de Straubel em Menlo Park ilustravam a precisão e uniformidade de uma grande montadora, os motores da AC Propulsion eram outra coisa. Cada um deles era uma joia preciosa, pensou Straubel. Fabricados com perícia e esmero – e excepcionais. Era um problema. O plano de Eberhard exigia vender centenas de Roadsters por ano. Straubel não poderia voltar para sua equipe com joias preciosas; precisava de engrenagens para uma máquina.

Mas tratariam disso quando o problema viesse. Por ora, antes mesmo que pudessem pensar na possibilidade de produção em massa, a Tesla precisava construir uma mula, com tempo e dinheiro limitados. Uniforme ou não, Straubel precisava fazer um trem de força funcionar. Em teoria, fazer o protótipo seria fácil, afinal, a AC Propulsion já tinha construído um conjunto de baterias para o *tzero*. Acontece que a AC Propulsion não tinha a mesma pressa que a Tesla, e parecia mais interessada em converter um Toyota Scion em um carro elétrico, ou então focada em outros projetos que despertaram seu interesse. Talvez não fosse surpresa nenhuma o fato de que a AC Propulsion não priorizava o Tesla Roadster; ele era, de certa forma, concorrência.

A sorte de Eberhard também não era das melhores. Ele e Wright haviam retornado da Inglaterra desanimadíssimos após receberem um doloroso alerta da Lotus e caírem na real. Uma parte fundamental do plano de Eberhard era simplesmente usar o Elise com alterações que em essência eram apenas cosméticas, de modo a caracterizá-lo como um Roadster. Em vez disso, ficaram espantados ao saber o quanto seria custoso e demorado mudar o design, por exemplo, de uma porta. *Tudo* custaria os olhos da cara. E, para fazer o trabalho, a Lotus queria muito mais dinheiro do que o plano de negócios de Eberhard previa. Saíram da reunião com a percepção de que precisariam arrecadar verba antes do planejado.

Caso contrário, Wright concluiu com um eufemismo: "Isso não vai funcionar".

A tensão crescia na pequena equipe. No outono de 2004, tomou-se a decisão de enviar o chassi do Elise para o norte, saindo de Los Angeles para o Vale do Silício, onde Eberhard tinha encontrado um novo escritório (um antigo armazém de materiais de encanamento) com espaço para uma oficina. Por recomendação de Straubel, contrataram Dave Lyons, ex-funcionário da IDEO, uma renomada empresa de design, para fortalecer a engenharia da equipe.

O conjunto de baterias revelava-se um projeto maior do que o esperado; assim, Straubel, que já vinha trabalhando em seu próprio pacote de baterias para um carro de demonstração, simplesmente o reaproveitou para a mula. Já profundamente envolvido com a parte eletrônica e o motor, Straubel começou a assumir mais o trabalho com as baterias. Procurou a ajuda de seus amigos em Stanford, que por sua vez recorreram a ele em busca de um líder. A garagem da casa dele se tornou o "Anexo Tesla": a oficina foi equipada com as ferramentas necessárias, a sala de estar foi transformada em escritório. Gene Berdichevsky, membro da equipe de carros solares de Stanford que compartilhava do entusiasmo inicial de Straubel por um veículo elétrico, abandonou os estudos (prometeu aos pais que voltaria para a faculdade para se formar) e se juntou à Tesla; fazia pausas diárias para comer cereais na cozinha enquanto Straubel colava à mão as células de bateria ao lado da piscina, no quintal.

Os primeiros sinais de problemas pessoais começaram a aparecer. Alguns membros da equipe acharam que Wright se sentia ameaçado pelo óbvio prestígio de Straubel e a influência de sua panelinha de Stanford, cada vez maior. Os dois discordavam sobre questões técnicas, como a melhor maneira de esfriar as baterias – com ar ou líquido de arrefecimento. Wright chegou a perguntar ao jovem engenheiro se estava querendo roubar o emprego dele. Straubel ficou perplexo. Para ele, trabalhar na Tesla era simplesmente um sonho que se tornara realidade. Não tinha tempo para politicagem.

Wright não entrou em conflito apenas com Straubel. Assim que se iniciou o trabalho de engenharia, a experiência de Wright como piloto de carros de corrida se sobressaiu. Alguns membros da equipe começaram a ter a sensação de que se esperava deles que tivessem o mesmo conhecimento e eficiência de uma equipe de pit stop que atua nos boxes de provas de automobilismo profissional. Quando Wright ordenou que calculassem o centro de gravidade do carro, por exemplo, eles tiveram dificuldade para responder – recorreram à internet em busca de orientação. Poucos meses depois de ter sido formada, a equipe de engenharia já estava começando a ter divergências e desistências.

Durante as pausas para o café, Straubel e Tarpenning especulavam sobre quanto tempo as duas grandes personalidades durariam juntas. Era evidente que Eberhard estava tendo atritos com Wright. Engenheiro inveterado, Eberhard gostava de se debruçar sobre minúcias e detalhes, ao passo que Wright achava que Eberhard deveria se ater às suas funções de CEO. Questionava a visão de Eberhard, duvidando que houvesse mercado para qualquer outra coisa que não fosse um supercarro totalmente elétrico.

No final do ano, Straubel recebeu um telefonema de Musk, que queria saber em que pé estavam as coisas, especificamente com Eberhard e Wright. Ingênuo, Straubel disse que Wright não estava indo tão bem porque incomodava os engenheiros. Com Eberhard tudo parecia bem; Straubel disse que gostava de trabalhar com ele.

No dia seguinte, Straubel percebeu qual tinha sido a verdadeira intenção da ligação de Musk quando soube da notícia: Wright estava fora. Mais tarde, Straubel descobriria que Wright havia ido até Los Angeles na surdina para falar com Musk sobre demitir Eberhard e substituí-lo como CEO. A empresa tinha apenas um ano de existência e já passava por um drama interno – o tipo que seria a marca registrada de sua cultura corporativa nos anos seguintes. A demissão demonstrou, para Straubel e os demais, que Musk não tinha medo de sondar a equipe de engenheiros para reunir informações sobre o que realmente estava acontecendo com seu investimento.

Naquele dia, porém, com a partida de Wright, a equipe se sentiu bastante aliviada. O pessoal celebrou a festa de fim de ano na casa de Eberhard. Trabalhando com um amigo da IDEO, Eberhard elaborou uma série de temas para o possível visual definitivo do carro de produção em série. Apresentou as ideias na festa e a equipe votou nas propostas favoritas. Evitaram designs que exalassem um toque de alta tecnologia, como o do Prius, optando por um carro mais parecido com um Mazda Miata, mas com faróis dianteiros mais angulares.

Mas ainda tinham tempo até pensarem no carro de produção em série. Primeiro as coisas mais importantes: precisavam produzir rapidamente a mula.

Para fazer o pacote de baterias, Eberhard comprou cerca de sete mil baterias da LG Chem, uma unidade da gigante coreana de tecnologia.

Um pálete chegou a Menlo Park com cada uma das células embrulhada individualmente em plástico. Colette Bridgman, assistente de escritório da Tesla, encomendou uma pilha de pizzas para o almoço e todos os funcionários do escritório se reuniram com estiletes para extrair as baterias de seus invólucros, prestando muita atenção para não perfurar as células, o que poderia ativá-las.

Na primavera, os esforços coletivos valeram a pena. A mula estava quase completa. Com sucesso, tinham trocado o motor do Elise por um motor elétrico e um pacote de baterias.

Para Straubel, o dia do test drive representou, a princípio, uma espécie de anticlímax. O carro ainda parecia um Elise, o mesmo que todos haviam encarado durante meses a fio. E Straubel já havia dirigido muitos veículos elétricos antes. Mas, como no caso do Tesla as perspectivas dependiam do desempenho, aquele momento era muito significativo para todos os funcionários da empresa, que se reuniram do lado de fora do antigo armazém de materiais de encanamento transformado em oficina para o primeiro teste do carro.

Straubel afundou no *roadster* rebaixado, os vidros das janelas abertos para que pudesse falar com os engenheiros. Quando chegou a hora de começar, pisou no acelerador. O carro avançou pela rua ladeada de galpões. Sua rapidez impressionou o grupo reunido, mas o silêncio também era admirável. Eberhard chorou ao olhar para o carro. "Foi a primeira evidência de que o Tesla poderia dar certo", disse ele. Quando chegou sua vez de dirigir, não queria largar o volante. A equipe estava meses atrasada e o dinheiro já estava quase no fim, mas *aquele momento* era um marco que lhes permitiria arrancar dinheiro de investidores. Mais do que euforia, uma imensa sensação de alívio tomou conta da equipe.

Musk ficou encantado com a novidade. Quando Eberhard voltou do Reino Unido meses antes, com a desanimadora notícia de que precisariam de mais dinheiro do que o planejado, Musk ficou insatisfeito, mas não surpreso. Desde o início dissera que achava que a estimativa de 25 milhões de dólares era módica demais para a criação de um novo carro. (Mentalmente, dera à equipe apenas 10% de chance de sucesso.) Contudo, empolgado com o progresso da equipe com a mula, concordou em contribuir com uma grande parte dos treze milhões que eles buscaram na segunda rodada de financiamento, que trouxe para a empresa alguns rostos novos, incluindo Antonio Gracias, cuja empresa de investimentos com sede em Chicago se tornou o maior investidor além de Musk.

Os esforços de Straubel também foram reconhecidos; ele foi promovido a diretor-chefe de tecnologia.

O próximo desafio que enfrentariam seria desenvolver o Roadster real, a versão que começaria a ser produzida na fábrica da Lotus. Mas, enquanto a equipe comemorava a maré de sorte, surgiu um problema que ameaçou matar a empresa antes que ela pudesse ir mais longe.

Chegou à sede da Tesla uma carta da LG Chem que, em tom de pânico, exigia algo terrível: a devolução de suas baterias.

No exato momento em que a Tesla provava que poderia criar um pacote de baterias de íons de lítio por conta própria, a indústria de baterias lidava com o perigo que as células representavam quando manejadas incorretamente. A AC Propulsion tinha aprendido isso da forma mais penosa em um incidente ocorrido meses antes – em meio a um número crescente de episódios que causaram calafrios de pavor na indústria de baterias. Saindo de Los Angeles com destino a Paris, um carregamento de baterias da AC Propulsion pegou fogo ao ser embarcado em um avião da FedEx durante o reabastecimento em Memphis, o que desencadeou uma investigação do Conselho Nacional de Segurança de Transporte e suscitou preocupações sobre como transportar as baterias no futuro. Empresas de eletrônicos pessoais, a exemplo da Apple Inc., convocavam os clientes para fazer a troca de dispositivos com baterias de íons de lítio, com medo de que superaquecessem e pegassem fogo. Em 2004 e 2005, a Apple fez o recall de mais de 150 mil laptops com baterias fabricadas pela LG Chem.

Quando a LG Chem se deu conta de que havia vendido um grande número de sua mercadoria para uma startup do Vale do Silício que planejava usar todas elas para um único dispositivo – um carro, por acaso –, o departamento jurídico enviou uma carta exigindo que as células fossem devolvidas. A fabricante das baterias não queria ser associada a um experimento potencialmente incendiário.

Eberhard ignorou a solicitação. Tinha poucas escolhas. Sua aposta de que a Tesla seria capaz de encontrar um fornecedor de baterias já prontas mostrava-se mais difícil do que o esperado. Sem essas baterias, talvez não houvesse uma segunda chance de ir mais adiante.

Em meio a toda a atenção sobre o imbróglio das baterias de íons de lítio, Straubel lembrou-se da antiga casa em que morara em Los Angeles, onde ele e Berdichevsky celebraram a ideia de um carro elétrico ateando fogo a células. Quando golpeadas com um martelo, o impacto desencadeava um incêndio que proporcionava um espetáculo e tanto. Os carros sempre correram o risco desse tipo de impacto, mas havia também uma ameaça mais traiçoeira. Straubel começou a se perguntar o que poderia acontecer caso uma das células no compacto aglomerado que formava a bateria de um carro fosse superaquecida.

Um dia, no verão de 2005, ele e Berdichevsky decidiram descobrir. Depois do fim do expediente, quando o escritório já estava vazio, foram para o estacionamento levando um tijolo de células – um feixe de baterias coladas umas às outras. Embrulharam uma das células com um fio que lhes permitiria aquecer remotamente o feixe. Em seguida, a uma distância segura, ligaram o aquecedor. A célula individual rapidamente esquentou para mais de 130 °C, o que fez a bateria chamejar em uma labareda ofuscante e depois explodir, mandando pelos ares o restante de seu invólucro como um foguete. Em seguida, outra célula do pacote pegou fogo, lançando-se no ar. Em pouco tempo todas as células estavam em chamas. *Bang! Bang! Bang!*

Straubel reconheceu as implicações de sua pirotecnia amadora. Se um incidente como o que ele provocou de propósito acontecesse em condições fora de controle, poderia significar o fim da linha para a Tesla. No dia seguinte, depois de comunicarem a Eberhard os resultados de seu experimento, mostraram o cimento chamuscado e esburacado da noite anterior. Eberhard recomendou que fossem mais cuidadosos, mas não podia negar que mais testes seriam necessários. Ele reuniu a equipe em sua casa de campo nas colinas acima do Vale do Silício para novos experimentos. Desta vez, cavaram um buraco, colocaram dentro um tijolo de células e cobriram com acrílico. Aqueceram uma das células e novamente as baterias se inflamaram, causando uma cadeia de explosões. Straubel estava certo: aquilo não era nada bom. Precisavam de ajuda externa para entender exatamente com o que estavam lidando – a equipe precisava de especialistas em baterias.

Dias depois, um pequeno grupo de consultores em baterias se reuniu para tratar do que a princípio parecia uma mensagem gerenciável: sim, até mesmo os melhores fabricantes de baterias produziam uma célula aleatória que tinha um defeito, fazendo com que entrasse em curto-circuito e pegasse fogo. Mas as chances de isso acontecer eram remotas. "É muito, muito raro mesmo", disse um dos consultores. "Quer dizer, acontece uma vez a cada milhão de células."

Mas a Tesla planejava colocar cerca de sete mil células em um único carro. Sentado ao lado de Straubel, Berdichevsky puxou sua calculadora e computou a probabilidade de uma das células de um de seus carros pegar fogo por acaso. "Cara, a chance é de um a cada 150 carros", explicou.

E eles não estariam produzindo apenas carros com baterias defeituosas que, se detonadas, deflagrariam uma reação em cadeia, mas os carros corriam o risco de explodir nas garagens de pessoas podres de ricas – incendiando mansões de endinheirados e fazendo a alegria dos noticiários de TV. O clima na sala mudou. As questões tornaram-se mais urgentes: havia algo que pudesse ser feito para evitar células defeituosas?

Não. Células aleatórias sempre se aqueceriam demais e gerariam uma fuga térmica – basicamente uma explosão provocada por superaquecimento.

Frustrados e desanimados, Straubel e a equipe voltaram ao trabalho. Para a Tesla não poderia haver mais coisas em jogo, e os riscos eram altíssimos. Não se tratava apenas de resolver um problema difícil, que ameaçava exaurir recursos limitados e inviabilizar o desenvolvimento do Roadster. Se forjassem uma solução que parecia funcionar e depois os veículos da Tesla pegassem fogo nos anos seguintes, a empresa estaria condenada. E seria um fracasso não apenas para a Tesla; os sonhos que tinham da produção de um carro elétrico sofreriam um retrocesso de uma geração. Além de causarem ferimentos ou mortes, poderiam matar o carro elétrico no processo.

Se quisessem realmente se tornar fabricantes de automóveis, teriam que enfrentar o desafio com o qual a GM, a Ford e outras vinham lidando havia cem anos: precisavam tomar todas as providências para ter a certeza de que colocariam carros seguros nas ruas e estradas. Uma solução para a fuga térmica poderia significar uma verdadeira inovação tecnológica, o que diferenciaria a Tesla e a colocaria em uma posição de destaque na indústria automobilística nos anos vindouros. Usar baterias de íons de lítio tinha parecido uma ideia inteligente, resultado da inspiração iluminada de uma porção de pensadores. Mas descobrir como usá-las sem transformar o carro em uma bomba-relógio poderia ser a inovação mais importante.

Eles interromperam os trabalhos de todas as outras áreas do projeto Roadster e formaram uma comissão especial para encontrar uma solução. Em quadros brancos, todos os membros da equipe listaram o que já sabiam e o que precisavam descobrir. Começaram a fazer testes diários. Configuraram pacotes de baterias com diferentes espaçamentos das células para entenderem se havia uma distância ideal para conter reações em cadeia. Tentaram diferentes métodos e mecanismos de resfriamento, como incidir diretamente sobre as baterias um fluxo de ar ou um sistema de líquido correndo por uma série de tubos passando por elas. Levavam os pacotes de baterias para uma estradinha usada pelos bombeiros locais como área de treinamento e acionavam uma das células para entender melhor o que acontecia.

O perigo da situação ficou ainda maior quando, a caminho de um desses testes, Lyons, o recruta da IDEO, começou a sentir cheiro de fumaça vindo do porta-malas de seu Audi A4, onde havia carregado um pacote de baterias para serem testadas. Era o sinal de que uma célula estava esquentando e se aproximando da fuga térmica. Parou imediatamente, arrancou as baterias e as jogou no asfalto antes que seu carro pegasse fogo – foi por um triz.

No fim das contas, Straubel começou a se aproximar de uma solução. Se não conseguiam impedir uma célula de esquentar, talvez pudessem impedi-la de desencadear uma reação em cadeia. Por tentativa e erro, a equipe constatou que se alinhasse cada célula a alguns milímetros da vizinha, inserisse um tubo de líquido entre elas e despejasse uma mistura de minerais semelhante a uma massa de brownie dentro do pacote de baterias resultante, criaria um sistema capaz de conter o superaquecimento. Se uma célula defeituosa interna começasse a superaquecer, a energia dela se dissiparia nas células vizinhas e nenhuma célula individual jamais atingiria a combustibilidade.

Se havia alguns meses eles lutavam para montar uma oficina, agora empenhavam-se em algo totalmente novo. Straubel ficou empolgadíssimo. Precisava só descobrir como convencer os fornecedores de baterias a confiar neles. Straubel ouviu de Eberhard que os fabricantes já estabelecidos no mercado não estavam interessados em fazer negócios com a Tesla. Um executivo de um dos fornecedores disse a Eberhard: "Cara, vocês são bolso raso, têm pouco dinheiro. Nós temos bolso fundo, temos dinheiro. Se o carro de vocês explodir, provavelmente seremos processados".

Esse fornecedor tinha razão, e não estava sozinho. O plano de negócios original de Eberhard partia do pressuposto de que os fornecedores estariam dispostos a fornecer as baterias. Mas, na verdade, demonstraram pouquíssimo interesse. Mesmo que a Tesla utilizasse milhares de baterias em um único carro, o volume das compras que faria era muito pequeno quando comparado às de outros compradores. A probabilidade de conseguirem sobreviver por tempo suficiente para pagar suas contas era muito baixa, e as chances de fiasco eram altíssimas.

A única coisa que a Tesla tinha, no entanto, era seu Roadster. Se conseguissem chamar a atenção, talvez conseguissem convencer os fornecedores de que eram sérios. Precisavam mostrar ao mundo que os carros elétricos não eram uma fantasia.

Capítulo 4

Um plano nem tão secreto

Quando ainda era um estudante da Universidade Queen's em Ontário, Canadá, Elon Musk viu uma jovem chamada Justine Wilson caminhando em direção ao dormitório. Ansioso por um encontro, ele a abordou com uma história inventada sobre terem se conhecido em uma festa e a convidou para tomar sorvete. Ela aceitou o convite, mas não apareceu. Horas depois Musk a viu no centro estudantil debruçada sobre um livro de espanhol. Tossiu educadamente. Ela ergueu os olhos e viu que ele segurava duas casquinhas de sorvete já derretendo.

"Ele não é do tipo de homem que aceita um 'não' como resposta", escreveria ela mais tarde.

No fim das contas, Musk se transferiu para a Universidade da Pensilvânia para terminar a graduação, mas ele e Justine mantiveram contato e acabaram se casando. Ela o acompanhou até o Vale do Silício, onde, após abandonar Stanford depois de apenas dois dias de aula, Musk rapidamente encontrou o sucesso. Com o dinheiro que ganhou com a venda da Zip2, em 1999, ele comprou um apartamento de 168 m² e um modelo esportivo McLaren F1 por um milhão de dólares. Era uma rara concessão de luxo para um jovem que até recentemente dormia no chão de seu escritório e tomava banho na Associação Cristã de Moços (ACM). No dia em que o carro chegou, Musk ficou de queixo caído. Uma equipe de reportagem da CNN filmou a ocasião para uma matéria sobre a enorme riqueza com negócios on-line que estava sendo criada no Vale do Silício. Na filmagem, um Musk meio calvo e um tanto sem jeito conversa com um repórter e fala sobre seus sonhos, incluindo aparecer, um dia, na capa da revista *Rolling Stone*.

Musk investiu a maior parte de seu novo patrimônio em uma empresa chamada X.com, que em 2000 estava se preparando para a fusão com uma concorrente chamada Confinity Inc., a fim de formar o que viria a ser a PayPal. Consumido pelas tumultuosas negociações resultantes disso naquele mês de janeiro, Musk chegou a São Martinho um dia antes de se casar com Justine Wilson. Entre os muitos detalhes de última hora para resolver, os dois passaram várias horas vagando pela ilha sem conseguir encontrar um tabelião para testemunhar a assinatura de um acordo pré-nupcial. Enquanto dançavam durante a recepção, Musk sussurrou para a noiva: "Eu sou o alfa dessa relação".

Com as empresas recém-fundidas para gerenciar, Musk adiou a lua de mel até setembro daquele ano; porém, assim que chegou na Austrália, recebeu a notícia de que o conselho da PayPal decidira afastá-lo de suas funções de CEO. Voltou imediatamente para a Califórnia. O casal tentou outra viagem de lua de mel alguns meses depois. Desta vez, Musk contraiu malária na África do Sul – um acometimento virulento que quase o matou. A doença colocou Musk em um estado de espírito que o fez reavaliar o significado de sua vida.

Com a esposa, Musk mudou-se para Los Angeles para escapar do Vale do Silício e começar uma vida nova. Lá, a ideia da SpaceX criaria raízes na convicção de Musk de que seria capaz de criar foguetes reutilizáveis e reduzir o custo das viagens espaciais a uma fração do que a indústria estava gastando. Musk mergulhou de cabeça no mundo da aeronáutica, desenvolvendo uma reputação de milionário excêntrico disposto a colocar seu dinheiro em apostas incomuns, do tipo de que os capitalistas de risco da célebre Sand Hill Road do Vale do Silício se esquivavam.

Além da SpaceX e da Tesla, Musk mais tarde incentivaria seus primos, Lyndon e Pete Rive, a criar uma empresa de venda de painéis solares, ideia que se encaixava muito bem em sua ideia de qual poderia ser a direção da Tesla. Musk imaginou um mundo onde os painéis solares dos clientes carregariam seus carros elétricos Tesla – uma combinação que criaria um sistema verdadeiro de emissão zero.

As ambições de Musk em relação à Tesla só cresceram quando Martin Eberhard, J. B. Straubel e a equipe foram bem-sucedidos no início de 2006. Depois de concluírem a mula, voltaram suas atenções para o desenvolvimento do próximo marco na fabricação do Roadster, o protótipo. O EP1, como era chamado internamente, seria o carro que mais cedo ou mais tarde pretendiam produzir, o primeiro esboço a ser concluído antes da versão final, o carro produzido em massa. O mais importante é que com o EP1 eles teriam um protótipo que poderia ser usado para as vendas não apenas aos primeiros investidores e fornecedores, mas também aos clientes.

Musk já falava sobre o que viria depois do Roadster. O plano de negócios original de Eberhard, dois anos antes, havia mencionado brevemente o futuro da empresa. No entanto, esse plano tinha esperanças demais e fatos de menos. Muitas das premissas do plano se provaram erradas, sobretudo com relação a estimativas de custo. Esses cálculos se baseavam na ideia de que a Tesla precisaria angariar apenas 25 milhões de dólares para lançar um Roadster em 2006, com a expectativa de que depois disso teriam lucros abundantes. No início de 2006, a empresa havia arrecadado 20 milhões de dólares, montante que estava longe do necessário. Projetou-se um novo início de produção para 2007. Eles estavam com o orçamento estourado e com o cronograma atrasado.

Laurie Yoler, membro do conselho de diretores da empresa, estava entre os que incentivaram Musk a buscar dinheiro fora de seu bolso e de sua rede próxima de amigos ricos. Uma coisa era um cara excêntrico e podre de rico financiar um projeto por vaidade. Mas se algum dos grandes nomes da Sand Hill Road embarcasse na empreitada, a empresa ganharia não apenas dinheiro, mas legitimidade – algo de que a Tesla precisava muito, em especial no que dizia respeito a recrutar funcionários e cortejar fornecedores.

Os investidores queriam saber qual seria o passo seguinte, depois do Roadster. A Tesla precisava ser mais do que apenas uma montadora de automóveis exclusiva se quisesse atrair o tipo de dinheiro que buscava. O plano de negócios original da Tesla previa receitas de 27 milhões de dólares em 2007. Uma empresa automobilística com uma projeção de receitas tão pequena não seria atraente para investidores dispostos a injetar dezenas de milhões de dólares no negócio; era uma taxa de retorno que não justificava o risco. A Tesla precisava de um plano de negócios reformulado, que previsse um crescimento muito maior – na casa de 1 bilhão de dólares em vendas anuais.

Assim, Musk se concentrou em uma estratégia que mais tarde divulgaria como "O plano-mestre secreto da Tesla Motors". De tão simples, o plano era quase ridículo:

Etapa 1. Construir um carro esportivo caro, a partir de cerca de 89 mil dólares, que chame a atenção.
Etapa 2. Construir um sedã de luxo que seja capaz de competir com os carros de luxo alemães e possa ser vendido por cerca de metade do preço do carro esportivo original, por volta de 45 mil dólares.
Etapa 3. Construir um carro de terceira geração que seja muito mais acessível e atraia o mercado popular.

O plano de negócios atualizado da empresa projetava que o Roadster geraria receitas brutas de 141 milhões de dólares em 2008 e que a receita total da empresa cresceria para quase 1 bilhão de dólares em 2011 com o lançamento do sedã. Com a simplicidade de uma conta de padaria feita no verso de um guardanapo de papel, Musk definiu o planejamento da vida da montadora para a década seguinte.

Mais do que apenas mudar o tipo de carros que a indústria automobilística vendia, Musk pensava em *como* os veículos eram vendidos. A seu ver, estava na hora de mudar a experiência de compra de um automóvel, e queria que a Tesla fosse capaz de assumir o controle dessa experiência. A pesquisa de Eberhard corroborava essa noção. Meses antes, ele se sentou com Bill Smythe, que adquirira a experiência de uma vida inteira sendo proprietário de uma concessionária bem-sucedida da Mercedes. Quando a Tesla começou a investigar as complexidades do modelo de concessionárias, o nome de Smythe surgiu como a pessoa a quem se pedir conselhos. Eberhard procurou o revendedor de carros de longa data do Vale do Silício para saber mais sobre o aspecto do varejo da indústria automobilística.

O plano de negócios original de Eberhard dependia do uso de concessionárias franqueadas selecionadas em enclaves abastados para vender seu Roadster – lugares como o Vale do Silício, Beverly Hills, provavelmente Nova York, talvez até Miami. A Tesla queria usar concessionárias de carros exóticos que já tivessem experiência na venda de marcas ultracaras como Bentley e Lotus. Essas concessionárias tinham equipes de mecânicos especializados e qualificados, já acostumados a trabalhar em veículos de alto padrão. A expectativa era que as concessionárias comercializassem o Roadster por até 79.999 dólares, 15 mil dólares acima do valor que a Tesla cobrava das lojas, o que daria aos revendedores mais do que a margem bruta costumeira e, portanto, seria um grande incentivo para fazerem negócios com a startup.

As montadoras norte-americanas já vendiam carros novos por meio de uma rede de lojas terceirizadas havia muito tempo. Essas lojas operavam sob contratos de franquia que explicavam, em dolorosa profusão de detalhes, a maneira como cada um dos lados deveria agir na condução dos negócios. Era um sistema transmitido de geração para geração, desde os dias de Henry Ford e o advento da manufatura em massa, e trazia um grande benefício à fabricante, que registrava a venda do carro assim que o enviava para o revendedor. O encargo financeiro de revender o veículo aos consumidores recaía exclusivamente sobre a concessionária.

Era um sistema nascido da noção de que uma fabricante era mais lucrativa quando produzia o maior número de carros possível, permitindo-lhe obter os benefícios de escala. Mas a Ford Motor Company não dispunha dos fundos, tampouco da organização, para abrir lojas em todas as cidades dos Estados Unidos. Assim, Ford ampliou seu império não apenas nas rodas do Modelo T, um sedã de preço acessível, mas nas costas de proprietários de pequenas concessionárias de uma ponta a outra do país que pretendiam fazer fortuna vendendo o iPhone da época. No início, as concessionárias floresceram com a explosão da nova indústria automobilística, mas passaram por maus bocados durante a Grande Depressão. Ford não podia deixar sua fábrica em ponto morto; isso o deixaria sem dinheiro. Ele, então, não apenas enfiou carros goela abaixo dos revendedores da montadora, mas também fez a própria empresa passar por uma acentuada expansão na rede de concessionárias para as quais distribuía, com o objetivo de ter lojas em praticamente todas as esquinas.

A Ford mantinha as concessionárias em um garrote. Quando, cem anos depois, a Starbucks se viu com lojas demais, ultrapassando a demanda dos clientes, recuou e fechou estabelecimentos, arcando com o fardo financeiro dessa solução. Mas as concessionárias franqueadas tinham donos independentes, que em uma desaceleração da atividade econômica dispunham de poucos recursos. Se a franqueada reduzisse os pedidos, a montadora poderia simplesmente optar por não renovar seu contrato no final do ano – o dono da concessionária ficaria com um investimento caro e poucas maneiras de salvá-lo. Na era pós-Segunda Guerra Mundial, a Ford e a GM entraram em uma corrida de vendas. Estimulou-se uma produção de volumes cada vez maior de veículos, forçando as concessionárias a comprarem carros, o que fazia as concessionárias, por consequência, serem forçadas a empurrar os carros aos clientes. Para evitar perder dinheiro com essas vendas, os revendedores ofereciam pesados descontos, na esperança de compensar em outro lugar, fosse oferecendo menos dinheiro aos clientes interessados em trocar carros usados por novos, fosse cobrando mais juros nos financiamentos – práticas que, se feitas de forma indevida, deixariam um gosto amargo na boca dos clientes.

Após gerações de abusos, os donos de concessionárias começaram a se unir em assembleias legislativas estaduais em todo o país para encontrar proteção. Em uma cidade pequena, o dono de uma concessionária Chevy ou Ford podia ser o mais bem-sucedido empresário local, a pessoa que proporcionava empregos para muita gente, que pagava por publicidade de alto nível, e que oferecia doações a instituições de caridade e ligas e associações esportivas. Às vezes, esses revendedores de carros eram também membros de suas respectivas legislaturas estaduais. Consequentemente, em todos os cantos do país começaram a pipocar leis e regulamentos – alguns com o objetivo de limitar os locais onde as montadoras poderiam abrir lojas, outros visando a garantir que uma fabricante de automóveis não pudesse vender diretamente aos clientes.

Na virada do século, chegou-se a uma inquietante *détente* – uma medida para diminuir as tensões. A verdade era que um lado precisava do outro. Porém, como qualquer sistema construído no decorrer de mais de cem anos, era uma diretriz de complexidades bizantinas. Pela própria natureza do relacionamento, havia tensões. Muitos dos revendedores se consideravam pessoas independentes, que haviam conquistado posição de destaque pelos próprios méritos, e se julgavam no direito de poder administrar suas lojas como bem entendessem. As montadoras tinham um ponto de vista diferente, querendo impor o controle como se fossem donas de cada uma das lojas franqueadas. A GM desejava que seus clientes Chevy tivessem uma experiência uniforme de toda a marca – uma imagem que a montadora gastava bilhões para criar através de seus produtos e marketing.

Perdidos em meio a tudo isso estavam os clientes, para a maioria dos quais a experiência de comprar um carro era só um pouco mais agradável do que uma ida ao dentista.

Em conversa com Smythe, Eberhard ouviu o velho revendedor de automóveis enumerar conselhos sobre as razões pelas quais ele precisava trabalhar com concessionárias franqueadas, que, a seu ver, serviriam como o rosto da marca Tesla para os compradores. Como Smythe fez fortuna vendendo carros para marcas como Mercedes, sua postura era obviamente tendenciosa. Ele alertou Eberhard de que alguns donos de concessionárias podiam ter caráter questionável.

"Certo", disse Eberhard. Mas em que revendedores o outro confiava? Smythe se calou e olhou para a mesa. "Em nenhum."

Eberhard reportou isso a Musk, e essa reunião ajudou a influenciar o conselho administrativo da empresa: vender o carro diretamente para os clientes era o caminho a ser seguido. Todavia, mais uma vez a Tesla entraria em território desconhecido. Construir um carro elétrico era algo que de uma forma ou de outra já havia sido tentado por décadas, mas vender um carro diretamente aos clientes era inédito.

Um dos primeiros sinais de que Musk estava falando muito sério sobre mudar a experiência da compra de carros ficou claro quando ele colocou Simon Rothman no conselho da empresa. Formado em Harvard e ex-consultor da McKinsey, Rothman construiu sua credibilidade no Vale do Silício no próspero espaço do varejo on-line, criando o mercado automotivo do eBay. Era um site de compra e venda de carros usados que vinha gerando um bilhão de visualizações de página por mês e processando catorze bilhões anuais em vendas, o que representava cerca de um terço do total de vendas gerais de mercadorias da empresa. Ele trouxe ao conselho uma perspectiva sobre a venda de carros que era diferente da visão de muita gente na indústria automobilística.

Musk e seus colegas do conselho debateram se a Tesla precisava de lojas físicas para vender o Roadster ou se as lojas on-line seriam suficientes. Musk exigiu a exclusividade de vendas on-line, mas Eberhard e outros preocupavam-se com o fato de que, no início, os compradores de carros elétricos precisariam de algum apoio para ajudá-los a dominar a nova tecnologia. A Tesla precisaria de uma equipe de vendas para orientar os clientes sobre a recarga e sobre o funcionamento do carro, que seria diferente de tudo com o que estavam acostumados. Uma loja física também transmitiria um senso de legitimidade para a nova marca, tranquilizando o comprador de que haveria alguém disponível por perto se surgissem problemas.

O advogado da empresa os orientou de que a Tesla poderia fazer venda direta na Califórnia com base em um detalhe técnico: a montadora nunca teve concessionárias franqueadas e, portanto, não estaria reduzindo as vendas dos franqueados. Pelo menos era esse o argumento em que se fundamentariam. Agora só precisavam descobrir as regras para os 49 outros estados do país.

Terminar o Roadster, desenvolver o sedã de luxo, que chamariam de Modelo S, e abrir uma rede de lojas mantida pela empresa – tudo isso junto exigiria uma quantidade de dinheiro que nem mesmo a formidável fortuna de Musk seria capaz de bancar. Musk e a equipe começaram a estudar a quais investidores poderiam pedir dinheiro no Vale do Silício.

Não havia nome maior na Sand Hill Road do que a Kleiner Perkins, uma das primeiras empresas de capital de risco a apoiar o Google e a Amazon. J. B. Straubel tinha um contato na empresa desde antes de entrar para a Tesla, quando fazia alguns trabalhos de consultoria para conseguir pagar as contas. O sócio-gerente da KP, Ray Lane, ex-executivo número dois da empresa de software Oracle, reuniu-se com Eberhard. Lane rapidamente sentiu afinidade pelo homem, impressionado pela inteligência e a velocidade das ideias dele que fluíram durante a conversa. Continuaram a dialogar depois da reunião, e por fim Lane decidiu que queria montar uma equipe para realizar uma detalhada auditoria* na Tesla. A ideia de investir em uma montadora de carros seria inusitada para o fundo de Lane. Ele sabia que uma fabricante de automóveis exigiria mais capital do que o montante que estavam acostumados a investir e que levaria anos para verem algum retorno. Ainda assim, animou-se com o que viu. Em seus tempos de Oracle, Lane tinha convivido com muitos executivos da indústria automotiva em Detroit, incluindo Jacques Nasser, ex-CEO da Ford, e Brian Kelley, que havia sido presidente da divisão Lincoln Mercury da mesma empresa. Ele lhes pediu que o ajudassem a avaliar a Tesla.

A auditoria detalhada, por sua própria natureza, destina-se a encontrar lacunas em uma empresa, e Eberhard pareceu desanimado por partes do processo, de acordo com um participante. "Martin estava ficando hostil e briguento... a coisa ficou uma bagunça, uma merda total." Nasser alertou que trabalhar a partir da plataforma Lotus seria problemático. Questionado sobre a ideia da Tesla de evitar as concessionárias franqueadas, ele advertiu que, na Ford, cometera o erro de

---

* No original, *due diligence*, conjunto de atos investigativos realizados antes de uma operação empresarial, a exemplo de ingresso societário ou aquisição/fusão, em que se averigua a "saúde financeira" da empresa: questões jurídicas, trabalhistas, tributárias, comerciais e de propriedade industrial, ambientais, concorrenciais, imobiliárias e até mesmo criminais. O objetivo desse procedimento de estudo e investigação de diferentes fatores de uma corporação é analisar possíveis riscos para as diferentes partes interessadas: compradores, investidores, fornecedores, parceiros de negócios e acionistas. (N. T.)

brigar com os revendedores franqueados, o que definiu como um de seus maiores equívocos.

Ainda assim, de acordo com Lane, a negociação estava se desenrolando sem problemas – mas, no fim, Musk se envolveu na avaliação da empresa. Musk disse a eles que tinham uma oferta de uma empresa de capital de risco concorrente, a VantagePoint, que avaliou a Tesla em 70 milhões de dólares. Lane avaliou a Tesla em apenas 50 milhões.*

Entre os parceiros de Lane, não havia consenso sobre a continuidade da oferta formal de investimento. Metade deles era contra, relembrou. Questionavam se Eberhard era o cara certo para ser CEO. "Ele parece um cientista maluco", declarou um dos parceiros. Alguns não gostavam do fato de que, em suas reuniões com a equipe da Tesla, Eberhard rejeitava categoricamente a noção de que os experientes executivos da indústria automotiva de Detroit pudessem ser úteis.

O pessimismo de alguns não diminuiu a empolgação do chefão da Kleiner Perkins, o investidor de risco John Doerr. No fim das contas, os sócios deixaram a decisão nas mãos de Lane – ele poderia fazer o investimento se quisesse. Lane passou a noite pensando no assunto e, pela manhã, ligou para Musk e Eberhard para dar a notícia: não daria continuidade.

"Eu estava muito animado. Queria entrar na jogada", recordou Lane. "Mas percebi que não queria fazer um investimento sobre o qual meus parceiros estavam reticentes."

Então Musk se voltou para sua outra oferta, a da VantagePoint Capital Partners, que se interessou pela Tesla por um motivo simples: a empresa não pedia nada radicalmente novo. As baterias eram uma tecnologia comprovada, e a demanda por carros era algo que se compreendia muito bem. A inovação era simplesmente implantar esses elementos de uma maneira diferente. Juntaram-se a Musk para encabeçar uma rodada de arrecadação de fundos na casa de 40 milhões de dólares. Isso garantiu à VantagePoint um assento no conselho administrativo da Tesla – algo de que Musk se arrependeria.

---

* Mais tarde Musk alegaria que disse ao presidente da KP, John Doerr, que estava disposto a aceitar uma avaliação mais baixa se Doerr, e não Lane, passasse a integrar o conselho da Tesla. Mas Doerr cedeu o lugar a seu colega.

Capítulo 5

Sr. Tesla

"Elon é o investidor perfeito", Martin Eberhard confidenciou a um colega durante o período de lua de mel com Elon Musk. No começo, Musk também parecia admirar Eberhard e tê-lo em alta conta, cobrindo-o de elogios. "O número dos grandes profissionais de produtos no mundo é minúsculo, e acho que você está entre eles", Musk escreveu em um bilhete para Eberhard certa noite, enquanto resolviam um problema. A trajetória da carreira de ambos tinha sido semelhante, apesar das diferenças de escala do sucesso de um e do outro. Ambos criaram startups que tomaram conta da mídia – Musk ia atrás de catálogos do tipo Páginas Amarelas on-line; Eberhard, das editoras de livros. Ambos pensavam nos desejos dos clientes e nas soluções de engenharia. Ambos acreditavam que os carros elétricos eram o futuro. Ambos podiam ser charmosos, engraçados e exigentes. Compartilhavam, também, de um lado teimoso e não toleravam idiotas.

Os funcionários não viam Musk com frequência, talvez apenas em uma ou outra reunião do conselho; mas ele estava interessado nos detalhes de engenharia, e muitas vezes trocava ideias com Eberhard por meio de e-mails noturnos. Musk fez pressão para que a carroceria do Roadster fosse feita de fibra de carbono, material mais leve encontrado em supercarros, em vez de usarem fibra de vidro, que era mais barata. "Cara, dá pra fazer os painéis das carrocerias de pelo menos quinhentos carros por ano se você comprar o forno que temos na SpaceX!", Musk escreveu para Eberhard. "O forno nos custou apenas cerca de 50 mil dólares. A bomba de vácuo, o freezer de armazenamento e equipamentos diversos nos custaram outros cinquenta paus. Se alguém disser que isso é difícil, estarão falando merda. Dá para fazer compostos de alta qualidade no forno da sua casa. Depois que você começa a fazer essas coisas, percebe que não há nada de mágico em cola e barbante."

Era esse tipo de pensamento fantasioso que empolgava Eberhard enquanto ele e Musk davam seus primeiros passos no negócio automotivo, o tipo de decisão que colocaria o Roadster em uma categoria à parte – e condenaria a relação de trabalho dos dois. Jantavam na casa um do outro, celebravam marcos pessoais e se incentivavam mutuamente durante períodos de inatividade. A vida de Musk se concentrava, em grande parte, em Los Angeles, na SpaceX, que lutava para construir um foguete que não explodisse na decolagem. A vida de Eberhard era a Tesla, mais de 560 quilômetros ao norte, no Vale do Silício.

Embora Eberhard não fosse um cara da indústria automotiva tradicional, as pessoas ao redor dele geralmente ficavam maravilhadas pelas habilidades de engenharia que demonstrava. Parecia ter uma incrível capacidade de mergulhar de cabeça em um problema até encontrar uma solução. Às vezes, podia ser muito ríspido quando discordava de um colega. Quando, durante uma reunião, alguém sugeriu que instalassem painéis solares no novo escritório, visto que na ocasião já haviam se mudado para um local próximo a San Carlos, Eberhard vociferou: "Por que faríamos isso, porra?". Mas as explosões de raiva eram invariavelmente ofuscadas pelo entusiasmo e pelas piadas sem graça. "O que Nikola Tesla diria se voltasse à vida hoje?", perguntava Eberhard. "Por que estou neste caixão?"

Como costuma acontecer com fundadores de startups, o ego de Eberhard se entrelaçou com a Tesla. Ele gostava de arrastar amigos à garagem da empresa nos fins de semana para exibir seu bebê, o primeiro protótipo de engenharia do Roadster, que tomava forma no início de 2006. Stephen Casner, ex-colega de Eberhard na Packet que o apresentou à AC Propulsion, foi um dos convidados que deram uma espiada no que a Tesla estava fazendo à medida que se aproximava de completar o protótipo. A equipe vinha trabalhando pesado por horas a fio todo dia, e, no processo, criando laços de amizade. Numa segunda-feira, a assistente de escritório Colette Bridgman apareceu para trabalhar e descobriu que J. B. Straubel, Gene Berdichevsky e os outros caras de

Stanford que se juntaram à equipe haviam enchido o teto de dardos Nerf num jogo de pega-pega, uma maneira de relaxar e extravasar as tensões durante um longo fim de semana de labuta no escritório.

Eberhard confiou a Bridgman a tarefa de ser a cola que mantinha a coesão da empresa; ela organizava apresentações semanais em que os funcionários compartilhavam as vidas pessoais. Chegou a prestar consultaria para Eberhard enquanto ele planejava seu segundo casamento – com a namorada que, vários anos antes, o encorajara a seguir em frente com a ideia da Tesla. Straubel testemunhou a cerimônia, que aconteceu no jardim da adorada casa de Eberhard nas colinas acima do Vale do Silício. (Musk foi convidado, mas não compareceu.)

Mas enquanto a Tesla se preparava para revelar publicamente o Roadster pela primeira vez no verão de 2006, a inexperiência da empresa tornava-se um problema. A transmissão do carro era um ponto central e um emblema das dificuldades que a empresa enfrentava.

A transmissão de um carro transforma a energia gerada pelo motor em uma força rotacional que impulsiona os eixos, que por sua vez fazem as rodas girar. Enquanto o carro-mula de um ano antes usava uma transmissão de velocidade única, que tinha sido modificada a partir de um Honda, a equipe da Tesla no Reino Unido, formada por ex-engenheiros da Lotus, ficou encarregada de projetar do zero uma transmissão em duas velocidades. Foi uma escolha controversa. Uma parte fundamental da promessa do Roadster era que teria uma rápida aceleração de arrancada, bem como uma alta velocidade máxima. Eles sabiam que não precisavam da mesma quantidade de marchas de um carro tradicional. Um carro movido a gasolina tem várias marchas em sua transmissão, cerca de meia dúzia, a fim de canalizar a energia necessária para aceleração e velocidade – marchas mais baixas criam torque para impulsionar a aceleração, ao passo que marchas mais altas permitem que o carro continue indo mais rápido, mesmo quando as rodas do carro já estão girando mais velozmente do que o motor. A natureza de um motor elétrico, ao contrário de um motor movido a gasolina, é que produz torque quase instantâneo; não precisaria passar por várias engrenagens para atingir velocidades máximas.

Mas a equipe do Reino Unido argumentou que a dificuldade do sistema seria acelerar de 0 a 100 km/h em 4,1 segundos *e* ter uma velocidade máxima alta sem uma transmissão em duas velocidades. Eles demonstraram a própria proposta de design em computadores, exibindo a simulação de uma transmissão suave entre a primeira e a segunda marchas.

Mas quando o protótipo de transmissão chegou a San Carlos em maio de 2006, Dave Lyons, o ex-engenheiro da IDEO contratado para que a equipe da Califórnia tivesse pessoas mais experientes, percebeu que havia um problema no instante em que o retirou da caixa.

"Onde está o atuador?", perguntou ele. A transmissão estava lá, mas não a peça para conectá-la ao eixo.

Ligaram, então, para o Reino Unido, e surgiu imediatamente um desacordo quando ficou claro que os dois lados achavam que o outro estava desenvolvendo o atuador. Em um prazo apertado, teriam que criar juntos uma solução para demonstrar os carros em um evento de revelação que já havia sido agendado para aquele verão, depois dariam passos para trás a fim de arranjar uma solução mais duradoura para o problema da transmissão.

Enquanto a Tesla se preparava para revelar o Roadster, Musk falou com Eberhard sobre o preço proposto e lhe disse que estava contando a amigos que o carro custaria 85 mil dólares. Eberhard advertiu Musk, recomendando que não fosse tão categórico quando ao preço definitivo; problemas para encontrar um fornecedor de baterias e incertezas em torno da transmissão fizeram as estimativas anteriores de 80 mil dólares parecerem subestimadas. Ele sugeriu que Musk fosse vago, mencionando, por exemplo, um preço entre 85 mil e 120 mil dólares.

"Estou nervoso quanto aos 85 mil", disse Eberhard a Musk, enfatizando a questão.

Nos três anos anteriores, a Tesla estivera em "modo furtivo", um rito de passagem para as startups do Vale do Silício enquanto fundadores buscavam colocar os pés no chão – levantando capital inicial e tentando evitar os holofotes que amplificam os erros que inevitavelmente são cometidos durante os primeiros dias de existência de uma empresa. Para sair do modo furtivo, costumam existir regras bem estabelecidas destinadas a maximizar a exposição da empresa, seja o objetivo final arrecadar mais dinheiro, seja ganhar clientes. No caso da Tesla, a meta era simples: vender unidades do Roadster em pré-venda. Uma lista de encomendas bem cheia mostraria aos fornecedores de peças que a Tesla era séria.

Mas isso não a isentava de riscos. Ao contrário de um software, a Tesla ainda tinha muitos passos importantes pela frente antes que o Roadster estivesse realmente pronto. Embora Eberhard e Musk tivessem a esperança de uma rápida reviravolta para entregar o Roadster aos clientes, um plano de execução para o lançamento típico da Tesla tomou forma:

>   Fazer uma demonstração de um protótipo de como será o carro.
>   Concluir a engenharia por trás do carro real, de modo a torná-lo apto para as ruas e estradas.
>   Produzir o carro.
>   Lançá-lo para o mundo na esperança de obter críticas positivas dos analistas e especialistas insaciáveis e dos clientes exigentes, que podem já ter depositado o dinheiro, mas ainda não compraram o produto em si.
>   Depois, repetir com o carro seguinte.

Em qualquer etapa desse complicado roteiro, eles poderiam cometer um deslize, tomar uma decisão equivocada, dar um passo em falso e tropeçar. E, embora a revelação fosse inegavelmente importante, alguns na empresa ficaram surpresos ao ver o quanto Eberhard estava nervoso para garantir a alegria de Musk.

Musk queria revelar o Roadster com uma *festa*. Nenhum detalhe parecia pequeno demais para passar pelo crivo da assistente pessoal de Musk – desde a concepção e o cenário até a comida a ser servida. A lista de convidados foi elaborada por Musk, logicamente. O plano era realizar o evento no aeroporto de Santa Monica, onde poderiam alugar um hangar e oferecer passeios nos dois protótipos do Roadster que haviam sido concluídos, uma versão vermelha e uma preta. Os convidados foram instruídos a trazer seus talões de cheque e avisados de que um depósito de 100 mil dólares os colocaria na lista de espera por um carro assim que estivesse pronto em 2007. A meta era conseguir vender cem carros em pré-venda dois ou três meses após o evento.

Antes do lançamento, Jessica Switzer, diretora de marketing da Tesla, contratou uma agência de relações públicas em Detroit para ajudar a conseguir publicidade da imprensa especializada do setor automotivo. Musk dispensou a agência assim que soube disso. Não queria gastar dinheiro em marketing antes de o carro estar pronto; imaginava que seu envolvimento pessoal e o próprio Roadster em si criariam atenção suficiente. Musk já tinha se mostrado insatisfeito com a decisão de Switzer de gastar dinheiro – com a aprovação de Eberhard – em grupos focais para testar o carro e a marca. Musk ordenou que Eberhard a demitisse. Eberhard ficou chocado, mas obedeceu, com lágrimas nos olhos.

Foi aí que Colette Bridgman, a ex-assistente de escritório que entrou na Tesla com a esperança de alcançar coisas melhores, viu-se em uma nova função: marketing. Agora ela era a encarregada de supervisionar o evento. Outra empresa de relações públicas foi contratada, mas também entrou na mira de Musk nos dias que antecederam o lançamento, quando os principais jornais começaram a divulgar matérias sobre a Tesla. O *The New York Times* publicou um artigo que se referiu a Eberhard como presidente do conselho administrativo, em vez de presidente da empresa, e não mencionou Musk em nenhum momento. Irritado por ter sido deixado de fora do artigo, Musk escreveu um e-mail furioso para a empresa de relações públicas. "Fui incrivelmente insultado e fiquei envergonhado com o artigo do *NY Times*. Se algo assim voltar a acontecer, e alguma outra matéria semelhante vier a ser publicada, por favor, considere o relacionamento [de vocês] com a Tesla imediatamente encerrado."

Quando chegou a hora do evento, Musk acionou seu charme esquisito. Foi o anfitrião de 350 convidados, percebendo que a qualquer momento sua esposa daria à luz trigêmeos (eles já tinham um casal de gêmeos). Comparecerem Michael Eisner, CEO da Disney; Jeff Skoll, do eBay; Bradley Whitford, ator da série *The West Wing*; o produtor de cinema Richard Donner; e o ator Ed Begley Jr. O então governador da Califórnia, Arnold Schwarzenegger, também estava lá. A verdadeira estrela da noite, porém, foi Eberhard, que apresentou o carro e a empresa ao mundo, explicando com paixão por que era o momento certo para o advento de um carro totalmente elétrico. "Um carro esportivo elétrico é a maneira de mudar fundamentalmente a maneira como dirigimos nos Estados Unidos", declarou Eberhard à multidão.

Dentro do hangar, Bridgman montou estações onde engenheiros detalhavam diferentes partes do veículo; a tecnologia era tão nova que, a seu ver, os clientes precisavam aprender mais sobre ela para se sentirem confortáveis de fazer o polpudo investimento. Cada funcionário foi encarregado de, com tato e delicadeza, tentar fechar negócio. Uma tela monitorava as vendas do evento.

Mas, em última análise, o que Eberhard, Musk ou os engenheiros tinham a dizer importava muito pouco para os convidados. O que importava era o Roadster. O carro não era nem um pouco parecido como o *tzero* amador que chamara a atenção dos círculos de entusiastas de carros elétricos. Parecia um carro esportivo de verdade, algo que um ricaço poderia se imaginar dirigindo por Rodeo Drive* para impressionar os pedestres. J. B. Straubel, vestido com uma folgada camisa preta de colarinho abotoado com a insígnia "T", da Tesla, foi incumbido de levar o governador para um test drive. Uma multidão fez fila para ver Straubel sair deslizando em silêncio para fora do hangar com o gigantesco Schwarzenegger enfiado na apertada cabine, os joelhos encolhidos projetando-se contra o painel do lado do passageiro. "Acelera!", gritou alguém na multidão. No começo, Straubel não pisou fundo. Ele sabia que precisava endireitar o carro ao longo da pista do aeroporto para lhe dar espaço de movimento. Assim que ajustou a angulação correta e pisou no acelerador, o carro ganhou um pouco de velocidade, seu motor zunindo como uma nave espacial. Em seguida, *zum!* O carro desapareceu de vista deixando para trás uma pequena nuvem de poeira, e os únicos sons audíveis eram a tração dos pneus e a multidão murmurando em uníssono: "Uau!".

Não era um carrinho de golfe. O sonho de Eberhard, Musk e Straubel se tornou realidade. Tinham nas mãos um carro esportivo e elétrico de verdade (e muito caro), precisamente do tipo que Eberhard havia procurado quatro anos antes, mas que ainda não existia. E dirigi-lo era como conduzir um raio. Quando Straubel encostou o carro após o passeio, deu para ver o largo sorriso estampado no rosto do governador.

Pelo resto da noite, o carro continuou sendo o grande atrativo. A veloz aceleração ao longo da pista improvisada. O torque instantâneo. Esses atributos fizeram o que nem a melhor técnica de venda e nem o vendedor com a melhor lábia do mundo seriam capazes de fazer. No meio da festa, já havia vinte reservas para o Tesla; os compradores depositavam cheques de 100 mil dólares dentro de um cofrinho.

Naquela noite, mais do que apenas fazer um discurso de vendas para o Roadster, Musk apresentou seu plano mais ambicioso para a empresa. O custo do Tesla não apenas proporcionaria aos compradores um carro esportivo excepcional, mas ajudaria a gerar dinheiro a ser investido no desenvolvimento de outros veículos ecologicamente corretos. Poucos dias depois, Musk iria mais longe, postando no site da Tesla sua visão para a empresa, um aprofundamento mais detalhado de sua simples premissa de três etapas. Ou, como ele definiu, "o plano-mestre secreto da Tesla Motors".

---

* Quarteirão de Beverly Hills, em Los Angeles, famoso pelas lojas de grifes caras e restaurantes finos. (N. T.)

"Para que faça sentido com o que nos propomos a ser, uma empresa de tecnologia de rápido crescimento, todo fluxo de caixa livre é reinvestido em pesquisa e desenvolvimento para reduzir os custos e colocar no mercado novos produtos o mais rapidamente possível", escreveu ele. "Quando alguém compra o carro esportivo Roadster da Tesla, na verdade está ajudando a custear o desenvolvimento de carros populares de baixo custo." Musk acrescentou outra meta: queria fornecer geração de energia elétrica "de emissão zero". O blog fazia referência a seu recente investimento em uma empresa de painéis solares chamada SolarCity Corporation. Era um empreendimento com seus dois primos (o que o tornava presidente de uma terceira empresa, depois da Tesla e da SpaceX) voltada para a instalação de painéis solares em casas, o que, segundo Musk, poderia gerar diariamente uma quantidade de energia elétrica suficiente para um carro dirigir por oitenta quilômetros. Musk estava vendendo não apenas um carro esportivo bacana, mas a noção de que era possível abastecer um carro com uma fonte de energia que não provinha de combustíveis fósseis.

A ideia atraiu muita gente na Califórnia e, mesmo depois do evento, os pedidos para a chamada edição "Signature 100" continuaram chegando. Joe Francis, criador do programa de TV *Girls Gone Wild*, enviou um caminhão blindado ao escritório de San Carlos para deixar seu depósito de 100 mil dólares em dinheiro vivo. (Alarmado por manusear tanto dinheiro em espécie, o cofundador Marc Tarpenning correu para o banco.) Schwarzenegger elogiou o Tesla no Salão do Automóvel de São Francisco e comprou um. O ator George Clooney fez o mesmo. Em três semanas, a Tesla vendeu toda a sua oferta inicial de cem carros.

O sucesso da apresentação do Roadster também catapultou Eberhard para a fama. Ele foi o destaque de uma campanha publicitária do smartphone BlackBerry, apareceu no *talk-show* jornalístico *Today* e se tornou uma figura habitual no circuito de palestrantes, falando em eventos cujas plateias queriam ouvir suas ideias sobre o futuro do automóvel. Eberhard ganhou os holofotes e se tornou o rosto da Tesla. Como presente de casamento, sua esposa comprou para ele placas de carro personalizadas com os dizeres: "Sr. Tesla".

Agora, ele só precisava colocar o Roadster em produção.

Junto das encomendas e da atenção, a Tesla recebeu também um novo tipo de escrutínio. Um cliente em potencial enviou um e-mail à VantagePoint: "Odeio perguntar isso, mas queria a importante opinião de vocês sobre a minha intenção de reservar um daqueles carros elétricos Roadster da Tesla; se estivessem no meu lugar, estariam preocupados com a possibilidade de a empresa falir e perder meu grande depósito? Uma parte de mim diz 'só faça a reserva e espere para ver se vale a pena'".

A mensagem chegou até Musk, Eberhard e o recém-nomeado representante da VantagePoint no conselho administrativo da Tesla, Jim Marver. "Não sei ao certo como responder a questões como essa", disse um analista da VantagePoint ao encaminhar a pergunta. "É meu dever informá-lo de que o dinheiro da reserva estaria em risco e que ele deveria esperar, ou fornecemos algum tipo de proteção."

Musk respondeu com veemência: "Sempre deixei bem clara a minha opinião: embora seja muito provável que a Tesla terá sucesso e que entregará um carro excelente, o dinheiro do depósito não tem caução nem custódia de terceiros e tampouco qualquer outra forma de garantia. Minha recomendação é que as pessoas comprem os carros da edição de colecionador Sig 100, pois provavelmente serão os mais valorizados ao longo do tempo".

Nos bastidores, funcionários da VantagePoint ficaram alarmados com o fato de que o dinheiro não estava sendo usado como caução, mas se misturando ao caixa operacional da empresa. O CEO da VantagePoint, Alan Salzman, temeu que isso os expusesse a riscos desnecessários, e não teve vergonha de expressar seu descontentamento. Foi o primeiro atrito entre a VantagePoint e a Tesla.

Com o protótipo em mãos, no entanto, Musk estava preocupado com problemas mais urgentes. Pela primeira vez, viu e sentiu como seria o carro e não ficou satisfeito com o que encontrou. Começou a fazer mais sugestões de mudanças. No entanto, ao contrário de 2005, quando estava bem-humorado e animado com as possibilidades, agora sentia-se frustrado porque Eberhard não parecia compartilhar de seu senso de urgência. Musk achou difícil entrar no carro, achou que os assentos eram desconfortáveis e que o interior carecia de refinamento e elegância quando comparado a outros carros de luxo. No outono de 2006, Musk perdeu a paciência e explodiu com Eberhard enquanto falava sobre a qualidade do painel de controle. "Estamos falando de um grande problema, e me preocupa profundamente saber que você não reconhece isso como um problema", escreveu Musk, por e-mail.

Eberhard se esquivou, alegando que isso era algo que precisava ser corrigido só depois que outras prioridades mais prementes fossem abordadas, especialmente se quisessem colocar o Tesla em produção no verão de 2007, dali a menos de um ano. "Eu não consigo enxergar, de jeito nenhum, um caminho – qualquer que seja – de consertar isso antes do início da produção sem que tenhamos um custo significativo e um grande impacto no cronograma", explicou. "Ainda temos que resolver um sem-número de difíceis problemas só para conseguirmos colocar o carro em produção – todo tipo de adversidade, desde problemas graves de custos a problemas com fornecedores (transmissões, ar-condicionado etc.), passando pela imaturidade do nosso próprio design até a estabilidade da Lotus. Passo noites em claro aflito com a necessidade de colocarmos o carro em produção em algum momento de 2007."

Eberhard continuou, em tom de súplica: "Pelo bem da minha própria sanidade e o da minha equipe também, não estou pensando muito no painel e em outros itens que quero consertar depois [do início da produção]. Temos uma longa lista de coisas em que pensar assim que começarmos a despachar os carros, e vou pensar nelas quando houver tempo livre para fazer isso".

Talvez Eberhard tivesse a esperança de postergar uma discussão com Musk ou de apaziguá-lo, mas sua resposta só serviu para enfurecê-lo ainda mais: "O que quero ouvir de você é que o problema será resolvido depois [do início da produção] e que os clientes serão informados de que haverá uma atualização *antes de receberem o carro*. Nunca exigi que isso fosse feito antes da produção, então não sei por que você usa essa falácia, distorcendo meu argumento".

No final de 2006, os funcionários da Tesla – cuja força de trabalho ficava cada vez mais numerosa – testemunharam o fardo de estresse que Eberhard era obrigado a carregar. Ele passava horas sentado no escritório com a cabeça enterrada entre as mãos, ou então fitava o vazio enquanto cofiava a barba. Tarde da noite, Eberhard ligava, desesperado, para Laurie Yoler, conselheira da empresa, para relatar todas as mudanças que Musk exigia e a pressão que estava fazendo. Depois de passar um fim de semana testando o protótipo do Roadster, Musk achou que os assentos da Lotus eram desconfortáveis. Mas assentos personalizados acrescentariam 1 milhão de dólares ao custo de desenvolvimento, dinheiro que eles estavam longe de ter. Entrar no Roadster era difícil, sobretudo para a esposa de Musk, Justine. O assento ficava a poucos centímetros do chão, o que significava que os joelhos do motorista e do passageiro não se dobravam muito quando se sentavam. Parecia mais que estavam entrando em um trenó de alta potência do que em um carro esportivo típico. O desenho original do Elise tinha uma borda alta na porta, por cima da qual a pessoa tinha que pular. Musk queria abaixar a borda em cinco centímetros. Isso adicionaria 2 milhões de dólares ao custo do projeto. Musk queria faróis especiais e aprovou 500 mil dólares para esse trabalho, além de travas eletrônicas especiais em vez de botões mecânicos para as portas, adicionando mais um milhão. A mudança de fibra de vidro para fibra de carbono acrescentou 3 mil dólares ao custo de cada carro.

Musk estava controlando o carro em si. Ele não estava errado, mas as coisas estavam indo longe demais. "Elon tem um monte de ideias e eu não consigo acompanhá-lo com a rapidez necessária", confidenciou Eberhard a Yoler.

No final de novembro de 2006, ele fez uma apresentação para a diretoria na qual o custo estimado para construir cada Roadster havia aumentado para 83 mil dólares, em contraste com a meta original de 49 mil. Esse número tinha como base o início da produção após o outono – em vez do verão de 2007, conforme o planejado –, com uma expectativa de produzir trinta carros por semana até o final de dezembro. Mesmo essa previsão estava cheia de ressalvas – eles ainda não haviam finalizado o processo de aprovação de peças de produção nem a seleção de fornecedores. Eberhard esperava reduzir o custo em 6 mil dólares no ano seguinte.

Uma das dificuldades que persistiam era o trem de força elétrico – as baterias e o motor –, que representava o sistema mais caro do carro. O custo das células de baterias era o dobro do que haviam previsto. Embora a Tesla tenha se fundamentado na ideia de que baterias eram uma mercadoria que podia ser encontrada a baixo custo, os engenheiros da empresa constataram, na verdade, que nem todas as baterias eram iguais, nem mesmo as vendidas com o mesmo número de identificação (chamadas de 18650 por conta de suas dimensões, 18 mm por 65 mm). Cada empresa tinha uma maneira diferente de fazer as células, e isso acarretava ramificações para o uso em um carro. Depois de testar as opções disponíveis na indústria, a equipe de Straubel verificou que apenas as células de algumas empresas funcionavam de forma eficiente, incluindo as da Sanyo. Se os fabricantes de baterias descobrissem essa limitação, a Tesla perderia qualquer poder de negociação que pudesse ter. Na situação em que as coisas estavam naquele momento, os fornecedores pensavam que a Tesla tinha nas mãos um mundo inteiro de oportunidades financeiras. Em conversas privadas, alguns funcionários, incluindo Gene Berdichevsky, mostravam preocupação por se verem amarrados a poucos fornecedores de baterias; fizeram pressão, exigindo dinheiro para desenvolver outras opções. Eberhard disse que não – simplesmente não havia verba. A equipe de Eberhard estava lutando, também, para encontrar um fornecedor que fosse capaz de construir uma transmissão de acordo com as especificações e o preço da Tesla. O trem de força era a peça fundamental do carro e ainda não havia certezas sobre ele.

O desempenho de Eberhard na reunião do conselho de diretores em novembro de 2006 obrigou Musk a adotar uma postura de controle de danos com Jim Marver, da VantagePoint, especificamente por causa da incapacidade de Eberhard de responder a perguntas sobre custos. "Não é como se Martin não fizesse ideia de quanto custa o carro quando foi questionado na última reunião do conselho, o problema foi que ele não se sentia confortável em citar números precisos no improviso quando perguntado sobre um determinado trimestre de produção", disse Musk a Marver, tentando restabelecer a confiança, ainda que de forma ambígua. Mas o que Musk não disse foi que ele também estava começando ter dúvidas sobre o que realmente estava acontecendo dentro da empresa. Algumas semanas depois, Musk viajou para falar com o pessoal da Lotus – reunião que não incluiu Eberhard. Musk queria saber qual era a opinião da Lotus sobre como a Tesla estava se saindo com relação ao cronograma do projeto.

"Tenho certeza de que você pode imaginar que considero essa situação um tanto embaraçosa, uma vez que Elon pediu um parecer da própria Lotus com relação ao cronograma de produção", escreveu Simon Wood, um diretor da Lotus, a Eberhard antes da reunião, na qual ofereceu seu prognóstico pouco auspicioso. "Reconheço que essa informação entra em conflito com os planos que sua equipe está desenvolvendo."

Os slides de PowerPoint alertaram Musk, logo de cara, sobre as opiniões de Wood: "Talvez sejam consideradas pessimistas, mas refletem o sentimento geral das pessoas mais importantes da Lotus envolvidas no projeto". Ele afirmou que a Lotus elaborou uma lista de quase 850 pontos preocupantes, que iam desde itens que resultariam em uma perda completa das funções do carro, incluindo questões de segurança e regulatórias, até itens que afetariam a satisfação do cliente ou que exigiriam pequenos reparos. Wood calculou que lidariam com 25 questões por semana, o que adicionaria mais de trinta semanas ao cronograma antes mesmo que pudessem iniciar a produção. Tudo isso significava que a

Lotus tinha em mente que seria capaz de fazer talvez 28 Roadsters até o Natal de 2007. Os planos da Tesla exigiam um aumento na curva de produção para trinta carros *por semana* até o final do ano.

No entanto, mesmo com um volume cada vez maior de problemas preocupantes, o conselho administrativo da Tesla entrou em 2007 com otimismo para abrir o capital da empresa no ano seguinte. Em janeiro, Marver propôs que o conselho começasse a se reunir com os banqueiros. A ideia que discutiram era pedir emprestado um montante de dinheiro que se converteria em uma participação acionária a certo preço, um esquema de empréstimo-ponte que, segundo o que eles esperavam, lhes permitiria evitar o acúmulo de dívidas altas enquanto se preparavam para abrir o capital da empresa. Marver sugeriu que Eberhard falasse em uma conferência de investimentos a ser realizada em Nova York nas semanas seguintes. Musk não gostou da ideia de Eberhard gastar seu tempo dessa forma, argumentando que ele deveria concentrar suas atenções no Roadster, e não no que julgava serem reuniões financeiras e de relações públicas de baixo valor. "Há vários problemas urgentes com o Roadster que precisam da atenção de Martin neste momento", disse Musk ao conselho. "Já estamos significativamente atrasados no prazo de entrega e corremos o risco de ficar ainda mais para trás."

À medida que o ano avançava, o conselho começou a restringir os próprios planos. Na primavera, Musk disse ao conselho que acreditava que a Tesla precisava levantar entre 70 e 80 milhões de dólares para manter a empresa em pé até uma oferta pública inicial de ações em março ou abril de 2008. Um após o outro, os prazos pareciam ir por água abaixo. Marver advertiu sobre os perigos de usar o dinheiro que haviam acumulado dos depósitos de compradores do Roadster. "Muitos são da opinião de que não devemos gastar esse montante até que estejamos despachando Roadsters para os clientes, espero que em outubro", disse ele ao conselho. "Por exemplo, se enviarmos os 25 Roadsters do plano de negócios, poderíamos gastar 2,5 milhões dos depósitos ainda este ano. Se tivéssemos plena certeza de que o capital privado estaria disponível para nós no outono a um bom valor, então é claro que poderíamos fazer uma rodada mais modesta agora." Mas o que o preocupava eram os potenciais atrasos ou uma mudança na disposição dos investidores de colocar mais dinheiro na empresa ou de lhes emprestar dinheiro.

No fim das contas, o conselho decidiu buscar menos dinheiro do que Musk havia sugerido, decidindo arrecadar 45 milhões de dólares, quantia que valorizou a Tesla em 220 milhões de dólares. Foi uma decisão que colocou fé na capacidade da Tesla de iniciar a produção naquele ano, o que ainda estava longe de ser uma certeza.

Os cronogramas impossivelmente apertados, os prazos estourados, os contratempos de produção, as reservas financeiras inadequadas – tudo apontava para um fato cristalino: havia algo de errado no núcleo da Tesla. Mas o que, exatamente? Felizmente para Musk, ele sabia a quem perguntar.

Capítulo 6

O homem de preto

Seis anos antes de se tornar um investidor na Tesla, Antonio Gracias estava a bordo de um avião que decolou de Chicago rumo à Suíça em uma viagem que mudaria a vida dele e a da fabricante de carros elétricos nos anos vindouros. Na primavera de 1999, Gracias chegou na cidadezinha de Delémont a tempo para o jantar. Fora até lá para inspecionar pessoalmente a mais recente adição ao seu florescente império de pequenas fábricas industriais, que havia começado a comprar quatro anos antes, enquanto ainda estava matriculado na Faculdade de Direito da Universidade de Chicago. O final da década de 1990 não foi bom para os pequenos fabricantes que forneciam peças para clientes dos setores automotivo e eletrônico. Essas empresas maiores estavam se utilizando do tamanho gigantesco que tinham para espremer os peixes pequenos, exigindo peças por preços cada vez mais baratos. Nesse ambiente, Gracias, que havia crescido no entorno das fábricas de Grand Rapids, Michigan, viu uma oportunidade. As microempresas – empreendimentos modestos e familiares – talvez precisassem de apenas um pouco de modernização e reestruturação para reduzir custos e de um novo enfoque para se transformarem em negócios melhores. Isso tudo levou Gracias a Delémont para visitar uma fábrica, o que fazia parte de uma transação maior para comprar uma indústria de estampagem de chapas metálicas* nas imediações de Chicago.

Gracias foi recebido pelo gerente da fábrica em um jantar do qual participou um consultor de engenharia chamado Tim Watkins, contratado meses antes para ajudar a endireitar as operações. No início, Gracias não sabia o que pensar de Watkins, engenheiro nascido no Reino Unido que mantinha os longos cabelos em um rabo de cavalo e se parecia um pouco com Sean Connery no filme *O curandeiro da selva*, só que vestido todo de preto e ostentando uma pochete. Durante o jantar, porém, ficou claro bem rápido, para Gracias, que ele e Watkins viam o mundo de forma semelhante. Liam os mesmos livros, tinham as mesmas ideias sobre gestão e tecnologia.

Gracias, de 28 anos, havia trilhado uma trajetória incomum no mundo das fábricas. Filho de imigrantes, nasceu em Detroit e cresceu no oeste de Michigan. Seu pai era neurocirurgião; a mãe administrava uma loja de lingerie, onde Gracias ajudava depois do horário da escola. Na adolescência, comprava ações da mesma maneira que os outros meninos colecionavam cartões de beisebol. Sua propriedade mais valiosa era a Apple. Em 1995, depois de trabalhar por dois anos no banco de investimentos Goldman Sachs, acabou na faculdade de direito, não porque sonhasse em exercer a advocacia, mas porque sua mãe havia morrido, e o sonho de seus pais era ver todos os filhos se tornarem médicos e advogados.

Na faculdade, não conseguia se livrar do desejo de arregaçar as mangas e entrar de cabeça no mundo dos negócios, de *fazer* algo concreto. Paralelamente, criou sua própria firma de investimentos, a MG Capital (em homenagem à mãe, Maria Gracias), que em 1997 ganhou um sócio, um amigo dos tempos da Goldman Sachs. A empresa levantou 270 mil dólares, mais 130 mil do próprio bolso de Gracias, para começar. Sua primeira aquisição parecia boa demais para ser verdade: uma fábrica de aço eletrogalvanizado em Gardena, Califórnia, administrada por um gerente com experiência em endireitar empresas com problemas – o que significava que Gracias poderia continuar tranquilamente seus estudos na faculdade de direito. A fábrica estava enredada em um processo de falência, uma órfã corporativa que ninguém queria. Assumindo uma dívida enorme, os dois compraram a empresa pelo valor de seus ativos

---

* O processo de estampagem consiste em produzir as peças a partir da aplicação de golpes com altíssima pressão sobre o metal, para que ele tome a forma desejada, que é definida por moldes. (N. T.)

(em vez de por um múltiplo de sua receita anual de 10 milhões de dólares, que é a forma como normalmente se avalia uma empresa).

Muito rapidamente, no entanto, viram-se perdidos em uma enrascada. Gracias continuou matriculado na faculdade, mas praticamente abandonou a sala de aula para trabalhar no chão de fábrica na Califórnia, contando com um amigo próximo chamado David Sacks para informá-lo sobre o que estava acontecendo em Chicago e para ajudá-lo a se preparar para as provas do final do ano que comporiam suas notas. Em Gardena, abastecido de doses diárias de café da Starbucks, Gracias trabalhava de perto com os funcionários para encontrar maneiras de impulsionar a produção da empresa num momento em que havia uma demanda cada vez maior pela galvanoplastia, especialmente por parte dos fabricantes de eletrônicos. O que a princípio parecia uma manobra temerária se transformou em uma máquina de imprimir dinheiro a toque de caixa, gerando vendas anuais de 36 milhões de dólares – e alimentando o *boom* de compras da MG. Quando Gracias se sentou para jantar em Delémont, a MG Capital tinha adquirido cinco empresas.

As receitas em alta permitiram inclusive que a MG Capital investisse em uma startup chamada Cofinity, onde o amigo de Gracias da faculdade de direito, Sacks, tinha ido trabalhar. Essa empresa se fundiu à X.com, de Musk, antes de se tornarem coletivamente a PayPal. Foi assim que Gracias conheceu Musk.

Quando o jantar terminou, o gerente e Watkins levaram Gracias para ver sua nova fábrica. Era tarde da noite de um sábado, provavelmente uma boa hora para ver a instalação em seu estado inativo – trabalhar à noite e nos fins de semana era essencialmente proibido pelas leis trabalhistas locais. Ao se aproximarem da porta, Gracias ficou surpreso ao ouvir o zumbido das máquinas de estampagem de chapas metálicas vindo da fábrica às escuras. Lá dentro, quando as luzes se acenderam e seus olhos se ajustaram, ele não conseguiu acreditar no que via: uma fábrica totalmente automatizada. As máquinas estavam funcionando; não havia ninguém para monitorá-las.

Gracias tinha viajado o mundo inteiro para observar fábricas, estudando as tecnologias mais recentes para melhorar os processos e velocidades de linhas de produção, mas aquilo era totalmente novo. Numa época em que os computadores pessoais ainda eram raros no chão de fábrica, Watkins descobrira uma maneira de automatizar, criando algoritmos para prever quando os sistemas precisariam ser desligados para manutenção. Cronometrou as máquinas para funcionarem por quatro horas por conta própria. Em seguida, os operários voltariam para a fábrica para cumprir turnos de oito horas, sucedidos novamente por períodos em que as máquinas operariam de forma independente.

Com sua inovação, Watkins descobriu como operar uma fábrica vinte e quatro horas por dia, em um local cuja legislação trabalhista normalmente permitia no máximo dezesseis horas de trabalho. No processo, ajudou a reduzir os custos de operação.

"Nunca tinha visto isso, em lugar nenhum do planeta", declarou Gracias.

Encontrou, por acaso, uma das maiores descobertas de sua carreira – não a fábrica, mas o inovador por trás dela. Passou os meses seguintes tentando convencer Watkins a se juntar à MG Capital, para incrementar seu crescente conjunto de fábricas espalhadas por todos os Estados Unidos. Por fim, conseguiu. O relacionamento deles contribuiria para que Gracias e seu parceiro de negócios vendessem as empresas do portfólio da MG Capital por um lucro nove vezes maior. O histórico de desempenho os ajudou a criar um fundo de investimento de 120 milhões de dólares. A MG Capital passou a se chamar Valor, com Watkins a bordo como sócio. Eles rapidamente se tornaram amigos; até mesmo dividiram uma casa por algum tempo em Chicago. Compartilhavam um profundo desejo de evoluir juntos. Mais que comprar fábricas em dificuldades e fazê-las funcionar, eles queriam investir em empresas e emprestar os próprios conhecimentos para ajudá-las a se tornarem negócios melhores.

Uma parte fundamental da estratégia deles era ficar em segundo plano, quase no anonimato. Não queriam cultivar uma reputação que pudesse assustar os fundadores das empresas; basicamente evitavam publicidade. Quando apareciam, o que buscavam alardear era a comprovada experiência que tinham nos processos mais concretos, como a automação, que podem consolidar o sucesso de uma empresa ou decretar seu fracasso. Em 2005, quando Musk propôs que Gracias (com alguns outros amigos) investisse na Tesla, ele aceitou na hora.

Portanto, não foi nenhuma surpresa quando Musk ligou para seu amigo Gracias em 2007 com um pedido de ajuda. Alguma coisa estava fora dos eixos na Tesla. Naquele ano, Gracias também entrou para o conselho administrativo, e logo de cara percebeu que Martin Eberhard estava passando o maior perrengue para gerenciar a montadora que, dia após dia, aumentava de tamanho. Ficava cada vez mais claro que o fundador estava perdido num mato sem cachorro.

Foi aí que Gracias e Watkins entraram em cena. Musk precisava que eles esquadrinhassem os livros contábeis da empresa e descobrissem o que realmente havia de errado na Tesla.

No Vale do Silício, não é incomum que uma startup atinja um tamanho e complexidade que ultrapassam as capacidades e competências de seu fundador. Em 2007, essa hora chegou para Eberhard. Ele sabia disso, e Musk também. Começaram a cogitar a contratação de um novo CEO e do primeiro diretor financeiro, como pretendiam fazer desde a criação da empresa, para se encarregar do planejamento econômico e financeiro. Isso deixaria Eberhard livre para se concentrar no desenvolvimento do próximo carro depois do Roadster – passo que a empresa precisaria dar se realmente quisesse evoluir de uma fabricante de carros que eram essencialmente brinquedos de gente rica para uma montadora de automóveis de verdade, conforme previsto no plano-mestre não tão secreto elaborado por Musk no ano anterior. Musk estava cada vez mais preocupado com os rumos do Modelo S, ainda conhecido internamente pelo codinome "WhiteStar". Esse veículo era o ponto crucial da trajetória da Tesla. Mesmo na melhor das circunstâncias, o Roadster só seria adquirido por um número modesto de ricaços ávidos por novidades tecnológicas. Já o Modelo S era um carro para as massas, tendo em mente a intenção de se popularizar no grande mercado. Precisava demonstrar para o público tudo o que a Tesla defendia. Não haveria espaço para deslizes.

Ron Lloyd, líder do projeto, viera da indústria de tecnologia, mas criara uma equipe formada, em grande parte, por caras da indústria automobilística, a ponto de montar um grande escritório nos subúrbios de Detroit. Em sua primeira ida ao escritório, Musk teve uma péssima impressão. (Entre as transgressões da equipe estava um erro de digitação numa apresentação que um dos engenheiros cometeu a gafe de deixar passar) Formada por ex-funcionários das montadoras de Detroit e seus fornecedores, a incipiente equipe estava desenvolvendo uma cultura diferente da dos engenheiros no Vale do Silício que trabalhavam sob o comando de J. B. Straubel, em sua maioria egressos de Stanford em seu primeiro ou segundo emprego. Se de início a Tesla evitou contratar engenheiros de Detroit, o desafio de construir um carro totalmente novo a partir do zero levou a uma dependência cada vez maior desse tipo de profissional. Em 2007, a ideia de entrar em uma startup da Califórnia para fabricar um carro elétrico era bastante radical em

Detroit, que em anos recentes passara por um período de inebriante entusiasmo em que as vendas atingiram novos recordes. Embora rachaduras estivessem se abrindo nos alicerces da GM e da Ford, o dinheiro ainda jorrava. Fazer carreira como executivo ou engenheiro na General Motors, Ford e DaimlerChrysler carregava a expectativa de emprego vitalício e pensões lucrativas. A GM costumava ser chamada, de brincadeira, de "Generous Motors" [Motores Generosos]. Naquela época, era difícil convencer alguém de desistir disso por uma startup que poderia não dar certo – para a perplexidade da equipe no Vale do Silício, onde o risco de sair de um emprego em troca de um potencial pagamento de dividendos era tido como norma. Era um ambiente que recompensava o risco e onde o fracasso era visto como parte do jogo – contanto que a pessoa desse a volta por cima com outra boa ideia.

"Demita todos eles. Mande todo mundo embora", disse Musk a Eberhard assim que deixaram o escritório de Detroit. Como fazia com muitas das ordens de Musk, Eberhard ignorou essa também. Ainda precisava daquelas pessoas.

Para Musk, a equipe de Detroit parecia excessivamente focada no custo do veículo, em detrimento da qualidade. Os caras de Detroit estavam entusiasmados com um acordo que haviam fechado com a Ford para usar peças do programa do sedã Fusion. O Roadster havia ensinado à Tesla que não poderiam simplesmente comprar uma carroceria de outra montadora, fazer alguns ajustes e esperar que tudo funcionasse. Cada mudança que faziam para tornar a carroceria mais parecida com um Tesla adicionava custo. Então, a equipe de Detroit procurou fazer o que as grandes fabricantes de automóveis faziam o tempo todo: construíram um carro a partir de um catálogo de peças já existente, imaginando que seria mais barato do que adquirir peças únicas de fornecedores, que já estavam relutantes em trabalhar com a pequena startup. A equipe de Detroit estava, em essência, desmontando um carro como se fosse um Lego e configurando as partes de acordo com a aparência que imaginavam que ele deveria ter. O problema era que Musk não parecia feliz com a imagem que estavam criando.

Musk expressou seu descontentamento com relação a Lloyd para Eberhard, que tinha a tarefa nada invejável de tentar conciliar um orçamento insignificante com o gosto extravagante de Musk. "Ouvi Ron sugerir muitas vezes que não podemos fazer [o Modelo S] parecido com outros carros de 50 mil dólares porque temos muito pouco dinheiro sobrando depois do custo da bateria", escreveu Musk, tarde da noite, na primavera de 2007. "Se nos apoiarmos demais nessa muleta, o resultado será uma porcaria de carro, e é por isso que reduzi nossas estimativas de custo da transmissão em carros de luxo. Tenho bastante confiança de que a diferença real de custo entre o nosso sistema de transmissão e o de um carro de luxo movido a gasolina está longe de ser tão grande quanto pensamos que é."

Elon resumiu suas preocupações: "Eu queria ter certeza de que os nossos caras sabem do principal, que a maioria dos carros norte-americanos é uma merda, e que saibam mudar isso... será que conseguem fazer uma boa avaliação de produto?".

Apesar de seu descontentamento com a equipe de Detroit, Musk entendia que a experiência automotiva era um ativo valioso para a empresa. Ele gostou da ideia de contratar um CEO com experiência comprovada em lançar um carro descolado com pouco dinheiro. O Roadster havia mostrado a ele a rapidez com que os custos podiam sair do controle. E, mesmo com as despesas adicionais em que incorreram, Musk permanecia insatisfeito com certos elementos do Roadster, queixando-se de que o interior do carro fazia-o parecer de baixo custo com preço de carro de luxo.

Avaliando CEOs em potencial, Musk ficou curioso a respeito de um badalado desenvolvedor de produtos chamado Hau Thai-Tang, depois de ver a cobertura da mídia sobre as realizações dele na Ford. Em 2005, Thai-Tang ganhou notoriedade por seu papel na supervisão do desenvolvimento do novo Ford Mustang, projeto que havia avançado sob sigilo e agora estava recebendo uma repercussão entusiástica da mídia especializada. Musk providenciou um fim de semana para que o executivo conhecesse a Tesla e dirigisse o carro. Mais tarde, Eberhard diria que poucas vezes na vida tinha visto alguém dirigir de forma tão agressiva. Depois do passeio, Thai-Tang desatou a falar sobre todas as questões que precisavam ser resolvidas para melhorar a dinâmica de direção – a suspensão estava errada, havia peso demais atrás, e assim por diante. Mas também fez muitos elogios. "É realmente incrível", decretou ele.

No fim das contas, para a decepção de Musk e Eberhard, Thai-Tang não estava interessado em sair da Ford.* Mesmo assim, sentiram-se

---

* Na primavera de 2007, a Ford o despachou para supervisionar o desenvolvimento de produtos na América do Sul, um trampolim para atribuições maiores. Em 2019, Thai-Tang já era o principal executivo de desenvolvimento de produtos da Ford.

fortalecidos: estavam no caminho certo. Thai-Tang também ajudou de outra forma: recomendou uma agência de recrutamento de executivos para ajudar a encontrar um CEO.

Por fim, vazou a notícia de que a Tesla estava em busca de um substituto para Eberhard. Dois repórteres entraram em contato com o escritório de relações públicas da empresa em junho, e o vazamento deixou Eberhard bastante frustrado. Por e-mail, ele se queixou com o conselho. "Não sei como essa informação vazou, mas só pode ter sido por alguém do conselho ou de nossa firma de pesquisas", escreveu ele. "Nem é preciso dizer que a divulgação pública dessa história e o fato de a imprensa ligar para a equipe da Tesla para perguntar sobre minha demissão iminente dificultam demais a realização do meu trabalho e, admito, isso é muito desmoralizante para mim."

Musk minimizou as preocupações de Eberhard, alegando que aquilo não era uma "grande surpresa", uma vez que agora a Tesla estava sob intenso escrutínio público. "A melhor estratégia seria assumir a dianteira e admitir a história toda, assim como Larry [Page] e Sergey [Brin] fizeram no Google", escreveu Musk, observando que os fundadores do Google passaram o controle do dia a dia para Eric Schmidt na função de CEO. "Todo mundo sabia que eles estavam procurando um CEO e a busca demorou um longo tempo, mas, nesse ínterim, o Google funcionou muito bem com Larry no comando."

Os dois continuaram a conversa em uma troca de mensagens privadas. Eberhard disse a Musk que acreditava que algum dos conselheiros havia vazado a informação. "Um pouco de solidariedade seria bom", disse ele a Musk. "A Tesla Motors tem sido minha vida nos últimos cinco anos. Dói saber pela imprensa que o conselho está me demitindo (foi a palavra que usaram)."

Musk tentou consolar Eberhard dizendo que se propunha a corrigir a percepção de que ele estava sendo demitido. "O fato objetivo é que você mesmo falou de buscarmos um novo CEO vários meses atrás", escreveu Musk. "A propósito, chegou um momento em que encorajei você [a] ser franco sobre tudo isso, embora não tenha insistido no assunto."

Eberhard sabia que precisava de ajuda, mas queria assumir uma nova função na empresa em seus próprios termos. A comparação com os cofundadores do Google era falsa. Era verdade que tinham nomeado como CEO um executivo experiente, mas permaneceram firmes no controle da empresa após abrir o capital graças a uma forma de dupla participação acionária que lhes assegurava a condição de acionistas majoritários. Eberhard não dispunha desse acordo. O maior acionista da Tesla continuava sendo Musk, portanto estava nas mãos dele o controle sobre o futuro de Eberhard na empresa.

Envergonhado, Eberhard estava determinado a dar uma de durão e demonstrar confiança. Em 19 de junho, convocou uma reunião geral para reorganizar a empresa. Havia uma longa lista de problemas que precisavam ser resolvidos antes que a produção pudesse começar. Necessitavam corrigir imperfeições na transmissão do carro. Tinham que construir uma pequena rede das lojas. Precisavam se concentrar na segurança do carro, extirpar os problemas de engenharia, entregar as peças para a fábrica no Reino Unido.

"Concentrem-se no trabalho mais importante", disse ele. O emprego de todos eles estava em risco, sem falar na "viabilidade dos carros elétricos" e no "futuro do transporte".

Como se essa mensagem não fosse suficientemente clara, logo depois da reunião ele enviou à equipe um e-mail. "Rick Wagoner [CEO da GM] disse em novembro passado que agora chegamos a um ponto de inflexão para o automóvel – que a mudança do motor de combustão interna para o motor elétrico é tão significativa quanto a mudança do cavalo para o cavalo-vapor. Se tivermos sucesso com o lançamento do Roadster, a história se lembrará de vocês e da Tesla Motors como os impulsionadores dessa mudança. Se não... bem, pensem em Preston Tucker e John DeLorean. Somos melhores do que eles, e o Roadster é muito superior aos carros deles. Vamos provar!"

Tim Watkins podia ser incrivelmente gentil, mas também áspero e direto de uma maneira espantosa. Tinha o tipo de disciplina, rigor e meticulosidade que poucas pessoas conseguem reunir. Antes que a prática virasse moda, passou a acreditar que picos de açúcar no sangue eram prejudiciais à saúde, por isso ingeria quantidades minuciosamente monitoradas de comida ao longo do dia. Na sua pochete, guardava aveia comprada em uma loja perto da casa de sua mãe na Inglaterra. Nos últimos anos passara a maior parte da vida na estrada, porque volta e meia Gracias o despachava para lugares em apuros com a missão de apagar incêndios. Esse trabalho podia ser exaustivo; muitas vezes envolvia comunicar verdades desconfortáveis que faziam com que as pessoas perdessem o emprego. Ao longo dos anos, Watkins desenvolveu outros hábitos. Assim que chegava, visitava uma loja de departamentos local para comprar um pacote de camisetas pretas e jeans pretos. Assim que terminava, jogava fora esse guarda-roupa e partia para a missão seguinte, como se trocasse de pele.

Quando chegou à sede da Tesla em San Carlos em julho de 2007, Watkins se viu em outro local problemático. Rapidamente ligou para Gracias com a notícia: a Tesla não tinha listas de componentes – um registro simples enumerando todas as peças utilizadas na fabricação do carro e o preço negociado pela empresa por cada uma. Ele teria que elaborar esse documento. Havia outras questões preocupantes: os funcionários do alto escalão da Lotus estavam avisando que o Roadster não entraria em produção no final de agosto, como tinha sido planejado. A Tesla ainda não havia aprovado o design final de algumas das peças a serem construídas pelos fornecedores. E a equipe ainda não havia encontrado uma solução provisória para uma transmissão em duas velocidades.

Enquanto Watkins avaliava o lugar, a equipe de Eberhard fazia o mesmo, criando uma verdadeira corrida para entender a situação das finanças da empresa. A Tesla começara a adicionar novos funcionários a seu departamento financeiro, à medida que se preparava para uma oferta pública inicial de ações. Ryan Popple, recém-formado na Harvard Business School, fora contratado para começar o trabalho de preparação da escrituração da empresa para uma IPO. Em sua primeira semana de trabalho, no entanto, percebeu que as coisas não eram o mar de rosas que pareciam do lado de fora. Sua primeira tarefa foi elaborar um modelo financeiro da empresa – um documento sobre a situação dos negócios. Pediu para ver o modelo financeiro atual. "Esse modelo aí é uma besteira", disseram-lhe com desdém. Popple começou a visitar cada um dos departamentos, perguntando a Straubel e outros diretores sobre os orçamentos deles. Ouviu respostas semelhantes de muitas pessoas: "Não tenho ideia. Ninguém nunca falou comigo sobre isso".

No final de julho, o departamento financeiro, com a ajuda de um consultor externo, tinha em mãos uma nova estimativa da situação. Enviaram o relatório para membros do conselho administrativo. O documento informava que o custo dos materiais do carro totalizava 110 mil dólares para cada um dos primeiros cinquenta veículos que esperavam construir. Dave Lyons e J. B. Straubel, da engenharia, pressionavam por reduções e esperavam que os custos unitários diminuíssem à medida que o volume aumentasse. O relatório afirmava o seguinte: "Eles estão trabalhando nisso e, se tudo correr bem, esperamos uma atualização em algumas semanas, o que nos permitirá obter uma noção melhor do custo 'real' do carro tão logo esteja no nível da produção em volume".

O relatório incluiu uma projeção do fluxo de caixa negativo – a velocidade com que a empresa "queimaria" seus recursos financeiros – para o resto do ano. Depois de levantar 45 milhões de dólares em maio, a Tesla estava prestes a ficar sem dinheiro em setembro – sem incluir os 35 milhões de dólares em depósitos de clientes que a equipe de vendas havia coletado. No final do ano, no entanto, esse dinheiro também teria acabado, a menos que algo drástico acontecesse.

Em outras palavras, a Tesla estava com problemas financeiros – de novo. Em vez de levantar 80 milhões de dólares em maio, conforme Musk havia defendido, o conselho apostou que a empresa conseguiria sobreviver mais um ano com uma rodada de financiamento menor. Mas agora estava claro que esse cálculo se baseava em uma estimativa inconsistente dos custos efetivos. Eles estavam aprendendo uma das duras verdades da indústria automobilística: a industrialização custa muito dinheiro.

A revelação só serviu para enfatizar outro aspecto: que eles ainda não tinham contratado um diretor financeiro experiente para prever essas questões. Além disso, não tinham implementado totalmente um sistema de contabilidade para controlar os custos de forma adequada. Em uma reunião da equipe, Eberhard ficou visivelmente preocupado com as terríveis projeções.

"Se isso for verdade", disse Eberhard a seu diretor de produção, "você e eu seremos demitidos".

Em julho, Eberhard encarou uma reunião com um conselho bastante insatisfeito. Rejeitaram a sugestão de que o Roadster ainda poderia ser vendido por 65 mil dólares, quando somente a bateria em si ainda custava mais de 20 mil. Um mês depois, as coisas pioraram para Eberhard. O conselho tomou conhecimento das descobertas iniciais de Watkins, que pintavam um quadro muito mais sombrio do que as estimativas internas da Tesla. Watkins calculou que o custo de cada veículo, após a fabricação dos cem primeiros, seria de 120 mil dólares. Isso sem levar em conta os custos indiretos e despesas gerais. Provavelmente haveria uma redução de custos à medida que a produção aumentasse, mas nunca o suficiente para passar de uma operação deficitária a uma lucrativa. Todavia, nos volumes de entrega de carros projetados pela empresa, cada veículo inicial, já considerando os custos indiretos, custaria inacreditáveis 150 mil dólares. Para piorar ainda mais as coisas, Watkins não via nenhuma maneira de a produção começar no outono.

O conselho ficou perplexo. Eberhard contestou as descobertas, mas, no fim, o destino tinha sido selado. Em 7 de agosto, Musk ligou para

Eberhard, que na ocasião estava em Los Angeles a caminho de uma conversa com um grupo de jornalistas. As notícias não eram boas. Musk lhe disse que ele estava sendo afastado do cargo. Michael Marks, que tinha investido em uma rodada de financiamento recente, assumiria o papel de CEO interino. Como CEO da Flextronics, Marks transformou a empresa em uma potência global de fabricação de eletrônicos antes de se aposentar. A Tesla o havia tirado da aposentadoria.

Eberhard ficou surpreso com a notícia. Ligou para outros membros do conselho e soube que não haviam sido informados com antecedência de seu afastamento. Musk concordou em realizar uma reunião do conselho em 12 de agosto para aprovar a renúncia de Eberhard como CEO e para anunciar a própria nova posição como presidente de tecnologia. Mas, na mente de Musk, a decisão já estava tomada. Instruiu alguns de seus colegas conselheiros na véspera da reunião: "Martin parece estar focado mais em sua imagem pública e sua posição dentro da Tesla do que em resolver os problemas graves. Se forem falar com ele, por favor, peçam-lhe que gaste toda a sua energia para se certificar de que o Roadster funcione e fique pronto no prazo. Ele parece não entender que a melhor forma de maximizar a própria reputação e posição na empresa é ajudar a fazer esse carro direito".

Mesmo antes da oficialização do rebaixamento de Eberhard e da nomeação de Marks, porém, o CEO interino já estava nos escritórios da Tesla em San Carlos, chafurdando na bagunça; em 8 de agosto, escreveu a Musk para dizer que precisavam conversar em breve. "Essa empresa tem um monte de problemas, como você sabe, mas alguns são muito mais assustadores e urgentes do que eu pensava."

Capítulo 7

Baleia branca

J. B. Straubel embarcou no jatinho fretado pelo CEO da Tesla, Michael Marks, rumo a Detroit, acompanhado pelo recém-rebaixado Martin Eberhard. Com seu rosto oval, entradas no cabelo e o cansaço gerado por dirigir uma empresa global, a aparência de Marks correspondia perfeitamente ao papel de adulto na sala da Tesla – sobretudo trabalhando com dezenas de jovens engenheiros recém-formados em Stanford, muitos deles em seu primeiro emprego de verdade. Marks passara mais de uma década administrando a Flextronics, que construía consoles do videogame Xbox para a Microsoft, impressoras para a Hewlett-Packard e telefones celulares para a Motorola. Era o tipo de fábrica terceirizada que, na imaginação de Martin Eberhard e Marc Tarpenning, existiriam aos montes no mundo automotivo para a construção de seu Roadster – mas ficaram surpresos ao encontrar tão poucas.

O novo chefe não perdeu tempo para entrar na briga. Numa reunião da empresa, criticou severamente a equipe, com base na sua percepção de que os funcionários não eram afeitos ao trabalho pesado. "Notei algumas coisas nessa empresa – que é muito promissora, mas não é chegada em trabalho pesado", disse ele. "Vou estabelecer o horário de expediente oficial e espero encontrar cada pessoa em sua mesa de trabalho."

Era evidente que o Roadster não seria lançado em agosto, então ele atrasou a entrega do carro em seis meses a fim de dar à equipe tempo para resolver os problemas e encontrar maneiras de cortar os custos do programa, criando as "listas do Marks" das questões urgentes que precisavam de solução imediata. Entre os principais itens estava a transmissão, que continuava a atormentar a engenharia. Marks era familiarizado com o mundo das fábricas, mas novo no setor de automóveis. Felizmente, sabia a quem pedir conselhos: Rick Wagoner, o CEO da GM. Os dois foram contemporâneos na Harvard Business School, e Marks visitava Wagoner enquanto trabalhava na Flextronics. E foi assim que Straubel, o gênio das baterias, viu-se a bordo de um jatinho particular com destino a Detroit.

A equipe foi recebida no aeroporto por carros pretos e levada às pressas ao quartel-general da GM, o Renaissance Center, que se agigantava no centro da cidade, em grande medida abandonado. Outrora a Paris do Oeste, Detroit assistiu ao gradual esvaziamento de seus imponentes edifícios. Após anos de descaso, em alguns havia galhos de árvore saindo pelos telhados, dezenas de andares acima do solo.

O comboio estacionou em uma garagem reservada para executivos do alto escalão da GM, e os homens usaram um elevador privativo que os levou aos andares superiores do edifício em que se localizava o conjunto de escritórios do CEO. O acesso tinha vista para o rio Detroit, com desenhos de modelos dos carros da empresa revestindo as janelas. Wagoner, que jogou no time de basquete em seu primeiro ano na Universidade Duke, cumprimentou o trio. Passou a vida adulta toda na GM, galgando posições no departamento financeiro e exercendo diferentes cargos em todo o mundo enquanto era preparado para assumir como CEO.

Por ocasião da visita da equipe da Tesla em 2007, a General Motors estava no fio da navalha. A empresa suportou anos e anos de dívidas crescentes, custos trabalhistas e obrigações de pensão, o que suscitou dúvidas sobre o futuro da GM. As vendas estavam caindo. Ainda assim, Wagoner projetava a confiança de que a montadora estava no caminho certo para consertar as coisas – de novo –, mesmo que histórias desagradáveis continuassem prevendo a falência definitiva.

Straubel nunca tinha visto nada parecido – nem a bolha executiva na qual Wagoner parecia viver nem a extravagante sala de reuniões em que se viu sentado, inclusive com um esplêndido almoço servido por um serviço de bufê corporativo. Mal teve tempo para vestir um paletó para a ocasião. Foi a primeira vez que viu de perto o colosso contra o qual a Tesla estava lutando, uma corporação gigantesca que parecia totalmente alienígena em comparação com o trabalho que ele estava fazendo não muito tempo atrás na garagem de sua casa com os amigos. À medida que a conversa avançou, Marks relatou a Wagoner o problema da Tesla com a transmissão, na esperança de que seu amigo pudesse ajudá-lo.

"Sim", disse Wagoner, "tivemos problemas com a transmissão nos últimos oitenta anos."

Não estava totalmente claro para Straubel o que Marks esperava obter com aquela viagem. Ainda assim, podia sentir a intensificação das tensões entre Marks e Eberhard. Os dois passaram a maior parte da viagem discutindo. O rebaixamento de Eberhard de CEO a presidente não tinha sido tranquilo, o que provocou um racha na equipe, agora dividida entre os dois lados. Muitos eram amigos de longa data de Eberhard e leais a ele; outros acreditavam que era hora de uma nova liderança.

O conflito apontava para outra ruptura. Quando Eberhard apresentou a Elon Musk sua ideia de um carro esportivo elétrico, os dois aparentemente compartilhavam de uma visão em comum acerca do que a empresa poderia se tornar. Porém, a cada conquista obtida a duras penas, as ambições da empresa – e de Musk – foram ficando cada vez maiores. Essas ambições entravam em conflito com as realidades do momento: o Roadster estava uma bagunça, ameaçava desfazer todos os planos futuros da empresa. Marks herdou a posição nada invejável de tentar responder o que a Tesla era *naquele momento*. Não podia se dar ao luxo de parar para pensar no que a empresa poderia vir a ser; precisava salvá-la naquele dia. Precisava sugerir um caminho diferente daquele que Musk havia imaginado, e, ao fazer isso, selaria rapidamente o próprio destino.

O interesse de Wagoner nos negócios da Tesla não tinha a ver apenas com um desejo de retomar o contato com um velho amigo. A estreia do Roadster, pouco mais de um ano antes, chamou a atenção da GM de maneira bastante positiva. Em 2001, Wagoner recrutou Bob Lutz, que em seus dias na Chrysler ajudara a lançar o superesportivo Viper, para se tornar vice-presidente e ajudar a revigorar a montadora. A primeira jogada de Lutz foi recorrer aos serviços de um jovem designer do escritório da empresa na Califórnia, um homem chamado Franz von Holzhausen, para criar o *roadster* de duas portas Pontiac Solstice. (Depois disso, Von Holzhausen rapidamente se tornaria diretor de operações de design da Mazda na América do Norte.) A esperança de Lutz era impressionar a indústria com o Solstice no Salão do Automóvel de Detroit em 2002

– para demonstrar que a gigantesca montadora era capaz de se mover com agilidade, que ainda tinha alguma centelha de vida.

Quando viu surgir o Roadster totalmente elétrico da Tesla – por obra de nada menos que uma startup desconhecida na Califórnia –, Lutz ficou furioso por sua equipe não conseguir fazer o mesmo. "Aquilo foi a gota d'água para mim", Lutz, então com 75 anos, relembrou. "Se uma startup do Vale do Silício foi capaz de resolver a equação, não admito, nunca mais, que me digam que ela é insolúvel."

Lutz, um ex-piloto de caça dos fuzileiros navais, não era uma pessoa passível de ser confundida com um ambientalista. Ficou famoso por chamar a ideia do aquecimento global de um "monte de merda" e, como que para enfatizar o próprio argumento, mantinha em seu escritório um enorme motor V16. Entretanto, entendia de marketing como poucos de sua geração. Compreendeu que a General Motors havia perdido terreno – não para a pequenina Tesla, uma empresa que pouca gente em Detroit achava que tinha qualquer chance de sucesso, mas para um inimigo mais forte: a Toyota. Em 2006, a Toyota destronou a GM – supremacia que já durava 76 anos – do posto de maior montadora do mundo, a campeã mundial de vendas. O sedã híbrido Prius, da Toyota, ajudou a criar uma imagem para a montadora de uma empresa de vanguarda, ao passo que a GM era vista como um dinossauro. Naquele ano, a empresa de Detroit fez inclusive o papel de vilã no documentário *Quem matou o carro elétrico?*, que pintou uma imagem nada lisonjeira da GM por encerrar o projeto de seu EV1.

Meses antes da visita de Straubel a Detroit, Lutz, vestido com um impecável terno cinza, camisa branca exageradamente engomada e gravata roxa, subiu ao palco em uma das coletivas de imprensa mais aguardadas do Salão do Automóvel de Detroit de 2007 para revelar a ideia da GM do que poderia vir a ser um carro elétrico: o Chevrolet Volt. O sedã prometia correr sessenta quilômetros com uma carga elétrica e, em seguida, usar um motor integrado a gasolina para gerar eletricidade que permitiria ao veículo ir ainda mais longe. O híbrido foi visto como a solução para combater um problema que ainda atormentava Straubel: o alto custo das baterias.

No combate que travavam, o Volt e o Roadster estavam em diferentes categorias. Onde o Roadster aspirava a sensualidade e prestígio, o Volt buscava acessibilidade. E enquanto a Tesla operava com orçamento apertado, a GM dispunha de vastos recursos e décadas de história na fabricação de automóveis. Ainda assim, para qualquer pessoa que acompanhasse atentamente o Tesla, a mensagem era clara. Os golias tinham despertado de seu sono.

A Tesla ainda não havia colocado o Roadster em produção, mas já redirecionava boa parte de seu foco e energia para a etapa seguinte. Para ajudar a definir qual deveria ser a aparência do sedã Modelo S, contrataram uma empresa externa de design chamada Fisker Coachbuild, fundada dois anos antes pelo projetista dinamarquês Henrik Fisker, especialista em design automotivo. Ele supervisionou o departamento de design da Aston Martin, projetando o carro-conceito V8 Vantage e trazendo ao mercado o cupê DB9, dois automóveis que chamaram muita atenção. Ao escolher Fisker, a Tesla estava seguindo o caminho que havia estabelecido: privilegiar designs que evocassem menos tecnologia de ponta e mais emoções repletas de adrenalina.

Desta vez eles construiriam um carro do zero, e os custos disso rapidamente se tornaram evidentes. O conselho diretivo queria gastar cerca de 120 milhões de dólares no Modelo S, e Ron Lloyd se empenhou pessoalmente em tentar encontrar maneiras para tanto. A Tesla tinha aprendido que muitos dos supostos atalhos do Roadster – trabalhar com fornecedores externos, comprar em grande escala – não funcionavam da maneira que imaginaram. Por isso, começaram a procurar novos atalhos. Será que existia uma maneira de construir o próprio carro sem ter que montar uma fábrica própria e dispendiosa? Será que poderiam utilizar o catálogo de peças de uma empresa de automóveis já estabelecida e criar o próprio carro compósito, da forma como a equipe de Detroit tinha imaginado fazer em sua proposta de parceria com a Ford? Eram ideias criativas, fora do convencional – e vieram acompanhadas de problemas também excepcionais.

Embora a Tesla tivesse sido fundada com base na noção de que carros totalmente elétricos eram o futuro, a equipe do Modelo S começava a pensar que abrir caminho como pioneiros para esse futuro seria impossível – pelo menos como o ato seguinte da startup. O equilíbrio entre o alcance e o custo da bateria ainda era algo muito difícil de atingir. O argumento da GM para um veículo híbrido elétrico tinha uma espécie de lógica inevitável. Lloyd compartilhou com Fisker detalhes de uma proposta de híbrido do tipo plug-in – um plano que a Tesla guardava a sete chaves, mas que qualquer equipe de design precisaria levar em consideração para que seu design pudesse acomodar um tanque de gasolina e motor tradicionais, além das baterias e motor elétrico de um VE.

Contudo, à medida que avançavam com o Modelo S, a equipe da Tesla ficou perplexa com os designs que receberam de Fisker. Lloyd expressou sua decepção para os colegas, apontando para a proposta de dianteira, que tinha uma grade arredondada. Estava longe de emular as linhas suaves e convidativas dos Aston Martin que Fisker já havia feito. "Não consigo entender, nem um pouco, o que estão fazendo com o carro", disse Lloyd a um colega. "Como é que pode ser tão feio?"

Durante uma revisão de design no estúdio de Fisker, Musk ecoou a insatisfação de Lloyd. A certa altura, Musk manipulou no Photoshop a foto de um McLaren esportivo de duas portas rebaixado, alongando a imagem de forma a deixar o carro parecido com um sedã de quatro portas. Apresentado à ideia de Musk, Henrik Fisker marchou até um quadro branco, onde desenhou a silhueta de uma linda mulher. "Esta é a forma que todos os estilistas têm em mente quando desenham suas roupas de luxo", disse Fisker, de acordo com uma pessoa presente na reunião. Em seguida, desenhou o contorno de uma mulher em formato de pera. "Mais tarde, eles farão com que os vestidos caibam nesta mulher aqui também, para que possam vendê-los. Mas não é a mesma coisa." Enraivecido, Musk ficou vermelho feito uma beterraba.

Fisker defendeu seu trabalho, dizendo que o problema estava na raiz da empreitada. A Tesla queria que o veículo fosse de tamanho médio, semelhante a um BMW Série 5, e queria colocar as baterias embaixo do carro. Isso inevitavelmente aumentou a linha do teto de maneira nada lisonjeira. Alguns gerentes da Tesla começaram a chamá-lo de "baleia branca" por conta de sua aparência bulbosa.

A aparência do carro não teria muita importância se a empresa ficasse sem dinheiro para pagar pela engenharia e construção. Enquanto examinava as finanças, Marks rapidamente concluiu que a Tesla não poderia bancar sozinha o desenvolvimento do Modelo S. Orientou Lloyd a encontrar um parceiro para pagar parte da conta – um caminho fez a Tesla retornar a Detroit. A equipe começou a cortejar a Chrysler na esperança de firmar um acordo. A Tesla expôs seu plano, explicando aos executivos da Chrysler os pormenores da tecnologia. Os dois lados discutiram o desenvolvimento conjunto de uma plataforma de veículos: a Tesla ficaria com uma versão cupê de seu protótipo, ao passo que a Chrysler ficaria com a própria versão do sedã.

No entanto, em 2007, a Chrysler tinha seus próprios problemas; a proprietária corporativa da empresa, a alemã DaimlerChrysler AG, vendeu a Chrysler para um comprador de capital privado. No outono, sob o comando dos novos donos, a Chrysler cancelou a ideia de trabalhar com a Tesla. (Por mais séria que fosse a intenção de formar uma equipe conjunta das duas empresas, o projeto nunca foi discutido pelas presidências, disseram mais tarde alguns altos executivos.)

A rejeição foi um soco no estômago para Lloyd e para a equipe. Ficaram com a sensação de que a Chrysler havia feito um joguinho com eles apenas para descobrir as ideias para aproveitá-las no próprio programa de carros elétricos.* E no mesmo momento em que soube da decisão da Chrysler, a equipe de Lloyd recebeu notícias igualmente perturbadoras de Henrik Fisker: a Fisker Coachbuild, o escritório de design que desde fevereiro de 2007 vinha trabalhando para desenvolver o visual do Modelo S, revelou que também estava projetando o próprio carro elétrico híbrido – um concorrente direto.

Essa novidade fez a Tesla estremecer. Fisker tinha nas mãos o plano da Tesla para lançar o Modelo S em 2010. Durante meses, as empresas parceiras compartilharam ideias de engenharia e design, discutiram as restrições envolvidas no projeto de fabricação de um veículo híbrido e refletiram sobre a melhor forma de criar um veículo com as características de desempenho de um carro esportivo. Nunca, em momento nenhum, Henrik Fisker ou sua equipe disseram que estavam desenvolvendo um automóvel semelhante. A equipe da Tesla examinou seu contrato com a Fisker Coachbuild. Incluía um acordo de não exclusividade que permitia a Fisker elaborar projetos de design para outros clientes, incluindo potenciais concorrentes. Nada dizia sobre a Fisker Coachbuild criar seu próprio carro. E que motivos a Tesla tinha para suspeitar que Henrik Fisker faria um carro? Ele não tinha a menor experiência em desenvolvimento de veículos elétricos. Era dono de uma empresa de design. Inclusive, as duas equipes haviam imaginado um emblema no Modelo S com os dizeres "Design da Fisker Coachbuild" – o relacionamento faria parte do marketing da empresa.

Aparentemente Fisker estava copiando a Tesla, mas em muitos aspectos sua estratégia era oposta à de Musk, que buscava ter mais controle sobre o produto da Tesla do que no caso do Roadster. Fisker pretendia enfocar a aparência de seu carro e terceirizar a fornecedores grande parte da engenharia. Era uma estratégia mais alinhada com o que Martin

---

* No outono de 2008, a equipe da Chrysler anunciaria planos para três carros elétricos, incluindo um baseado no Elise da Lotus, que também funcionaria com baterias de íons de lítio. No entanto, esse veículo jamais entrou em produção como planejado.

Eberhard havia imaginado de início para a Tesla do que a trajetória atual da empresa – bem mais prática e "mão na massa". A suposta traição tinha um elemento adicional. Fisker estava sendo financiado com um investimento da Kleiner Perkins, a firma de capital de risco que Musk rejeitara um ano antes.

Straubel se viu no centro do debate sobre o que a Tesla queria ser quando crescesse. O pacote de baterias desenvolvido por seus funcionários e a capacidade de sua equipe de gerenciar milhares de células sem deflagrar um espetáculo de fogos de artifício eram a coisa mais excepcional que a empresa tinha. Alguns, como os investidores da VantagePoint, começaram a se perguntar se esse não seria porventura o futuro da Tesla a curto prazo – vender o pacote de baterias para outras montadoras. Meses antes de seu rebaixamento, Martin Eberhard havia formulado um plano de negócios atualizado projetando que as receitas com as vendas de baterias poderiam aumentar para 800 milhões de dólares por ano. A equipe incumbida de vender a ideia para outras empresas estava obtendo bons êxitos iniciais. A Think, startup norueguesa de veículos elétricos, fechou um contrato no valor de 43 milhões de dólares para comprar pacotes de baterias da Tesla para seu próprio carro elétrico, e a General Motors, com seu projeto Volt, também estava interessada. Straubel já havia apresentado a proposta para os executivos da GM e vinha se preparando para fazer isso de novo.

Mas Musk estava cético. A seu ver, isso era um mau uso do tempo de Straubel. Marks também julgava que a Tesla precisava se concentrar em lançar o Roadster – a empresa já estava comprometida com centenas de encomendas. Preocupado com o risco de reputação para a novata Tesla se algum cliente tivesse problemas, Musk disse à Eberhard: "Se o trem de força deles apresentar defeitos e culparem nossa bateria (o que será o primeiro instinto deles), como é que vamos lidar com isso?".

Antonio Gracias e Tim Watkins tinham mais notícias ruins sobre os aspectos financeiros. À medida que a equipe deles continuava a vasculhar a estrutura de custos da Tesla, ficou claro que havia um problema maior do que não saber exatamente quanto custaria construir o Roadster. Acontece que todo o edifício financeiro da empresa estava essencialmente alicerçado sobre areia movediça, o que ameaçava levá-los à falência no momento em que começassem a fazer os carros na fábrica da Lotus.

O problema era: a Tesla compraria baterias do Japão, que seriam enviadas para a Tailândia para serem montadas na forma de pacotes de baterias que, em seguida, seriam despachados para o Reino Unido para serem instalados nos Roadsters que, depois, seriam embarcados em navios com destino à Califórnia. Era uma viagem que levaria meses. Nesse meio-tempo, a Tesla ficaria devendo dinheiro aos fornecedores de peças antes que pudesse gerar dinheiro com as vendas. De acordo com os cálculos de Watkins, sustentar esse ciclo exigiria a disponibilidade de centenas de milhões de dólares. A Tesla não tinha nem sequer dezenas de milhões de dólares. O problema não era apenas de custo, mas de fluxo de caixa.

A equipe debateu suas opções. Musk queria encerrar a operação tailandesa e preferia fazer os pacotes de baterias na Califórnia. A Tesla poderia, então, despachar os carros por avião do Reino Unido para o aeroporto de São Francisco – algo que os regulamentos aeronáuticos não permitiriam se as baterias fossem pré-instaladas. O tempo economizado pelo frete aéreo permitiria que a Tesla transportasse as baterias mais rapidamente e exigiria menos dinheiro. Musk pediu à equipe de Straubel que abrisse uma fábrica no Vale do Silício para que fizessem, por conta própria, os importantíssimos pacotes de baterias. Marks, por sua vez, defendeu a realocação de *mais* trabalho para a Ásia. Queria tirar proveito da mão de obra barata. Straubel e seus pacotes de baterias tornaram-se o centro de um cabo de guerra.

A discussão serviu apenas para destacar o que já estava ficando claro para ambos os homens: Marks não era adequado para desempenhar o papel principal na Tesla. No fim das contas, a curta gestão dele como CEO acabaria sendo uma nota de rodapé na ampla história da Tesla, embora tenha entrado em cena num momento em que as coisas poderiam ter piorado muito para a empresa. Pouco tempo depois, ele faria falta. Para substituir Marks na função de CEO da Tesla – o terceiro –, Musk escolheu um amigo de Beverly Hills, Ze'ev Drori, figura do mundo da tecnologia de uma outra era. Ele havia fundado a Monolithic Memories, empresa de semicondutores que fez um trabalho pioneiro e foi adquirida em 1987 pela Advanced Micro Devices. Mais tarde, Drori ganhou o controle acionário da Clifford Eletronics, que transformou em uma empresa líder de alarmes automotivos e que, por sua vez, foi vendida para a Allstate Insurance. Drori via-se como um cara do universo dos carros e tinha envolvimento com o circuito da Fórmula 1.

Com a nova liderança, a Tesla passou por uma "faxina" que demitiu o pessoal de Eberhard, movimento projetado para ajudar a empresa a cortar custos. Nem o próprio Eberhard foi poupado. No final do outono de 2007, foi colocado porta afora da empresa que ele mesmo fundou.

Fazia meses que Eberhard demonstrava estar infeliz; a demissão não deveria ter sido vista como surpresa. Mesmo assim, foi dolorosa. Um mês antes, Marks, em uma de suas últimas tarefas, disse a Eberhard que sua posição na empresa se tornara insustentável devido aos persistentes apelos de Musk para que o cofundador fosse destituído. Ele ofereceu a Eberhard um pacote de indenização para que pedisse demissão, mas o cofundador da Tesla se manteve firme.

Semanas depois, Musk foi mais incisivo. De acordo com Eberhard, Musk, que já controlava diretamente quatro dos oito assentos do conselho administrativo da Tesla (incluindo o seu próprio, como presidente), ameaçou converter um número suficiente de suas opções de ações preferenciais em ações ordinárias, de modo a ter o direito de escolher mais três membros do conselho da empresa. Isso daria a ele sete dos oito assentos, e a última palavra sobre as decisões da empresa – em outras palavras, poder total para se livrar de Eberhard.

Ao criar a Tesla, Eberhard acertou nas linhas gerais: tinha razão quanto ao potencial das baterias de íons de lítio e às possibilidades inexploradas para um carro esportivo elétrico requintado e com tecnologia de ponta, mas cometeu erros ingênuos e dolorosos ao minimizar a complexidade da fabricação de um carro e ao perder a noção da situação das finanças de uma empresa que ficava cada vez maior. Seu principal equívoco, porém, foi aquele que o atormentaria por anos a fio: perder o controle do conselho. A cada vez que Musk arrecadava mais dinheiro para a Tesla, dominava ainda mais, com mãos de ferro, a empresa. A Tesla era um jogo de controle, e Eberhard tinha perdido.

O jogo virou. Apenas três anos e meio antes, Eberhard celebrou a chegada do primeiro cheque de Musk abrindo uma garrafa de champanhe com Bernie Tse e Laurie Yoler – amigos que escolheu a dedo para ocupar assentos no seu conselho. Embora durante algum tempo possa ter parecido que a Tesla era a empresa de Eberhard, a influência de Musk vinha crescendo. Das decisões sobre o design do Roadster ao futuro da empresa – a evolução de uma fábrica de carros esportivos para uma fábrica de veículos elétricos de baixo custo para o mundo –, agora a Tesla, para o bem ou para o mal, era a empresa de Elon Musk.

E agora que a situação se invertera, Musk, de acordo com Eberhard, lhe oferecera um ultimato: seis meses de salário no valor de 100 mil dólares e uma opção de compra de 250 mil ações em troca de sua saída. Contudo, se não assinasse o acordo naquele mesmo dia, Musk exerceria suas opções de ações e Eberhard sairia dessa sem nada. Ele assinou, voltou para casa dirigindo seu Mazda 3 – ainda com as placas personalizadas de "Sr. Tesla" que sua esposa lhe dera – e afundou em um buraco profundo. As ligações e e-mails que fizera para certos colegas do conselho administrativo ficaram sem resposta. Em uma sala de bate-papo na internet, fórum popular entre os fãs da Tesla, encontrou algum consolo, respondendo alguns dias depois a rumores sobre sua saída: "Sim, é verdade, não estou mais na Tesla Motors, não faço mais parte do conselho diretivo nem sou mais funcionário de qualquer área".

Eberhard ainda escreveu: "Assinei também um acordo de não depreciação, portanto devo, por contrato, ter um pouco de cuidado com o que falo sobre as coisas. Mas não vou mentir. Não estou nada feliz com a maneira como fui tratado e não creio que tenha sido a melhor maneira de lidar com uma transição – não é a melhor maneira para a Tesla Motors, nem é a melhor maneira para os clientes da Tesla (pessoas pelas quais ainda sinto um forte senso de responsabilidade), tampouco para os investidores da Tesla".

Algumas semanas depois, Tarpenning, o cofundador da Tesla que tinha sido um amigo e confidente leal de Eberhard, decidiu ir embora também. Declarou que sentia ter realizado o que queria, agora que o Roadster estava pronto para entrar em produção (embora ainda existisse muito trabalho a ser feito se a Tesla quisesse produzir o carro sem falir). Para muitos dos aliados de Eberhard, a Tesla simplesmente não era tão divertida sem ele.

Drori podia ser o CEO, mas Musk estava claramente na disputa pelo controle das rédeas. No dia em que Musk anunciou a contratação de Drori, os dois homens, acompanhados de Straubel e Dave Lyons, viajaram para Detroit a bordo do jatinho particular de Musk, e lá participaram de reuniões com o intuito de discutir a problemática transmissão do carro. Durante o voo noturno, Musk parecia abalado.

"Ele estava realmente obsessivo pela ideia de que a situação tinha saído do controle", relembrou Lyons. "E que ele precisava colocar as coisas de novo nos eixos. Não entendia o que estava acontecendo e tinha basicamente arriscado tudo e apostado todas as fichas e mais um pouco naqueles carros e agora tinha que cumprir suas promessas. Naquele ponto, ele estava pessoalmente investido na questão."

Para Straubel, o sucesso da Tesla parecia cada vez menos provável. Estava cansado, em parte por conta das frequentes viagens que fazia para a Ásia, onde desenvolvia uma rede de fornecedores a mando do trabalho. A expectativa inicial de Eberhard de que o Tesla seria recebido de braços abertos por fornecedores se mostrou equivocada. Os fabricantes de baterias não queriam chegar nem perto das startups de carros elétricos, muito menos ter contato com as prováveis responsabilidades legais e reputacionais que poderiam vir com elas.

Um desses fabricantes de baterias céticos era a Panasonic. Em seu escritório no Vale do Silício, Kurt Kelty, que buscava novos negócios para as baterias de íons de lítio da empresa, era conhecido por rejeitar pedidos de startups como a Tesla. No início de 2006, porém, foi abordado por um engenheiro da Tesla com uma proposta diferente. Esse engenheiro, que Kelty conhecia do circuito de conferências, fora contratado pela então desconhecida montadora. Depois de ver uma fotografia do Roadster, carro que ainda seria revelado, Kelty ficou intrigado. Não tinha nada a ver com nenhum dos veículos elétricos das outras startups que ele havia rejeitado. Parecia um carro muito legal.

E assim, no que se tornaria uma característica decisiva da narrativa da Tesla, a pessoa certa apareceu, fazendo a balança das probabilidades pender a favor da empresa com as habilidades necessárias e um bom histórico pessoal no momento certeiro. Para a surpresa de sua família e de sua empregadora, Kelty deixou a Panasonic e foi trabalhar para a Tesla. Mostrou ser a arma secreta de que Straubel precisava.

Antes de ingressar na Tesla, Straubel nunca tinha estado na Ásia, e as visitas à China e ao Japão para encontrar fornecedores lhe mostraram um mundo que ia muito além do Wisconsin e do campus da Universidade Stanford. Kelty, por outro lado, estava profundamente enredado na cultura japonesa. Passara sua adolescência em Palo Alto como um jovem empreendedor com um diploma de graduação em biologia no Swarthmore College. O primeiro carro que tivera fora um Ford Mustang 1967, que restaurara de cabo a rabo. No decorrer de um ano de estudos no Japão, conheceu uma jovem. O relacionamento deles foi interrompido logo no início, tão logo foi descoberto pelos pais da moça, que não viam com bons olhos a ideia de a filha namorar um estrangeiro e rapidamente colocaram um ponto-final na história.

Dois anos depois, Kelty estava morando em São Francisco e gerenciando um negócio de exportação de peixes que vez por outra o obrigava a visitar o Japão, onde teve a oportunidade de reencontrar sua antiga paixão em um café. As coisas se reacenderam entre os dois e, por causa das objeções dos pais da jovem japonesa, eles fugiram para os Estados

Unidos. Durante o primeiro ano juntos em São Francisco, Kelty concluiu que, apesar da profundidade dos sentimentos que tinham um pelo outro, ele precisava conquistar os pais da esposa para que as coisas durassem de verdade. Então, contra a vontade dela, foi sozinho para o Japão em busca de um emprego local. Já que seu conhecimento da língua japonesa se limitava apenas a pedir uma cerveja, ele começou a fazer aulas em um curso para iniciantes. O objetivo dele era arranjar um emprego em algum gigante do setor industrial, apostando que seria o tipo de status que impressionaria seus sogros. No final das contas, foi parar na Panasonic, e a esposa voltou ao Japão para ficar com ele. Como um *gaijin* que pelo próprio esforço se tornou fluente não apenas na língua, mas na cultura do Japão, Kelty se destacou. Desenvolveu uma carreira de quinze anos na gigante da tecnologia, com sua esposa a seu lado o tempo todo. Mais importante ainda, conseguiu conquistar os sogros. Com dois filhos pequenos, finalmente voltaram para os Estados Unidos e para Palo Alto, onde ele fundou o laboratório de pesquisa e desenvolvimento da Panasonic no Vale do Silício.

Na Tesla, Kelty, então com 41 anos, se tornaria o guia de Straubel para um novo mundo. No papel, formavam uma dupla bizarra: o homem de família pé no chão e o solteirão recluso, cujo quintal em Menlo Park ainda estava apinhado de motores de EV1. Mas os dois criaram uma relação de afinidade baseada em uma curiosidade pelo mundo e em um interesse em comum por produtos energéticos. Juntos, formaram uma equipe de vendas cativante: graças a seus contatos na indústria, Kelty conseguia agendar reuniões, que iniciava apresentando a si mesmo e a Straubel em japonês; em seguida, Straubel fazia uma apresentação da tecnologia da Tesla, Kelty atuando como tradutor o tempo todo. Straubel demonstrava uma compreensão impressionante e convincente da tecnologia, ao passo que Kelty entendia as complexidades da cultura empresarial japonesa.

Kelty avaliou as opções e concluiu que seu antigo empregador, a Panasonic, forneceria à Tesla as melhores células. A Sanyo era a segunda melhor alternativa.

Para Straubel, às vezes parecia que não estavam chegando a lugar nenhum em nenhuma das *duas* frentes – reunião após reunião com funcionários de baixo escalão que quase sempre pareciam não ter nem experiência nem conhecimento em tecnologia de baterias. Tudo isso parecia cada vez mais uma perda de tempo. Mas Kelty assegurou que as coisas estavam melhorando. Ele sabia que, para vencer a resistência e abrir caminho em uma empresa japonesa, muitas vezes era necessário forjar relacionamentos de longo prazo e desenvolver consenso sobre a melhor ideia ou tecnologia para os negócios. Kelty jogava um jogo que a cultura de engenharia da Tesla não entendia. A cada dois meses, embarcava com destino à Ásia para uma rodada de visitas, usando suas conexões com seu antigo empregador para se encontrar com as pessoas. As reuniões eram sempre educadas, mas evasivas, imprecisas – quase confusas. Finalmente, o presidente da divisão de baterias da Panasonic enviou uma carta a Eberhard informando que a empresa jamais venderia baterias para a Tesla, e o instruindo a parar de insistir.

Essa carta era incomum, mesmo para os padrões de negócios japoneses, mas Kelty se manteve, aparentemente, imperturbável. Em vez de se abalar, pediu paciência num momento em que paciência era artigo raro. Após se reunirem com a segunda opção, a Sanyo, Kelty e Straubel foram chamados de volta alguns meses depois. Desta vez, a recepção foi perceptivelmente diferente. Os anfitriões os conduziram a uma grande sala de reuniões no último andar da sede da empresa em Osaka. Como manda a tradição, um lado da mesa ficou reservado para a equipe da Sanyo e o outro para Kelty e Straubel. Desta vez, entretanto, em vez de conversarem com um punhado de executivos de nível inferior, viram do outro lado da mesa cerca de trinta gerentes e altos executivos da Sanyo; cadeiras dobráveis foram colocadas atrás da primeira fila de assentos para acomodar todos eles.

Quando Kelty e Straubel iniciaram a apresentação, as perguntas que tiveram que responder giravam em torno da preocupação usual: fuga térmica. De que modo a Tesla garantiria que uma ocasional bateria defeituosa não acarretaria explosões devastadoras dentro dos pacotes de bateria? Como nas reuniões anteriores, Straubel tinha respostas hábeis. Desta vez, no entanto, um dos executivos de nível médio no fundo da sala respondeu a seu colega antes que Straubel tivesse a chance. No início foi surpreendente, mas depois ficou claro: o lado da Sanyo estava *entendendo*. A proposta de Straubel não era difícil de compreender; ele simplesmente tinha sido o primeiro a encontrar uma solução muito elegante para o problema. A ideia de que as baterias que estavam ao redor podiam propagar o calor de uma fuga térmica para longe da bateria superaquecida era inédita e impressionante. Em 2007, a Sanyo intermediou um acordo para fornecer à Tesla as baterias de que precisava.

Mas será que já era tarde demais? Durante três anos, a Tesla tinha sido a família de Straubel. Cultivara amizades com Kelty, Gene Berdichevsky e outros membros da equipe. Todo o dinheiro que ganhara fora investido em ações da Tesla. O Roadster representava um sonho que acalentou por um longo tempo. Mas todo o esforço estava cobrando seu preço. Por mais que ele e seus colegas trabalhassem durante horas e horas a fio e apesar das muitas noites em claro e de todas as viagens exaustivas que faziam, nada parecia ser o suficiente para arrancar a Tesla da estagnação sem fim em que se encontrava. Cada vez mais, Straubel tinha a impressão de que a Tesla corria o risco de trilhar o mesmo caminho da Rosen Motors, seu primeiro emprego no setor automotivo, que terminou depois que os fundadores perceberam que estavam apenas queimando dinheiro.

Depois de mais um longo voo de volta do Japão, Straubel entrou com o carro na garagem de sua casa em Menlo Park. Encontrou o lugar às escuras e só então se deu conta de que, durante todos os dias de trabalheira sem fim e em meio a tantas viagens, esquecera-se de pagar a conta de luz. Abriu a geladeira e sentiu cheiro de comida podre. Tateou, tropeçando no escuro, até encontrar uma lata de atum, e se sentou no chão para comer seu jantar.

Será que a Tesla conseguiria sobreviver?

O dinheiro continuou a ser a principal preocupação da empresa. A Tesla precisava arrecadar mais verbas para consertar a defeituosa cadeia de suprimentos e deslanchar a produção do Roadster, agora programada para o final de 2008 – a expectativa era que, uma vez iniciada, a operação pegaria no tranco, engataria a nona marcha e arrancaria a toda velocidade. Em vez de tirar dinheiro de investidores, o conselho decidiu levantar dívidas que poderiam ser transformadas em ações no futuro, quando a Tesla se tornasse mais valiosa. Musk novamente raspou os cofres de sua fortuna cada vez menor. No início de 2008, injetou 55 milhões de dólares dos 145 milhões que a Tesla havia acumulado até então, enquanto a SpaceX continuava lutando para construir seus foguetes.

Agora com um pouco mais de dinheiro no banco e planos para começar a buscar depósitos de compradores europeus para o Roadster, bem como algumas melhorias no carro para justificar um eventual aumento de preço, Musk e a diretoria viram uma porta de saída para escapar das desventuras financeiras. Esperavam que o sucesso do Roadster ajudasse a Tesla a arranjar dinheiro para investimentos em uma última rodada de financiamento no final de 2008, antes de abrir o capital da empresa surfando na onda da empolgação e da promessa do vindouro Modelo S. Fisker aparentemente os ferrara, mas talvez tenha sido melhor assim. Musk acreditava cada vez mais que a Tesla precisava controlar o próprio destino sem depender dos outros.

Depois de demitirem a maior parte da equipe de Eberhard, Drori – o novo CEO – e Musk começaram a reconstruir as posições de liderança, mas com um foco diferente. Enquanto Eberhard parecia ter prazer em contratar gerentes da área de tecnologia em vez de profissionais do setor automotivo, os dois rapidamente se concentraram em experientes executivos da indústria automobilística. No departamento de finanças da Ford Motor Company, encontraram Deepak Ahuja, que contrataram para se tornar o diretor financeiro, função que havia ficado essencialmente vaga desde o início da empresa. Franz von Holzhausen, o ex-designer da GM que se tornou diretor da Mazda, continuaria de onde Fisker havia parado, supervisionando o design. E começou a procura por um diretor de produtos experiente para ajudar a retomar o trabalho no Modelo S e levar o Roadster até a linha de chegada.

Em março, Drori abriu as páginas do *The Wall Street Journal* para ler uma matéria sobre uma mudança de pessoal na Chrysler em Detroit. Mike Donoughe, a quem o jornal descrevia como um dos melhores engenheiros da empresa, demitiu-se repentinamente após 24 anos na montadora, na esteira da chegada de um novo proprietário e CEO. Fontes anônimas haviam dito que ele saíra após um desacordo sobre a direção e o ritmo do desenvolvimento – crucial para a empresa – de um novo veículo de médio porte, apelidado de Projeto D, para competir com o Toyota Camry.

Drori agiu rápido e entrou em contato com ele. Apesar das complicadas relações da equipe anterior da Tesla com a montadora, em junho haviam chegado a um acordo para que Donoughe, então com 49 anos, entrasse para a Tesla como vice-presidente de engenharia e produção de veículos. A oferta de remuneração que ele recebeu proporciona uma noção das dificuldades que uma startup enfrentava para contratar executivos experientes. O salário anual de Donoughe – 325 mil dólares – seria maior do que o do ex-CEO, Martin Eberhard. Donoughe recebeu a opção de comprar quinhentas mil ações na empresa de capital fechado a um preço estimado de noventa centavos cada. Ele adquiriria parcialmente essas opções ao longo de quatro anos. Mais do que isso, a Tesla concordou em cobrir parte das verbas rescisórias da Chrysler se ela determinasse que o novo empregador dele constituía um concorrente e, portanto, uma violação de seu acordo rescisório. Pelos padrões de Detroit, o plano de compensação não era tão generoso, sobretudo levando-se em consideração o custo de vida adicional de morar no Vale do Silício.* Para a Tesla, representava um item significativo na linha de custos.

Donoughe seria responsável por uma ampla fatia da empresa, incluindo o desenvolvimento do Modelo S. Muito rapidamente, no entanto, ficou claro que ele precisava concentrar sua atenção em corrigir o programa Roadster.

Era hora de uma nova contabilidade do Roadster e seus custos. Straubel desmontou o carro inteiro em imagens que detalhavam peça por peça. A equipe anexou notas adesivas a cada uma, rabiscando o preço que estavam pagando por elas no momento e quanto precisariam custar. Toda semana prestavam contas a Donoughe. Em seguida, começaram a tentar descobrir maneiras de reduzir custos, fosse engendrando soluções de engenharia mais baratas, fosse encontrando um fornecedor menos caro.

Todos os dias, Donoughe realizava uma reunião matinal para definir as tarefas mais importantes. Queria começar às seis da manhã, mas fez uma concessão e aceitou que fosse às sete. Em relação a outros quesitos, Donoughe não era tão complacente. Conseguir levar o Roadster a um ritmo de fabricação de mais de vinte veículos por mês – quando ele assumiu o cargo, a taxa era de cinco carros mensais – era como disputar uma partida daquele joguinho de "acertar uma marretada na toupeira". Até então, a estratégia da equipe da Tesla tinha sido essencialmente acertar a cabeça dos problemas quando surgiam, mas de uma forma que não a impedia de subir novamente. Donoughe tinha em mente uma estratégia diferente: queria cortar as cabeças para que nunca mais pudessem voltar.

Ele passara anos subindo na hierarquia da Chrysler; na parte inicial de sua carreira, supervisionou uma mudança na unidade de carrocerias da linha de montagem de Sterling Heights, onde as peças eram soldadas. Era um ambiente extenuante, em que ele tinha que entregar 68 unidades completas por hora – e comia o pão que o diabo amassou se faltasse

---

* Para uma comparação, de acordo com o jornal *Detroit Free Press*, em 2008 a Chrysler prometeu pagar a cerca de cinquenta executivos bônus de retenção, uma vez que a montadora enfrentava possíveis deserções antes de uma reorganização da empresa diante do processo falimentar em 2009. Os ex-colegas de Donoughe receberiam, além do salário normal, bonificações entre 200 mil dólares a quase 2 milhões de dólares.

apenas uma. Donoughe esperava a mesma responsabilidade na Tesla, cuja equipe não estava acostumada a tamanho rigor. Em uma reunião especialmente tensa, um engenheiro relatou seu plano para resolver um problema com um fornecedor. Donoughe ouviu e permaneceu em silêncio. Ninguém abriu a boca, esperando que ele respondesse. Os segundos passaram como se durassem uma eternidade. Por fim, Donoughe perguntou ao homem: "O que o fornecedor disse?". O engenheiro disse que não tinha ligado ainda. Mais uma vez, Donoughe perguntou: "O que o fornecedor disse?". Novamente, o engenheiro respondeu que estava pensando em ligar. Mas Donoughe não queria esse tipo de desculpa. Se o fornecedor estava causando um problema que impedia a produção do Roadster de deslanchar, a ligação não podia esperar. *Vá ligar agora!*

Parte do problema para a Tesla era que as peças de que eles precisavam chegavam atrasadas ou com problemas de design que exigiam correções. O plano original da Tesla de usar peças desenvolvidas para a Lotus havia muito fora abandonado. Agora, menos de 10% das peças eram compartilhadas entre o Roadster e o Elise. A estrutura do carro teve que ser refeita para aguentar um pacote de baterias de 453 quilos no meio, junto com um motor do tamanho de uma melancia na parte traseira. (Deixaram um pequeno espaço para um porta-malas, supostamente grande o suficiente para conter o acessório estereotipado do carro esportivo: a bolsa de golfe.) De uma ponta à outra, o veículo era cerca de quinze centímetros maior que o Elise. Basicamente, as únicas partes que se mantiveram foram o para-brisa, o painel e a suspensão dianteira, bem como a capota flexível removível e os espelhos laterais, cujo desenvolvimento e testes de segurança custariam muito caro.

A transmissão continuou a ser um nó górdio. A empresa testara duas versões e ainda não tinha conseguido encontrar uma solução. Estava em litígio acerca desse problema com a grande fornecedora de peças que havia contratado, a Magna – a Tesla argumentou que os melhores engenheiros da Magna não estavam trabalhando em seu projeto. Notícias do atraso do Roadster chegaram rapidamente a Detroit; nos corredores da BorgWarner, fabricante de componentes automotivos, os engenheiros conversavam sobre como a startup estava passando por maus bocados com sua transmissão. Um fã da Tesla sugeriu a Bill Kelley, executivo de longa data da BorgWarner, que sua equipe de pesquisa e desenvolvimento de transmissão talvez pudesse ajudar a Tesla. O homem vinha pressionando a empresa para que se preparasse para a eventual chegada de veículos elétricos, mas os primeiros fracassos deixaram o conselho da BorgWarner relutante em investir em uma nova área de negócios. Encarou um acordo com a Tesla como uma forma de reforçar seu argumento perante o conselho.

Kelley enviou um e-mail para o endereço listado no site da Tesla oferecendo ajuda. Rapidamente recebeu uma ligação e, mais tarde, um convite para fazer uma apresentação para a equipe na Califórnia. Kelley chegou pronto para vender seu peixe; ficou surpreso com a fria recepção. De cabeça baixa, mexendo no celular, Musk permaneceu sentado em silêncio por cerca de trinta minutos do outro lado de uma mesa numa sala de reuniões, até que por fim disse: "Por que eu preciso da BorgWarner?".

Kelley ficou espantadíssimo. A BorgWarner era um dos melhores fornecedores de sistemas de transmissão do mundo, tão tradicional que seu nome consta do troféu entregue ao piloto que vence a prova das quinhentas milhas de Indianápolis. Kelley respondeu que a BorgWarner era especializada em complexos desafios de engenharia, muito parecidos com os que o Roadster estava enfrentando no momento. "E somos muito bons nisso", disse ele.

Musk aproveitou a oportunidade para revelar que já havia assinado um acordo com outro fornecedor, a Ricardo, para fazer a transmissão. Kelley perguntou quanto a Tesla ia pagar.

"Um total de cinco milhões."

"Faço por quinhentos mil", disse Kelley, e apresentou uma proposta: que deixassem as duas empresas competirem para ver quem apresentaria a transmissão mais adequada às necessidades da Tesla. O vencedor ficaria com o negócio.

Era o tipo de acordo que Musk vinha pressionando a equipe a fazer com os fornecedores de baterias; não gostava da ideia de ficar excessivamente dependente de um único fornecedor. Então, ao lado da Ricardo, a BorgWarner foi contratada para criar uma transmissão. A BorgWarner fez uma e, no final das contas, venceu a concorrência.

Uma vez eliminado esse obstáculo, e enquanto os funcionários se preparavam para aumentar seus modestos índices de produção para números *um pouco menos* modestos, Musk ligou para Tim Watkins em Chicago. O fornecedor do Reino Unido que a Tesla contratou para fabricar os painéis da carroceria abandonou a empreitada depois de produzir apenas alguns painéis. Sem eles, a Tesla teria de desistir das vagas que havia reservado na programação de produção da Lotus – vagas pelas quais teria que pagar, quer fossem usadas, quer não. Era um desastre anunciado. Mas Musk parecia ter as coisas sob controle; até brincou com Watkins sobre como isso lhe tinha dado a oportunidade de beber vinho na França, onde encontraram outro fornecedor para fazer o trabalho. Pulou a bordo de um jatinho e passou por Chicago para pegar Watkins; em seguida, voaram para a fábrica do fornecedor original. Lá, arrancaram pessoalmente as ferramentas e as levaram para o novo fornecedor, cujos operários começaram a produzir painéis à mão enquanto Watkins descobria uma maneira mais sustentável de fazer isso.

Uma vez que o Roadster apresentava uma infinidade de dificuldades, os caras acostumados com a indústria automotiva mais tradicional, por exemplo, Donoughe, achavam que era uma distração trabalhar em um carro futurista como o Modelo S, em que o fracasso do primeiro carro condenaria o segundo – e poderia decretar o fim da empresa. As fabricantes de automóveis de Detroit eram naturalmente avessas a falar sobre as novidades que viriam a seguir na linha de produção, com medo de que isso canibalizasse as vendas de seus modelos atuais.

Mas Musk não tinha esse luxo. Produzido ou não, o Roadster já havia servido ao seu propósito. Da mesma forma que a prova de conceito do *tzero* havia persuadido Musk acerca da ideia da Tesla, o Roadster permitiu que ele convencesse outros investidores. Agora, precisava do Modelo S não apenas para gerar interesse e incrementar as receitas de vendas, mas para levar a mais pessoas a visão de sua empresa e sua missão.

Continuaram os debates sobre o protótipo do Modelo S, especificamente quanto ao tamanho que o carro deveria ter. Donoughe herdou o escritório de Detroit – apesar dos protestos anteriores de Musk exigindo que Eberhard demitisse todo o pessoal de Detroit, os engenheiros de lá tocaram seu trabalho. Continuaram frustrando algumas pessoas na Califórnia, inclusive Straubel. Pareciam dados a segredos e excessivamente confiantes, talvez até mesmo desdenhosos com relação ao que a equipe de Straubel já havia realizado. Para Straubel, eles eram indecisos. Insistiam em discutir sobre o tamanho do veículo no momento em que o homem queria voltar às raízes da Tesla: a empolgação de criar. *Eu só quero construir a porra do carro!*, pensava Straubel. Assim, com membros de sua equipe em San Carlos, ele começou a trabalhar na surdina no *seu próprio* protótipo do Modelo S – um veículo totalmente elétrico que usaria o mesmo tipo de tecnologia de bateria que ele tinha desenvolvido para o Roadster.

O espaçoso sedã Mercedes CLS parecia ser o ponto de referência certo. Straubel arranjou um, cortou o motor e o tanque de gasolina e começou a convertê-lo em um protótipo totalmente elétrico, assim como já havia feito em várias ocasiões. Mas desta vez foi diferente. Tratava-se de um carro de luxo de verdade. Sua equipe preservou todos os refinamentos do Mercedes, trabalhando com cuidado para manter o interior intacto. Quando acabaram, a dirigibilidade surpreendeu até mesmo Straubel. O Roadster ainda estava cru; o novo protótipo elétrico deles era mágico. Era um sedã enorme, mas tinha o vigor de um carro esportivo. E, ao contrário do Roadster, que era instável e irregular, o Mercedes elétrico, com seu sistema de suspensão ajustado por sintonia fina, deslizava suavemente sobre a estrada.

Musk não ficou menos empolgado do que Straubel – estava tonto de entusiasmo, na verdade. Dirigiu o protótipo várias vezes. *Era isso que o Modelo S poderia ser*. A Tesla podia até ser uma bagunça total nas questões financeiras, mas na estrada, dirigindo o protótipo, tinham uma nova esperança.

"A sensação era de que o carro mudaria o mundo se pudéssemos proporcionar aquela experiência às pessoas", disse Straubel, "se conseguíssemos realmente transformá-lo em produto e fazê-lo funcionar".

Capítulo 8

Comer vidro

Durante a infância e adolescência de Elon Musk na África do Sul, a mãe dele o chamava de "enciclopédia" por causa de seus hábitos de leitura e da capacidade que tinha de absorver informações. "Podíamos perguntar qualquer coisa a ele", escreveria ela mais tarde. "Lembre-se, isso foi antes da internet. Acho que agora o chamaríamos de 'internet.'" Segundo o próprio Musk, sua infância foi conturbada; em várias entrevistas ao longo dos anos, ele aludiu a problemas com o pai e ao bullying que sofria de colegas na escola. O divórcio dos pais em 1979 foi seguido por anos de disputas de custódia. Aos dez anos, Musk disse à mãe, que lutava para pagar as contas, que ia morar com o pai. "O pai dele tinha a *Encyclopaedia Britannica*, que eu não tinha condições financeiras de comprar", disse ela mais tarde a um jornalista. "Ele também tinha um computador, o que era muito raro naquela época. É por isso que Elon adorava ter um."

Foi um período que claramente moldou o Elon Musk adulto. Quando criança, ele talvez duvidasse das ideias doidas que o faziam questionar a própria sanidade, mas desde então aprendera um certo tipo de insolência e autoconfiança para concretizar essas ideias, mesmo quando as pessoas lhe diziam que eram loucas. Em muitos sentidos, Musk estava dedicando sua vida e fortuna à decisiva preparação para um desastre iminente. A SpaceX estava prestes a criar uma maneira de os humanos viverem em outros planetas, caso a Terra se tornasse inviável. A Tesla girava em torno do desenvolvimento de tecnologia para salvar o planeta do colapso climático.

Mas o que começou como um passatempo com a Tesla estava se tornando um segundo trabalho de tempo integral. Anos depois, os executivos da Tesla fariam piadas entre si de que o primeiro amor de Musk foi a SpaceX; o relacionamento que ele tinha com a empresa era como um casamento. A Tesla era a amante carnal que lhe proporcionava drama e paixão tórrida. Porém, em vez de chutar o balde e abandonar tudo em 2008, como os irmãos por trás da Rosen Motors tiveram que fazer quando seus riscos financeiros se tornaram insustentáveis, Musk se empenhou ainda mais para fazer a Tesla dar certo. Por mais espinhosa que fosse a situação da empresa, ele não conseguia desistir dela.

No verão de 2008, parecia que talvez o pior já tivesse passado para a Tesla e Musk. O envolvimento de quatro anos com a empresa certamente cobrou seu preço. De tão desgastado, o casamento com Justine chegou a um ponto irreparável; na primavera, Musk deu entrada, discretamente, no pedido de divórcio. Seu ex-parceiro de negócios, Martin Eberhard, amargurado e magoado pela maneira como foi demitido, fazia duras críticas a Musk em um blog que descrevia as dificuldades da empresa, alimentando a cobertura jornalística no Vale do Silício e pintando Musk como um vilão.

Ainda havia preocupações dos clientes sobre as possíveis perdas de seus depósitos. Musk lhes disse que os garantiria pessoalmente. "De forma inequívoca, apoiarei a empresa em tudo o que for necessário. Tenho um longo caminho a percorrer antes que [o dinheiro] se torne um problema", afirmou ele. As promessas confiantes dele fizeram o que se esperava que fizessem; apenas trinta dos agora mil e tantos clientes que haviam feito depósitos pediram reembolso. O carro era uma proposta atraente demais para os compradores desistirem. Até mesmo o amigo de Eberhard, Stephen Casner, que ajudara a colocá-lo em contato com a AC Propulsion anos antes, continuava empolgado com a ideia de ter um Roadster. "Eu realmente queria o carro", disse Casner. "Creio que se tivesse princípios sólidos, e por causa da minha amizade com Martin, poderia, ou talvez deveria ter cancelado meu pedido, por causa da maneira como trataram Martin, mas esses princípios não eram tão fortes quanto meu desejo de ter o carro."

A chegada do primeiro Roadster de verdade, meses antes, também ajudou. Em fevereiro, Musk saudou a entrega do primeiro carro de produção em série, ou P1, como os executivos e o restante da equipe da Tesla passaram a chamá-lo. A carroceria chegou do Reino Unido e os engenheiros correram para instalar o pacote de baterias. "Quero deixar bem claro: vamos colocar milhares de veículos nas ruas e estradas mundo afora", disse Musk a uma multidão de funcionários e jornalistas reunidos. O próximo na agenda seria o Modelo S. "Além disso, há o Modelo 3", disse ele à plateia, "e vamos fazer investimentos paralelos, então não vamos esperar o Modelo 2 para começar a trabalhar no Modelo 3".

A Tesla não iria parar enquanto todos os carros do planeta não fossem elétricos, continuou Musk. "Este é o começo do começo."

As primeiras resenhas do veículo foram impressionantes – isso quando não vinham assinaladas com ressalvas e asteriscos. Havia dúvidas sobre se a empresa seria capaz de se manter financeiramente saudável, e sobre a transmissão do carro. Um editor da *Motor Trend* fez um test drive e comparou a experiência a ser "teletransportado para dentro de um canhão eletromagnético, a cabeça puxada vertiginosamente para trás por uma aceleração forte e constante". Michael Balzary, mais conhecido como Flea, baixista da banda de rock Red Hot Chili Peppers, escreveu uma postagem em um blog sobre sua experiência ao dirigir um protótipo: "cara, foi inacreditável. nunca dirigi nada parecido na vida, fez meu Porsche parecer um carrinho de golfe!". Musk mostrou o carro a Jay Leno, apresentador do *Tonight Show* e entusiástico colecionador de carros; Leno fez um test drive e ficou maravilhado: "Você conseguiu construir um carro esportivo, em essência, de verdade".

A Tesla havia percorrido uma estrada acidentada, mas a linha de chegada estava próxima. Musk tinha feito um acordo com o grupo financeiro Goldman Sachs para levantar 100 milhões de dólares, principalmente de investidores chineses. Era o tipo de infusão de dinheiro que aliviaria parte do estresse monetário da Tesla e colocaria a empresa no caminho de abrir o capital e se tornar pública, para poderem levantar o grande montante necessário para fazer o Modelo S. Naquele verão, Musk encontrou um novo amor em uma casa noturna de Londres quando a atriz inglesa Talulah Riley chamou sua atenção. As coisas pareciam boas e propícias à mudança.

Contudo, justamente quando a sorte da Tesla estava melhorando, o mercado despencou.

Tudo começou quando, em um fim de semana no início de setembro de 2008, o banco de investimentos Lehman Brothers quebrou, ocasionando uma das maiores falências da história dos Estados Unidos e levando o sistema financeiro global a mergulhar no caos. Os mercados de crédito congelaram. A General Motors, a Ford e a Chrysler começaram a falar sobre a necessidade da aprovação de um pacote de resgate financeiro do governo à indústria automobilística.

Se até a GM estava com problemas, a Tesla parecia estar frita. Com empresas e investidores puxando o freio para conter gastos, o acordo de Musk com os chineses parecia estar em perigo. Musk reclamou com colegas que seus banqueiros no Goldman não estavam retornando ligações. No final de setembro, o Goldman Sachs anunciou que tinha recorrido ao Berkshire Hathaway de Warren Buffett para uma infusão de 5 bilhões de dólares de modo a estabilizar seus negócios. Quando Musk acionou seus contatos no Goldman, o panorama econômico era sombrio.

Milagrosamente, o Goldman, instigado por Musk, ofereceu-se para colocar o próprio dinheiro. Mas os termos de avaliação calculavam o valor da Tesla em um patamar tão baixo que Musk, ofendido, não conseguiu engolir e acabou recusando.

Musk reuniu os executivos de posição mais elevada em uma sala de conferências em San Carlos para dar a notícia. Estava claro que teria que colocar mais dinheiro do próprio bolso. E com essa decisão veio outra, sobre quem deveria ser o CEO da empresa. Ele decidiu demitir Ze'ev Drori e nomear a si mesmo (o que fez de Musk o quarto CEO a ocupar o cargo em cerca de um ano). Musk disse aos altos executivos que eles precisavam se preparar para demissões em massa a fim de preservar dinheiro. O Modelo S seria a chave para a sobrevivência da empresa, uma jogada arriscada que dependeria do funcionamento perfeito de cada peça da engrenagem.

Em termos bastante simplificados, a mecânica do plano era a seguinte: a Tesla cortaria tudo o que pudesse para economizar dinheiro, na esperança de que os clientes que tinham feito reservas do Roadster não surtassem e solicitassem a devolução de seus depósitos. Depois, revelaria o mais rapidamente possível um design para o Modelo S a fim de despertar maior interesse pela empresa e, em seguida, começaria novamente a aceitar depósitos. Isso daria margem de manobra suficiente para que sobrevivesse até conseguir gerar mais investimentos. Se o plano fosse bem-sucedido, teria uma chance de, a duras penas, percorrer o caminho até a produção do Modelo S. Se fracassasse, a empresa trapacearia e deixaria na mão uma base cada vez maior de clientes, o que praticamente significaria a morte da marca Tesla.

Darryl Siry, diretor de vendas e marketing, foi contra o plano, dizendo a Musk que achava antiético aceitar depósitos para o Modelo S quando a empresa não tinha planos iminentes para efetivamente construir o carro.

"Ou fazemos isso ou morremos", alegou Musk.

A Tesla partiu para a ação. Começou cortando cerca de 25% de seus trabalhadores. Inevitavelmente, a notícia vazou. Em outubro de 2008, o *Valleywag*, blog de fofocas e notícias sobre personalidades do Vale do Silício, publicou uma matéria que dizia que a empresa estava demitindo cem funcionários, e que Drori estava fora. Corrigindo a narrativa, Musk postou no blog da empresa uma mensagem anunciando que a montadora passava por uma reestruturação para concentrar seus esforços em lançar o Roadster e fornecer trem de força para outras empresas.

"Estamos vivendo tempos extraordinários", Musk escreveu. "O sistema financeiro global passou pela pior crise desde a Grande Depressão, e os efeitos estão apenas começando a percorrer cada faceta da economia. Não é um eufemismo dizer que praticamente todos os negócios serão afetados pelos eventos que se desenrolaram nas últimas semanas, o que inclui o Vale do Silício." Ele acrescentou que haveria uma "modesta redução" no quadro de funcionários, o que descreveu como "elevar o patamar de desempenho da Tesla a um nível altíssimo".

"Que fique bem claro: isso não significa que as pessoas que saíram da Tesla por essa razão não devam ser consideradas competentíssimas e capazes de alta performance na maioria das empresas – quase todas elas são", escreveu Musk. "No entanto, acredito que, nesta fase da vida, a Tesla precisa seguir uma filosofia de forças especiais se quisermos nos tornar uma das grandes empresas automobilísticas do século 21."

Para muitos, Musk havia esfaqueado seus funcionários pelas costas, e agora, ao depreciar o desempenho deles, torcia a faca. Musk reuniu os que restaram para uma conversa franca sobre a situação dos negócios. Embora fosse óbvio que os tempos eram difíceis, a profundidade do problema não estava clara para todos os presentes. Musk revelou que a empresa tinha apenas 9 milhões de dólares em caixa e já havia torrado milhões de dólares dos depósitos para o Roadster.

Essa revelação não caiu nada bem, e muita gente se indignou; rapidamente o assunto da reunião se espalhou e chegou ao *Valleywag*, que publicou o e-mail de uma fonte na Tesla alarmando a todos sobre o saldo de caixa desesperadoramente baixo da empresa e também sobre o preocupante uso do dinheiro dos depósitos para cobrir despesas.

"Na verdade, convenci um amigo próximo a investir 60 mil dólares em um Roadster da Tesla", dizia o e-mail. "Não posso mais ser, de caso pensado, um mero espectador e ficar de braços cruzados para permitir que minha empresa engane o público e fraude nossos caros clientes. Nossos clientes e o público em geral são a razão pela qual a Tesla é tão amada. O fato de eles estarem sendo lesados é simplesmente errado."

A revelação não foi apenas embaraçosa para Musk, mas acabou com seus planos de arrecadar dinheiro por meio de encomendas do Modelo S. Como se sentiriam os potenciais novos compradores se soubessem que a Tesla era tão imprudente no que dizia respeito a manter os depósitos que haviam feito por produtos? Furioso, Musk quis saber quem o traiu. Contratou um detetive particular para coletar as impressões digitais dos funcionários. Poucos dias depois, Musk encaminhou um e-mail a todos os funcionários da empresa com uma mensagem de Peng Zhou, diretor de pesquisa e desenvolvimento, pedindo desculpas por ter revelado as finanças da empresa. "O mês passado foi muito difícil, em meio a reuniões de planejamento, vendo os nomes dos funcionários entrarem ou saírem da lista de demissões. É triste perder 87 funcionários em uma semana", escreveu Zhou. "Fiquei muito chateado e cometi a tolice de escrever uma carta para o *Valleywag*. Nunca pensei que minha carta criaria uma situação tão perturbadora para a Tesla Motors e nunca deveria ter mandado a carta."

Seu arrependimento não o salvou. Zhou foi demitido.

No dia 3 de novembro, Musk divulgou um comunicado para informar que a empresa havia recebido um "compromisso de financiamento de 40 milhões de dólares". Além de declarar que a diretoria da empresa havia aprovado um novo plano de concessão de prazo para pagamento de dívidas, os detalhes eram esparsos. O documento afirmava que o financiamento se baseava em compromissos "de quase todos os principais investidores", mas ao mesmo tempo dizia que a rodada também estaria aberta a investidores de menor capital. "Quarenta milhões é um montante significativamente maior que a nossa necessidade", disse Musk. "No entanto, o conselho, os investidores e eu julgamos que é importante ter reservas de caixa."

Na realidade, as coisas não estavam assim tão transparentes. Sim, Musk estava pedindo a seus investidores que colocassem mais dinheiro; mas, nos bastidores, enfrentava oposição. Alan Salzman, cofundador e sócio-diretor da VantagePoint, o principal investidor de capital de risco da Tesla, estava infeliz com Musk havia meses, furioso com sua decisão de usar do próprio poder para autonomear-se CEO, e temia que Musk estivesse excessivamente comprometido com a SpaceX e a emergente empresa solar de seus primos, a SolarCity. Salzman ameaçou reter novos investimentos se Musk não desse lugar a outra pessoa. Na opinião de alguns executivos da Tesla, o próprio Salzman queria se tornar CEO e presidente.

A tensão entre os dois vinha crescendo havia algum tempo. Meses antes, Salzman começou a desempenhar um papel maior na Tesla depois que o representante da VantagePoint no conselho da Tesla, Jim Marver – que questionava a compreensão que Eberhard tinha das finanças da montadora e estava preocupado com o fato de a empresa estar recorrendo aos recursos dos depósitos do Roadster –, envolveu-se em um horrível acidente de bicicleta que o deixou hospitalizado por vários dias. Assim que se recuperou, a VantagePoint, frustrada com o andamento das coisas, decidiu que era hora de se afastar do conselho da Tesla. "Não estávamos em sincronia com vários dos pensamentos deles em termos de equilíbrio de riscos e oportunidades", disse Salzman.

Mesmo assim, Salzman se manteve perto dos investimentos. Os funcionários entreouviram uma discussão aos berros entre Salzman e Musk nos escritórios da administração. Era um desacordo sobre nada menos do que o futuro da empresa. Musk queria transformar a Tesla em uma montadora global, pura e simplesmente, uma empresa que fosse capaz de competir de igual para igual com os titãs de Detroit e forçar a indústria a entrar no negócio do carro elétrico. Alguns especulavam que a VantagePoint queria fazer uma aposta mais segura, em que a Tesla, em vez de fabricar carros, se concentraria no fornecimento de sistemas de transmissão elétricos e pacotes de baterias para outras montadoras ou poderia ser adquirida por alguma outra empresa automotiva. A equipe da VantagePoint dizia com frequência que a Tesla "estava construindo um carro, não uma montadora de carros", de acordo com executivos da Tesla, destacando a tese de que o sucesso do Roadster demonstraria a outras montadoras a potência de seu trem de força elétrico. O carro esportivo seria um outdoor ambulante dirigido não aos consumidores, mas a outras montadoras.

Para os profissionais do ramo com acesso a informações privilegiadas, a situação era a seguinte: a VantagePoint pensava que a Tesla poderia ser a próxima BorgWarner, ao passo que Musk pensava que poderia ser a próxima GM. Mais tarde, Salzman contestou a ideia de que não apoiava a visão de se tornar uma fabricante de automóveis, mas observou que em 2008 era difícil vender a ideia de um carro que ainda não era rentável. "A primeira regra do negócio é permanecer no mercado", disse ele. E observou que a ideia de vender as entranhas – ou seja, toda a estrutura motriz – do carro elétrico para as montadoras era parte do plano de negócios de 2006 criado por Martin Eberhard. "Parecia uma ideia capaz de preencher a lacuna e proporcionar o acesso a fundos importantes."

Pouca gente fora do círculo íntimo de Musk tinha ideia da dimensão do risco pessoal que ele estava assumindo. Certa noite, enquanto Musk e outros se debruçavam sobre as últimas projeções financeiras, o telefone tocou. Era o gerente de finanças pessoais de Musk. "Sim, eu sei que ninguém está vendendo nada agora", falou Musk ao telefone. "Mas a Tesla precisa de dinheiro para a folha de pagamento. Encontre algo para transformar em dinheiro." Ele preenchia cheques pessoais para cobrir o salário dos funcionários e colocava despesas de trabalho em seus cartões de crédito pessoais.

Em Los Angeles, Musk jantou em uma churrascaria de Beverly Hills com um amigo e investidor de primeira hora da Tesla, Jason Calacanis. Musk estava em um poço escuro e sem fundo. Seu terceiro foguete tinha acabado de explodir na decolagem, e se o quarto também virasse fumaça, a SpaceX afundaria de vez. Calacanis havia lido em algum lugar que a Tesla tinha uma reserva de dinheiro suficiente apenas para quatro semanas; perguntou a Musk se isso era verdade.

"Não", disse Musk. "Três semanas."

Musk confidenciou que um amigo lhe emprestara dinheiro para que ele pudesse cobrir despesas pessoais. Havia outros benfeitores: Bill Lee, genro de Al Gore, investiu 2 milhões de dólares, e Sergey Brin colocou quinhentos mil. Até mesmo alguns funcionários assinavam cheques sem saber se reaveriam o dinheiro. As coisas pareciam desoladoras. Ainda assim, Musk disse que queria mostrar algo a Calacanis. Tirou do bolso seu BlackBerry e exibiu a foto de uma maquete de argila do Modelo S.

"É lindo", disse Calacanis. "Por quanto vocês vão vender?"

"Bem, ele vai chegar a 320 quilômetros", disse Musk. "Acho que vamos vender por uns cinquenta ou sessenta mil."

Naquela noite, Calacanis voltou para casa e preencheu dois cheques de 50 mil dólares com um bilhete para Musk: "Elon, parece um carro incrível... quero dois!".

A Tesla tinha dinheiro para aguentar apenas algumas semanas, e faltavam os fundos para cobrir a folha de pagamento; Musk estava perto de finalizar a papelada para a rodada de financiamento que salvaria a empresa quando descobriu que a VantagePoint não havia assinado todos os documentos. Ligou para Salzman a fim de tentar esclarecer a situação e, de acordo com Musk, ele disse que tivera um problema com as avaliações que haviam sido propostas na minuta de seu termo de compromisso. Salzman sugeriu que Musk fizesse uma apresentação à empresa na semana seguinte para resolver o problema.

Diante da posição precária da Tesla, Musk interpretou o pedido como uma ameaça à própria existência da empresa e a sua visão acerca do que ela poderia se tornar. "Com base no dinheiro que temos no banco agora, seremos obrigados a passar cheques sem fundo para cobrir a folha de pagamento na semana que vem", disse Musk, que se ofereceu para ir à empresa no dia seguinte, mas, segundo o próprio Musk, Salzman se esquivou. Era uma batalha que vinha se anunciando entre os dois homens quase desde o início – um conflito de personalidades gigantescas e poderosas. Musk suspeitava de que todo esse atraso era parte de uma estratégia para levar a Tesla à falência, de modo que Salzman e a VantagePoint assumissem o controle da empresa incipiente.

Era uma estratégia cruel e perigosa. Sem o dinheiro de Salzman, Musk precisaria encontrar outra maneira de levantar recursos. E, na condição de investidor, a VantagePoint poderia impedir que Musk tentasse angariar dinheiro junto a investidores externos. Musk decidiu apostar. Ele pegaria o dinheiro emprestado da SpaceX, manobra que poderia dar à Tesla o estímulo vital de que precisava, mas também poderia aprofundar o abismo de seus prejuízos pessoais se as coisas dessem errado ao longo do caminho. Propôs aos outros investidores que cedessem dinheiro na forma de um empréstimo à Tesla. Para atiçar sua gana competitiva, Musk blefou e disse a eles que, se recusassem, pegaria outro empréstimo e, sem eles, arcaria sozinho com toda a rodada de financiamento – todos os 40 milhões de dólares.

Foi uma jogada arriscada, mas a tática valeu a pena. Em vez de ficarem de fora e perderem a oportunidade de se beneficiar da proposta de Musk, os outros investidores aceitaram igualar os 20 milhões de dólares que ele colocou. No fim das contas, Salzman recuou. Não queria, de jeito nenhum, levar à falência um investimento, e refutou a ideia de que queria assumir o comando da Tesla. A VantagePoint participou do esforço conjunto, mas em menor proporção. O negócio foi fechado na noite de Natal.

Musk, que estava na casa de seu irmão em Boulder, Colorado, rompeu em lágrimas. Por bem pouco ele havia evitado uma crise que poderia facilmente ter arruinado seu sonho de um carro elétrico. O que começara mais de quatro anos antes como um projeto paralelo à SpaceX havia evoluído para um grande ralo pelo qual ia abaixo seu tempo, dinheiro e amor. Toda a fortuna dele, agora, estava em uma posição muito vulnerável. Das profundezas da Grande Recessão, ele fez algo que outras montadoras norte-americanas não conseguiram: evitou a falência. Em dezembro, o Congresso dos Estados Unidos rejeitou um programa de resgate financeiro da General Motors e da Chrysler. Para evitar a quebra das duas montadoras, o presidente George W. Bush as resgatou temporariamente com um plano de ajuda de empréstimos temporários, mas pouco tempo depois as duas empresas rumariam para a ruína.

Não a Tesla. Não se Musk, que havia se superado recentemente, pudesse refazer a empresa a sua própria imagem.

A Tesla ainda tinha um assunto desagradável para resolver: precisava efetivamente aumentar o preço do Roadster. Era uma aposta arriscada, pois muitos clientes estavam impacientes com os atrasos, sem falar das preocupações com o declínio da economia norte-americana. A essa altura, centenas de clientes que haviam feito reservas já tinham solicitado o cancelamento de seus pedidos, e o caixa da empresa estava sendo assolado por uma corrida desenfreada pelo dinheiro dos depósitos. Agora Musk queria aumentar o preço das quatrocentas encomendas restantes de um carro que os possíveis compradores não haviam apenas se comprometido a adquirir, mas feito depósitos que variavam de 30 a 50 mil dólares (os primeiros cem clientes pagaram 100 mil dólares pelo privilégio), colocando-os no risco de ter de desembolsar um valor ainda maior do que planejavam gastar (teoricamente o preço inicial do Roadster de 2008 seria 92 mil dólares para alguns). Para muita gente, poderia ser a gota d'água.

Em janeiro, Musk enviou um e-mail aos clientes explicando por que a empresa tinha que dar esse passo dramático. Várias centenas deles receberam telefonemas pessoais de representantes de vendas da Tesla dizendo que precisariam reconfigurar suas opções do veículo. Muitos dos recursos que antes eram itens de série padrão passaram a ser itens opcionais e acréscimos; os opcionais anteriores tornaram-se ainda mais caros. Daqui para a frente, o Roadster começaria em 109 mil dólares, com cerca de 20 mil dólares em opcionais disponíveis.

Era um aumento substancial em relação ao preço inicial de 80 mil dólares, explicado em detalhes quando o Roadster foi revelado em 2006.

As reações foram mistas. O bilionário Larry Ellison, cofundador da Oracle, disse à equipe que queria configurar seu carro para que fosse o mais caro possível, de modo a ajudá-los a gerar qualquer receita de que necessitassem. Um cliente postou em seu blog pessoal o e-mail da Tesla sobre o aumento de preço, acompanhado de sua resposta complacente. "Reclamamos muito, mas, no fim, escolhemos um conjunto de opcionais e concordamos em pagar o novo preço com o aumento porque queremos que a Tesla seja um sucesso e queremos nosso carro o mais rapidamente possível", foi o que escreveu, sem papas na língua, Tom Saxton, um dos primeiros a fazer uma reserva antecipada e integrante da base de fãs da Tesla que criou raízes em salas de bate-papo e blogs da internet. "Não parecia valer a pena passar uma semana reclamando e discutindo sobre isso, não quando nosso carro estava pronto para entrar em produção."

À medida que as reações negativas se avolumavam, no entanto, ficou claro dentro da Tesla que Musk precisava fazer reuniões informais com os clientes para responder a perguntas e dissipar preocupações. Ele tinha feito isso no passado, depois de demitir Martin Eberhard, e tudo correra bem; Musk geralmente era recebido com as boas-vindas que se dão a um herói. Desta vez, entretanto, os clientes começaram a demonstrar frustração.

Musk queria que eles soubessem que não eram os únicos incomodados e chateados pelos constantes atrasos. "Não consigo sequer expressar o grau de desgosto e tristeza que eu, pessoalmente, e muitas outras pessoas na Tesla sentiram para que isso desse certo", disse Musk a uma plateia reunida em Los Angeles. "Quando digo que era como se comêssemos vidro, quero dizer que todo santo dia mastigávamos um sanduíche de vidro."

Com o foco da Tesla finalmente mudando das vendas do Roadster para o aumento da produção, no início de 2009, o trabalho de J. B. Straubel no protótipo do Modelo S deveria acelerar também. Musk precisava de um carro novinho em folha para vender. Eles estavam bem aquém de um veículo pronto para entrar em produção, mas Musk queria algo que pudesse exibir, um carro que no mínimo tivesse o visual e a dirigibilidade do Modelo S com o qual ele sonhara. Não havia tempo a perder: Musk agendou uma festa de revelação para o fim de março, dali a apenas alguns meses.

Franz von Holzhausen, o ex-designer da GM, começou a trabalhar em um canto da fábrica de foguetes da SpaceX, numa tenda branca que diferenciava a área como sendo da Tesla. Os engenheiros da Tesla começaram a cortar pedaços de um outro sedã Mercedes-Benz de tamanho normal. Usariam o chassi e a fiação sob a carroceria do Mercedes como base para o próprio carro e, em seguida, a acoplariam ao desenho que concordaram que seria a carroceria do Modelo S, construída em fibra de vidro. De sua parte, a equipe de Straubel teria que descobrir uma maneira de encaixar no veículo improvisado o pacote de baterias e o motor preexistentes do Roadster. Von Holzhausen trabalhava no design durante o dia, enquanto à noite os engenheiros suavam a camisa para descobrir uma maneira de fixar a carroceria do Modelo S ao chassi do Mercedes e fazê-lo funcionar.

Trabalharam em ritmo extenuante até o último minuto, quando, na noite da revelação, Musk reuniu clientes do Roadster e outros convidados ilustres para verem sua mais recente criação. Montou-se uma festa nas instalações da SpaceX, e laranjeiras foram trazidas para decorar o espaço. O ponto central da noite foi quando Musk surgiu ao volante de sua criação, que tinha um quê de Frankenstein.

O Modelo S era impressionante, um sedã elegante que evocava os contornos de um Aston Martin, mas cujo espaço interior rivalizava com um utilitário esportivo. Eles afirmaram que era possível acomodar dentro do carro uma mountain bike, uma prancha de surfe e uma TV de cinquenta polegadas – ao mesmo tempo. Em vez de armazenar as baterias em uma caixa gigantesca no porta-malas, como fizeram com o Roadster, a equipe de Straubel imaginou as baterias em uma caixa retangular rasa abaixo do chão. Um motor, muito menor do que o tradicional a gasolina, seria encaixado entre as rodas traseiras. Como a maior parte do sistema de transmissão ficava sob o carro, e não sob o capô, abriu-se uma imensidade de espaço interior.

Musk saiu do carro aclamado com uma chuva de vivas, aplausos e gritos de "uau", audíveis por cima das estrondosas batidas de música eletrônica que deram início à cerimônia de revelação. "Espero que vocês gostem do que vão ver", disse Musk à multidão, e Straubel atrás dele se remexia irrequieto, com as mãos nos bolsos.

"Vocês estão olhando para o que será o primeiro veículo elétrico do mundo a ser fabricado em massa", continuou Musk. "Acho que este carro realmente vai mostrar o que é possível fazer com os veículos elétricos." Ele prometeu que cinco adultos poderiam se acomodar confortavelmente no interior do veículo, além de dois assentos opcionais para crianças, virados para trás. No banco da frente, uma gigantesca tela de vídeo substituía o console central. Em vez de um rádio com seus habituais botões, havia uma tela touchscreen, com a mesma funcionalidade do iPhone da Apple lançado menos de dois anos antes. (O Tesla foi revelado um ano antes de a Apple lançar seu iPad.) Embora o carro parecesse comparável a um Mercedes Classe E ou a uma BMW Série 5, Musk tagarelou sobre promessas de desempenho que, se verdadeiras, eclipsariam de longe a performance dos outros carros. O Modelo S seria capaz de ir de 0 a 100 km/h em menos de seis segundos. Teria uma autonomia de 482 quilômetros com uma única carga. O preço inicial seria de 57.400 dólares, o que significava que – com um crédito fiscal federal recém-instituído que abatia 7.500 dólares na compra de carros movidos a bateria – os clientes pagariam efetivamente pouco menos de 50 mil dólares. O Modelo S entraria em produção em 2011, assegurou Musk.

"Vocês preferem este ou um Ford Taurus?", perguntou ele, rindo.

Musk lançara a base para o sonho que tinha de um carro elétrico – se ainda não exatamente para as massas, pelo menos acessível para uns poucos privilegiados. Agora ele só precisava descobrir como torná-lo real. Para os profissionais com livre trânsito nos bastidores da indústria automotiva, a ambiciosa visão de Musk parecia, na melhor das hipóteses, improvável; na pior, uma piada. Detroit já tinha tentado fabricar um veículo elétrico para uma ampla gama de consumidores; o mundo tinha visto o fiasco de tal tentativa.

Mas, em pouco tempo, já não pensariam mais ser uma piada.

Parte 2
O melhor carro

Capítulo 9

Forças especiais

Peter Rawlinson seguiu diretamente do Aeroporto Internacional de Los Angeles para Santa Monica para o jantar. Acabara de desembarcar de um voo de Londres e não estava com fome. Seu relógio biológico interno indicava que estava no meio da noite, mas ele estava empolgado para ouvir o que Elon Musk tinha a dizer. Apenas dois dias antes, recebera a primeira ligação de Musk. Rawlinson estava em sua casa de fazenda em Warwickshire, a cerca de duas horas de carro a noroeste de Londres, onde ele, que tinha um diploma de graduação do Imperial College, abocanhara uma carreira como consultor trabalhando com montadoras que procuravam experimentar coisas novas. Mesmo antes do telefonema de Musk, Rawlinson acompanhava as notícias dos perrengues da Tesla. A ideia de criar uma fabricante de automóveis era uma antiga fantasia de Rawlinson, que anos antes havia projetado e construído seus próprios *roadsters*.

Em meados de janeiro de 2009, Musk havia evitado a falência, mas o carrasco permaneceu de tocaia. Depois de três meses como CEO, ele se equilibrava entre três tarefas árduas: continuar a entregar Roadsters aos clientes para manter o dinheiro entrando; montar uma equipe que fosse capaz de executar sua visão do que o Modelo S poderia ser; e encontrar dinheiro para fazer tudo isso. Reunido com Musk e seu recém-contratado designer de carros, Franz von Holzhausen, Rawlinson não tinha certeza de como ele se encaixaria nessas demandas. Musk, ele presumiu, era como todos os seus clientes – procurando conselhos sobre novas maneiras de projetar um carro usando ferramentas computadorizadas, digamos, ou sem usar materiais tradicionais.

Claro, eram os casos comuns de tempos normais, e não havia nada de normal no momento em que viviam. A indústria automotiva passava por dolorosas mudanças após o colapso dos mercados financeiros do outono. A General Motors caminhava em direção a um plano de reestruturação apoiado pelo governo dos Estados Unidos – movimento que eliminaria bilhões de dólares em dívidas, mas exigiria o corte de milhares de empregos, e isso significaria o fim de centenas de concessionárias franqueadas. A administração recém-eleita de Barack Obama estava ansiosa para formular seu apoio ao setor automobilístico como um meio para a construção de veículos mais eficientes em termos de combustível, incluindo até empréstimos do Departamento de Energia para ajudar a reequipar fábricas para veículos elétricos. Por vários anos, a Tesla vinha tentando conseguir dinheiro por meio do governo. Um Modelo S custando cerca de 50 mil dólares, destinado a uma faixa mais ampla do público do que o Roadster, poderia ser a maneira de persuadir o Departamento de Energia a conceder algum apoio financeiro.

O vislumbre que Musk tivera do abismo alguns meses antes também o tornara mais pragmático em relação a formas alternativas de gerar receita além das vendas de seu carro de última geração. Se em 2006 ele queria se concentrar exclusivamente em fazer o Roadster – e não em se tornar um fornecedor de peças –, desde então tornara-se mais aberto a parcerias. Isso talvez tenha coincidido com o momento em que as grandes montadoras de repente despertaram para a necessidade de fazer seus próprios veículos elétricos, em meio a uma alta nos preços do petróleo que tornou a vida mais difícil para os carros beberrões de gasolina. Musk queria ter cuidado com a escolha dos nomes com os quais se associaria. A seu ver, poderia ser vantajoso estar ligado a uma marca de luxo, como a Mercedes-Benz da Daimler AG. Depois de meses de conversa, poucos dias antes do jantar que teve com Rawlinson, ele anunciou um acordo para fornecer mil pacotes de baterias para a Smart, marca de minicarros da Daimler, negócio que geraria milhões de dólares para a Tesla.

Tudo isso estava fervendo em segundo plano na noite em que se reuniram, mas não era o foco de Musk, cujo pensamento estava na equipe de que ele precisaria para construir o Modelo S. Vendo o financiamento no horizonte e as entregas começando a acontecer, a Tesla precisava de uma reinicialização se quisesse, futuramente, competir com montadoras como a Daimler e se tornar o que Musk almejava: uma empresa de automóveis que fabricava carros elétricos acessíveis. Desde o início, a ideia do Roadster era provar que um carro elétrico pode ser descolado, mas fez várias concessões necessárias – do conforto ao funcionamento. No ato seguinte, a Tesla não poderia abrir mão de nada, não se quisesse derrotar por goleada as grandes montadoras. Musk queria que o Modelo S fosse o melhor carro do mundo, e que por acaso fosse elétrico. Era essa era a maneira de vencer: mostrar que não havia um perde-e-ganha em ter um carro que era mais benéfico para o meio ambiente – não se tratava de uma escolha entre opções antagônicas. Musk argumentava que, no geral, era uma experiência melhor do que ter um veículo movido a gasolina.

Para tanto, porém, ele precisava de uma equipe que não fosse influenciada por práticas antigas, pela maneira como as coisas costumavam ser feitas. Para construir o Modelo S, ele precisava criar organizações inovadoras para conceber, desenhar e projetar o carro e, em seguida, construí-lo e vendê-lo. A empresa precisava passar de uma fabricação de vinte carros por mês para dois mil por mês.

Ao lado de Musk estava Von Holzhausen, que havia claramente desenvolvido um relacionamento de afinidade com seu novo chefe. O que Rawlinson não sabia era que Musk tornara-se cético quanto a outro recém-contratado, Mike Donoughe, o ex-executivo da Chrysler que ajudara a salvar o Roadster e fora encarregado de colocar o Modelo S em produção. Os dois machos alfas já estavam em confronto. Musk queria um chefe de engenharia, alguém para colocar em prática os projetos de Von Holzhausen.

As funções de chefe de engenharia e designer de automóveis podem ser carregadas de tensão, pois esses profissionais têm de fazer escolhas entre o que é bonito e descolado – o que o designer deseja – e o que é possível de ser construído – o que o engenheiro pode fazer de forma sensata. Se tudo correr bem, os dois trabalhos funcionam em conjunto como um par de engrenagens de encaixe suave. Se não, ambos podem fracassar (o que ocorre com frequência), resultando em atrasos ou, pior, em colapsos.

O nome de Rawlinson foi sugerido por um membro da equipe de Von Holzhausen que havia trabalhado com ele anos antes em um projeto de consultoria e endossou que eles podiam confiar no engenheiro para transformar em realidade a visão do designer. Para realizar o que Musk queria, só mesmo um engenheiro acima da média. Uma coisa era Von Holzhausen desenhar, por exemplo, maçanetas embutidas que se retraem para dentro da porta e ficam niveladas com a carroceria antes ou depois de serem acionadas; construir esse dispositivo era outra coisa, completamente diferente.

Sentado à mesa e beliscando seu jantar, Rawlinson, à primeira vista, tinha pouco em comum com aquele fabricante de foguetes de modos vulgares e fala grosseira diante dele. Musk usava camisetas; Rawlinson preferia paletós esporte fino. Rawlinson era polido e tinha refinadas maneiras inglesas, gostava de esquiar e era cerca de trinta centímetros mais baixo do que Musk. Contudo, enquanto os dois conversavam, ficou claro que ambos sentiam pela indústria automotiva um desprezo semelhante. Rawlinson falou de suas frustrações com as ineficiências que observou ao longo de 25 anos trabalhando no setor, sobre como tinha passado toda uma carreira tentando implementar melhorias, enfatizando o uso de computadores para acelerar o design e a engenharia. Também experimentou usar equipes menores, para superar de forma rápida e eficaz os obstáculos da burocracia corporativa e reduzir meses de trabalho do complexo processo de criação de um carro.

Rawlinson começou sua carreira no Grupo Rover e rapidamente descobriu que grandes corporações podem ser maçantes, lentas e avessas ao trabalho que utiliza tecnologia de ponta. Passava seu tempo tentando descobrir maneiras de usar computadores para ajudar a conceber seus projetos de engenharia, com os olhos cansados de tanto olhar durante horas a fio para as monocromáticas telas verdes. Acabou indo trabalhar na Jaguar, que na época era uma empresa à parte, com equipes que haviam começado a recorrer à ajuda de computadores para o desenvolvimento de veículos, uma raridade na década de 1980. Rawlinson se viu realizando um trabalho instigante e desafiador e com um grupo ainda pequeno, o que lhe permitiu adquirir várias experiências diferentes. Sentia especial interesse pelo trabalho de engenharia envolvido na carroceria de um carro, o que abrangia quase todas as outras funções do veículo, dando-lhe uma visão ampla de como se desenvolvia um automóvel. Ele aprendeu sobre suspensões, transmissões, trens de força, fabricação de motores – e como todas essas peças se encaixam em um carro feito um quebra-cabeça gigante. A Jaguar deu a Rawlinson uma rara oportunidade: à medida que as empresas automotivas modernas evoluíam, os engenheiros muitas vezes tinham carreiras inteiras especializadas em uma única área. Um profissional poderia aspirar a ser, por exemplo, o maior especialista em travas de porta da empresa, e nunca ter a chance de aprender de perto como funciona o restante de um carro.

Mas, quando a Ford Motor Company adquiriu a Land Rover em 2000, Rawlinson começou a ver a intromissão da burocracia da montadora norte-americana nas operações da empresa. Saiu para trabalhar no desenvolvimento de seu próprio carro. Na garagem de sua casa em Warwickshire, projetou um *roadster* de dois lugares que foi apresentado com destaque na revista *Road & Track*, incluindo fotos do chassi. Um ano depois, recebeu um telefonema da Lotus, que estava com pouco dinheiro e procurava maneiras de desenvolver novos veículos. Rawlinson lhes mostrou fotos de seu carro e recebeu olhares estranhos de executivos. Mais tarde, percebeu que seu design era semelhante a um projeto secreto no qual a Lotus estava trabalhando, o carro esportivo Elise.

Ele acabou sendo contratado pela Lotus como chefe de engenharia. Finalmente tinha o poder de influência e a experiência para colocar em prática suas ideias, reduzindo, de maneira efetiva, o tempo de desenvolvimento de veículo para apenas meses em vez de anos, e com uma fração da mão de obra. Quando o chefe de Rawlinson deixou a Lotus para atuar como consultor, Rawlinson seguiu os passos dele e começou a prestar consultoria para montadoras ao redor do mundo antes de, por fim, abrir seu próprio negócio.

Em seu primeiro encontro naquela noite em Santa Monica, Musk testou os conhecimentos de Rawlinson com uma série de perguntas sobre diferentes partes de um carro convencional, indagando, por exemplo, que tipo de suspensão ele poderia usar. Rawlinson, que anos mais tarde relembrou essa conversa, entusiasmou-se e utilizou pratos vazios como suporte para demonstrar o funcionamento das peças. Em seguida, Musk se voltou para a questão dos materiais, e depois para as técnicas de soldagem. Encontrou em Rawlinson um engenheiro que gostava de se aprofundar nos detalhes dos fundamentos dos comos e dos porquês de um carro funcionar, bem como dos ajustes que poderiam ser feitos para torná-lo melhor. Rawlinson, por sua vez, viu em Musk um colaborador entusiasmado em potencial.

O jantar avançou, mas Rawlinson estava ocupado demais falando para pensar na comida. Era a vez de Musk tomar a palavra. Nas conversas seguintes, confidenciou a Rawlinson que sua equipe de engenharia em

Detroit havia elaborado um plano para contratar mil engenheiros até o Natal daquele ano, alegando que precisavam de um exército para desenvolver o carro que foi chamado de Modelo S. Uma estimativa aproximada sugeria que gastariam mais de 100 milhões de dólares por ano com salários de engenheiros se formassem uma equipe do tipo que os tradicionais executivos de Detroit estavam acostumados a usar para um novo projeto de carro. "Não tenho orçamento para isso e nem consigo recrutar os *recrutadores* para fazer isso", disse Musk. "Quantos engenheiros você empregaria?"

"Deixe-me pensar", disse Rawlinson enquanto fazia a matemática mental, lembrando-se de quantos engenheiros tinha usado para seus projetos na Lotus. "Em junho, eu precisaria de mais ou menos 20", disse Rawlinson. "Entre julho e agosto, cerca de 25... creio que cerca de 40, 45 por volta do Natal."

"Isso é um quinto da quantidade!", exclamou Musk. "O que há de errado com a indústria automotiva? Por que precisam de tanta gente?"

"Permita-me contar a você como a indústria automotiva é administrada", disse Rawlinson, como um professor iniciando uma aula. "Ela funciona como um campo de batalha da Primeira Guerra Mundial." De acordo com Rawlinson, as empresas de automóveis, assim como exércitos, contratavam batalhões de pessoas despreparadas e mal treinadas para a linha de frente que marchavam fazendo o papel de bucha de canhão, enquanto, quilômetros atrás, os generais davam ordens sem saber as condições no terreno.

Musk queria saber o que Rawlinson faria de diferente. "Tropas de elite", respondeu Rawlinson. "Veja o caso dos regimentos de paraquedistas. A grande diferença em um regimento de paraquedistas é que o líder fica no chão... ele representa uma liderança direta que se ajusta às condições do campo de batalha."

Os olhos de Musk se arregalaram. "Paraquedistas! Você quer dizer *forças especiais?*"

"Ah...", Rawlinson fez uma pausa, percebendo que havia chegado lá. "Sim!"

Em seu cubículo na SpaceX, Musk recebeu Rawlinson, que, com apenas uma semana em seu novo emprego na Tesla, voltava de uma viagem que fizera para o subúrbio de Detroit a fim de inspecionar a equipe de engenheiros que trabalhava no Modelo S (apesar das ordens malsucedidas de Musk de demiti-los desde os dias de Martin Eberhard). Depois de toda a visita, Rawlinson disse a ele que achava que os dois deveriam se sentar para que Musk lhe dissesse tudo o que imaginava para o Modelo S. "Quero que descreva absolutamente todos os pensamentos que se passam em sua cabeça", pediu Rawlinson.

Sentado a sua mesa de trabalho, Musk desviou os olhos da tela para o novo executivo. "Ser melhor do que o Série 5", disse ele, e se voltou de novo para sua tela.

Para Musk, não havia objetivo mais simples do que destronar o popular sedã de médio porte da BMW, que ficava entre o compacto Série 3 e o grande sedã Série 7. Se o Série 3 era uma versão de luxo do Toyota Corolla, então o Série 5 era o Camry de luxo.

Rawlinson hesitou, matutando sobre o que acabara de descobrir a respeito do progresso do Modelo S no escritório da Tesla em Detroit. Passara alguns dias lá, em reuniões com os futuros ex-membros da equipe, investigando de que maneira planejavam fabricar o Modelo S. Àquela altura, os engenheiros já haviam passado cerca de um ano no trabalho, e o projeto já custara à Tesla 60 milhões de dólares. Rawlinson rapidamente ficou preocupado com o que viu, que parecia privilegiar o corte de custos em detrimento do desempenho. Por exemplo, a equipe estava animada por ter firmado um acordo com a Ford para adquirir a suspensão dianteira para o veículo – um bom negócio, de fato, pois planejavam reaproveitar a suspensão dianteira como a suspensão traseira também. Rawlinson achava que isso resultaria em uma dirigibilidade ruim. Era o tipo de sacrifício que sabia que Musk não toleraria.

Rawlinson desviou a atenção de Musk da tela de seu computador. Disse que tinha visto o andamento do projeto do Modelo S e as coisas não pareciam nada boas. "Eu sinto muito, mas vai ter que parar – vamos ter que parar o programa."

Musk se virou para encará-lo novamente. "Inteiro?"

"Sim, inteiro", respondeu Rawlinson, confiante. Precisariam recomeçar, começar o Modelo S do zero. Ele fez uma pausa para observar a reação de seu novo chefe. Musk ficou em silêncio por um momento, a cabeça ligeiramente inclinada para cima enquanto fitava o nada. Os polegares dele se remexiam, inquietos. Por debaixo da ousada segurança de Rawlinson havia uma sugestão de dúvida. Será que seu novo chefe o demitiria por insubordinação?

Musk se virou de novo para Rawlinson, seus olhos penetrando os de seu interlocutor. "Foi o que pensei."

Naquele momento, Rawlinson começou a reavaliar seu papel. Tratava-se de mais do que apenas uma tarefa típica – um trabalho que ele realizaria durante seis meses antes de partir para a aventura seguinte. Musk era uma anomalia na indústria automobilística, alguém que não se importava com a maneira como as coisas haviam sido feitas antes (sobretudo se o produto fosse um carro que ele achava uma merda). A única preocupação de Musk parecia ser apenas fazer o melhor carro, o carro mais descolado possível.

O jogo começou, pensou ele. *É uma chance enorme.*

Ninguém ficou mais surpreso com a chegada de Rawlinson do que Mike Donoughe, que aparentemente fora contratado para supervisionar a produção do Modelo S. E agora entrava em cena Rawlinson, que tinha sido contratado – pessoalmente por Musk – para a imprecisa função de desenvolvimento de produto. Ele passava o tempo avaliando os engenheiros e revisando os planos de desenvolvimento de Donoughe. Não era um bom presságio para o ex-executivo de Detroit.

Foi ainda mais surpreendente porque, assim que o novo ano começou, o enfoque de Donoughe para o jogo de acertar uma marretada na toupeira mostrava resultados. Os problemas com os painéis de fibra de carbono estavam sendo solucionados e outras questões com fornecedores estavam sendo resolvidas. A produção do Roadster agora poderia aumentar de cinco carros por mês, quantidade produzida quando ele entrara na Tesla no verão anterior, para cerca de 20 a 25 unidades por mês no primeiro trimestre e 35 no segundo trimestre. Era uma taxa de produtividade que empalidecia em comparação com os dias de Donoughe na unidade de carrocerias da linha de montagem de Sterling Heights, no subúrbio de Detroit, quando, em seu auge, a fábrica produzia em um único dia números consideravelmente maiores. Mas para a Tesla foi um marco que valia a pena comemorar. Certa tarde, Donoughe arrastou alguns barris de cerveja para a oficina e a equipe brindou à vitória.

A festança teria vida curta para Donoughe, é claro – todas as evidências não deixavam dúvidas. No verão, ele orquestrou uma saída elegante. Ao contrário de outros demitidos recentes, Donoughe não falaria mal de Musk assim que saísse porta afora; vira o suficiente para pensar que a Tesla talvez tivesse uma chance de sucesso.

Ele não era o único. A Daimler, que Musk vinha tentando atrair como investidora, demonstrara um interesse maior do que o esperado pelo Modelo S. A gigantesca montadora alemã tinha uma divisão chamada MBtech que funcionava como agência de consultoria em projetos automotivos difíceis para outras montadoras. Diante da atenção cada vez maior da matriz no crescimento da Tesla, o escritório da MBtech em Detroit recebeu autorização para fazer lobby para que Musk lhes entregasse o desenvolvimento de engenharia. Argumentaram que a Tesla não tinha tempo nem dinheiro, tampouco experiência, para fabricar um carro tão ambicioso. Durante uma reunião de um dia inteiro na SpaceX, a equipe da Daimler recomendou o uso da plataforma de veículo que fora usada para fazer o Mercedes-Benz Classe E, o sedã de médio porte comparável ao BMW Série 5 – a mesma plataforma que van Holzhausen e Straubel haviam modificado para o Modelo S deles.

Fazia muito sentido. Esse acordo estaria em conformidade com o plano de negócios original da Tesla, formulado anos antes pelo cofundador Martin Eberhard. Na época, ele estava tendo dificuldades para negociar com montadoras menores, como a Lotus. Agora, a Tesla tinha a atenção da segunda maior fabricante de automóveis de luxo no planeta, e poderia fazer o que havia feito com o Elise, mas desta vez com um carro mais extravagante como base.

Rawlinson assistiu à apresentação da equipe Daimler. Ele chegara apenas semanas antes, e agora a chance de projetar um carro do zero parecia estar em perigo. Assim que a equipe terminou a apresentação, Musk se dirigiu a Rawlinson: "O que você faria?".

Rawlinson não gostou do que viu e não teve vergonha de dizer. Começou a traçar um plano alternativo que parecia bastante inacreditável para a equipe alemã, exigindo uma plataforma inteiramente nova que incorporasse o pacote de baterias ao projeto estrutural do veículo – como Musk havia dito publicamente que seria. Rawlinson foi além, sugerindo que, de forma inovadora, o pacote de baterias poderia, em tese, ajudar o veículo a suportar a força de uma colisão. Era uma ideia tão radical que parecia tresloucada. A equipe da MBtech ficou transtornada, jurando de pés juntos que sua empresa iria à falência se decidisse seguir o plano de Rawlinson.

No decorrer dos dias seguintes, enquanto Musk ponderava sobre as duas opções, outras pessoas dentro da Tesla avaliaram a estratégia de Rawlinson. O consenso era que dependia, em larga medida, de pular etapas havia muito consideradas sagradas pelos grandes fabricantes de automóveis, tais como as pesquisas do mercado e o desenvolvimento de várias versões de protótipos. Ele queria fazer o maior número possível de testes por meio de simulações de computador, que a seu ver poupariam não apenas tempo, mas mão de obra.

O ex-Ford Deepak Ahuja, novo diretor financeiro, analisou os números e ficou impressionado. Se eles conseguissem projetar um veículo com um pessoal tão reduzido, dariam à Tesla uma vantagem competitiva em termos de custos em relação aos grandes nomes do mercado. "Isso é revolucionário", disse ele a Rawlinson. "Nunca vi nada parecido."

A Tesla tomou uma decisão baseada na lição que aprendera com o Roadster. Em última análise, a empresa precisara substituir quase todas as peças do Elise para obter o desempenho e a aparência que queria. Para tirar proveito da tecnologia de seu novo pacote de baterias, a Tesla precisava construir um carro em torno dessa tecnologia, em vez de enfiá-la na marra em algo que já existia.

Mais tarde, Rawlinson voou para Detroit e decidiu visitar o escritório do chefe da MBtech, que traçou seus planos para um carro elétrico baseado no Classe E. Pediu ao executivo da novata Tesla que lhe mostrasse por que o plano deles não funcionaria. Rawlinson passou a examinar uma lista de cerca de trezentas peças, uma por uma. Sentou-se no chão, explicando por que cada uma das peças era inadequada, até que, depois de várias horas, e tendo chegado à sexagésima quinta peça, Rawlinson foi interrompido.

"Já vi o suficiente", falou o alemão. "Você tem razão. Isso nunca vai fazer sentido, de jeito nenhum." Ele telefonou para Musk para retirar a proposta. Começava o show de Rawlinson. Ele tinha recebido as rédeas – ou o pedaço de corda para se enforcar.

Capítulo 10

Novos amigos e velhos inimigos

Em 27 de janeiro de 2009, os advogados de Justine Musk entraram com uma moção na vara da família, em Los Angeles, para efetivar seu divórcio de Elon. A equipe jurídica dela queria adicionar na partilha a Tesla e outras empresas. Até aquele ponto, Musk esperava que sua separação fosse simples e direta. Justine assinara um acordo financeiro, elaborado antes de seu casamento em 2000, que protegia sua então relativamente pequena fortuna.* Se o casal tivesse filhos e depois viesse a se separar, o documento assegurava a Justine a casa em Bel Air, bem como pagamentos de pensão alimentícia – um acordo que, somado, chegava a 20 milhões de dólares. Nove anos depois, porém, Justine julgou que tinha direito a uma porção muito maior de dinheiro do que apenas a casa.

Nenhum casamento termina às mil maravilhas. De acordo com a versão de Justine, o relacionamento com o marido mudou à medida que a vida de ambos foi enredada nos adornos de uma riqueza excepcional, após a venda da PayPal. Foram de um minúsculo apartamento em Mountain View para uma mansão em Beverly Hills. Enfrentaram a morte do primeiro filho, vitimado pela síndrome da morte súbita infantil em 2002, seguida pela criação de cinco filhos – um casal de gêmeos e depois

---

* Embora o acordo original tenha sido redigido antes do casamento, eles assinaram o documento definitivo somente depois da oficialização da união.

o nascimento de trigêmeos. Justine começou a se sentir secundária em relação aos outros empreendimentos de Musk. Ele a criticava constantemente, repetindo: "Se você fosse minha funcionária, eu te demitiria".

O advogado que cuidou do divórcio de Musk, Todd Maron, alegou perante o tribunal que incluir a Tesla no processo ameaçaria a própria sobrevivência da empresa; era só uma tentativa descarada de Justine de alavancar um acordo financeiro que fosse favorável a ela. A preocupação de Musk era que, caso Justine vencesse, para fins práticos, poderia exigir a participação e permissão em todas as decisões corporativas significativas. "Se Justine conseguir envolver a Tesla neste imbróglio, o que essencialmente seria condenar a empresa a uma situação quase falimentar, Elon e os 324 outros acionistas estão sujeitos a perder seus investimentos", disse Maron ao tribunal. A essa altura, Musk havia enterrado toda a sua fortuna na Tesla, na SpaceX e na SolarCity. Maron o alertou sobre as consequências, para a Tesla, de uma batalha judicial pública e custosa em um divórcio litigioso.

Para a sorte de Musk, a ação judicial passou despercebida na época. Era o tipo de publicidade que poderia ter prejudicado a empresa enquanto ele tentava angariar uma rodada de financiamento que a salvaria com parceiros já nervosos e preocupados com a capacidade da Tesla de sobreviver.

Naquela primavera, enquanto Musk lutava simultaneamente para manter sua empresa de pé e despertar o interesse no Modelo S, o recém-eleito presidente Barack Obama tomava novas medidas para salvar a General Motors. O esforço incluiu a destituição do CEO Rick Wagoner e o anúncio de que o governo estava em tratativas para submeter a montadora a uma reorganização por meio de um processo de recuperação judicial com respaldo governamental, imaginando uma GM mais ágil – menos marcas, concessionárias e trabalhadores.

Durante meses, a nação foi consumida pelo debate sobre que papel o governo dos Estados Unidos deveria desempenhar para salvar a GM e a Chrysler. Depois de uma tentativa fracassada do Congresso de chegar a um consenso sobre um pacote de ajuda financeira no final de 2008 e dos empréstimos temporários do presidente Bush, Obama continuou com novos aportes. Procurando uma saída, as empresas apresentaram ao governo federal seus planos de reestruturação.

Em meio ao tumulto, Musk viu uma oportunidade para a Tesla. Por meses a fio, um de seus principais emissários, Diarmuid O'Connell, trabalhou nos corredores do Congresso, fazendo lobby para incluir a Tesla em um programa de empréstimos do Departamento de Energia a fim de ajudar a impulsionar as empresas de tecnologia sustentável do país. Ex-chefe de gabinete para assuntos políticos militares no Departamento de Estado dos Estados Unidos, O'Connell entrou na Tesla pouco antes da revelação do Roadster, em 2006, motivado por nada menos do que um desejo de diminuir o aquecimento global. Levou para a startup da Califórnia a experiência necessária de Washington.

O então CEO Martin Eberhard endossou a ideia de O'Connell: fazer lobby para a implementação de uma legislação cujo intuito seria atrair compradores de carros elétricos por meio de crédito fiscal e abatimentos nas compras de um veículo com emissão zero. A bem-sucedida aprovação dessa lei adicionou uma poderosa ferramenta para ajudar a comercializar o Modelo S a um preço mais baixo. (Foi a essa legislação que Musk aludiu quando anunciou, no evento de revelação do carro, que com um crédito fiscal do governo ele custaria apenas 50 mil dólares.)

A administração do presidente George W. Bush havia implementado um programa governamental de empréstimos que o Departamento de Energia tentava iniciar no final de 2008, quando a GM começou a naufragar em meio ao colapso da economia global. Naquele inverno, Musk e o diretor financeiro Deepak Ahuja apresentaram ao Departamento de Energia uma proposta de empréstimo, na esperança de levantar mais de 400 milhões de dólares e dar continuidade ao desenvolvimento do Modelo S.

A revelação de março do "carro dos sonhos", o modelo de exibição customizado e construído à mão na SpaceX, deu a O'Connell o suporte perfeito para levar a Washington. O mesmo veículo que tinha sido mostrado aos clientes e à mídia em Los Angeles no final de março foi rapidamente despachado para todo o país em uma turnê de exibição pela Costa Leste, incluindo uma parada em um estúdio de gravação em Manhattan para aparecer no popular programa de TV *Late Show*, apresentado por David Letterman no canal CBS. Um jornalista da revista *New Yorker* acompanhou tudo e escreveu uma extensa matéria que seria publicada meses depois, com fotos de Musk e os filhos pequenos. A atenção da mídia deu a seu projeto um renovado senso de credibilidade.

Talvez o fato mais importante tenha sido que O'Connell tomou providências para que o carro passasse pela cidade de Washington. O Modelo S foi levado à sede do Departamento de Energia para ser visto em primeira mão pelos membros da pequena equipe de gerentes encarregada de distribuir os fundos do programa de empréstimo, incluindo Yanev Suissa, recém-formado na Escola de Direito da Universidade Harvard. Quando Suissa saiu do carro, percebeu que os colegas olhavam para ele do complexo de escritórios, observando a cena singular. Aqueles burocratas não estavam acostumados a tanta atenção. Sentado no interior do Modelo S, Suissa ficou impressionado com a cabine arejada e a grande tela no painel.

O objetivo de Suissa e sua equipe do Departamento de Energia era conceder empréstimos a empresas que tinham condições de devolver o dinheiro ao governo. Eles não tinham tanta certeza se era o caso da Tesla. Suissa lembra-se de que a empresa não figurava entre os projetos mais prestigiados entre todos os que estavam em análise. "Logo no início não estava claro se a Tesla daria conta do recado", disse ele. "Era incrivelmente arriscado. Eles não estavam apenas produzindo uma nova versão de algo que já existia, estavam criando uma indústria inteiramente nova."

O governo não queria ser o único a colocar dinheiro na Tesla. A empresa foi informada de que precisava encontrar patrocinadores adicionais. Para a frustração da Tesla, a equipe do Departamento de Energia não foi o único a mostrar relutância.

Herbert Kohler, chefe da equipe de engenharia avançada da Daimler, se reunira com Musk nos dias iniciais da Tesla, ansioso para que a Daimler investisse na startup. Tais investimentos corporativos, no entanto, são malvistos por muitas startups, que temem ganhar a reputação de serem apenas um projeto complementar de uma grande empresa ou, pior ainda, de priorizar as necessidades de negócios do patrocinador em detrimento das suas próprias. Musk não estava interessado.

Em 2008, no entanto, a opinião de Musk mudou. Como estava à procura de maneiras de levantar dinheiro, visitou a Alemanha e se reuniu com executivos da Daimler, ocasião em que descobriu que estavam em busca de um fornecedor para abastecê-los de pacotes de baterias para criar uma versão elétrica de sua linha de carros Smart. Alguns meses depois, Kohler enviou um e-mail para avisar que dali a seis semanas visitaria a área do Vale do Silício e estava disposto a ver a tecnologia da Tesla. Musk recorreu a J. B. Straubel para o que agora era uma de suas especialidades: converter o minúsculo carro Smart de dois lugares da Daimler em um veículo elétrico. Só que, desta vez, em questão de semanas.

Poucos meses antes, Musk havia rejeitado a sugestão de trabalhar como fornecedor de baterias para a General Motors e outras montadoras, mas agora lhe restavam poucas opções. Além disso, poderia haver vantagens em se associar à Mercedes. O primeiro desafio era de ordem puramente logística: a Daimler ainda não tinha vendido nenhum Smart nos Estados Unidos. O carro deles mais próximo que a Tesla conseguiu encontrar foi no México. Foram até a tesouraria da empresa e pediram 20 mil dólares em dinheiro. Despachariam um amigo que falava espanhol para o México, onde ele compraria um carro Smart usado e, em seguida, voltaria dirigindo até o Vale do Silício. Com o carro em mãos, a equipe correria para convertê-lo o mais rapidamente possível, prestando especial atenção para garantir que o interior do carro não fosse afetado pelo desmanche.

Quando chegou o dia de se encontrar com o pessoal da Daimler, Musk sentiu que os alemães não ficaram nem um pouco impressionados com sua apresentação em PowerPoint. Ele interrompeu a reunião e perguntou se eles gostariam de ver uma demonstração, e em seguida os levou ao estacionamento da empresa, onde o Smart modificado os aguardava. Os membros da equipe da montadora alemã deram alegres passeios na invenção de Straubel, que, convertida com o torque instantâneo de um motor elétrico, de repente se transformava em um monstro do asfalto. A Daimler estava impressionada.

Em janeiro de 2009, as empresas do grupo Daimler haviam estabelecido um relacionamento com fornecedores e pensavam em investir dinheiro na Tesla também. Em Stuttgart, no entanto, havia gente relutante. Assim como o Departamento de Energia, temiam pelo futuro financeiro da Tesla.

Musk se viu diante de uma charada: a Daimler estava interessada em colocar dinheiro na Tesla. O governo dos Estados Unidos estava disposto a lhe emprestar dinheiro. Mas nenhum dos dois queria ser o único investidor.

O fator tempo, no entanto, finalmente estava do lado de Musk. Enquanto a GM e a Chrysler enfrentavam dificuldades, o governo Obama pressionava o escritório de empréstimos do DOE para começar a anunciar projetos, mesmo se os acordos ainda não estivessem prontos para a aprovação final. O escritório, então, anunciou que uma empresa de painéis solares do Vale do Silício chamada Solyndra seria beneficiada – e logo em seguida veio a notícia de que a Tesla também obteria um empréstimo.

A Daimler fez o mesmo. Em maio, anunciou um investimento de 50 milhões de dólares, o que deu à empresa uma participação de 10% na Tesla.

Acontece que o anúncio do Departamento de Energia refletia não um negócio concreto, mas um termo de compromisso repleto de condições e imposições, disse Suissa. "Era só um comunicado de imprensa", disse ele. "As pessoas estavam pensando, então, que o negócio já estava fechado, mas na verdade estava longe disso." Os detalhes ainda precisariam ser resolvidos – um processo que levaria meses. Mas foi uma vitória de relações públicas para ambos os lados. O governo parecia estar injetando dinheiro na economia, ao passo que a Tesla ganhava um endosso oficial. Em todo caso, por pelo menos um momento, a startup que vivia em perene falta de caixa teria uma graninha extra.

Embora Musk tenha conseguido evitar a publicidade sobre seu complicado divórcio de Justine, outra separação de seu passado estava prestes a se tornar pública. Martin Eberhard passou quase um ano inteiro cozinhando sua mágoa em fogo baixo pela saída da organização que ele mesmo tinha fundado. Fora Eberhard quem construíra a equipe inicial, quem trabalhara para lançar um protótipo do Roadster em 2006 e vendê-lo aos compradores. Ele, e não Musk, passara a encarnar o papel do "Sr. Tesla", o nome gravado nas placas personalizadas de seu carro.

Nas semanas e meses que se seguiram a sua saída, no entanto, Eberhard viu muitos dos amigos que ele mesmo havia contratado serem demitidos ou saírem por conta própria. Eberhard ainda amava a Tesla, mas sentia desprezo por Musk. Ele continuou desabafando, no blog, suas frustrações, e detalhando as mudanças da empresa – até que Laurie Yoler, conselheira da Tesla, pediu que ele diminuísse o tom. Alegou que a raiva dele estava prejudicando a empresa. O advogado da Tesla foi mais direto do que Yoler, informando a Eberhard que a empresa acreditava que ele havia violado o acordo de não depreciação. Em resposta, reduziram a capacidade de Eberhard de investir nas 250 mil opções de ações.

Uma série de ataques na mídia em meados de 2008 enfureceu Eberhard ainda mais. Em entrevistas e matérias de jornais e revistas, Musk culpou Eberhard por tudo o que tinha dado errado com a Tesla. Mas a gota d'água veio no final do verão. Nos primeiros dias da empresa, Musk e Eberhard tinham debatido alegremente sobre quem ficaria com o primeiro Roadster a sair da linha de montagem – algo que, eles imaginavam, um dia valeria muitas vezes o preço normal por ser um item de colecionador. Firmou-se um compromisso. Musk ficaria com o Roadster nº 1 e Eberhard com o nº 2. No entanto, quando a produção foi iniciada, depois de meses de enrolação para conseguir seu carro, Eberhard recebeu um telefonema da Tesla em julho de 2008 para avisar que o Roadster dele havia colidido contra a traseira de um caminhão durante um "teste de resistência" e que estava quase completamente destruído. Além disso, soube em definitivo que não receberia o Roadster nº 2 conforme o prometido – aquela unidade específica tinha ido parar nas mãos de Antonio Gracias, o membro do conselho cuja auditoria levou à demissão de Eberhard em 2007.

Na primavera de 2009, Eberhard reagiu com uma ação judicial alegando difamação, calúnia, quebra de contrato e muito mais. Foi um ataque com força total, direto na jugular, mirando a vaidade e as inseguranças de Musk. Eberhard questionou o direito de Musk de ser chamado de um dos fundadores da Tesla. Levantou dúvidas sobre a história que Musk contava e recontava de sua trajetória pessoal, de que se mudara para a Califórnia com a intenção de fazer doutorado na Universidade Stanford e desistira após dois dias de aulas para lançar uma empresa de software. "Musk decidiu reescrever a história", era a frase que abria os autos do processo.

Foi um golpe certeiro no ex-parceiro. Musk notoriamente tinha muito cuidado com o próprio lugar na história do Vale do Silício. Quando o Valleywag sugeriu que ele não merecia crédito pelo PayPal, Musk escreveu uma réplica de mais de duas mil palavras, inclusive com notas de rodapé. Não esperou até o dia da audiência no tribunal para acertar as contas com Eberhard; respondeu no site da empresa com um relato detalhado em que apresentava sua versão pessoal da história da Tesla, observando que quando falou pela primeira vez com Eberhard sobre a empresa, Eberhard "não tinha tecnologia própria, não tinha um protótipo de carro e não tinha propriedade intelectual relacionada a carros elétricos. Tudo o que ele tinha era um plano de negócios para comercializar o conceito de carro esportivo elétrico *tzero* da AC Propulsion".*

Teve início uma guerra burocrática. A assistente pessoal de Musk, Mary Beth Brown, trabalhou para rastrear a documentação de que ele, de fato, havia frequentado as aulas em Stanford por um breve período.

---

* Embora Eberhard tenha entrado com a papelada para adquirir os direitos do domínio teslamotors.com em 2003, mais tarde Musk diria que acabou pagando 75 mil dólares a um homem em Sacramento pelos direitos sobre o nome. A opção de nome reserva era Faraday (https://twitter.com/elonmusk/status/1071613648085311488?s=20).

Embora esse tipo de palhaçada gerasse um estardalhaço tremendo e dramático no mundo da tecnologia, era uma distração para os assistentes de Musk, que tentavam levantar os fundos necessários. Quando um tribunal rejeitou uma alegação de Eberhard de que Musk não poderia ser chamado de um dos fundadores da Tesla, Musk emitiu um comunicado declarando vitória: "Estamos ansiosos para provar os fatos nos tribunais o mais rapidamente possível e colocar as coisas em pratos limpos". A empresa acrescentou em seu próprio comunicado que a decisão era "coerente com a convicção da Tesla de que havia uma equipe de fundadores, incluindo o atual CEO e arquiteto de produtos da empresa Elon Musk [e] o diretor de tecnologia J. B. Straubel, que foram fundamentais para a criação da Tesla".

Em âmbito privado, alguns recomendavam prudência. Michael Marks, que serviu brevemente como CEO interino depois de Eberhard ser rebaixado, escreveu a Musk e ao conselho administrativo naquele verão para pedir que abrandassem a retórica. Ele qualificou as declarações sobre Eberhard como "terrivelmente infelizes" e "dolorosas". "Provavelmente os piores comentários são sobre [Eberhard] ter mentido para a diretoria. Vocês todos devem imaginar o efeito que isso terá nas oportunidades de emprego que ele pode vir a ter", escreveu Marks. "Além disso, não acredito que seja verdade." O desafio que Eberhard enfrentara, continuou ele, era que faltara à Tesla um diretor financeiro experiente e que a equipe de gestão não era realista em termos de expectativas de custos e prazos. "Não estou dizendo que Martin não deveria ter sido removido do cargo pela falta de competência em gerenciar esses problemas, pelos quais ele era responsável como CEO. Apoiei a ideia de retirá-lo do cargo. E não estava a par do que aconteceu antes de eu entrar na empresa. Só acrescentaria, também, que nos primeiros meses em que lá estive e enquanto [ele] ainda trabalhava e prestava contas a mim, fez tudo o que pedi, e com entusiasmo. Isso também deve constar dos registros."

Qualquer que tenha sido o efeito da súplica de Marks, em setembro Eberhard e Musk haviam resolvido o litígio, embora os termos fossem confidenciais. Incluíam um acordo de não depreciação entre os dois, segundo uma pessoa que teve acesso aos detalhes; Eberhard conseguiu suas ações e, mais importante, recebeu um Roadster. A Tesla emitiu uma declaração referindo-se a ambos os homens como "dois dos cofundadores da Tesla", sendo os outros Marc Tarpenning, Ian Wright e J. B. Straubel. Ambas as partes emitiram declarações, cuja efusividade era um contraste gritante com o teor cáustico de apenas alguns meses antes. Na declaração de Eberhard lia-se: "As contribuições de Elon para a Tesla têm sido extraordinárias"; Musk, por sua vez, escreveu: "Sem os imprescindíveis esforços de Martin, a Tesla Motors não estaria aqui hoje". Os dois recuaram na guerra de palavras. Mas o ressentimento duraria por muitos anos.

Somadas, as batalhas jurídicas de Musk com seu ex-parceiro de negócios e sua ex-esposa ilustravam o rastro que sua personalidade agressiva e dominante era capaz de deixar. O foco obstinado dele em 2008 provavelmente salvou a Tesla da falência, mas os danos colaterais às pessoas de quem ele tinha sido próximo criaram ameaças novas para Musk no futuro. À medida que a Tesla continuava a crescer nas tentativas de disponibilizar no mercado um carro elétrico para as massas, essas batalhas poderiam ter consequências ainda maiores – as apostas neste jogo ficavam cada vez mais arriscadas, a margem de erro cada vez menor.

Capítulo 11

Turnê de exibição

O diretor financeiro Deepak Ahuja fez um curso intensivo sobre a vida das startups quando ingressou na Tesla em 2008, após uma carreira no elogiado departamento financeiro da Ford Motor Company. Ahuja passou a infância e a adolescência em Mumbai com os pais, que tentaram a sorte em vários negócios na indústria de vestuário, fazendo jeans e lingerie. Estudante talentoso, frequentou a Universidade Hindu Banaras, onde obteve um diploma em engenharia cerâmica antes de ir para os Estados Unidos para fazer doutorado em ciência dos materiais. Seu plano era retornar à Índia para estabelecer uma parceria com o pai em uma fábrica de isoladores de cerâmica para rede elétrica. Acabou na Universidade Northwestern, nos arredores de Chicago, onde os invernos rigorosos foram um choque tão grande quanto os recursos acadêmicos agora à disposição. Nos tempos em que programava em enormes computadores mainframe na Índia, nunca havia trabalhado em um computador pessoal; agora, tinha dificuldade até mesmo para encontrar o botão de liga/desliga. Seus pedidos de ajuda eram recebidos com olhares interrogativos; o sotaque era tão forte que quase ninguém o compreendia.

Mas Ahuja rapidamente se adaptou, conheceu sua futura esposa e por fim desistiu do doutorado. Foi para Pittsburgh trabalhar como engenheiro na empresa Kennametal, desenvolvendo compósitos cerâmicos para a indústria automotiva. Ao mesmo tempo, cursou um MBA na Universidade Carnegie Mellon. Em 1993, conseguiu um emprego na Ford, que era conhecida pelo treinamento intensivo de profissionais do setor financeiro. Trabalhou em uma das fábricas de estampagem de chapas metálicas da montadora, aprendendo como as fabricantes de carros norte-americanas faziam negócios; depois, passou a década e meia seguinte subindo na hierarquia corporativa, e em 2000 ascendeu ao posto de diretor financeiro do empreendimento conjunto da Ford com a Mazda; mais tarde, exerceu a mesma função nas operações sul-africanas da montadora estadunidense. Em 2008, acabara de retornar a Michigan para uma nova incumbência quando um recrutador da Tesla ligou. Ahuja acabou entrando na empresa pouco antes do colapso econômico e passou os primeiros meses com medo de perder o emprego, pois temia que seu cargo seria um dos muitos a serem cortados enquanto Musk procurava maneiras de reduzir a perda de dinheiro.

Mesmo vendo Musk tirar do próprio bolso para pagar as contas da Tesla, Ahuja não contava a verdadeira gravidade da situação nem à esposa, nem às filhas. Trabalhou para reduzir os custos no Roadster e preparar os livros financeiros da Tesla para o que estava por vir, presumindo que conseguiriam sobreviver até lá. A saber: até que se tornassem uma empresa pública. Seria uma experiência de aprendizagem para ele e para a Tesla. Forçaria a empresa a enfrentar todas as pressões que vêm a reboque de abrir o capital e passar a ter as ações negociadas publicamente na bolsa de valores – relatórios trimestrais, expectativas de Wall Street. Mas também poderia desbloquear milhões – senão bilhões – de dólares de capital para a montadora, que vivia sem dinheiro.

Os banqueiros de Wall Street já trabalhavam havia algum tempo para desenvolver um relacionamento com a Tesla.

Em meados de 2009, no entanto, para muitos membros da equipe Tesla o mercado para uma oferta pública inicial de ações parecia, na melhor das hipóteses, duvidoso. Na época, a General Motors lutava para se salvar da falência, dispensando milhares de revendedoras e dezenas de milhares de funcionários, e a indústria automobilística como um todo enfrentava prejuízos no mercado em meio ao declínio nas vendas.* Aquele outono pareceu representar um vislumbre de esperança

---

* Segundo uma pesquisa da Autodata Corp, em 2009, as vendas de automóveis nos Estados Unidos atingiram uma baixa histórica, que não acontecera nos últimos 27 anos, de 10,4 milhões de unidades, o que representava 38% a menos do que em 2003, quando a Tesla fora criada.

para uma IPO incipiente como a da Tesla: uma pequena fornecedora de baterias automotivas chamada A123, que havia adiado sua oferta de 2008, voltou a Wall Street com uma IPO no final de setembro de 2009 e sacudiu o mercado. As ações dispararam 50% no dia da abertura. Foi o suficiente para dar a alguns dentro do departamento financeiro da Tesla a confiança de que o plano de Musk poderia funcionar, afinal.

Apesar de toda a prática adquirida na Ford, Ahuja tinha experiência limitada em lidar diretamente com Wall Street. Aprenderia com os banqueiros que uma IPO da Tesla enfrentava vários obstáculos não relacionados à oferta pública em si. O efeito do divórcio de Musk e Justine, ainda em andamento, e o fato de que a Tesla não tinha uma fábrica para fazer o Modelo S eram apenas dois deles.

Os banqueiros se apegaram a essa segunda questão, de que antes que pudesse fazer sua IPO a Tesla precisava arranjar a própria fábrica para construir os carros. Todo o cerne da oferta pública da Tesla era angariar dinheiro para lançar o Modelo S; as previsões de receitas baseavam-se principalmente nas vendas desse veículo. "Como é que vocês procuram por um investidor e dizem 'Vamos fabricar este número de carros aqui' sem nem sequer ter uma fábrica para construí-los?", argumentavam com Musk.

Não que a empresa não tivesse pensado nisso. O esforço para encontrar um lugar para construir o Modelo S atormentava a Tesla havia anos, grande parte porque a Tesla simplesmente não tinha dinheiro para comprar um. A empresa desistira da tentativa de construir uma instalação no estado do Novo México, o que deixou tanto construtoras quanto empreendedores imobiliários locais insatisfeitos. Outra tentativa, em San Jose, Califórnia, morreu assim que Musk assumiu o cargo de CEO. Ele começou a fazer incursões de fim de semana em Los Angeles, acompanhado de um corretor de imóveis comerciais, na tentativa de encontrar um lugar. A cerca de vinte quilômetros da nova sede da SpaceX em Hawthorne, em uma cidadezinha chamada Downey, Musk encontrou um antigo parque industrial que abrigava uma antiga e imensa instalação da NASA, desativada em 1999. A história daquele espaço atraiu Musk, assim como o fato de que não ficava muito longe de sua casa.

Mas nem todos estavam tão entusiasmados. A instalação precisaria de muito trabalho para ser transformada em uma fábrica de automóveis. Dentro da Tesla, alguns se preocuparam com o tempo que levaria para obter as licenças adequadas, sobretudo o longo e complicado processo envolvido no estabelecimento de uma oficina de pintura. Apesar da promessa das autoridades do governo estadual de que agilizariam as coisas, alguns executivos temiam que os trâmites completos pudessem levar anos, enquanto a Tesla sangrava dinheiro.

Havia uma alternativa: uma antiga fábrica da GM-Toyota do outro lado da baía de São Francisco. Tinha as permissões legais para fazer carros e estava em processo de ser desativada pela Toyota depois que seu parceiro nas instalações, a General Motors, entrou com um pedido de falência. Gilbert Passin, recentemente recrutado pela Toyota Motor Corporation, para a qual dirigira uma linha de montagem do Lexus no Canadá, pensou que sua antiga empresa poderia ter um incentivo para deixar a Tesla tirar a fábrica de suas mãos. A Toyota vinha construindo presença industrial no Texas e estava ávida para consolidar as suas operações nos Estados Unidos por lá. Passin e outros presumiram que a montadora japonesa poderia estar à procura de uma maneira elegante de se livrar de sua fábrica – a cultura da Toyota ficaria horrorizada com a ideia de um fechamento, o que seria visto como um sinal de planejamento malfeito, além de inconsistente com a crença que tinham no emprego vitalício.

A despeito de todos os benefícios mútuos, os gerentes da Tesla não estavam recebendo muitas demonstrações de interesse por parte da Toyota. Musk tentou até mesmo recorrer a seu médico em Beverly Hills, que tinha um contato com o CEO da Toyota, Akio Toyoda. No início de 2010, a Tesla recebeu a resposta, e para a surpresa de todos, Toyoda estava animado para uma reunião; marcou-se rapidamente um encontro na casa de Musk em Bel Air. Uma comitiva formal chegou à mansão, onde Musk colocou o prezado visitante, neto do fundador da Toyota, no banco do passageiro do Roadster para uma rápida volta ao redor do quarteirão. Toyoda, que era piloto de carros de corrida, ficou impressionado. Gostou também do espírito empreendedor da Tesla. Quando Musk perguntou sobre a possibilidade de comprar a fábrica, Toyoda concordou na hora. Mais do que isso, Toyoda queria investir.

O dinheiro ajudaria, é claro. Mas Musk gostou da ideia de que a Tesla seria vista como uma empresa que recebeu o endosso de uma das melhores fabricantes de carros do mundo. Obter o selo de aprovação da Toyota *e* da Mercedes-Benz, às vésperas de abrir o capital, era uma posição invejável para uma jovem montadora.

As negociações da fábrica surpreenderam as autoridades municipais de Downey, que estavam convictas de que receberiam a Tesla na comunidade; queixaram-se de que Musk os havia traído.

J. B. Straubel também ficou surpreso com o negócio. A pequenina Tesla vinha procurando qualquer vantagem de negociação que pudesse obter para utilizar contra as rivais maiores. Quando procurou estabelecer um relacionamento com a Daimler, gerentes na Europa visitaram também a BMW AG, fazendo questão de estacionar o Roadster que dirigiam em um local bastante visível, na esperança de que a novidade se espalhasse pela indústria fofoqueira. Da mesma forma, enquanto procurava entabular um relacionamento com a Toyota, Musk instruiu Straubel a sondar outra fabricante de automóveis para o mercado de massa, a Volkswagen AG. Musk o despachou para a Alemanha com a missão de tentar persuadir a empresa VW a fechar um acordo de fornecimento semelhante ao contrato com o qual a Daimler já havia concordado. A equipe de Straubel equipou um Volkswagen Golf com um trem de força elétrico e levou o veículo até a Alemanha para demonstrar como poderiam trabalhar juntos, explicando os benefícios das células de íons de lítio. Em uma pista de testes, Martin Winterkorn, o CEO da Volkswagen, deu voltas a toda velocidade no Roadster que eles também levaram.

O acordo com a Toyota foi anunciado em um dia de reuniões com a Volkswagen. Winterkorn convocou Straubel a seu escritório. "Mas que porra aconteceu?", exigiu saber. Straubel não tinha ideia do que dizer. Qualquer negócio potencial entre as duas empresas morreu ali instantaneamente – a equipe de Winterkorn já vinha se opondo a uma parceria, em parte por questões de segurança relacionadas às células de íons de lítio, mas também porque a ideia não era uma invenção da própria empresa. Frustrados, Straubel e sua equipe fizeram as malas para uma decepcionada viagem de volta a San Carlos.

"Não tenho tempo para isso!", berrou Elon Musk. "Tenho que lançar a merda do foguete!" E em seguida saiu bufando de raiva da sala de vidro da SpaceX, encerrando abruptamente uma reunião para examinar os últimos pormenores do material de marketing para a oferta pública inicial de ações da Tesla.

Embora Musk tenha demonstrado que conseguia ser um nanogestor,[*] também tinha pouca paciência. Apaixonado por escrita, discutiu com os advogados sobre algumas frases da prospecção divulgada no

---

[*] O próprio Elon Musk atribuiu para si o título de *nanomanager*, que em português significa "nanogestor". Isso significa que ele é um microgestor intensificado, controlando de forma exagerada e constante o trabalho de seus funcionários, focando nas minúcias e fazendo cobranças. (N. T.)

início de janeiro de 2010, após nove meses de trabalho dos banqueiros do Goldman Sachs e do Morgan Stanley. Um desses banqueiros era Mark Goldberg, de apenas 24 anos. O interesse por energia renovável o atraiu para trabalhar no Morgan Stanley, e foi assim que se tornou um novato envolvido em um processo de IPO bastante incomum.

Em mais de uma ocasião, Musk ameaçou demitir todo mundo. "Isto precisa ser mais empolgante", dizia ele, exigindo declarações como a de que a Tesla tomaria conta de todo o mercado de sedãs de médio porte de luxo. Ou então mandava eliminar slides em que a Audi era citada como uma das concorrentes da Tesla. Ficou furioso quando a montadora alemã usou de seu poderio de marketing para impedir a Tesla de aparecer em *Homem de ferro 2*, após Musk se recusar a pagar para colocar seus carros no filme. (Isso não o impediu de fazer uma ponta, interpretando a si mesmo.) "O que a Audi está fazendo aí?", perguntou sobre a apresentação. "Eles não são nem sequer um fator... vamos esmagar a Audi."

Era o tipo de comportamento que se esperava de um fundador de startups, mas não o tipo normalmente encontrado nos cargos mais altos das empresas de capital aberto, em que as atenções se concentravam nos dividendos dos acionistas, as comunicações eram programadas de antemão por roteiros prontos e os riscos desnecessários eram evitados. Se Musk estava se irritando com a oportunidade de a Tesla se tornar pública, como seria quando a Tesla fosse propriedade de milhares de investidores, de cujos caprichos ele ficaria à mercê? Mas Musk não tinha escolha. Abrir o capital permitiria à empresa levantar dinheiro ao custo de ser capaz de administrá-la como se fosse seu feudo pessoal. Houve outro comportamento atípico também. Embora Morgan Stanley tenha sido inicialmente escolhido para ocupar o prestigioso papel de banco líder, mais tarde foi desalojado para o segundo lugar, atrás do Goldman Sachs. Registros posteriormente arquivados com a IPO mostrariam que o Goldman havia concedido a Musk um empréstimo pessoal – uma primeira indicação de como as finanças do próprio Musk haviam se tornado frágeis.

Para ajudá-los com a IPO, Ahuja contratou Anna Yen, ex-executiva do estúdio de animações Pixar, para supervisionar as relações com os investidores. O trabalho envolvia uma tediosa quantidade de papelada que tinha que ser apresentada junto à Comissão de Valores Mobiliários dos Estados Unidos.* No processo de envio de formulários, a equipe de

---

* Equivale à brasileira Comissão de Valores Mobiliários (CVM), autarquia vinculada ao Ministério da Economia que tem o objetivo de fiscalizar, normatizar, disciplinar e desenvolver o mercado de valores mobiliários no país. (N. T.)

Ahuja constatou que naquele ano a Tesla havia se esquecido de remeter a documentação para a Agência de Proteção Ambiental, erro que poderia resultar em uma multa de 37.500 dólares por cada veículo vendido, ou um fardo de quase 24 milhões de dólares pesando no ombro de uma empresa cujo balanço patrimonial já estava acossado. Nos últimos dias de 2009, correram para acertar a papelada, combinando com o Departamento de Energia o pagamento de uma multa de apenas 275 mil dólares. Mais importante, a Agência de Proteção Ambiental concordou em abranger todos os veículos vendidos em 2009 como se tivessem sido devidamente certificados. (Musk ligou pessoalmente para a administradora da agência, Lisa Jackson, pedindo ajuda para agilizar o assunto, em meio a preocupações de que o processo de regularização pudesse se arrastar durante meses.)

Foi nesse período que Musk contratou um consultor jurídico e, apenas algumas semanas depois, dispensou-o. Musk provou ter uma dificuldade notória e quase cômica de se contentar com o trabalho dos profissionais que ocupavam tal função; não parecia ter muito interesse nos conselhos e orientações de seus advogados.

Uma coisa que a Tesla decidiu não fazer enquanto se preparava para abrir o capital e se tornar uma empresa pública, e que teria ramificações anos depois, foi introduzir um sistema de ações perpétuas de classe dupla.* Foi o que permitiu a Larry Page e Sergey Brin no Google (ou a Mark Zuckerberg no Facebook, dois anos depois) manter o controle da própria empresa, mesmo sendo donos de uma pequena fração do número total de ações. Não está claro por que a IPO da papelada da Tesla, protocolada em janeiro de 2010, não continha uma cláusula desse tipo para garantir a supervisão contínua de Musk sobre a empresa. As pessoas que trabalharam nisso disseram que a ideia foi omitida, em parte, porque vender a Tesla como um investimento já era suficientemente difícil. Ter um líder entrincheirado e imprevisível amarrado à empresa poderia tornar a IPO ainda mais complicada. (Além disso, o irmão de Musk, Kimbal, estava no conselho diretivo, o que já suscitava uma questão de governança corporativa por nepotismo.)

---

* Em uma estrutura de ações de classe dupla, uma empresa emite ações para alguns acionistas, o que lhes confere mais direitos de voto, além de outros poderes, ao passo que o público geral fica com ações de menor poder de voto e, às vezes, sem poder algum. Com ações perpétuas de classe dupla, os fundadores e suas famílias, e talvez outros executivos de alto escalão, obtêm ações com poder de voto que lhes confere o controle vitalício sobre uma empresa. (N. T.)

O melhor que Musk conseguiu foi um dispositivo legal exigindo que quaisquer medidas acionistas para forçar mudanças, tais como uma aquisição ou venda, deveriam ser aprovadas com uma margem de dois terços do total das ações em circulação – uma disposição de maioria extraordinária que poderia efetivamente dar a Musk o direito de veto sobre itens e estatutos de que ele não gostasse. Enquanto Musk mantivesse a participação na empresa, que em janeiro de 2010 era de cerca de 20%, os colegas acionistas precisariam da aprovação de aproximadamente 85% das ações em circulação para aprovar uma medida contra a vontade dele – um patamar excessivamente alto para uma empresa que se definia cada vez mais por seu líder sem filtros.

Musk tinha também outra forma de proteção, pelo menos por alguns anos. Uma cláusula do acordo firmado com a Daimler garantiu efetivamente que Musk permaneceria no cargo de CEO até 2012 – um reconhecimento tácito da Daimler de que viu Musk como a chave para o futuro da Tesla.

Semanas depois de dar entrada na papelada de sua IPO, a empresa foi assolada por um desastre. Uma equipe de engenheiros de San Carlos embarcou em um avião particular com destino a Hawthorne, onde participaria de reuniões; a aeronave caiu na decolagem. Os três engenheiros da Tesla a bordo morreram. O próprio Musk tinha uma viagem marcada para Hawthorne naquele dia, mas teve que cancelar de última hora ao saber que Kimbal fraturara o pescoço em um acidente de trenó no Colorado. Musk ficou abalado quando sua equipe o informou sobre o incidente.

Dois dias depois, a Tesla foi atingida por um golpe que era decididamente menos trágico, mas que lançou uma sombra sobre as perspectivas de IPO da empresa. O site de tecnologia Venturebeat, especializado no Vale do Silício, publicou a notícia de que o processo de divórcio de Musk tinha tomado um rumo inesperado. Musk, o bilionário, alegava pobreza. "Cerca de quatro meses atrás, fiquei sem dinheiro", disse Musk, em recurso apresentado ao tribunal. Estava vivendo à custa de empréstimos pessoais de um amigo desde outubro de 2009, gastando 200 mil dólares por mês.* No jornal londrino *The Times*, a esposa de

---

* Posteriormente, Musk se queixou de que as despesas mensais de 200 mil dólares incluíam cerca de 170 mil para honorários advocatícios e taxas legais vinculadas ao divórcio. Boa parte do resto, alegou, era para pagar salários de babá e a manutenção da casa de Justine. Ele observou que dividia com a ex-esposa a custódia de seus cinco filhos. "Passo quase todas as minhas horas de folga do trabalho com meus filhos, que são o amor da minha vida", escreveu Musk em 2010.

Musk, Justine, que em seu blog pessoal fazia diversas postagens sobre o divórcio do casal, amplificou as hostilidades. Musk se viu em uma posição problemática. A Tesla havia sobrevivido por causa de sua fortuna; apenas alguns anos antes, ele prometera aos clientes que os reembolsaria com dinheiro do próprio bolso se a Tesla fosse à falência.

Os advogados da empresa iniciaram o controle de danos. Elaboraram uma atualização da papelada de IPO da Tesla declarando que a empresa "não era mais dependente dos recursos financeiros do sr. Musk". E afirmaram: "Não acreditamos que a situação financeira pessoal do sr. Musk tenha qualquer impacto sobre a Tesla". Nos bastidores, no entanto, os banqueiros da Tesla temiam que o divórcio ameaçasse atrapalhar o crescimento da oferta pública. Se Justine Musk de repente reivindicasse as ações da Tesla e não concordasse, por exemplo, com o prazo de carência – o tempo durante o qual pessoas de dentro da empresa não estão autorizadas a negociar suas ações, o que pode desvalorizar as ações recém-emitidas –, a IPO poderia ser prejudicada. Tudo isso pressionava Musk a encerrar de uma vez por todas, e o mais rápido possível, o processo de divórcio.

Quando Justine perdeu a ação para anular o acordo pós-nupcial do casal, os dois discretamente entraram em acordo. Essa ameaça, pelo menos, foi posta de lado.

Musk provou que poderia ser o próprio pior inimigo. Fã de Stephen Colbert, queria participar do programa que o comediante apresentava no canal Comedy Central, *The Colbert Report*. Os banqueiros e advogados da Tesla insistiram para que ele esperasse. A Tesla estava em um período de discrição antes da IPO; qualquer coisa que dissesse poderia resultar em novas ações judiciais e mais atrasos. Musk se enfureceu com as tentativas de contê-lo. Ameaçou demitir a equipe que estava lidando com a IPO e chegou ao ponto de começar a organizar a própria turnê de divulgação do carro e captação de recursos com potenciais investidores na Costa Leste. Quando os banqueiros lhe pediram que ensaiasse com eles o que planejava dizer nessa viagem de conversas com investidores, Musk recusou. Não se importava com as opiniões alheias. Por fim, chegou-se a um acordo de meio-termo: Musk foi persuadido de que as equipes de vendas dos banqueiros precisariam ouvir o discurso de venda dele se quisessem ajudar a promover a Tesla a potenciais investidores.

Musk não queria uma exibição típica: uma apresentação sisuda de uma empresa privada que desejava se tornar pública realizada numa sala de reunião com investidores e pontuada de PowerPoints. Claro, faria essas coisas. Mas queria também que os investidores tivessem uma noção real sobre os carros do futuro. O jovem Goldberg trabalhou durante semanas a fio para obter permissão para que as portas de vidro do Morgan Stanley fossem removidas, de modo que a Tesla pudesse entrar com o Modelo S no saguão. Investidores importantes fizeram test drives em uma loja próxima. "Nunca tínhamos visto investidores com sorrisos de orelha a orelha", relembrou ele.

A apresentação atraiu pessoas curiosas para ver Musk pessoalmente. Ele ainda não era tão famoso quanto se tornaria, mas já desenvolvia a reputação de uma figura rebelde no mundo da tecnologia. Naquele verão, Musk começou a flexionar seus músculos de marketing em uma nova plataforma de mídia social chamada Twitter, que lhe permitia enviar de seu smartphone despachos de 140 caracteres. Durante sua apresentação, Musk encorajou os investidores a olharem para a Tesla de forma diferente. "Pensem mais na Apple ou no Google do que na GM ou na Ford", disse ele. Para enfatizar seu argumento, exibiu um slide em que a sede da Tesla no Vale do Silício aparece rodeada por gigantes da tecnologia. Apesar da distância de Detroit, ele queria usar a conexão da Tesla com a Daimler e a Toyota como endossos. A Daimler, observou ele durante uma palestra, inventou o automóvel e agora recorria à ajuda da Tesla. "É como se Gutenberg dissesse: será que você poderia fazer uma prensa para mim, por favor?", Musk brincou.

Uma das indagações na mente de alguns investidores era óbvia: de que maneira Musk equilibraria seu tempo atuando como CEO de duas empresas, a Tesla e a SpaceX (sem mencionar sua função como presidente da SolarCity)? Sempre que potenciais investidores faziam perguntas que Musk considerava estúpidas, ele se zangava com Ahuja e a equipe, dizendo-lhes que deveriam ter feito um trabalho melhor para educá-los de antemão.

Para os que se deixavam seduzir pelo discurso de Musk, ele lhes permitia reimaginar o que a indústria automobilística poderia se tornar. Adam Jonas, analista de Morgan Stanley, começou sua carreira inspirado por Steve Girsky, que foi reconhecido como uma autoridade na indústria antes de finalmente ingressar no conselho administrativo da General Motors após a recuperação judicial da montadora. A ambiciosa visão de Musk entusiasmou Jonas a ponto de inspirá-lo a voltar aos Estados Unidos depois de um período trabalhando em Londres. A tarefa dele era monitorar um conjunto de empresas da indústria automobilística, dando conselhos imparciais a investidores sobre o desempenho das montadoras. Estudava as finanças dessas empresas e o lugar delas na indústria em geral, publicando notas regulares sobre o andamento das coisas e sobre qual era, a seu ver, um preço adequado para as ações de cada empresa. No caso da Tesla, Jonas achava que havia potencial para uma alta ao longo do tempo até as ações chegarem ao valor de setenta dólares cada. Isso constituía uma perspectiva otimista, para dizer o mínimo.

Opiniões como a de Jonas poderiam ajudar a narrar o desempenho da Tesla. A empresa correspondia ou não às expectativas? A resposta para essa pergunta poderia impactar o valor da ação – decepções empurrariam o preço para baixo, boas notícias inesperadas jogariam o preço para cima.

Jonas viu o potencial que os carros da Tesla tinham para passarem de "brinquedinhos de homens ricos para o mercado de massa", disse ele aos investidores, advertindo que a independência de longo prazo da empresa só poderia ser alcançada por meio do objetivo de longa data de Musk de oferecer um carro elétrico a um preço de cerca de 30 mil dólares. No entanto, os riscos eram imensos. Ele alertou que erros e atrasos na apresentação do Modelo S poderiam atrapalhar essa ambição, assim como a entrada, no mercado elétrico, de outras fabricantes de automóveis, mais experientes.

"Como não é incomum com as startups, a maior questão é se a Tesla é capaz de permanecer solvente por tempo o suficiente para capitalizar os avanços tecnológicos que estão por vir", escreveu Jonas, em francês, dirigindo-se a investidores ao iniciar sua cobertura da Tesla vários meses depois. Na pior das hipóteses, as ações da empresa poderiam acabar não valendo sequer um centavo.

Os investidores em potencial podiam ser classificados, basicamente, em três grupos: os que questionavam os motivos pelos quais deveriam comprar ações da Tesla antes de a empresa dar provas de que seria capaz de construir o Modelo S; os que julgavam que a hora de comprar era agora, porque tão logo a Tesla provasse seu valor, seria tarde demais para obter ações a preços baixos; e um terceiro grupo, o mais incomum. Como parte dos termos da IPO, Musk havia insistido que os bancos reservassem uma pilha de ações para serem vendidas aos primeiros clientes do Roadster, de modo a lhes dar a chance de comprar uma participação na empresa que já haviam apoiado como consumidores. Era um reconhecimento de que, sem eles, sem a paciência e o apoio deles, a Tesla não existiria. Serviriam como defensores eloquentes da empresa pelos anos vindouros, um coro grego ponderando sobre cada movimento de Musk.

Depois de cortejar os investidores, Musk se reuniu com seus banqueiros em uma teleconferência para discutir o preço das ações da Tesla. Os banqueiros recomendam começar em quinze dólares a ação.

"Não. Mais alto", disse Musk.

Goldberg não fazia IPOs havia muito tempo, mas, em seus três anos atuando nessa área, jamais tinha visto um CEO refutar os preços da maneira que Musk fazia. Afinal, os banqueiros do Goldman Sachs e do Morgan Stanley eram os especialistas. Agora os especialistas estavam atordoados. Ficaram em silêncio no telefone, preenchendo a conversa com palavrões enquanto debatiam os passos seguintes. *Porra, quem ele pensa que é? Quem aqui pode convencê-lo do contrário? Será que isso tudo vai ser um fiasco? É tarde demais para cair fora?*

No final, já tinham ido longe demais para recuar. Musk os deixou em maus lençóis, e depois de observá-lo durante meses, sabiam o quanto era anticonvencional e contrariava as tradições. Tinham consciência de que o *modus operandi* dele o levaria a desistir do negócio se não conseguisse o que queria na parte, talvez, mais importante da IPO: a decisão que impactaria o montante de dinheiro a ser abocanhado pela Tesla no acordo. Até então Musk mostrara que estava certo. Eles cederam.

No final das contas, o valor da ação acabou sendo fixado em dezessete dólares. A esse preço, arrecadaria para a montadora uma bolada, muito necessária, de 226 milhões de dólares. No dia marcado para a Tesla abrir o capital, Musk e sua equipe chegaram à bolsa de valores NASDAQ em Lower Manhattan dirigindo Roadsters. Musk estava acompanhado de sua namorada, em breve segunda esposa, Talulah Riley, que ele conhecera na boate em Londres dois anos antes. Tocou o sino de abertura do pregão. Nesse dia, enquanto as ações da Tesla subiam 41%, Musk foi até a frente do prédio para dar uma entrevista a Phil LeBeau, correspondente de longa data da indústria automotiva para o canal CNBC. O jornalista não pegou leve com o recém-coroado CEO da empresa agora tornada pública: perguntou quando a montadora teria seus primeiros lucros e comentou que muita gente na indústria duvidava de que a Tesla seria capaz de aumentar a produção do Modelo S conforme o prometido. "A essa altura, as pessoas deveriam ser um pouco mais otimistas quando pensam no futuro da Tesla porque confundimos os críticos toda hora; em algum momento as pessoas vão ter que cansar de estarem erradas", declarou Musk, em seu típico estilo grandiloquente.

Em seguida, ele e Ahuja correram para o jatinho de Musk para a viagem de volta a Fremont e uma festa regada a muito champanhe na recém-adquirida fábrica da empresa. Esse dia representou não apenas o culminar de meses de preparação, mas de anos de construção: a oferta pública inicial da Tesla tinha sido um sucesso. Era um imenso marco para qualquer startup.

Musk ergueu uma taça. "Foda-se o petróleo", brindou ele.

Capítulo 12

Igualzinho à Apple

Os gráficos contaram a história. As vendas semanais de Roadsters da Tesla não passavam de punhados. Zak Edson, diretor de planejamento de produtos, apresentava os resultados na sede da Tesla enquanto Elon Musk examinava os números. "As vendas estão uma merda", disse Musk. "Não estão apenas uma merda – isto aqui é um gigantesco mar de merda." O grupo tentou sufocar as risadas.

Foi uma observação superficial sobre um problema crescente para a empresa. Nos primeiros sete anos de existência, o foco principal da Tesla tinha sido a criação do Roadster: projeto, engenharia, fornecimento de peças e, enfim, a construção do carro. Em 2010, as coisas precisavam mudar. *Vender* o Roadster precisava tornar-se a prioridade fundamental – uma habilidade com a qual a empresa tinha pouca experiência e que precisava aprender rapidamente.

A revelação do carro em 2006 ajudou a despertar o interesse dos primeiros clientes, o que foi seguido pela abertura de várias lojas próprias em 2008. Elas serviram como cartões de visita para as pessoas interessadas na startup de carros elétricos, sobretudo na Califórnia e outros enclaves ricos fora do "estado dourado". O aumento dos preços em 2009 ajudou a empresa a cobrir os custos do carro, mesmo que para alguns compradores tenha sido um susto. Mas isso também não importava muito. Esses compradores eram usuários de primeira hora, mais abertos às inovações e menos sensíveis ao preço do que os compradores típicos. Para eles, por muitos motivos, o carro praticamente se vendia sozinho.

O problema, em 2010, era que a Tesla havia passado o ano atendendo a lista de pessoas que fizeram depósitos para comprar o carro. Agora a empresa estava enfrentando mais dificuldades para fazer novas vendas. Dos 2.500 veículos cuja construção a Tesla havia encomendado da Lotus, ainda precisava encontrar um lar para 1.500 unidades. Os esforços da Tesla para arrecadar dinheiro e desenvolver o Modelo S partiam da premissa de que conseguiriam escoar toda a produção do Roadster. Musk contava com esse dinheiro para arcar com os custos da empresa enquanto corria para lançar no mercado o carro novo. As receitas no quarto trimestre de 2009 despencaram 60% em relação ao terceiro trimestre. Os investimentos e a oferta pública amenizaram parte da urgência financeira, mas seria difícil defender o argumento de que a resposta da Tesla ao carro comum era um estrondoso sucesso se não conseguissem vender cerca de metade da primeira leva de veículos que planejavam construir. Alguma coisa precisava mudar.

Mas o quê? Sendo ele próprio um consumidor de carros sofisticados, Musk achava que sabia um pouco sobre vendas de automóveis. Tinha pouco interesse em pressionar os clientes a comprar, detestava a ideia da publicidade. O PayPal foi construído com base no marketing viral que era gerado quando clientes satisfeitos contavam a amigos e familiares sobre o novo serviço. Era isso que Musk imaginava para a Tesla. A qualidade do produto venderia os carros; se as vendas fossem lentas, o produto deveria ser desativado e sair de cena. Dono de opiniões fortes, Musk tendia a mostrar pouco interesse no aprendizado básico enfadonho das operações de vendas.

Em busca de uma solução, Musk recorreu ao membro do conselho Antonio Gracias e seu sócio na Valor, Tim Watkins, o lobista vestido de preto com rabo de cavalo e pochete. Eles haviam tratado da questão dos custos de fuga térmica do Roadster e corrigiram o problema da cadeia de abastecimento da empresa. No processo, os três desenvolveram um profundo respeito um pelo outro.

Embora de início o problema possa ter dado a impressão de que girava em torno do reconhecimento da marca, os dados sugeriam outra coisa. Enquanto investigava, Watkins descobriu que a Tesla despertava muito interesse – a empresa tinha trezentos mil compradores em potencial graças a toda a publicidade em torno da Tesla e de Musk, mas estava fazendo um trabalho horrível na hora de concretizar as vendas.

A teoria de Gracias e Watkins era que a Tesla precisava se restringir ao que eles chamaram de "evento de venda", ou o momento em que o cliente tomava a decisão de comprar. Não era, argumentaram, o instante em que o cheque era preenchido, mas o momento em que o cliente sentia uma conexão emocional com o carro. E estava claro para os dois que o test drive era a chave. Remontando ao passeio de Martin Eberhard no *tzero* na AC Propulsion e ao protótipo da Lotus usado para convencer os investidores da Sand Hill Road, o torque do motor elétrico proporcionava uma empolgação que nenhum texto publicitário ou telefonema de vendedor seria capaz de reproduzir. Os clientes precisavam, urgentemente, dirigir o carro.

Em 2010, a Tesla havia inaugurado pouco mais de dez lojas e tinha planos de abrir mais cinquenta. Depois de se aprofundar na organização das vendas, Watkins propôs uma alternativa, argumentando que naquele momento deveriam postergar os esforços para abrir lojas e se concentrar em realizar eventos de test drive. Para Watkins e Gracias, tratava-se de matemática simples. Se as chances de alguém comprar o carro aumentavam depois de dirigir o Roadster, então a Tesla precisava se esforçar para dar mais oportunidades às pessoas. Lojas de varejo, confinadas geograficamente pela própria natureza delas e exigindo imobiliário e funcionários, a longo prazo, não conseguiam se conectar de forma ampla o suficiente com o público para cumprir seus propósitos.

Gracias e Watkins começaram a contratar um grupo que poderia ser mobilizado como a equipe de vendas itinerante da Tesla, prospectando compradores em eventos de marketing de guerrilha e prestando atendimento pós-venda. Os dois entrevistaram candidatos, evitando, muitas vezes, pessoas com experiência em vendas de automóveis e privilegiando jovens recém-saídos da faculdade, atraídos pela missão ambiental da empresa. Gracias, em particular, focava-se em atletas universitários, porque estavam acostumados a ambientes de equipe. Os novos contratados – mais de trinta nos primeiros doze meses – foram submetidos a um programa de treinamento supervisionado por Watkins. No primeiro mês de trabalho, os novos recrutas ligaram para três mil potenciais compradores, e em seguida foram enviados para uma região diferente do país. Em vez de se concentrarem no discurso de vendas típico – tagarelando sobre financiamento ou induzindo o cliente a comprar itens mais caros ou atualizações, digamos –, os novatos foram treinados para falar exaustivamente sobre as capacidades de engenharia do carro.

A equipe de marketing já vinha realizando eventos de divulgação do carro; Gracias e Watkins queriam que os novos recrutas de vendas se integrassem de maneira mais profunda a esses eventos, que aconteciam todos os finais de semana de uma ponta à outra do país. Em alguns finais de semana, chegavam a atrair milhares de clientes em potencial para um test drive. Cada vendedor e vendedora recebia um roteiro e, após o test drive, classificava a probabilidade de a pessoa acabar comprando o carro. Dessa forma, a equipe poderia priorizar o fator tempo no fechamento do negócio (especialmente levando-se em conta que a Tesla só era capaz de produzir cerca de cinquenta Roadsters por mês).

Uma das primeiras contratadas foi Miki Sofer, recém-formada em Stanford. Naquele outono, no dia de sua primeira venda, ela atendeu uma cliente em potencial chamada Bonnie Norman, executiva da Intel de 57 anos que perguntou sobre o tal Modelo S que estava recebendo tanta atenção na imprensa. Um dos membros da equipe de vendas agendou um test drive de um Roadster para ela nas imediações de Sacramento em um sábado. Norman já tinha Porsches e BMWs, mas preocupações com o meio ambiente a levaram a um Toyota Prius (ela se encaixava perfeitamente no estereótipo do comprador do carro elétrico da Tesla, segundo Martin Eberhard).

O test drive foi bastante simples. Sofer entregou a Norman as chaves e se sentou no banco do passageiro para responder às eventuais perguntas. Falou pouco, deixando Norman pisar no acelerador. Norman ficou maravilhada com o fato de que, com aquele carro, poderia acabar levando uma multa por excesso de velocidade. Depois, em vez de um discurso de vendas, Sofer apresentou detalhes: que o carro poderia alcançar uma autonomia de mais de trezentos quilômetros, mas, como Norman tinha um estilo de direção agressivo, talvez no caso dela fosse menos. Norman perguntou o que tinha que fazer para comprá-lo.

Essa tática funcionou. As reservas trimestrais triplicaram assim que o sistema de Watkins e Gracias foi colocado em prática. Era uma solução temporária, no entanto. Se a Tesla planejava ir além da venda de algumas centenas de carros por ano, sobretudo ao passar para a fase seguinte com o Modelo S, de preço comparativamente mais acessível, estava ficando cada vez mais claro que precisava de uma rede viável de lojas.

Musk havia assistido à explosão dos centros de varejo da Apple. Pediu que sua assistente pessoal encontrasse a pessoa responsável por eles.

A carreira de George Blankenship no varejo começou depois que ele abandonou os estudos na Universidade de Delaware. Trabalhava na loja de roupas Gap, em Newark, Delaware, como gerente em treinamento. Gostava dos clientes, concentrava seu tempo neles, tentando descobrir o que queriam e como deixá-los satisfeitos. A equipe dele vencia todos os tipos de concursos de vendas da empresa; um de seus funcionários ganhou um carro na temporada de compras de volta às aulas. Blankenship sonhava em se tornar um gerente de loja, depois um gerente regional.

Mas ele não era bom cuidando de detalhes – por exemplo, certificar-se de que as prateleiras das lojas estavam abastecidas com os tamanhos e cores corretos. Quando o pessoal da administração perguntou se Blankenship estava pronto para a etapa seguinte, o chefe dele se mostrou pessimista. "Ele nunca estará pronto para ser gerente de loja", o chefe teria dito. "Passa tempo demais atendendo os clientes em vez de manter a loja limpa."

Os números de vendas de Blankenship, no entanto, contavam outra história. Logo depois ele recebeu sua própria loja e foi um gerente de sucesso. Mais tarde, mudou para o setor imobiliário da empresa, em que passaria a maior parte de sua carreira, incumbido de uma rápida expansão do negócio. Ganhou renome por ser capaz de fazer negócios rapidamente com shopping centers – entendia como conduzir as negociações com as desenvolvedoras e administradoras e mostrava preparo para lidar com a política interna da coisa toda. À medida que subia na hierarquia corporativa, Blankenship supervisionava o design e o planejamento das lojas; a compra de imóveis na Costa Oeste; e, em seguida, a estratégia corporativa geral para as lojas – trabalho que lhe permitia concentrar-se na experiência do cliente. Mantinha um pé na vida cotidiana das lojas também. Todo fim de ano, na época das festas natalinas, colocava a mão na massa para motivar os funcionários: escolhia uma loja que precisasse de uma ajudinha extra e se entranhava lá, trabalhando até tarde na véspera de Natal.

Perto de completar vinte anos na empresa, Blankenship abrira 250 lojas da Gap. Ele e a esposa ansiavam por uma aposentadoria precoce, desfrutando de um pouco de sol da Flórida. Uma ligação inesperada de Steve Jobs, no entanto, mudou o rumo das coisas. Blankenship ingressou na empresa de tecnologia antes do lançamento do primeiro iPod, quando Jobs estava em vias de adotar uma estratégia de lojas de varejo de propriedade da empresa. Todas as manhãs de terça-feira, Blankenship se reunia com Jobs durante três horas, para traçarem como seria a experiência de compra na Apple Store. Ele vasculhou o país, garimpando locais que fossem autenticamente "Apple". Ajudou a abrir mais de 150 das agora icônicas lojas da Apple, depois foi para a semiaposentadoria, desta vez estabelecendo-se no mundo da consultoria.

Foi quando recebeu um e-mail da incansável assistente pessoal de Musk, Mary Beth Brown. Ele o ignorou – tendo trabalhado no setor imobiliário, já estava habituado a ofertas não solicitadas, normalmente de shoppings centers locais. Brown persistiu, porém, e um dos e-mails dela chamou a atenção de Blankenship: "Elon Musk gostaria de falar com o senhor sobre as coisas que o senhor fez na Apple. Por favor, me ligue".

Blankenship ligou, foi saudado por Brown e, em seguida, a ligação foi inesperadamente redirecionada ao próprio Musk. Passaram uma hora ao telefone falando sobre a empresa antes de Musk dizer que queria se encontrar pessoalmente.

"Lamento ser insistente, mas podemos nos ver hoje à tarde?", perguntou Musk.

"Claro", disse Blankenship. "Mas estou na Flórida."

Musk perguntou se poderiam se encontrar no dia seguinte. "Tenho que estar no Cabo Canaveral amanhã, vou me encontrar com Obama ao meio-dia, faremos juntos uma apresentação", explicou. "O aeroporto vai ficar fechado até as 5h. Posso pegar você às 6h."

Blankenship concordou. A conversa com Musk despertou seu interesse, e a ideia de fazer algo que pudesse ajudar o planeta era atraente. Antes de se encontrarem, Blankenship fez uma pesquisa rápida na internet, procurando pelo punhado de lojas que a Tesla já tinha inaugurado – muitas eram ou antigos showrooms de automóveis ou espaços projetados como locais de exposição e venda de carros. O cliente tinha que dirigir para chegar a uma das lojas. Blankenship achou que isso seria fatal para a Tesla. Os clientes de carros tendem a ser leais; em 2010, a maioria dos compradores de veículos novos voltou à mesma marca que tinham comprado da última vez. Algumas marcas tinham taxas de retorno ainda melhores; era o caso da Ford Motor Company, cujo índice de fidelidade era de 63%. A Tesla precisava não apenas convencer as pessoas de sua marca, mas persuadi-las a abandonar a antiga marca preferida. Em nada ajudava o fato de que a Tesla pedia aos compradores para dar uma chance a uma tecnologia nova e desconhecida.

Se Blankenship assumisse o comando, sua intenção era emboscar as pessoas quando *não estivessem* pensando em comprar o próximo carro. Gostaria de educá-las em um ambiente confortável, livre de confrontos, e expor o maior número possível de pessoas à marca. Pensou no trabalho que havia feito para Jobs. Abriram a rede de lojas da Apple antes do lançamento do dispositivo de música iPod no final de 2001, quando a empresa começava a evoluir de fabricante de computadores pessoais de mesa para tecnologia móvel. A equipe experiente e o Genius Bar* se tornaram ferramentas para educar os clientes que precisavam de um empurrãozinho para ingressar na era digital.

O conselho que tinha para Musk era simples: "Eu faria igualzinho à Apple".

A primeira reunião na Flórida correu bem. Foi seguida por uma viagem à Califórnia, ocasião em que Blankenship conheceu a equipe e teve sua primeira oportunidade de dirigir um Roadster – momento em que, como aconteceu com tantas outras pessoas, decidiu ingressar na empresa. Na Tesla, Blankenship viu potencial para mudança. Lembrou-se de seus primeiros dias na Apple; achou que a Tesla tinha nas mãos um produto tão incrível que tudo o que ela precisava fazer era soltá-lo no mundo. Por sua vez, Musk viu em Blankenship o potencial de replicar o titânico sucesso da Apple.

O custo para construir as lojas que a Tesla havia inaugurado até então geralmente chegava a meio milhão dólares. Musk queria dobrar o número de lojas até o final do ano, com a meta de ter todas as cinquenta lojas abertas para o lançamento do Modelo S, agora planejado para 2012. Como a Tesla não pretendia manter grandes estoques no local, a empresa percebeu que poderia economizar dinheiro em espaços menores, sem a necessidade de pátios lotados de carros.

E então Blankenship aceitou entrar no time. Comandaria os esforços da montadora de abrir lojas em todo o mundo, procurando locais principalmente em shopping centers de alto padrão. De início, as administradoras de shoppings podem ter demonstrado certo ceticismo quanto à ideia de ter uma revendedora de carros em suas dependências, mas os contatos e relacionamentos de longa data de Blankenship no setor ajudaram a abrir portas.

Ele herdou uma arma poderosa, que Musk vinha cultivando desde os primeiros dias: um grupo central de clientes que atuavam como evangelistas da marca. Bonnie Norman, que comprou seu Roadster no final de 2010, estava entre eles. Após sua compra, ela ficou surpresa ao saber da

---

* Estação localizada no interior de cada loja da Apple em que atendentes especialmente treinados fazem reparos de hardware e oferecem ajuda técnica aos produtos da marca. (N. T.)

existência de uma comunidade on-line de proprietários de veículos da marca. Congregavam-se em um site chamado Tesla Motors Club, oferecendo dicas uns aos outros e respondendo às perguntas dos iniciantes. Lá ela encontrou ajuda para conectar seu celular ao Bluetooth de seu Roadster. Trocava piadas com os donos que se irritavam com o fato de as mulheres não se interessarem por carros elétricos. (Jocosamente, sugeria que pintassem os carros de cor-de-rosa.) Essas pessoas constituíam um pilar da estratégia de Musk de evitar gastar dinheiro em anúncios de TV para divulgar o carro. Ele queria contar com o boca a boca. Seriam os soldados da infantaria de Blankenship, amplificando a campanha que comandaria com as lojas.

Quando Blankenship começou a trabalhar em colaboração direta com Musk, encontrou algumas semelhanças nele com Steve Jobs, mas também diferenças importantes. Jobs também era superfocado em muitos aspectos do negócio. Blankenship e Jobs passavam horas em reuniões, investigando a fundo detalhes como a textura da madeira das pernas das mesas de que as lojas precisariam para expor seus produtos, ou então avaliando a posição dos orifícios que seriam cortados nessas mesas para acomodar os cabos e fios dos computadores – e discutindo até mesmo o tamanho e o formato desses orifícios.

Embora Musk fosse superconcentrado em questões de engenharia ou design de automóveis, tinha menos interesse em outras partes do negócio, por exemplo, em qual deveria ser o visual das lojas. Queria que fossem como as da Apple – mas não estava disposto a escolher a textura da madeira das pernas das mesas. Com Jobs, Blankenship havia passado em revista várias versões físicas do design da loja, reproduzidas em galpões; para Musk, bastavam algumas maquetes de plantas renderizadas numa tela de computador.

"É assim que tem que ser?", Musk perguntava a Blankenship, com sinceridade.

Blankenship explicava que as paredes teriam gráficos e haveria locais para a exibição e o armazenamento de livretos e peças de roupa. Seriam razoavelmente baratas de construir – um espaço aberto com o carro no centro das atenções.

"Tudo bem", dizia Musk, e deixava por isso mesmo.

Ao contrário de seus colegas da engenharia, que tinham que estar preparados para debater com Musk até mesmo os elementos mais básicos das decisões que tomavam, Blankenship agia com ampla liberdade, tinha carta branca. Musk confiava nele para fazer seu trabalho.

Se falhasse, a culpa seria dele – e Blankenship sabia que a coisa ficaria feia para o seu lado.

Quase um ano depois de ter sido contratado, Blankenship abriu a primeira loja da Tesla dessa nova geração em um sofisticado shopping center em San Jose, Califórnia, chamado Santana Row. No meio da loja espaçosa e arejada, Blankenship posicionou um Roadster rodeado por telas exibindo imagens sobre a tecnologia da Tesla e um enorme monitor interativo que permitia aos compradores experimentar e visualizar diferentes combinações de cores de pintura e interiores de couro. Sem os vendedores comuns de concessionárias. Em vez disso, contratou especialistas em produtos para ajudar a educar os compradores a respeito da nova tecnologia. Da mesma forma que a Apple, que ao inaugurar suas lojas estava começando com uma pequena fatia de participação de mercado e lidava com falta de familiaridade com seus produtos, Blankenship apostou que os compradores precisariam primeiro se sentir confortáveis com a marca Tesla, de modo que, quando decidissem comprar o próximo carro, a Tesla entraria na equação.

"Estamos revolucionando a experiência de compra e propriedade de automóveis", disse Blankenship ao jornal *San Jose Mercury News*. "Em uma concessionária de automóveis convencional, o objetivo é vender a você um carro que eles têm no estoque. Na Tesla, estamos vendendo a você um carro que você mesmo projeta. A mudança é que as pessoas dizem: 'Eu quero este carro aqui'."

Logo depois de inaugurar a loja de San Jose, Blankenship abriu outra, similar, no sul de Denver, no requintado shopping Park Meadows. O fluxo de clientes não decepcionou. A loja de San Jose recebia cerca de cinco a seis mil visitantes por semana após o estouro inicial de interesse, o dobro do que a equipe de Blankenship esperava. A loja da área de Denver estava recebendo de dez a doze mil visitantes por semana.

O próximo local que estava na mira de Blankenship não seria tão fácil de conseguir. O Texas estava entre os poucos estados que proibiam que as montadoras vendessem diretamente para os clientes. No entanto, Musk não estava disposto a entregar os pontos. A Tesla simplesmente precisava encontrar uma maneira de contornar a lei.

Pouco depois do encerramento da sessão legislativa bienal do estado do Texas, em maio de 2011, Blankenship foi até Austin para se encontrar com autoridades do estado na esperança de contornar os estatutos referentes à atuação das concessionárias de veículos. Levou consigo um

Roadster para que os políticos fizessem test drives; sabia que um burocrata teimoso ficaria mais flexível depois de dar uma voltinha no carro.

Acompanhado de um advogado da Tesla, Blankenship sentou-se no escritório da sede de governo para esquadrinhar os livros, linha por linha, investigando os limites do possível. Apresentaram uma ideia: será que poderíamos abrir um showroom que seja puramente educacional – que não venda nada e exista só para que membros da equipe da Tesla conversem com as pessoas sobre o carro elétrico?

Um político consultou a legislação existente. "Bem, isso não está aqui."

"Então significa que podemos fazer o que pensamos?"

"Bem, teremos que..."

"Não, não, não", interveio o advogado da Tesla. "Se não está na lei agora, não pode estar na lei na semana que vem."

A Tesla tinha encontrado a brecha de que precisava e faria de tudo para tirar proveito dela rapidamente. O momento dessa reunião, logo após o término da sessão legislativa, significava que teriam dois anos completos antes de a assembleia estadual ter a chance de revisar as leis vigentes.

Blankenship não perdeu tempo. Começou a arquitetar uma instalação que definiu não como uma loja, mas como uma galeria. Contrataria funcionários como os das outras lojas da Tesla, incluiria os mesmos materiais educacionais, mas não haveria indicação de preços em lugar algum. Se alguém se interessasse em comprar um carro, seria redirecionado para um computador, no qual inseriria suas informações de contato. Um *call center* no Colorado faria o acompanhamento da venda. A lei determinava que o veículo não poderia estar fisicamente no estado antes da venda, mas isso não era um problema para a Tesla, já que não havia exatamente um grande estoque de carros por ali. Os clientes que encomendavam veículos geralmente tinham que esperar para que fossem fabricados. Somente depois que o cheque de um cliente do Texas chegasse à Tesla é que o veículo poderia entrar no estado. Depois disso, o carro poderia rodar onde bem quisesse.

Foi uma solução engenhosa, uma gambiarra que abriu outras partes do país além do Texas em que vigoravam estatutos semelhantes. Com a inovação de Blankenship, um dos primeiros critérios sobre o modelo de vendas da Tesla – evitar as concessionárias franqueadas em favor das vendas diretas – foi respeitado.

Cada vez mais, Blankenship acreditava que estavam no caminho certo. Toda sexta-feira à tarde, antes de jantar com sua esposa numa churrascaria perto da loja de San Jose, Blankenship ia ao showroom da Tesla para observar os clientes. Via as pessoas contemplando, sem pressa, as vitrines que iam do chão ao teto; via gente fazendo test drives e usando a estação de recarga gratuita no estacionamento atrás da loja. Blankenship também as ouvia. Notou um pequeno grupo de superentusiastas – talvez já tivessem comprado um Roadster e estivessem empolgados com o que viria a seguir.

Em sua maioria os visitantes eram apenas curiosos. "O que um carro está fazendo aqui?" "O que é isso?" "É uma loja temporária?" Ficou claro que poucas pessoas faziam mesmo ideia do que era um veículo elétrico. Quem tinha alguma noção sobre o carro elétrico tendia a se despir de seus conceitos preconcebidos, provavelmente por conta do que haviam lido sobre o EV1. Tudo isso reforçou a convicção de Blankenship de que ele precisava educar uma nova geração de compradores de carros.

A Tesla se preparou para abrir o primeiro showroom-galeria em Houston com uma placa anunciando sua chegada iminente. Mais uma vez, Blankenship observava enquanto os clientes do shopping paravam para olhar e ouvia as conversas deles para ter uma noção do que pensavam a respeito da marca. Ficava animado ao perceber um entusiasmo cada vez maior.

Às vezes, porém, o interesse era equivocado. Certo dia, viu duas mulheres pararem na frente do expositor temporário.

"Quê? Tesla, o que é isso?", perguntou uma.

"É aquele novo restaurante italiano", respondeu a outra.

Capítulo 13

Cinquenta dólares a ação

As inclementes temperaturas de janeiro, mais geladas que o normal, saudaram Peter Rawlinson quando ele chegou a Detroit para o Salão do Automóvel de 2011. Foi um choque em comparação com o clima agradável em Hawthorne, Califórnia, onde instalara as operações de engenharia de veículos da montadora para que ficassem perto da mesa de trabalho de Elon Musk, na sede da SpaceX. Rawlinson e Musk enfrentavam dois desafios que exigiam uma coordenação muito direta. Projetavam um carro do zero, o veículo que serviria como a base da empresa nos anos seguintes. Fato igualmente importante: criavam a cultura do que significava a Tesla. Fazer isso direito poderia ajudar a dar o tom de uma geração vindoura.

À medida que Rawlinson se aproximava de completar dois anos na Tesla, todo o esforço e a tensão de supervisionar o desenvolvimento do Modelo S haviam aumentado e cobravam um preço. Ficou acamado com uma gripe terrível, o que era só mais uma complicação de saúde por ele trabalhar dia e noite, parando apenas para jantar em um sofisticado hotel em Manhattan Beach. Lá, ele e alguns outros executivos do primeiro escalão residiam antes de se mudarem para o norte, a fim de ficarem mais perto da fábrica de Fremont. Ligavam para o barman do hotel ainda em suas mesas de trabalho, no segundo andar da SpaceX, para pedir os pratos antes de a cozinha fechar. Lá, conversavam e repassavam as minúcias do dia. Um ano antes, Rawlinson machucara o quadril em um acidente de esqui – enquanto apostava corrida com Dag Reckhorn, o segundo em comando da linha de montagem do veículo da Tesla.

Agora, Rawlinson só queria ficar na cama. Mas Ricardo Reyes, o chefe de relações-públicas, precisava dele em Detroit para falar sobre as últimas novidades da Tesla em uma coletiva de imprensa para um grupo de jornalistas especializados na indústria automotiva, de órgãos de imprensa de todo o mundo. Entre um evento e outro, Rawlinson se deitava para tirar uma soneca em um armário de casacos num dos salões de exposições.

Havia se tornado o rosto dos esforços de engenharia da empresa. Quando Reyes foi contratado, vindo do Google, Musk lhe deu uma diretriz clara: afastar a narrativa do drama do CEO da Tesla e enfocar a atenção da mídia nos carros. Uma parte fundamental disso, alegou, era entender que o que a Tesla propunha aos clientes ainda era uma novidade para muita gente; o ceticismo era natural. "As pessoas farão perguntas difíceis, é de se esperar que façam perguntas difíceis, e devemos responder a todas elas", disse Musk.

Foi essa mentalidade que colocou Rawlinson em cima do palco em Detroit para revelar qual seria o visual da plataforma do Modelo S – o esqueleto sob as elegantes folhas de metal. Teve muito cuidado ao descrever o empenho de sua equipe para garantir que cada centímetro do carro fosse utilizado de forma eficiente: o espaço interior seria bem grande, aproveitando o fato de a bateria estar localizada embaixo do carro; a dianteira não estava atolada com um motor tradicional; e na traseira não havia um tanque de gasolina. Também salientou o cuidado com que tratavam a questão da segurança.

Em entrevistas à imprensa, Rawlinson enfatizou o que tornava a Tesla diferente das rivais: "Culturalmente, somos muito diferentes das montadoras tradicionais que têm silos de equipes especializadas – o pessoal da carroceria, o pessoal da suspensão", disse ele a um repórter. "Nossa ênfase está no processo."

No Salão do Automóvel daquele ano, a General Motors celebrou a vitória do prestigioso prêmio de "carro do ano na América do Norte" conquistado pelo Chevrolet Volt, seu sedã híbrido do tipo plug-in que começara a ser apresentado nos showrooms apenas alguns meses antes, inspirado pela revelação do Roadster da Tesla em 2006. A GM saiu na frente da montadora do Vale do Silício e lançou no mercado seus próprios sedãs, mas o pessoal da Tesla suspirou de alívio ao ver o que o Volt oferecia. Parecia um econobox* quando comparado ao que a Tesla imaginava para o Modelo S.

Quando indagado sobre qual era a parte mais difícil no trabalho de desenvolvimento do Modelo S, Rawlinson rapidamente respondia que era a montagem da equipe. Estava sendo necessário recrutar mais do que apenas as dezenas de funcionários que havia sugerido a Musk durante a entrevista de emprego que fizera, mas ainda assim era uma quantidade bem menor do que seus antecessores queriam. Em um período de dois anos, Rawlinson entrevistou pessoalmente centenas de candidatos e, no final, contratou mais de cem para seu time.

O método de Rawlinson se encaixou bem com o de Musk. Ele queria encontrar os melhores profissionais em seus respectivos campos – fosse design, fosse soldagem –, e lhes dar carta branca. Inicialmente, o próprio Musk entrevistava a maioria dos candidatos, muitas vezes fazendo uma pergunta simples: o que você já fez de extraordinário? Os engenheiros se maravilhavam com a capacidade de Musk de mergulhar nos aspectos mais minuciosos de seu trabalho. Uma resposta errada decretava o fim da entrevista – e muitas vezes despertava a ira de Musk com o recrutador que lhe enviara o candidato em questão.

A Tesla havia levantado um montante suficiente para respirar e financiar o desenvolvimento do Modelo S, mas, apesar disso, a empresa não estava exatamente nadando em dinheiro. A Tesla conseguia pagar a seus engenheiros salários equivalentes aos que recebiam em Detroit, mas essa remuneração parecia escassa quando se levava em conta o custo de vida em Los Angeles ou Palo Alto. Era um salário francamente mesquinho em comparação com o que as grandes empresas de tecnologia do Vale do Silício ofereciam.

Coube a recrutadores como Rik Avalos – que durante anos havia atuado como caça-talentos corporativo, inclusive no Google, onde recrutava recrutadores – ajudar a encontrar profissionais e persuadi-los a embarcar no sonho da Tesla. Para alguns, o fator decisivo era a ideia de ajudar o meio ambiente; para outros, a chance de construir algo. Avalos lhes dizia que a Tesla estava à beira de um crescimento espetacular. "E se a ação chegar a cinquenta dólares?", dizia. Essa noção parecia quase fantasiosa em janeiro de 2011, quando as ações estavam sendo

---

* Gíria pejorativa para um carro econômico pequeno, quadradão, com baixo consumo de combustível, poucos luxos e preço baixo. (N. T.)

negociadas por cerca de 25 dólares cada, valor só um pouco melhor do que no final do primeiro dia como empresa pública, um ano antes.

Os elevados padrões de Musk para a contratação de pessoal se mostraram um desafio e tanto para a equipe de recrutamento, que rapidamente aprendeu que precisava preparar melhor os candidatos para a entrevista com o CEO. Uma engenheira deixou Musk insatisfeito, por exemplo, quando disse que usar alumínio para a estrutura da carroceria do Modelo S era uma má ideia, porque poderia ser um metal complicado e caro de soldar. Musk e Rawlinson já haviam decidido que o alumínio era o material escolhido, em um esforço para reduzir o peso do veículo e aumentar sua autonomia. Cerca de 97% da estrutura do carro seria de alumínio, com algumas áreas feitas de aços de maior resistência, a exemplo da coluna que fica no meio do comprimento do veículo, entre as portas dianteiras e traseiras. O plano da Tesla era fazer sua própria estampagem de alumínio. A entrevistada foi rejeitada num piscar de olhos.

À medida que contratava novos gerentes e engenheiros, Musk construía uma cultura de como ele queria que a Tesla operasse. Seguia o "método do estabelecimento dos primeiros princípios", uma forma de resolução de problemas que atribuía à física, mas que estava enraizada nos escritos de Aristóteles. A ideia era esquadrinhar em detalhes até as ideias mais básicas, aquelas que não podem ser deduzidas a partir de quaisquer outras suposições. Em termos relacionados à Tesla: só porque outra empresa fez algo de determinada maneira, não significa que seja a maneira certa (ou a maneira como Musk *queria* que fosse feito).

Mas Musk reconhecia, também, que precisava agir depressa para mudar o curso das coisas se uma ideia não funcionasse. "A rápida tomada de decisão pode parecer errática, mas não é", de acordo com Musk. "A maioria das pessoas não percebe que não tomar nenhuma decisão também é uma decisão. É melhor tomar muitas decisões por um determinado tempo com um índice de erros ligeiramente grande do que tomar poucas decisões no mesmo tempo com um índice de erros ligeiramente pequeno, porque, é óbvio, uma das futuras decisões corretas que você tomou pode ser a reversão de uma decisão anterior errada; isso se a anterior não tiver sido catastrófica, o que raramente é o caso."

Os novos contratados aprendiam rapidamente o que o volátil Musk julgava ser importante. Agora prestava muita atenção aos gastos, tentando entender o que precisava e o que não precisava ser comprado. Os engenheiros enviavam e-mails com pedidos de despesas, explicando por que eram necessárias e, se tivessem sorte, Musk respondia depressa, dando sua aprovação.

Um erro que alguns cometeram no início foi justificar uma despesa alegando que estava dentro do orçamento. Um engenheiro se lembraria por muito tempo da resposta de Musk: "Nunca mais use a palavra orçamento comigo, porque ela significa que você desligou seu cérebro". Musk geralmente concordava com uma despesa se fosse necessária, mas queria garantias de que havia um motivo real.

Enquanto a equipe de Rawlinson se reunia em Hawthorne, a sede da empresa permaneceu no norte do estado. Musk voava de Los Angeles para o Vale do Silício toda semana em seu jatinho particular. (Só em 2009, fez 189 viagens e passou 518 horas no ar.) Quando os engenheiros de Rawlinson também precisavam ir para o norte, enviavam um e-mail à assistente pessoal de Musk para perguntar sobre assentos vagos. O truque era chegar antes de Musk, porque quando ele entrava a bordo, a porta se fechava e o avião decolava imediatamente. Em alguns dias ele embarcava sem dizer uma palavra, totalmente absorto no próprio smartphone. Em outras ocasiões, exalava charme, entabulava conversas sobre a vida em Marte ou cogitava a ideia maluca de amarrar três foguetes Falcon 9 para criar um foguete superpesado (que chamou de Falcon 27).

Um engenheiro aproveitou o tempo do voo para perguntar a Musk sua opinião sobre as características da suspensão do Modelo S, assunto que vinham debatendo. Como a Tesla construía seu próprio carro a partir do zero, essas decisões cabiam exclusivamente a eles. O manuseio do carro seria esportivo, como um BMW, ou mais folgado, como um Lexus? Musk fez uma pausa, cravando os olhos no engenheiro. "Vou vender um montão de carros, então pode ser a porra da suspensão de que você precisar para que eu consiga vender um montão de carros – essa é a suspensão que eu quero."

Talvez o engenheiro tenha pegado Musk em um dia ruim. Ou talvez tenha chegado ao âmago da questão de como Musk fazia sua triagem. No comando de duas operações complexas, a obsessão maníaca de Musk tinha limite e era seletiva. Dava respostas petulantes até precisamente o momento em que algo se tornava o objeto de seu foco; nesse ponto, desaparecia a impressão de que não estava nem aí, e ele passava a se importar *como um obstinado*. No mundo de Musk, ele delegava tarefas para profissionais que recebiam plena autoridade – até o instante em que voltava as atenções para essas pessoas e para o pequeno feudo delas.

O tal engenheiro decidiu que a melhor maneira de manter uma carreira na Tesla era evitar viagens no avião de Musk – melhor não voar muito perto do sol.

Enquanto a equipe de Rawlinson trabalhava para desenvolver o Modelo S, um dos principais diretores de projeto, que Rawlinson havia herdado de seu antecessor, apresentou a Musk um plano para ajudar a equipe a priorizar os atributos do veículo. Ele disse que a GM e a Ford se empenhavam em processos semelhantes; quando a Ford estava desenvolvendo o Fusion, por exemplo, reunia todos os dados possíveis sobre carros concorrentes, avaliava cada função e, em seguida, decidia qual atributo queria superar, fazendo compensações quando necessário.

Musk ouviu esse diretor de projeto por cerca de vinte minutos antes de interrompê-lo. "Esta é a coisa mais estúpida que já ouvi", disse ele, antes de sair. "Nunca mais me mostre." Musk não queria priorizar uma coisa em detrimento de outra, ele queria priorizar *tudo*.

Cerca de uma semana depois, o diretor de projeto tinha ido embora. Não era uma ocorrência nova; a equipe era caracterizada por elevada rotatividade, em grande parte atribuível ou à terrível situação financeira da empresa, ou à necessidade de reproduzir, no quartel-general da empresa, as façanhas de engenharia de Detroit. Musk reuniu os colegas remanescentes do diretor demitido.

"Olha, eles são bons engenheiros, mas não bons o suficiente para a equipe", disse ele.

Enquanto Rawlinson se estabelecia em Hawthorne, J. B. Straubel e sua equipe de baterias ainda estavam no Vale do Silício. A Tesla se transferiu para sua nova sede em Palo Alto em 2010, antes da IPO. Longe de Rawlinson e seu pessoal, a equipe de Straubel desenvolvia a própria cultura. Em termos de comparação, era um bastião de estabilidade. Muitos dos recrutas que ele contratara nos primeiros dias por meio de seus contatos em Stanford permaneceram na empresa, assumindo novas funções ou desenvolvendo expertise ainda maior no mundo das baterias.

O sucesso do Roadster, em conjunto com a persistência de Kurt Kelty, começou a abrir portas no Japão. Straubel repreendeu Kelty por continuar a fazer visitas à Panasonic no Japão a cada dois meses, especialmente depois de terem encontrado na Sanyo uma solícita parceira para o Roadster (sem mencionar a carta da Panasonic indicando que não tinha intenção de fazer negócios com a Tesla). Mas Kelty ainda acreditava que as baterias da Panasonic eram superiores o suficiente para valerem a pena, que cada célula poderia conter mais energia do que estavam recebendo com as da Sanyo.

Foi em busca dos interesses da empresa que, em 2009, Kelty se viu em uma pequena sala de reuniões de seu ex-empregador, sentado com Naoto Noguchi, o presidente da unidade da empresa responsável pelas células de baterias. Como Noguchi era um fumante inveterado, as paredes da sala eram amareladas por causa da fumaça dos cigarros. Kelty sentou-se sobre os calcanhares, posicionando as pernas dobradas embaixo do corpo, diante de uma tradicional mesa japonesa baixa, tentando equilibrar seu laptop enquanto fazia sua apresentação. Dados de testes contínuos e resultados reais do Roadster permitiram a Kelty demonstrar o funcionamento de seu sistema de pacotes de baterias. Foi capaz de afirmar, em especial, que nenhum Roadster pegou fogo por causa da fuga térmica.

Em uma enorme conquista para Kelty, Noguchi concordou em fornecer células de amostras para testes. Ele e Yoshi Yamada, que dirigia as operações da Panasonic nos Estados Unidos, visitaram a sede da Tesla naquele ano. O interesse deles surgiu quando a Panasonic começou a adquirir o controle da Sanyo (assumiriam uma participação majoritária na empresa em dezembro de 2009).

E foi assim que a maré mudou para a Tesla e a Panasonic. A fabricante japonesa estava empolgada por fazer parte de uma startup de prestígio e alta visibilidade do Vale do Silício e concordou em fornecer células para o Modelo S. Mais do que isso, Kelty e Straubel queriam que a Panasonic investisse na Tesla, que ainda precisava de fundos. A empresa japonesa concordou em investir 30 milhões de dólares.

Apesar de seus êxitos, a equipe de Straubel ainda tinha que amadurecer. A Tesla já não era uma pequena startup transformando carros da Lotus em Roadsters, fiando-se na experiência e *know-how* dos seus homólogos do Reino Unido. A Tesla planejava construir – por conta própria – milhares de sedãs Modelo S por ano. A equipe teve uma amostra – e gostou – de como seriam as coisas quando a Tesla se tornasse responsável por construir as baterias para os Roadsters. E mais ainda, quando começassem a construir os componentes que a Tesla venderia para a Daimler e a Toyota como parte dos acordos que Musk assinara um ano antes e que salvaram a vida da empresa. Mais até que o dinheiro, essas negociações e a forma como influenciaram a cultura da empresa desempenhariam um papel muitíssimo relevante no sucesso da Tesla.

Quando Akio Toyoda e Elon Musk celebraram um acordo que incluía o trabalho conjunto das duas montadoras na fabricação de carros elétricos, os detalhes não foram definidos com exatidão – longe disso. A ideia era que a startup faria pelo veículo utilitário esportivo popular e compacto da Toyota, RAV4, o que fizera pelos carros Smart da Daimler: forneceria trens de força elétricos. Todavia, para as equipes encarregadas de implementar o acordo, as coisas não estavam tão claras. Para fazer o Smart, Straubel havia reconfigurado o trem de força do Roadster de modo que coubesse no minúsculo veículo de dois lugares. Agora, Musk queria que ele e sua pequena equipe fizessem isso para um veículo novo e maior, ao mesmo tempo que continuariam a trabalhar em pacotes de baterias para a Daimler e também no desenvolvimento de um novo trem de força para o Modelo S.

A equipe de Straubel presumiu que a Tesla simplesmente entregaria os trens de força para seus parceiros de negócios. A equipe da Toyota, inexperiente em lidar com a tecnologia de baterias de íons de lítio, pensava que receberia ajuda para projetar um RAV4 elétrico do zero. Alguns membros da equipe da Tesla especulavam que a Toyota talvez estivesse secretamente tentando roubar o *know-how* tecnológico que eles tinham.

Havia também as diferenças culturais, como ficou claro no primeiro encontro entre as equipes da Tesla e da Toyota. Greg Bernas, da Toyota, que tinha sido o chefe de engenharia em outro veículo da montadora japonesa, chegou com um livro recém-comprado sobre as noções básicas de carros elétricos. Um dos engenheiros da Tesla, por sua vez, carregava consigo uma gaita para tocar entre as reuniões.

Somente depois de meses de negociações, estavam prontos para começar a trabalhar. Como as equipes tinham apenas vinte meses para concluir o veículo, a Toyota concordou em usar uma antiga plataforma do RAV4, evitando todos os testes e pesquisas que as regras internas das maiores montadoras exigiriam para se colocar um carro numa nova plataforma. A Toyota não estava acostumada com a forma como a Tesla fazia mudanças em cima da hora – por exemplo, decisões de momento com relação ao pacote de baterias e ao software de computador que o controlava. Enquanto coordenavam testes de clima frio no Alasca, as equipes se empenhavam para diagnosticar as razões pelas quais o protótipo do veículo estava vibrando em estradas escorregadias. Os engenheiros da Tesla teclavam em seus laptops, ajustando os algoritmos de controle de tração do veículo. Resolveram o problema em algumas horas de trabalho, em vez de levar os dados de volta ao laboratório para revisões adicionais.

Embora esse tipo de velocidade tenha impressionado a Toyota, os executivos não ficaram felizes com a qualidade do produto que estavam recebendo. Um modelo do carro enviado para exibição no Salão do Automóvel de Los Angeles em 2011 deixou os executivos furiosos. Um gerente da Toyota estava em uma festa regada a cerveja e churrasco antes de entrar no estádio da Universidade de Michigan para assistir a uma partida de futebol americano quando recebeu uma mensagem de sua equipe em Los Angeles para avisar da má qualidade do utilitário esportivo entregue pela Tesla no fim de semana antes da exposição de carros. O SUV parecia desleixado; esse tipo de desatenção em relação aos detalhes era inaceitável para a Toyota, sobretudo porque o carro seria apresentado à imprensa e ao público. Ele ligou para um gerente da Tesla. "Que porra é essa?", vociferou, antes de exigir que os engenheiros da Tesla o encontrassem em Los Angeles no dia seguinte para consertar a bagunça.

Uma grande tensão veio à tona no modo como a Tesla validava seus trens de força. Para a agonia da Toyota, os engenheiros da Tesla alegavam acreditar na palavra dos fornecedores de que as peças correspondiam às expectativas, em vez de realizar testes de controle de qualidade para garantir a durabilidade para uso no mundo real. Isso era algo estritamente proibido no mundo da fabricação de automóveis.

Apesar de todas as dores de cabeça, a equipe da Tesla estava entrando em contato com um manual de instruções bastante útil de como desenvolver um trem de força que não fornecesse apenas potência, mas que fosse capaz de durar no mundo real. O trabalho em conjunto com a Toyota no RAV4 estava tendo benefícios inesperados – Straubel e seus colegas pegaram tudo o que aprenderam e despejaram diretamente no Modelo S.

Elon Musk abriu um novo estúdio de design para a Tesla, aninhado em um complexo de edifícios industriais ao lado da sede da SpaceX, em Hawthorne. Escolheu um antigo hangar de aviões que havia sido transformado em ginásio de basquete alguns anos antes. Graças à proximidade, poderia facilmente dar escapadas da SpaceX para ver no que a equipe do designer-chefe Franz von Holzhausen estava trabalhando.

Em 2011, mesmo quando o Modelo S ainda estava distante, a Tesla começou a pensar no veículo *seguinte* em sua programação. Musk havia muito vinha alardeando seu objetivo de um carro de terceira geração voltado para as massas, mas ainda existiam muitos obstáculos para colocá-lo no mercado. Vender apenas vinte mil sedãs Modelo S por ano não seria o bastante para impulsionar o crescimento suficiente – nem em termos de receita nem de exposição da marca.

Assim, a equipe da Tesla avaliou as alternativas. Poderiam usar a plataforma do Modelo S para fazer variações do carro, como uma perua ou um utilitário esportivo. Isso permitiria à Tesla economizar dinheiro em peças e ferramentas, espalhando os custos de desenvolvimento por um número maior de veículos vendidos. Era algo que os grandes fabricantes de automóveis haviam feito durante anos – de maneira muito semelhante, oito anos antes o Roadster fora construído na plataforma do Lotus Elise como uma opção para reduzir os custos da Tesla (ao mesmo tempo que cobria alguns dos custos da Lotus).

Essa lembrança deveria ter sido instrutiva. Em seu design do Roadster, Musk determinou tantas mudanças no Elise que os custos dispararam muito além do esperado. As demandas para o veículo da próxima geração que compartilharia a plataforma do Modelo S ameaçavam repetir o erro.

O carro seguinte, que Musk passou a chamar de Modelo X, precisava ser um veículo para a família, com três fileiras de bancos. A vivência pessoal de Musk pesou fortemente no debate sobre o novo carro. Os designers e engenheiros não negligenciaram o fato de que os cinco filhos do próprio Musk estavam ficando maiores; Musk tinha experiência em primeira mão com utilitários esportivos. Seus funcionários sabiam disso porque ele reclamava muito a respeito.

Musk tinha algumas ideias muito claras. Por um lado, queria que fosse mais fácil colocar as crianças na segunda fileira de assentos. A porta deslizante de uma minivan poderia se abrir mais do que a de um SUV, mas ainda assim era uma luta colocar uma criança em uma cadeirinha sem bater a cabeça no teto, sobretudo para Musk, que tem quase 1,90 metro. Por outro lado, havia a terceira fileira. Musk contou à equipe como ele usava seu SUV. Primeiro, colocava as crianças mais novas em cadeirinhas de bebê na segunda fileira, para que, sentado na frente, pudesse cuidar delas. Os gêmeos mais velhos iam na terceira fileira. Mas ele não queria que o carro da Tesla fosse parecido com o Audi Q7, em que era necessário fazer ginástica para alcançar além do segundo assento.

A equipe imaginou um SUV com as curvas gerais do Modelo S, mas com portas traseiras que se abriam para cima como asas de pássaros (um pouco como o DeLorean da trilogia de filmes *De volta para o futuro*). Isso permitiria uma abertura maior. Dessa forma, Musk poderia ficar em pé enquanto colocava os filhos no carro. Em teoria, essas portas poderiam criar uma enorme abertura para se entrar nas duas filas traseiras do SUV. A equipe criou maquetes do design para que Musk pudesse ver e tocar fisicamente as portas traseiras. No início, Musk declarou que a abertura não era grande o suficiente; queria que chegar à terceira fileira fosse tão fácil quanto um passeio no tapete mágico. O carro-conceito que esboçaram foi ficando cada vez mais comprido, de modo a acomodar uma abertura mais ampla da porta traseira.

O desenvolvimento de um carro pode ser influenciado por muitos fatores. Nos maiores concorrentes da Tesla, os designers e engenheiros às vezes observavam, com agonia, a mão pesada da interferência de vários níveis de burocracia – do departamento de marketing ao de finanças, sem mencionar os executivos e suas sugestões de última hora – nos projetos em andamento. Na Tesla, estava ficando claro que a decisão era de Musk e apenas de Musk. Ele demonstrara a própria força logo no início, quando Martin Eberhard não o levara a sério na qualidade do painel. No caso do Modelo S, as marcas das preferências pessoais de Musk também ficavam evidentes em todos os detalhes do carro. Como ele tem um torso longo, quando se senta, fica em uma posição mais alta no assento do que um motorista típico. Consequentemente, insistiu para que a equipe pendurasse o para-sol de uma maneira que os engenheiros, preocupados, temiam não ser útil para a maioria dos motoristas. Musk raramente carregava qualquer coisa a não ser um celular – sua assistente o seguia de um lado para o outro levando tudo de que ele pudesse precisar. Por isso, não tinha interesse em entulhar com cubículos e porta-trecos uma área do console central. Em vez disso, a equipe instalou uma tira de carpete entre os dois bancos dianteiros do carro, com pequenas paredes que formavam uma espécie de calha.

Até mesmo a localização do ponto de carga externa foi influenciada por Musk, que era especificamente o desenho da garagem de sua casa. A maioria dos motoristas norte-americanos estaciona de frente; a equipe de design percebeu que colocar o ponto de carga na frente do carro seria mais intuitivo. Mas Musk o queria na parte traseira do carro: era onde se alinhava melhor ao seu carregador doméstico.

Os carros estavam sendo construídos à imagem e semelhança de Musk. Restava saber se os compradores de automóveis compartilhariam dessa visão.

Mesmo com a oferta pública inicial de ações do ano anterior e as parcerias com grandes montadoras, em 2011 ficou dolorosamente claro que a Tesla não teria dinheiro suficiente para lançar o Modelo S, não sem mais uma injeção de dinheiro. Naquele ano, a Tesla cresceu a ponto de empregar mais de 1.400 funcionários, principalmente no norte da Califórnia, e corria para encher uma fábrica com ferramentas caras para construir o Modelo S enquanto as vendas do Roadster chegavam ao fim, após a conclusão da primeira leva de encomendas. Isso significava que o único dinheiro a entrar viria dos negócios com a Daimler e a Toyota.

A equipe de Rawlinson procurava maneiras de economizar centavos. Os engenheiros fizeram inúmeras simulações virtuais para entender a aerodinâmica do carro e como ela afetaria o desempenho. Em seguida, ao custo de 150 mil ou 200 mil dólares, alugaram o túnel de vento da Chrysler – que utilizaram da noite de sábado até as seis da manhã da segunda-feira – para observar como o carro funcionava no mundo real.

A equipe teve dificuldade em projetar um teto solar que atendesse aos padrões de Musk. Os fornecedores ou pediam mais do que a Tesla podia pagar, ou ofereciam versões imperfeitas. Musk ficou tão zangado que ordenou que sua equipe contratasse projetistas de teto solar à parte e fabricassem a peça na própria fábrica, imaginando que seria mais barato se eles mesmos a construíssem internamente.

Mesmo assim, Rawlinson avançou com o veículo até o ponto em que ficaram prontos para os importantíssimos testes de colisão. Cada carro custou 2 milhões de dólares para ser fabricado, e ele fez tais joias preciosas colidirem contra barreiras e objetos, destruindo-as. Descobriram que a soldagem do alumínio do carro não funcionava conforme o esperado; com o impacto, a estrutura caía aos pedaços. Era necessário um redesenho, algo que adicionaria ao projeto mais tempo e mais gastos – e também mais pressão sobre Rawlinson, com Musk pairando sobre ele a cada teste.

Rawlinson não era o único a sentir a pressão. Um traço de humor ácido unia os executivos do primeiro escalão. Musk, que dividia seu tempo entre Hawthorne e Palo Alto, realizava uma reunião do comitê executivo toda terça-feira, no início da manhã, muitas vezes se estendendo até a hora do almoço. Dependendo do humor de Musk, a piada entre a equipe era sobre os planos de almoço de Musk: *quem ele vai devorar essa semana?*

Muitos ao redor da mesa percebiam que, com uma frequência cada vez maior, Rawlinson estava no cardápio; cada vez mais ele despertava a irritação de Musk. Os membros da equipe que trabalhavam com Rawlinson em Hawthorne também perceberam, ouvindo-o em conversas telefônicas com o CEO, e depois sentindo o fogo e a fúria de suas explosões. Em certo momento, a raiva de Musk com Rawlinson entrou em erupção. Musk, com sua compleição de jogador de rúgbi, ergueu-se diante de Rawlinson durante um desentendimento. "Eu não acredito em você!", berrou Musk, pressionando o dedo contra o peito de Rawlinson. "Eu não acredito em você!"

O relacionamento continuava afetando Rawlinson, que também estava bastante preocupado com a mãe, que estava doente no Reino Unido e cuja saúde tinha piorado; sem ninguém para ajudá-lo, ele tentava tomar providências para ela do outro lado do mundo.

Musk enfrentava os próprios problemas domésticos. Seu relacionamento com Talulah Riley estava fadado à ruína. Depois de se casarem em 2010, estavam morando em casas separadas nos últimos meses. Em seu raro tempo livre, Musk podia ser encontrado no porão de sua mansão *art nouveau* de 1.800 metros quadrados em Bel Air jogando *BioShock*, um jogo de videogame distópico baseado na ideologia de Ayn Rand. Na festa de Natal da Tesla daquele ano, Musk desmaiou de bêbado em cima de uma mesa de sinuca numa sala cuja entrada foi bloqueada por seu irmão Kimbal.

Rawlinson e Musk discutiam por causa de uma série de questões, mas nenhuma maior do que aquela que datava dos primórdios do Modelo S, quando Henrik Fisker, o designer que se tornou rival da Tesla, ainda estava no comando e produziu o que os funcionários da empresa ridicularizaram como a "baleia branca". O problema tinha a ver com a instalação do pacote de baterias no assoalho do carro, o que acrescentava altura ao veículo. Para consertar a aparência bulbosa, o designer Franz von Holzhausen esticou o carro, permitindo uma melhor distribuição das células da bateria embaixo. Isso resultou em um teto mais baixo e em proporções consistentes com um sedã elegante, ao contrário da tentativa de Fisker de encaixar tudo em uma estrutura típica de carro de médio porte. Mas Musk continuou preocupado com o teto ser alto demais. Instruiu Rawlinson a fazer o pacote de baterias o mais fino possível. Rawlinson temia que afinar demais deixaria o pacote vulnerável a detritos da estrada, que poderiam perfurar a parte inferior do veículo. Eles se engalfinharam por uma questão de milímetros. No final das contas, Rawlinson cedeu e disse a Musk que reduziria ao máximo o piso, como o CEO queria. Ele mentiu.

A equipe de Rawlinson trabalhava arduamente também no Modelo X, com a ideia de transformar em realidade as milagrosas portas traseiras. Haviam estudado as portas "asas de gaivota" do Mercedes, recurso semelhante ao que Musk havia exigido, mas concluíram que precisavam de algo mais forte. As portas seriam muito maiores; precisariam ter dobradiças duplas que não subissem só para fora, mas também se dobrassem sobre o ponto médio, feito um falcão pairando em pleno voo. Acabaram optando por um sistema hidráulico que levantaria automaticamente a porta, em vez de exigir que um passageiro fizesse isso. Para testar, soldaram uma porta de amostra em uma estrutura de carro, atrás do edifício da SpaceX, e, cheios de expectativa, apertaram o botão.

Psssh. A porta se ergueu como as asas de um falcão.

"Puta que pariu", proclamou Rawlinson.

Foi uma pequena vitória, mas, mesmo depois de concluir com êxito a tarefa, Rawlinson sentia que seus dias de trabalho com Musk estavam contados. No feriado de Ação de Graças, voltou para casa no Reino Unido; as pessoas mais próximas a ele duvidavam que retornasse. Ficaram surpresos quando ele apareceu no escritório em dezembro – determinado a tentar emplacar na Tesla mais uma vez.

Queria mostrar a Musk o carro-conceito Modelo X, especificamente, e demonstrar as portas que ele e sua equipe haviam projetado. "Elon, fiz as portas para mostrar a você do que sou capaz", disse Rawlinson, mas "você não deveria colocá-las no carro". A seu ver, as portas eram arriscadas demais e adicionavam complicações desnecessárias ao carro enquanto a equipe suava a camisa para colocar o Modelo S em produção. Os dois iniciaram mais uma discussão acalorada. Musk desconsiderou os problemas técnicos que Rawlinson apontou.

Mas as divergências não se limitavam apenas às preocupações com a rigidez do veículo, ou com o que aconteceria com o acionamento das portas quando houvesse neve no teto do carro; na opinião de Rawlinson, as portas não faziam sentido comercialmente. Ele levou o carro-conceito para um passeio, e sentiu tristeza. O Modelo X tinha sido concebido como uma simples versão repaginada e incrementada do Modelo S, mas estava inchando e se tornando muito mais do que isso, o que significaria custo e complexidade adicionais. Ele não queria ser responsável pelo projeto. Rawlinson voltou novamente para casa para passar o Natal. Desta vez, não voltou. Ligou para Musk com a notícia: estava fora da Tesla.

Sua saída pegou Musk de surpresa, e ele passou a primeira metade de janeiro de 2012 implorando a Rawlinson para que retornasse. O diretor financeiro Deepak Ahuja tentou negociar a paz entre os dois homens. Musk recorreu ao vice de Rawlinson, Nick Sampson, para ajudar também. Mas, no fim, Rawlinson estava exausto demais para a Tesla. Furioso, Musk ordenou que Sampson fosse demitido.

A notícia dessas saídas vazou na noite de uma sexta-feira, o que fez as ações da empresa desabarem 20% nas transações após o expediente, já que os investidores ficaram preocupados com a perda no comando da engenharia a poucos meses do início da produção do Modelo S. Agora que a Tesla era negociada publicamente, foi a primeira vez que Musk sentiu na pele o quanto os mercados públicos poderiam ser implacáveis. Os investidores viram a saída inesperada de duas valiosas figuras do alto escalão da empresa, e sua fé na aventura de Musk foi abalada. A Tesla daria conta de entregar o Modelo S conforme o compromisso firmado? Caso não desse conta, o tão prometido carro elétrico a preço acessível pareceria uma fantasia.

A demissão de Rawlinson não foi a primeira saída de um nome importante da Tesla, e não seria a última. Em muitos aspectos, o destino de Rawlinson foi semelhante ao de Martin Eberhard. Ambos, a princípio, caíram nas graças de Musk, fornecendo-lhe algo de que ele precisava. No caso de Eberhard, foi o conceito de como construir um negócio em torno de uma ideia. Porém, no fim, Musk acabou perdendo a fé nas capacidades e competências dos executivos à medida que os desafios aumentavam e se tornavam exponencialmente mais difíceis. Em Rawlinson, Musk havia encontrado a experiência, que era muito necessária, mas, em última análise, precisava de outra coisa – um executivo para supervisionar o início da produção, não apenas o desenvolvimento de um novo carro.

Na segunda-feira seguinte, Musk tentou refrear a maré de más notícias com uma teleconferência com jornalistas antes da abertura do mercado em Nova York, em que qualificou a saída Rawlinson como o marco inicial de uma nova fase de desenvolvimento da empresa e minimizou o papel de Rawlinson como um mero chefe de engenharia da carroceria do carro.

"Estou muito confiante com as seguintes coisas: cumpriremos o prazo, ou, melhor ainda, entregaremos antes da data prevista o primeiro carro Modelo S em julho." A Tesla entregaria pelo menos vinte mil carros em 2013, prometeu ele.

No dia seguinte, Talulah Riley deu entrada no pedido de divórcio. Na mesma noite, Musk postou uma mensagem no Twitter: "Foram quatro anos incríveis. Eu te amarei para sempre. Você ainda vai fazer alguém muito feliz um dia". Na manhã seguinte, falou ao telefone com uma repórter da revista *Forbes*. "Eu ainda a amo, mas não estou apaixonado por ela. E não posso mesmo dar a ela o que quer", declarou Musk. "Acho que seria extremamente imprudente, da minha parte, entrar em um terceiro casamento sem tomar um tempo considerável para descobrir se ele vai funcionar – nunca foi minha intenção ter um casamento breve. Basicamente, gostaria de ter certeza absoluta antes de me casar de novo, mas claro que adoraria estar em um relacionamento. Sem dúvida."

Capítulo 14

Ultrabarra--pesada

Nas profundezas da fábrica colossal que viria a se transformar nos 510 mil metros quadrados da sede da Tesla em Fremont, Califórnia, estendia-se um imenso buraco parecido com uma piscina olímpica descomunal, vestígio de uma máquina gigantesca que tinha sido usada para prensar metal na forma de painéis de porta e que a Toyota arrancou antes de abandonar a instalação. A ausência escancarada deixou uma marca visível do tamanho do enorme desafio que a Tesla tinha pela frente. A equipe de Peter Rawlinson precisou começar do zero a engenharia do Modelo S; agora, a equipe de fábrica tinha que descobrir como construir o carro.

Iniciar uma nova fábrica é um desafio até mesmo para montadoras experientes, mas ficou um pouco mais fácil depois de gerações de experiência institucional. As lições aprendidas na fabricação de carros foram transmitidas adiante, gravadas em um manual de regras e procedimentos. A Tesla não tinha nada – exceto a pressão do tique-taque do relógio. A empresa precisava descobrir como construir o Modelo S até o verão de 2012, quando, Musk havia reiterado a promessa, os veículos começariam a ser enviados para os clientes.

Musk contratou especialistas em fabricação de carros. A fábrica foi dividida em dois reinos: montagem da bateria e montagem do veículo. J. B. Straubel supervisionou a empreitada das baterias. A montagem do veículo foi encabeçada por Gilbert Passin, o ex-gerente da fábrica do Lexus, que serviu como ponte cultural durante a aquisição da fábrica de Fremont, e seu vice, Dag Reckhorn, contratado por Elon Musk por sua experiência no trabalho com alumínio.

Passaram meses discutindo sobre quais peças de maquinário a Tesla compraria da Toyota e quais seriam descartadas. Sabiam que, em muitos casos, para a Toyota seria mais barato e mais fácil vender o equipamento para a Tesla com um significativo desconto em vez de desinstalar e recuperar máquinas com décadas de uso. Foi outra dádiva divina para a Tesla. Em vez de ter que montar uma fábrica juntando peças de todo o mundo, compraram um kit para iniciantes. Musk pediu que a fábrica fosse pintada de branco-brilhante e que os robôs fossem vermelhos, em vez do tradicional amarelo. Debateu com Passin a colocação de janelas gigantes para adicionar luz ao escuro ambiente de trabalho.

Para preencher a enorme cratera, Reckhorn encontrou uma gigantesca máquina de estampagem de chapas metálicas que um fabricante falido de Michigan estava vendendo por uma pechincha. No fim das contas, o traslado da máquina para a Califórnia custou mais caro do que o preço dela, mas era uma ferramenta crucial, e valia a pena o esforço. Seria o primeiro marco na fábrica para a criação do Modelo S.

A construção dos carros começava com a chegada de imensas bobinas de alumínio que pesavam dez toneladas cada, quase o peso de um ônibus. O alumínio seria desenrolado e, em seguida, cortado em grandes retângulos planos para alimentar a máquina de estampagem de chapas de Reckhorn, em que moldes ou matrizes de quarenta toneladas prensariam cada uma no formato de uma peça tridimensional – um capô, por exemplo. O som trovejante de uma matriz caindo sobre o alumínio com mais de mil toneladas de força era ensurdecedor. Era o metrônomo de uma fábrica de automóveis bem azeitada. Feito pequenos abalos sísmicos, os potentes golpes da prensa sobre o metal moldavam uma peça a uma velocidade máxima, teoricamente, de seis segundos.

Mas a equipe de Passin estava aprendendo como era a vida de uma fabricante de automóveis de pequeno porte. Uma montadora grande usava uma máquina de estampagem colossal para golpear o metal em um ritmo consistente, produzindo talvez duas mil peças de uma única matriz. A Tesla não precisava de tantas. Em vez disso, poderia gerar cem peças antes de mudar a matriz para fazer outra coisa – um para-choque, digamos. Esse processo poderia levar uma hora. Em seguida, mais algumas horas estampando uma nova peça antes de se repetir o processo novamente. Eram passos de tartaruga, em comparação com o que muitos dos operários estavam acostumados, cortando e deformando o mesmo tipo de chapa durante dias a fio, criando um exército de peças e partes que seriam enviadas às linhas de montagem para, por fim, fazer milhões de veículos.

Da estampagem, essas peças individuais viajavam para a linha de soldagem, onde eram soldadas para criar a estrutura do carro e, em seguida, unidas aos painéis externos para dar ao veículo sua pele. A cada etapa, braços robóticos se moviam em uma dança coordenada – movimentos aparentemente espasmódicos executados com velocidade e precisão ultrarrápidas. Sirenes de alerta soavam. O metal tinia à medida que as chapas se deslocavam de uma estação para outra para serem prensadas, repuxadas, cortadas, dobradas e furadas. A soldagem zumbia, resultando num voo de faíscas. Um cheiro acre pairava no ar. Era lá, por meio da montagem, junção das peças, rebitagem e solda, que a produção do carro tomava forma física.

Lá a equipe também estava aprendendo a manusear o alumínio, material que, na época, ainda era raro no uso em carros. Partículas de poeira liberadas pelo corte poderiam causar amassos, e alguns medidores de alumínio eram propensos a rachar, o que significava que os operários não podiam martelar ou perfurar além de certo ponto sem colocar em risco os materiais caros. Tudo isso exigia que os trabalhadores descobrissem a cadência certa.

Uma vez pronto o "esqueleto" do veículo, a carroceria do Modelo S seguia para a oficina de pintura, onde era submersa em um tanque de 283 mil litros de solução de eletrodeposição, que aderia a todas as superfícies expostas. Uma corrente elétrica passava através do tanque – um processo que, aplicado sobre peças metálicas, tem por finalidade ajudar a proteger o material contra a corrosão. Em seguida, emergia e viajava para um forno aquecido a 350 graus para curar a solução. A partir daí, aplicava-se uma camada de base vermelho-brilhante, azul ou preta, seguida por um revestimento transparente para dar aquele brilho de carro novo.

Uma nova oficina de pintura poderia facilmente custar 500 milhões de dólares, quantia que a Tesla não tinha nem sequer remotamente condições de pagar. Reckhorn encontrou um fornecedor para reformar uma das oficinas de pintura existentes por cerca de 25 milhões de dólares – cerca de 10 milhões a mais do que Musk planejara, mas a essa altura a equipe havia aprendido que seu CEO poderia ser persuadido.

Argumentaram que essa economia lhes daria robôs melhores, propiciando maior flexibilidade no futuro. "Ele adora robôs", disse um executivo.

À medida que se expandiam, o pessoal das equipes de fábrica entendeu que certas palavras-chave eram um bilhete para o desemprego. "Aprendemos rapidamente que 'não' não é a resposta, e treinávamos nosso pessoal para que nunca dissessem 'não'", afirmou o gerente. Em vez disso, os gerentes eram instruídos a dizer a Musk, quando ele lhes pedia alguma coisa, que precisavam verificar primeiro, e deveriam continuar repetindo essa frase até que Musk, mais cedo ou mais tarde (com sorte), se esquecesse – um jogo perigoso para tentar com um cara que poderia ter uma memória de elefante para certas coisas e esquecer totalmente outras.

Saindo da oficina de pintura, a carroceria recém-revestida pelo tratamento químico anticorrosivo era encaminhada para a montagem, onde ocorriam as decisivas etapas finais dos acabamentos: o acréscimo do para-brisa e dos assentos e, uma parte crucial, a colocação das baterias. Esse estágio era de incrível complexidade, muitas vezes exigindo um pequeno exército de trabalhadores para acoplar manualmente as peças. Passin precisava de quinhentos trabalhadores para a fábrica; mil candidatos apareceram numa única feira de empregos, evento que atraiu algumas pessoas que passaram carreiras inteiras trabalhando na GM-Toyota e estavam felizes por terem um emprego novamente.

Era um trabalho assustador sob qualquer ponto de vista, e ainda mais intimidador para a equipe de Passin, pelo fato de que a engenharia, em Hawthorne, ainda estava longe de aprontar o carro a ponto de deixá-lo em condições de seguir para as estações de trabalho da montagem final.

Em fevereiro de 2012, Passin e Jerome Guillen, que liderava o Modelo S na ausência de Peter Rawlinson, receberam a má notícia de que um teste de segurança de baixa velocidade revelou um problema potencial. Embora o carro tivesse passado nos testes de colisão, os engenheiros notaram uma deformação em um ponto de segurança crítico, que foi projetado para absorver a força aplicada aos para-choques em caso de acidente. Sabiam que não seria aprovado em um teste mais rigoroso agendado para a segunda-feira seguinte, dali a apenas quatro dias, em uma instalação nos arredores de Los Angeles.

A empresa tinha apenas onze protótipos disponíveis para testes de colisão e, uma vez que cada um custava sete dígitos, não podiam se dar ao luxo de desperdiçar um carro em um teste no qual, sabiam, ele seria reprovado. O adiamento também não era uma opção, pois a produção estava programada para começar em quatro meses.

Graças à experiência adquirida em grandes montadoras, Philippe Chain, que ingressara na Tesla meses antes como vice-presidente de qualidade, sabia que esse era exatamente o tipo de confusão que poderia atrasar um novo carro e resultar em seis meses de investigações internas. Em uma empresa como a Renault ou a Audi, haveria uma dolorosa autópsia para identificar onde, exatamente, o erro tinha surgido e quem era o culpado. Enquanto isso, a questão circularia em meio à política interna e vários níveis de burocracia, pontuada por reuniões de trocas de acusações e desperdício de tempo.

Musk não tinha cabeça para essas coisas. Sua resposta: "Resolvam, caras".

A equipe em Fremont se reuniu com o engenheiro responsável pelo projeto da peça em questão e começaram a pensar em soluções. Rapidamente chegaram a uma: não precisaram projetar de novo a peça, mas usar um grau de aço mais forte na confecção. Um gerente de compras pegou o telefone em um corredor e rastreou o material – uma bobina de 450 quilos estava disponível na Carolina do Norte. Em vinte e quatro horas eles a despacharam para uma fábrica de processamento especial no Meio-Oeste, onde seria cortada, deformada e soldada. O processo atrasou porque uma tempestade de neve impediu a decolagem do avião com destino à Califórnia. Na noite de sábado, quando a peça chegou para o processamento final, o forno da empresa, necessário para enrijecer o material, apresentou defeito. Um técnico teve que ser tirado da cama para consertá-lo. Na noite de domingo, Chain carregou a peça ainda quente em seu carro e dirigiu a madrugada inteira para chegar a tempo no teste, agendado para a tarde de segunda-feira.

O esforço valeu a pena: a peça foi aprovada no teste. No fim das contas, o Modelo S receberia a classificação de cinco estrelas da Administração Nacional de Segurança de Tráfego Rodoviário dos Estados Unidos.

Era o tipo de história que ganharia o status de lenda, apontada como um exemplo de como a Tesla era mais ágil do que seus concorrentes. Mas que também ilustrava que, para começo de conversa, a Tesla ainda precisava desenvolver tipos de sistemas para evitar esses erros, sinais de que a empresa priorizava o ritmo de desenvolvimento em detrimento do processo, sacrossanto em uma fabricante de carros tradicional. As dolorosas e autorreflexivas investigações para revelar a gênese de um erro serviam não apenas para descobrir as falhas, mas para impedir a ocorrência de falhas futuras.

A Tesla não queria correr riscos no quesito segurança, é claro, mas Musk estava disposto a deixar alguns problemas de qualidade passarem em branco se resolvê-los significasse desacelerar o cronograma, o que poderia resultar em atrasos dispendiosos. As montadoras alemãs, por exemplo, dirigiam carros de teste por cerca de dez milhões de quilômetros e durante dois invernos para encontrar quaisquer problemas que pudessem surgir. A Tesla não dispunha desse tempo. Em vez disso, Chain obteve aprovação para rodar o equivalente a cerca de dois milhões de quilômetros em seis meses a fim de detectar problemas potenciais e corrigi-los. A aprovação de Musk até mesmo para esse abreviado período de testes veio com a condição de não afetar o início da produção. Isso significava que os problemas descobertos durante as testagens viriam à tona somente depois de já iniciado o trabalho de produção, exigindo alterações tardias que aumentariam os custos. Veículos já vendidos precisariam ser convocados de volta à fábrica para correções. De muitas maneiras, a Tesla estava construindo o avião enquanto Musk já estava na pista de decolagem.

Para complicar ainda mais as coisas, Musk ainda fazia mudanças cosméticas no carro. Algumas semanas antes do início da produção, ordenou a instalação de pneus mais largos; achou que eram mais bonitos. Essa instrução suscitou protestos de seus engenheiros, que se preocupavam com os complicados ajustes necessários para o sistema de frenagem antibloqueio do veículo e o risco de que esses pneus pudessem encurtar a autonomia da bateria do veículo.

Vez por outra, Musk parecia reconhecer que o que estava pedindo era difícil. Em junho, já perto do início da produção, enviou um de seus e-mails da madrugada endereçado a todos os funcionários da Tesla, o tipo de mensagem que servia para unir a empresa – que não parava de crescer – por meio de um senso de propósito em comum. Em conversas com os trabalhadores, Musk já havia compartilhado o quanto os desafios o afetavam, mostrando uma vulnerabilidade que, para alguns, parecia autêntica e inspiradora. Para muitos dos funcionários, seria o primeiro lançamento de um veículo; Musk não dourou a pílula nem amenizou o grau de dificuldade da empreitada. As cicatrizes da quase morte do Roadster ainda o afetavam profundamente. O assunto de seu e-mail era: "Ultra barra-pesada". Seguia-se um aviso: "Dimensionar a produção do Modelo S sem prejudicar a qualidade nos próximos seis meses exigirá esforço extremo. Por favor, preparem-se para um nível de intensidade maior do que qualquer coisa que a maioria de vocês já vivenciou antes. Revolucionar indústrias não é para os fracos de coração, mas não existe nada mais gratificante ou emocionante".

O veículo não parava de mudar. Passin não poderia instalar uma caríssima linha de montagem se não tivesse nada além de um palpite sobre o que seria necessário. Assim, em vez disso, ele e sua equipe tiveram a inteligente ideia de usar carrinhos automatizados para deslocar a estrutura do veículo de uma estação de trabalho para outra. Os carrinhos se moveriam pelo chão de fábrica guiados por fita magnética, solução que se provou profética, pois no fim das contas precisaram de mais do que o dobro das estações de trabalho originalmente estimadas. Quando a produção começou, a equipe de montagem do carro tinha cerca de quinhentos funcionários, e havia quase o mesmo número trabalhando no segundo andar da fábrica, conectando manualmente os pacotes de baterias.

Depois de um ensaio no outono de 2011 (convenientemente oferecendo um show para a mídia e test drive para clientes, incluindo Bonnie Norman, que chorou quando parou o carro na frente da fábrica e viu a enorme placa com o nome da empresa), a equipe produziu dez carros em julho de 2012, construindo-os manualmente em vez de usar braços robóticos. Cada um desses carros deveria ser entregue a um investidor, a exemplo de Steve Jurvetson, um dos primeiros membros do conselho administrativo, que era próximo de Musk e tinha investido em outros empreendimentos dele, incluindo a SolarCity. A equipe trabalhou quase ininterruptamente por um mês, na maioria das vezes terminando os turnos às três da manhã; cada painel que saía da máquina de estampagem tinha que ser manipulado por trabalhadores que, empunhando martelos, davam-lhes forma. Quando seguiram para a montagem geral, os carros estavam em tão mau estado que as tampas do porta-malas não fechavam. Mas a cada dia os trabalhadores buscavam ficar melhores e mais rápidos. Internamente, Musk tinha como alvo quinhentos carros por semana até o final do ano.

Em agosto, haviam fabricado cinquenta carros. A General Motors ou a Toyota teriam considerado essas primeiras unidades como protótipos para testar a linha de montagem e passariam meses fazendo ajustes nos processos para garantir que, quando a produção oficial começasse, todos os carros saíssem prontos para o showroom. Mas a Tesla não. Esses primeiros carros foram tratados como vendáveis, mas apenas para pessoas próximas à empresa, como Jurvetson, de modo que os engenheiros pudessem descobrir o que estava errado e continuassem ajustando. Os gerentes sabiam que esses carros eram defeituosos; o veículo de Jurvetson quebrou rapidamente. (A empresa enviou um caminhão-plataforma para buscá-lo, cobrindo o veículo com um pano para não telegrafar ao mundo que o primeiro Modelo S já havia estragado.) Criou-se uma equipe para dirigir cada veículo por cerca de 320 quilômetros, procurando problemas e verificando se a bateria morria prematuramente – evento que, nos bastidores da empresa, ganhou o mórbido apelido de "mortalidade infantil". Alguns dos pacotes de baterias de Straubel estavam tendo problemas relacionados a vazamentos de líquido de resfriamento, o que os inutilizava.

O exterior do carro também estava assolado de lacunas no espaçamento entre os painéis da carroceria, o tipo de imperfeição que salta aos olhos dos aficionados por automóveis. As montadoras tradicionais não teriam permitido que esses carros saíssem da fábrica. Equipes de funcionários da Tesla fizeram ajustes com martelos e espuma até que as peças se encaixassem.

Outro problema desconcertante era o vazamento de água. Os carros saíam do final da linha de montagem e eram testados para vazamentos; nesse processo, vários dos interiores foram arruinados. A equipe reorganizou a linha de montagem para que o teste de água fosse feito antes da colocação dos assentos, mas a falha era frustrantemente inconsistente, sugerindo que poderia resultar de algum problema na forma como o carro estava sendo montado.

Tim Watkins, que ajudara a diagnosticar os problemas de custo do Roadster e a criar a nova equipe de vendas em 2010, voltou a Fremont para ajudar. A essa altura, o discreto e educado Watkins havia ganhado certa reputação de arauto da desgraça entre aqueles que o tinham visto durante os tempos difíceis. Alguns se referiam a ele como "o Lobo"; outros, pelas costas, chamavam-no de "o carrasco", porque sempre que o homem vestido de preto aparecia, provavelmente alguém ia para o olho da rua.

Ao revisar o fluxo de trabalho, ele constatou que não havia padronização do que estava sendo feito nas estações de trabalho. Isso ocorria porque o design do veículo estava sempre mudando, e sem um trabalho padronizado, era mais difícil saber se o problema estava na instalação de peças ou se havia alguma verdadeira falha no design. Normalmente, as etapas teriam sido planejadas com anos de antecedência, testadas inúmeras vezes, certificadas e documentadas em um livro com imagens que os trabalhadores memorizariam. A Tesla não tinha feito isso – cada trabalhador tinha chegado com seu próprio processo.

Watkins achava que sabia a resposta. Encomendou câmeras GoPro a serem acopladas ao capacete de alguns trabalhadores para documentar seus passos. Fariam a engenharia reversa da maneira como estavam construindo o carro de modo a descobrir como resolver os problemas. Além disso, implementaram também um sistema de camaradagem; ao longo da linha de montagem, as estações de trabalho subsequentes verificavam o trabalho das anteriores. Mais tarde, Chain, o executivo de qualidade, escreveu sobre sua experiência: "O que qualquer outra montadora teria considerado inaceitável era visto como parte de um processo contínuo por Elon Musk, que acreditava, com razão, que a experiência do usuário ao dirigir um automóvel verdadeiramente inovador era mais importante do que os pequenos defeitos que, mais cedo ou mais tarde, seriam corrigidos".

Com o passar do ano, a Tesla se viu cada vez mais enredada na política dos Estados Unidos. A eleição presidencial de 2012 estava acirrada. Barack Obama tentava um segundo mandato, apoiando-se na plataforma de, essencialmente, ter salvado a General Motors e matado Osama bin Laden. O candidato republicano Mitt Romney, ex-governador de Massachusetts, começou a mirar no apoio que Obama dera, na forma de bilhões de dólares em empréstimos, a empresas de tecnologia sustentável, incluindo o montante concedido à Tesla em 2010, dinheiro que salvou a vida da empresa e estava ajudando a bancar a construção do Modelo S. Durante o primeiro debate entre os dois homens, Romney atacou Obama por apoiar a Tesla, a Fisker e a Solyndra. "Tive um amigo que disse: 'Você não escolhe apenas vencedores e perdedores; você escolhe os perdedores'", contou Romney.

A Solyndra era um alvo especialmente suculento. Queridinha do setor de fabricação de painéis solares e também localizada em Fremont, recebeu do governo Obama 535 milhões de dólares em garantias de empréstimos. Mas quando uma enxurrada de painéis solares chineses inundou o mercado e uma redução nos subsídios na Europa cortou a demanda, a Solyndra se viu em problemas, entrando com um pedido de falência quase um ano antes.

A Fisker também parecia estar em maus lençóis. O Departamento de Energia tinha concedido 529 milhões de dólares em empréstimos para a startup de carros elétricos no mesmo programa que a Tesla, mas suspendeu a distribuição do dinheiro no final de 2011 em meio a preocupações sobre a viabilidade do negócio. A Fisker atrasou o lançamento de seu sedã de luxo, o Karma, e depois vendeu menos do que o prometido nos termos de seu contrato de empréstimo com o governo. Quando o Karma finalmente chegou ao mercado, a Fisker estava de mãos atadas, incapaz de resolver os próprios problemas de qualidade e escassez de peças; dependia de fornecedores para quase tudo. Estava a caminho de uma inevitável falência. A lição a se aprender era clara: a empresa havia cedido a terceiros uma fatia muito grande do controle de seus negócios.

O relacionamento da Tesla com o Departamento de Energia também era tenso. Os problemas, entretanto, tinham outra natureza: Musk apostava em controlar o máximo possível o Modelo S. Os atrasos em Fremont significavam que as receitas com as quais a Tesla vinha contando ainda não estavam entrando com a abundância esperada. No final do verão de 2012, enquanto a equipe de Passin lutava para aumentar a produção, a empresa tinha carros suficientes apenas para vender a metade do que havia previsto para a temporada. A produção cresceu para uma taxa de cem carros por semana até o final de setembro. Passin precisava fazer muito melhor que isso para que empresa entregasse aos clientes cinco mil sedãs Modelo S nos últimos três meses do ano, conforme prometido aos investidores.

O efeito do início lento ficava constatado nas finanças da empresa. Os custos operacionais dispararam, ao passo que a receita era 400 milhões de dólares pior do que a previsão feita pelo diretor financeiro Deepak Ahuja no início do ano como *o pior cenário possível* para a empresa. O problema no colo de Ahuja era que o plano de negócios apostara na ideia de que os carros sairiam da fábrica e iriam para as mãos dos compradores em um ritmo acelerado, trazendo o dinheiro necessário para pagar os fornecedores de peças à medida que as contas vencessem. Em vez disso, a fábrica esforçava-se até mesmo para fazer o carro usando as peças de que dispunha. As reservas em caixa haviam minguado para 86 milhões de dólares. Para economizar dinheiro, a Tesla estava deixando as dívidas se acumularem – o volume de contas a pagar dobrou em relação ao ano anterior.

Não era uma situação sustentável. Mais uma vez, Musk teve que levantar dinheiro. Precisou vender mais ações para manter as coisas funcionando até que a fábrica estivesse produzindo em massa o Modelo S. Ao contrário de 2008, quando conseguiu buscar financiamento privado, as ações da Tesla seriam esmiuçadas em mínimos detalhes. Uma semana antes do debate Obama-Romney em Denver, o jornal *The New York Times* publicou uma duríssima matéria sobre os problemas da Tesla, que vieram à tona na esteira do anúncio da empresa de seus planos de vender mais ações para captar recursos e reduzir suas metas de receita. Agora a expectativa era de que a Tesla entregasse entre 2.500 e 3 mil sedãs Modelo S aos clientes nos últimos três meses de 2012 – um aumento impressionante para a empresa de pequeno porte, e ainda assim bem aquém de suas estimativas anteriores. "Algumas rachaduras estão ficando evidentes na história da Tesla", disse um analista ao jornal. "Isso mostra que o levantamento de capital é uma necessidade, e não um luxo, como a empresa afirmou."

Antes do debate, Musk tentou fazer o controle de danos, postando no site da empresa uma mensagem para afirmar que a mídia compreendera mal seus motivos para arrecadar dinheiro, comparando essa arrecadação ao preparo preventivo para um desastre natural. Comentou que a fábrica de um dos fornecedores da Tesla havia sofrido um alagamento recentemente, o que afetou o envio de peças para a montadora.

Apesar de Musk tentar fazer o melhor possível para causar boa impressão, era óbvio que a Tesla estava em apuros. O nome da empresa passou a ser mencionado no mesmo rol das empresas que estavam naufragando, e Musk era obrigado a se esquivar, dizendo aos jornalistas que a Tesla tinha mais dinheiro do que o necessário para concluir o Modelo S.

"O máximo que se poderia dizer é que os executivos da Solyndra estavam otimistas demais", afirmou ele a repórteres no Clube de Imprensa, em Washington, mostrando, de maneira sutil e involuntária, suas próprias cartas. "Nos últimos meses, maquiaram as coisas e apresentaram um retrato da situação melhor do que realmente deveriam ter apresentado; por outro lado, se não fizessem isso, teriam se tornado uma profecia autorrealizável da máxima 'quando um CEO diz que não tem certeza se vai sobreviver, já está morto'."

Capítulo 15

Um dólar

Deepak Ahuja, o diretor financeiro de fala mansa, terminou seus cálculos. Eram os primeiros dias de 2013, depois de um ano em que a Tesla entregara apenas 2.650 unidades do Modelo S – muito aquém de prognósticos do quarto trimestre. No entanto, as coisas melhoravam em outras áreas. Conseguiram levantar algum dinheiro para ganhar tempo. No final de 2012, a equipe de Gilbert Passin, em Fremont, atingiu uma taxa de construção de quatrocentos carros semanais. Para acompanhar de perto todos os problemas, Jerome Guillen, o diretor do programa do Modelo S, mantinha uma gigantesca planilha de cada carro e seus defeitos. Os engenheiros estavam incumbidos de encontrar soluções, e duas vezes por dia Guillen verificava o andamento dos trabalhos, até conseguirem resolver o impasse. Chegaram com dois meses de atraso à data em que esperavam alcançar a marca dos quatrocentos carros, mas orgulhosos de terem conseguido.

Agora que a fábrica produzia carros a um ritmo confiável, a Tesla precisava vendê-los. Contudo, apesar de uma lista de milhares de pré--encomendas de pessoas que tinham depositado 5 mil dólares reembolsáveis, mais uma vez a equipe de vendas não estava fechando negócios, o que Musk atribuiu publicamente às dificuldades de entregar carros aos clientes durante os feriados natalinos. Se isso era ou não verdade, o fato é que, pela primeira vez na vida, a empresa tinha nas mãos centenas de veículos não vendidos.

No início do ano, Musk disse a Wall Street que esperava que a Tesla tivesse um ligeiro lucro no primeiro trimestre. As palavras "ligeiro lucro" tinham significado totêmico. Musk estava sugerindo que, depois de perder mais de 1 bilhão de dólares, a empresa agora estava no fio da navalha da lucratividade. Se conseguissem fazer todas as vendas, alcançariam um marco de incrível importância. Seria um sinal de que o sonho de Musk era possível, de que a Tesla não era apenas uma máquina de comer dinheiro. Se tivessem mais um trimestre como o que haviam tido no final de 2012, no entanto, a empresa ficaria novamente sem um centavo. Desta vez não estava claro se poderiam contar com quaisquer outros recursos. Era praticamente líquido e certo que o sonho de Musk de um carro elétrico para o mercado de massa chegaria ao fim.

Ahuja analisou os números. Se a Tesla entregasse 4.750 sedãs Modelo S nos primeiros três meses de 2013, quase o total máximo de carros que a fábrica era capaz de produzir, teriam um lucro de um dólar. Propuseram-se a fazer exatamente isso.

Musk recorreu a George Blankenship, agora chefe de vendas globais, com instruções: "Se ganhamos um dólar, temos uma empresa. Se perdemos um dólar, é outro trimestre de prejuízo – não temos uma empresa".

O terrível preço dos anos de trabalho para lançar o Modelo S era visível em muitos dos envolvidos. Rik Avalos, o recrutador encarregado de arregimentar os funcionários da Tesla, atraiu muitas famílias para o Vale do Silício. Testemunhou como o ritmo de trabalho da equipe a deixava moída de cansaço e estresse. Na festa de Natal, conheceu esposas infelizes e foi cumprimentado com respostas geladas: "Ah, então você é a razão de estarmos aqui?".

"As pessoas ou se divorciavam, ou desistiam e iam embora. Houve muitas rupturas familiares", recordou ele. "Aquilo fazia muito mal para o coração."

Muitos aceitaram reduções salariais para estar lá, apostando que a Tesla poderia ser maior do que era. Avalos havia oferecido a eles a visão de um preço de cinquenta dólares a ação. Entretanto, enquanto os funcionários lidavam com o Modelo S, as ações da empresa forneciam pouco consolo. Avalos recrutou um advogado que aceitou um corte de quase 70% do salário quando entrou na Tesla. As ações teriam que subir feito um foguete para compensar essa perda.

Apesar das agruras, Musk tinha jeito para aglutinar sua equipe. Um dia reuniu os funcionários para comer bolo e lhes disse que precisavam continuar na labuta, trabalhando com esforço e perseverança, que precisavam lançar o Modelo S, e depois viria a geração seguinte. *Aquele* era o carro que poderia popularizar a marca.

"Sei que já pedi muito de todos vocês, e sei que todos vocês trabalharam com muito afinco", disse Musk. "Gostaria de poder dizer a vocês que não precisamos mais trabalhar, mas vamos *ter* que trabalhar mais. Se não fizermos isso, vamos fracassar – e cairemos dentro de uma bola de chamas." Porém, acrescentou: "Se conseguirmos, essa empresa poderá valer 200, 250 dólares a ação".

Avalos olhou para seu gerente, que encolheu os ombros como se dissesse: "Ele tá louco". O recrutador ficaria perfeitamente feliz com cinquenta dólares a ação, preço que praticamente prometera a tantas famílias. Quando 2013 começou e as ações pairaram no ar por volta de 35 dólares cada, esse aumento significaria um crescimento de 50%. Uma ação no valor de 250 dólares parecia uma alucinação. Essa valorização sugeria um valor de mercado de 28 bilhões de dólares, a metade da avaliação da Ford Motor Company. Era inimaginável.

Se a riqueza ou uma cultura corporativa gratificante não fossem capazes de sustentar a empresa, uma coisa poderia: o carro. A Tesla tinha recebido uma impressionante sacudida de boas notícias no outono anterior. A respeitada revista *Motor Trend*, depois de analisar 25 marcas de veículos para o prêmio anual de "carro do ano", chocou a indústria automotiva em novembro ao escolher o Modelo S. Enquanto montadoras como a GM e a BWM tinham lutado com afinco para cortejar os jurados, a Tesla recebeu o tipo de honraria que mostrava aos aficionados por automóveis que o carro de Musk não estava para brincadeira.

A *Motor Trend* se derramou em elogios: a capa da edição de janeiro de 2013 mostrava Musk ao volante do Modelo S, e a manchete proclamava: "Surpresa eletrizante!". Na análise técnica, enalteceram o desempenho, a dirigibilidade, o conforto interno e o visual exterior, concluindo: "O simples fato de o Modelo S da Tesla existir é uma prova de inovação e empreendedorismo, as mesmas qualidades que outrora fizeram da indústria automobilística norte-americana a maior, mais rica e mais poderosa do mundo. O fato de os onze jurados terem votado de forma unânime no primeiro veículo projetado de cabo a rabo por uma nova montadora como 'o carro do ano' de 2013 deve ser motivo de celebração. Os Estados Unidos ainda podem fazer coisas. Coisas extraordinárias".

A aclamação da crítica veio justo num momento em que a imprensa especializada em negócios detalhava os problemas financeiros da Tesla. A justaposição de elogios e pessimismo que profetizava catástrofes se tornaria uma marca registrada da publicidade da Tesla ao longo dos anos vindouros.* Ainda assim, era o tipo de adulação a que Musk almejava desde o início, quando motivava a equipe não apenas a fazer o melhor carro elétrico possível, mas também o melhor carro do mercado como um todo.

Em um evento para clientes na cidade de Nova York, Blankenship e Musk comemoraram a vitória. Um Blankenship emocionado discursou sobre como a missão da Tesla era considerada impossível, mas que a empresa estava à beira de algo grande. "Não será neste ano nem no ano que vem nem nos próximos dois anos", disse ele, com a voz embargada. "O que está acontecendo aqui é maior do que isso, é maior. O que estamos fazendo é pelos filhos de vocês, por seus netos."

"Eu acredito que a noite de hoje é catalisadora. Eu a vejo como algo que vai nos ajudar, como empresa, a passar talvez da fase de engatinhar para andar, já nos preparando para correr."

Blankenship tinha feito um trabalho maravilhoso na expansão das lojas da Tesla em todo o mundo. No final de 2012, após menos de dois anos de trabalho, a empresa tinha uma estrutura de 32 lojas, com planos para até vinte novas outras nos seis meses seguintes. Apenas nos últimos três meses de 2012, Blankenship abriu oito lojas, incluindo estabelecimentos deslumbrantes em Miami, Toronto e San Diego. Sua equipe contabilizou mais de 1,6 milhão de visitantes nas lojas da Tesla no período – quase o mesmo número de pessoas que visitaram as lojas da empresa durante os primeiros nove meses daquele ano. Isso refletia um impressionante grau de interesse por uma empresa que nem sequer gastava dinheiro em anúncios de TV.

Mas, embora as lojas estivessem atraindo as pessoas para fazer test drives, por algum motivo isso não se convertia em vendas. Os gerentes de vendas analisaram a taxa de cancelamentos, que era sombria.

---

* Foi também um período de melhoria na vida pessoal de Musk. Poucos meses após seu divórcio de Talulah Riley, ela voltou à vida dele no outono, dizendo à revista *Esquire* que seu papel era impedi-lo de sucumbir à "loucura dos reis". Explicando melhor a expressão britânica, ela acrescentou: "significa que depois que as pessoas se tornam reis, ficam loucas". Eles se casariam novamente em 2013.

A empresa enfrentava um crescimento negativo nas vendas – mais cancelamentos do que encomendas do Modelo S. Mesmo para alguns funcionários da Tesla, que acreditavam na missão e consideravam que seus veículos eram superiores, comprar o carro poderia ser estranhamente assustador. Para muitas pessoas, um carro é uma das maiores compras que farão na vida. Ainda mais quando se trata de um veículo de uma série de alta performance como o Modelo S, alimentado por baterias, fabricado por uma empresa de história recente e vendido no varejo por 106,9 mil dólares (valor incrivelmente maior do que os 50 mil dólares que Musk havia prometido quando revelou o veículo em 2009). Se o carro deles quebrasse, a Tesla ainda existiria para consertá-lo?

O que a Tesla precisava, assim como aconteceu com o Roadster, era de um exército de vendedores mobilizado para atacar e aliviar o medo inerente das pessoas, para ajudar a transformar os curiosos em compradores. Mais uma vez a empresa recorreu ao seu facilitador multifuncional, Tim Watkins.

Ele organizou uma campanha de vendas que contou com a participação de todos: funcionários do recrutamento foram incumbidos de ligar para clientes em potencial, pessoas que haviam feito perguntas sobre a compra de um Modelo S, os chamados "levantadores de mão". A equipe de recursos humanos processava os pedidos. Enquanto isso, Blankenship gerenciava as entregas, rastreando cada carro em seu caminho da fábrica até a casa do cliente. A contabilidade corporativa determinava que um carro não poderia ser contado como vendido até que o comprador o recebesse. Blankenship manteve um quadro branco com o cômputo dos automóveis em trânsito. Quando um caminhão capotou no Meio-Oeste carregando meia dúzia de carros, Blankenship recebeu uma ligação com as más notícias dez minutos depois. Instruiu um assistente a apagar os carros do quadro – eles não seriam entregues naquele trimestre.

Felizmente, muitos dos clientes moravam na Califórnia, o que tornava as entregas mais rápidas. Todas as noites, pouco antes da meia-noite, Blankenship enviava a Musk um e-mail com a contagem.

"Tá legal, mais", Musk respondia num dia.

No dia seguinte: "Muito pouco, tarde demais".

Na terça-feira antes do final do trimestre, Blankenship constatou que naquele ritmo, atingiriam o número. Enviou ao CEO um e-mail com os dados mais recentes.

"Isso parece promissor", respondeu Musk.

Os e-mails de Blankenship evoluíram para atualizações de hora em hora, distribuídas para mais e mais pessoas em toda a empresa. No último sábado do trimestre, o escritório recebeu a informação de que o carro 4.750 fora entregue às três da tarde. Blankenship apertou a tecla "enviar" do e-mail. Exausto, ligou a música-tema do filme *Rocky* em seu computador e aumentou o som dos alto-falantes no volume máximo.

Um assessor se virou para ele: "George, estamos apenas começando".

Entre essa tarde e o final do Domingo de Páscoa, entregaram outros 253 carros. Naquele mês, as vendas dispararam para 329 milhões de dólares, mais do que a Tesla arrecadou durante todo o ano de 2011, e 80% da receita total em 2012.

Abrir a torneira de vendas teve um efeito multiplicador. Outras montadoras que não cumpriam os rígidos requisitos da Califórnia e de outros estados para a venda de veículos com emissão zero poderiam reduzir suas penalidades financeiras comprando créditos de empresas com superávit de vendas qualificadas. Todas as vendas que a Tesla fazia eram qualificadas. No primeiro trimestre, a empresa estava vendendo créditos referentes a cerca de metade de suas vendas de carros, gerando 68 milhões de dólares pagos por essas outras empresas automotivas – lucro puro. Resumindo: a Tesla ganhou 68% a mais com a venda de *créditos* nos primeiros três meses de 2013 do que durante todo o ano anterior.

Foi o que impulsionou a Tesla a ultrapassar os limites e registrar seu primeiro trimestre de lucro. A empresa que esperava ganhar um único dólar divulgou, em vez disso, um lucro de 11 milhões de dólares. Musk não conseguiu conter sua empolgação, e tarde da noite tuitou um comunicado à imprensa, seguido de um tuíte para comentar que ele estava na Califórnia, onde ainda era 31 de março. Não se tratava de uma pegadinha de 1º de abril.

Em resposta, as ações da Tesla começaram a disparar, e seu preço subia quase todos os dias: 43,93; 44,34; 45,59; 46,97; 47,83. Até que, em 22 de abril, a ação fechou o dia em 50,19 dólares. Avalos, o recrutador, mal podia acreditar, e saiu correndo pelo escritório em busca de ar, os olhos marejados de lágrimas; uma sensação de alívio tomou conta dele. Eles haviam conseguido. Não tinha iludido aquelas pessoas.

O mercado público estava claramente recompensando a Tesla. A capacidade de construir um carro e ter lucro, mesmo com a ajuda de créditos regulatórios, sinalizava que talvez tudo o mais que parecia promissor – um carro elétrico acessível para as famílias – era factível.

Mas a experiência dos meses anteriores parecia ter abalado Musk. Mais uma vez a Tesla chegara perto de ficar sem dinheiro. Para piorar as coisas, os desafios naturais de dar à luz um carro pareciam enervar os investidores de uma forma que a Tesla não tinha vivenciado em 2008, quando o Roadster revolucionou as coisas. Musk se queixava com sua equipe de que era obrigado a atender aos caprichos do mercado; que cada movimento era tirado de contexto e suscitava reações exageradas; que o foco do mercado estava no trimestre seguinte, mas ele estava pensando nas décadas seguintes.

O escrutínio dos órgãos reguladores também era maior. Antonio Gracias, amigo de Musk e membro do conselho diretivo da Tesla, junto com sua firma Valor, tornaram-se alvos de investigação da Comissão de Valores Mobiliários por terem vendido ações da Tesla cerca de um ano antes – quase ao mesmo tempo que outro grande acionista descarregou ações –, o que irritou o mercado e derrubou o preço das ações da Tesla num momento em que já havia preocupações decorrentes da inesperada saída de Peter Rawlinson. Embora a Tesla tenha defendido os atos de Gracias, muitos acharam que era coincidência demais o senso de oportunidade da Valor. No fim das contas, a SEC optou por não apresentar qualquer reclamação formal contra a Valor, mas a essa altura a Tesla já havia sofrido uma enxurrada de críticas negativas.*

Tudo isso deixou um gosto amargo. Musk parecia ter dúvidas com relação aos mercados públicos em geral. Por volta da uma da manhã do dia 7 de junho de 2013, enviou um memorando a seus funcionários da SpaceX, que ainda era uma empresa privada e na qual alguns trabalhadores sem dúvida estavam ansiosos pela remuneração associada a uma oferta pública inicial de ações. Musk anunciou que a IPO não aconteceria. Pelo menos não tão cedo. "Devido a minhas experiências com a Tesla e a SolarCity, estou hesitante em abrir o capital da SpaceX, em especial por conta da natureza de longo prazo de nossa missão", escreveu ele.

Para aqueles que não estavam prestando atenção aos dramas da Tesla, Musk explicou detalhadamente seu pensamento: "As ações de uma empresa pública, sobretudo se há grandes mudanças de tecnologia envolvidas, passam por extrema volatilidade, tanto por motivos de execuções internas como por razões que nada têm a ver com qualquer

---

* Meses depois, por carta, a SEC informou à Valor que não recomendaria qualquer aplicação de penalidade legal contra a empresa, segundo três pessoas a par do assunto.

outra coisa que não seja a economia. Isso faz com que as pessoas se distraiam com a natureza maníaco-depressiva das ações, em vez de se concentrarem em criar produtos extraordinários".

O que a Tesla fez foi uma conquista e tanto. Mas agora a borracha estava, quase literalmente, queimando o asfalto. Todos os anos de suor e sacrifício seriam postos à prova. Os carros estavam nas mãos dos clientes. As coisas já não estavam mais nas mãos da Tesla, cujos funcionários prendiam a respiração, à espera da opinião dos clientes e, com sorte, que viessem mais comentários positivos.

Se Musk estivesse certo, um eufórico burburinho ia começar em breve, lançando uma campanha de marketing viral no boca a boca. Nenhum endosso poderia ser melhor do que uma avaliação positiva da *Consumer Reports*, a publicação sem fins lucrativos do Sindicato dos Consumidores que ajuda a orientar os leitores sobre tudo, desde carros a máquinas de lavar. Diferentemente da *Motor Trend*, a *Consumer Reports* orgulhava-se de seu sigilo e independência: evitava test drives gratuitos, comprava secretamente seus próprios automóveis em locais aleatórios e em seguida os submetia a testes. A publicação realiza cinquenta testes diferentes, criando montanhas de dados em cada um. Os resultados da revista já impulsionaram o sucesso de executivos do setor automotivo e sepultaram a carreira de inúmeros outros. As montadoras de Detroit havia muito tempo queixavam-se de preconceito em relação aos veículos japoneses, por mais que se esforçassem para melhorar suas classificações.

A indústria, portanto, notou quando a *Consumer Reports* anunciou que o Modelo S marcara 99 pontos em 100 possíveis – um resultado absolutamente impressionante. Na história da revista, somente um único carro já obtivera uma pontuação tão alta: o sedã de grande porte Lexus LS. A avaliação técnica foi atipicamente arrebatadora, afirmando que o Modelo S "transborda de inovação, oferece desempenho de primeira classe, entre os melhores do mundo, e demonstra, por inteiro, uma admirável atenção aos detalhes. É o que Marty McFly poderia ter trazido para ocupar o lugar de seu DeLorean em *De volta para o futuro*".

O endosso da *Motor Trend* no outono anterior ajudara a Tesla a conquistar aficionados por carros, mas a análise da *Consumer Reports* era significativamente mais importante. Sinalizava para compradores convencionais que o Modelo S não era um experimento científico (como o Karma de Fisker, que obteve 57 pontos), mas um veículo que rivalizava com as montadoras globais. É importante ressaltar que a avaliação crítica da revista disse também aos compradores que o carro tinha "ampla" capacidade para rodar bastante, realizar todas as tarefas do dia a dia e percorrer "o longo e tortuoso caminho de volta para casa".

Esse último ponto deve ter tranquilizado os clientes ansiosos em relação à autonomia do carro. A empresa já corria para instalar suas próprias estações de carregamento ao longo das principais rodovias da Califórnia e de uma ponta à outra dos Estados Unidos, com o objetivo de dizer aos viajantes que era possível ir de carro de Los Angeles a Nova York sem precisar se preocupar em encontrar um local para a recarga. Melhor ainda: a empresa daria a eletricidade de graça.

A Tesla estava indo de vento em popa no dia em que Musk convocou Blankenship para uma conversa presencial; a empresa aparentemente havia acabado de realizar um milagre de vendas. Apesar do inegável sucesso, os dois homens concordaram que era hora de Blankenship desistir das rédeas da organização de vendas. O relacionamento de Musk com Blankenship tinha ficado tenso após o quase colapso no primeiro trimestre; o CEO estava ressentido e não perdoava seu chefe de vendas por tê-lo deixado às escuras, sem saber da verdadeira extensão do problema. "Para que a Tesla tenha sucesso, você precisa da melhor pessoa possível ocupando cada posição", disse Blankenship. "No que diz respeito às vendas, não sou essa pessoa." Blankenship estava cansado, pronto para retornar à aposentadoria com uma sensação de vitória.[*]

Musk podia até estar saboreando o momento, mas não queria ser pego de guarda baixa novamente. A Tesla de 2013 não era a mesma empresa de 2009, quando mal conseguiu resistir ao colapso financeiro. Musk tinha começado a reconstruir a Tesla à sua imagem e semelhança na esperança de inaugurar o Modelo S primeiro, a caminho do Modelo 3. Edificou uma cultura de homens e mulheres afeitos ao risco e dispostos a fazer apostas, e agora suas fileiras tinham aumentado para quase 4.500 pessoas.

Mas com o crescimento veio o distanciamento: Musk já não conseguia se manter informado sobre todas as coisas do jeito que fazia antes. Estava perdendo o controle direto. Em uma série de e-mails aos funcionários, expôs suas expectativas de que os gerentes não estivessem bloqueando o fluxo de informações. "Quando digo que os gerentes

---

[*] Blankenship continuaria por mais alguns meses, trabalhando na abertura de lojas no exterior, até por fim se aposentar novamente.

serão convidados a se retirar se bloquearem, de forma imprudente, o livre fluxo de informações dentro da empresa, não estou brincando", escreveu Musk. Em outra mensagem, garantiu aos funcionários que poderiam falar com ele sem intermediários. "Vocês podem falar com o gerente do seu gerente sem permissão, vocês podem falar diretamente com um vice-presidente de outro departamento, vocês podem falar comigo, vocês podem falar com qualquer um sem a permissão de ninguém", ele escreveu em outro recado. "Além do mais, vocês devem se considerar obrigados a falar com pessoas até que as coisas certas aconteçam. A questão aqui não é bate-papo aleatório, mas garantir que executemos as coisas de forma ultrarrápida e boa." Talvez fosse assim, mas por trás de tudo havia aí uma mensagem escondida: só porque a Tesla estava maior, não significava que Musk não queria se envolver em todos os níveis de gestão.

Para assegurar da melhor maneira o controle das finanças da empresa, Musk apresentou um plano de corte de vínculos com o Departamento de Energia. Se os empréstimos fossem servir como um para-raios político, Musk queria fugir deles o mais rapidamente possível. Além do mais, ficou cansado das restrições impostas pelo auxílio do governo, da constante necessidade de buscar aprovação para decisões de negócios e das limitações de como ele poderia gastar o dinheiro da Tesla. Naquele ano, o valor das ações da Tesla havia mais do que triplicado. O entusiasmo dos investidores deu a Musk a chance de levantar uma quantidade recorde de dinheiro, e ele fez exatamente isso, amealhando cerca de 1,7 bilhão de dólares por meio de novas dívidas e de vendas de novas ações. Os rendimentos foram usados para pagar o empréstimo do governo com anos de antecedência. Musk anunciou que o restante, cerca de 680 milhões, junto com o dinheiro que esperava gerar com as vendas do Modelo S, seria o suficiente para a Tesla lançar o Modelo X, o SUV construído a partir da plataforma do Modelo S e, por fim, seu carro de terceira geração – o carro da Tesla voltado para as massas, o veículo que havia prometido que custaria cerca de 30 mil dólares e mudaria o panorama automotivo. Musk esperava que o desenvolvimento do BlueStar, como fora apelidado internamente esse carro destinado a todos os consumidores, mas que logo viria a ser conhecido apenas como Modelo 3, custaria 1 bilhão de dólares.

Tudo isso se somou para configurar um raro momento de triunfo absoluto para a Tesla. Fato pouco conhecido, e talvez mais surpreendente, era que a história poderia ter facilmente tomado um rumo diferente. Apenas alguns meses antes, Musk, em um momento mais sombrio, cogitou transferir a propriedade da empresa pela qual havia derramado sangue. Na surdina, havia estendido a mão a seu amigo Larry Page, o cofundador do Google, e se oferecido para vender a Tesla para o Google – potencialmente por cerca de 6 bilhões de dólares, mais outros cinco bilhões em despesas. Como parte do negócio, Musk buscou os cinco bilhões para expandir a fábrica de Fremont, e permaneceria no comando da montadora por oito anos, a fim de garantir que a Tesla produzisse com sucesso seu carro de terceira geração para o mercado de massa. Seu papel na Tesla depois disso era uma incógnita.

Contudo, assim que as entregas de carros no primeiro trimestre começaram, as conversas com o Google foram rapidamente abortadas. A Tesla não precisava ser vendida. Musk tinha conseguido de novo.

Capítulo 16

O retorno de um gigante

Dan Akerson não queria ser visto dirigindo um Tesla Modelo S pelas ruas de Detroit. Mas, em meados de 2013, o presidente-executivo da General Motors precisava saber o motivo de todo aquele estardalhaço em torno do sedã elétrico que a *Motor Trend* elegeu como "carro do ano" – título que o Chevrolet Volt, a resposta da própria GM à Tesla, havia conquistado apenas dois anos antes. Apesar do sucesso com a crítica especializada, o Volt foi um retardatário de vendas, ao passo que o Modelo S turbinara o primeiro trimestre lucrativo da Tesla e conferira nova credibilidade à ideia de que Elon Musk seria capaz de lançar um veículo elétrico de última geração para o motorista comum. A Tesla encerrou a primeira metade do ano com treze mil sedãs Modelo S vendidos e avaliada pelo mercado de ações em 12,7 bilhões de dólares, ou seja, mais que o triplo do que valia quando o ano começou. Elon Musk estava dizendo que as vendas do Modelo S chegariam a 35 mil unidades por ano em 2014.

Akerson, ex-oficial da Marinha e executivo de telecomunicações, passou a integrar o conselho da General Motors como parte do processo de recuperação judicial da empresa em 2009, na esteira da Grande Recessão. Ele se tornou CEO antes de a GM abrir o capital novamente no outono de 2010, semanas após a IPO da Tesla sugerir uma melhora do mercado. Desde seus primeiros dias no conselho, ficou claro que

Akerson não estava nem um pouco impressionado com o que encontrou na GM. Embora a concordata tivesse eliminado bilhões de dólares em dívidas e levado a GM a uma base financeira mais firme, Akerson se convenceu de que a empresa precisava de uma injeção de pensamento novo. Os gerentes que permaneceram pareciam muito ensimesmados, voltados apenas para o próprio umbigo, lentos demais para se adaptar a um mundo que não já se movia no ritmo arrastado de tão vagaroso da montadora.

Akerson viu o Modelo S ser recebido em Detroit com o mesmo tipo de escárnio que os gigantes norte-americanos do setor de carros outrora reservaram para empresas como a Toyota, nos tempos em que as montadoras japonesas eram as novatas. Ele era testemunha de qual tinha sido o resultado disso para a General Motors; sabia que era hora de investigar.

Entre os especialistas em automóveis, era longa a lista de razões pelas quais a Tesla não passava de fogo de palha. Sim, a Tesla entregou ao mundo um incrível Modelo S, que custava em média 100 mil dólares. Mas Musk e sua equipe dedicaram anos de trabalho e foco exclusivo para colocá-lo no mercado. O produto seguinte seria mais restrito, e agora a empresa se via sob maior pressão para lançá-lo rapidamente, ao mesmo tempo que enfrentava os desafios de continuar a construir o Modelo S. Será que Musk seria capaz de manter todas essas bolas no ar e não falir enquanto tentava? Improvável.

Ainda assim, Akerson estava convencido de que a equipe de pesquisa e desenvolvimento da GM havia se tornado obsoleta, desperdiçando tempo em projetos que não tinham futuro para a montadora. Não era capaz de apagar de sua história moderna o fracasso no que dizia respeito a tirar proveito industrial de suas próprias ideias. Como no caso do EV1, por exemplo. A GM tinha pensado em colocar as baterias em uma estrutura achatada, semelhante a um skate, sob o carro, mas a ideia foi descartada pelos engenheiros do Volt, que preferiram um conjunto de baterias em formato de T que ficava dentro da cabine, ocupando todo o espaço do banco de trás. A Tesla se apoderou da ideia de um pacote de baterias e dela se valeu para criar a espaçosa cabine do Modelo S. Por que a Tesla colheu os benefícios das inovações a que a GM chegara primeiro?

Pouco depois de se tornar CEO, Akerson fez questão de visitar o departamento de pesquisa e desenvolvimento no espaçoso campus da montadora ao norte de Detroit, em um subúrbio chamado Warren.

Descobriu que a maioria dos membros da equipe tinha mestrado ou doutorado; celebravam cada patente recém-recebida como um ponto alto na carreira, acompanhado de uma bonificação da General Motors. A montadora figurava entre os maiores detentores de novas patentes nos Estados Unidos a cada ano – somente em 2013, foram gastos 7,2 bilhões de dólares em pesquisa e desenvolvimento. Em teoria, Akerson estava lá para parabenizar os novos detentores de patentes. Posou para uma foto com um engenheiro que já acumulara várias patentes enquanto trabalhava na GM. Mas as inovações deles não estavam chegando aos veículos. Akerson virou uma fera. Como essa situação era possível?

Outra questão que certamente enfureceu Akerson era sua percepção de que a General Motors havia deixado de aproveitar as vantagens da tecnologia de telefonia celular incorporada em seus veículos. A resposta da empresa à ascensão da tecnologia pessoal na década de 1990 foi o desenvolvimento do OnStar, sinal de telefone transmitido pelo carro que permitia aos motoristas pedirem ajuda ou instruções a um operador. Musk provou que essa conexão poderia ser usada para muito mais. O software do Tesla Modelo S poderia ser atualizado remotamente ou pela rede Wi-Fi da casa do usuário, o que possibilitava que os engenheiros e programadores fizessem melhorias no sedã sem a necessidade de uma onerosa viagem do carro até a loja. Por exemplo, uma peça que estivesse se desgastando seria salva pelos programadores se mudassem o código do carro para reduzir o torque aplicado a ela.

Essa capacidade se tornou crucial para a Tesla no outono de 2013, quando uma série de incêndios do Modelo S começou a suscitar preocupações sobre a segurança de um veículo com milhares de células de íons de lítio a bordo. O primeiro incêndio ocorreu em outubro, perto de Seattle. Um Modelo S passou por cima de detritos que danificaram a parte inferior do carro, perfurando o pacote de baterias do veículo (legitimando uma das primeiras preocupações de Peter Rawlinson, na época em que ele e Musk brigaram por causa de milímetros da altura do carro). Ninguém se feriu, mas o corpo de bombeiros teve dificuldades para extinguir as chamas – esforço captado em um vídeo de celular e divulgado na internet. Um segundo Modelo S pegou fogo no México; depois, um terceiro, em novembro, no Tennessee, provocando interesse da Administração Nacional de Segurança de Tráfego Rodoviário dos Estados Unidos. Os relatórios alimentaram uma preocupação de longa data sobre a segurança de carros movidos a baterias de íons de lítio – inquietação que os próprios engenheiros da Tesla trabalharam para resolver desde o começo.

Era o tipo de controvérsia que os engenheiros da GM temiam para seus próprios carros; as preocupações deles pareciam bem fundamentadas. Os preços das ações da Tesla despencaram. Para completar, naquele outono, o ator George Clooney, cujo interesse inicial pela Tesla tinha sido usado como chamariz publicitário pela empresa, reclamou à revista *Esquire* sobre a confiabilidade de seu Roadster: "Tive um Tesla. Fui um dos primeiros a dirigir um Tesla. Acho que era tipo o número cinco da lista. Mas vou dizer uma coisa, aquela geringonça me deixou na mão várias vezes. E eu disse a eles: 'Gente, por que estou sempre parado na porra do acostamento? Botem esse carro para funcionar de qualquer jeito'".

A equipe de engenheiros da Tesla entrou em ação. Enquanto estudavam os incêndios, os especialistas perceberam que a baixa altura do carro em relação ao solo aumentava a probabilidade estatística de passar por cima de alguma coisa que poderia perfurar as baterias. Milhares de outros veículos passavam sobre os mesmos resíduos e fragmentos nas ruas e estradas, mas, como a parte inferior deles era uma fração de centímetro mais alta, as chances de danos caíam drasticamente. Os engenheiros da Tesla calcularam que se usassem a suspensão do carro para levantar a carroceria apenas um pouquinho mais, as chances de atingir os destroços seriam reduzidas. Mudaram o software e implementaram a alteração em toda a frota naquele inverno. Funcionou, e isso lhes deu alguns meses para chegarem a uma placa mais espessa para proteger a bateria. Nesse meio-tempo, os relatos de incêndios em carros desapareceram rapidamente.

A General Motors não se mostrou tão ágil com seus veículos elétricos. Mesmo que o Chevrolet Volt tenha sido uma vitória para a GM, pelo menos no sentido de garantir o financiamento do governo e no mundo das relações públicas, Akerson olhava para o carro com frustração por não ter se tornado tão popular. Tinha um e achava que era um carro impressionante, gabando-se para seus amigos do golfe sobre como raramente comprava gasolina e mesmo assim podia fazer viagens de carro. A GM havia feito algo único, sem dúvida; mas também colocou no mercado um sedã para a família que custava 41 mil dólares (antes do crédito fiscal federal de 7,5 mil dólares) e estava cheio de problemas, incluindo a aparência, o desempenho e o espaço. O banco de trás acomodava apenas duas pessoas – o carro era capaz de pegar a estrada para uma viagem mais longa, mas não muito agradável.

Com o Modelo S não era assim. O exterior dele era parecido com um Porsche, o interior tinha o nível de um Mercedes Classe E. E a verdadeira inconveniência para a GM: a autonomia da bateria do Tesla era quase tão boa quanto a do Volt *com gasolina*. A ambiciosa visão de Musk gerava dúvidas justificadas em Wall Street sobre se as montadoras tradicionais conseguiriam competir com o Vale do Silício.

Quando Akerson dirigiu o Modelo S, não teve como negar que estava impressionado. "É um carro muito bonito. Deveríamos construí-lo e colocar nele um motor de combustão", declarou na primeira vez em que viu um. "Nós nos daríamos bem." Convencido de que o Modelo S poderia ser a próxima ameaça à GM, Akerson discretamente criou uma equipe dentro da empresa para estudar as possibilidades de a Tesla derrubar a gigante automobilística.

A força-tarefa de Akerson, que se compunha de cerca de uma dúzia de gerentes de alto potencial na casa dos 30 e 40 anos representando diferentes partes da empresa, reconheceu que Akerson era diferente de outros executivos da GM com quem já haviam lidado. Viera do universo das telecomunicações. Sabia que o mundo estava sujeito a mudar em um piscar de olhos, no instante em que a tecnologia certa surgisse. "Esse grupo de líderes recém-empossados via um mundo de mudanças", disse um membro da força-tarefa. "Eles sabiam que a mudança estava chegando rapidamente."

Os engenheiros continuavam desdenhosos quanto à tecnologia de baterias da Tesla, e apontavam preocupações sobre os tipos de células que estavam sendo usadas e o risco de incêndio que representavam. Preocupavam-se, também, com a gigantesca tela touchscreen no meio do painel, alegando que era perigosa porque distraía o motorista. Os gerentes questionavam também a legalidade da estratégia comercial da Tesla de vender diretamente aos compradores e evitar concessionárias franqueadas.

Havia também o fator preço: o carro custava 100 mil dólares. A General Motors não tinha um único veículo cujo preço inicial fosse comparável ao do Modelo S. Na verdade, poucas fabricantes de automóveis nos Estados Unidos tinham. Em 2012, o Mercedes-Benz Classe S, o sedã de grande porte de primeira linha da montadora alemã, começava em 91.850 dólares, e naquele ano foi o veículo mais vendido nessa faixa de preço, com 11.794 unidades comercializadas nos Estados Unidos. Durante muito tempo, a Tesla havia prometido um Modelo S de 50 mil dólares, mas, devido ao custo inerente às baterias, entregar um carro a esse preço seria quase impossível. Quando a Tesla anunciou seu primeiro trimestre lucrativo em 2013, discretamente eliminou os planos de um Modelo S básico, um com um pacote de baterias menor de 40 kWh. A empresa justificou a decisão alegando que, de qualquer maneira, os pedidos da versão mais barata representavam apenas 4% do total. Essas encomendas dos clientes seriam honradas com um Modelo S equipado com um maior pacote de baterias de 60 kWh, embora com a autonomia limitada pelo software.

À medida que 2013 chegava ao fim, a Tesla estava em ritmo acelerado, a caminho de vender quase 23 mil unidades do sedã Modelo S – mais do que os vinte mil que havia prometido. Nos Estados Unidos, o Modelo S superava o Mercedes-Benz Classe S em vendas, provavelmente um carro mais luxuoso e mais bem-acabado. O Modelo S estava redefinindo o conceito de *luxo* para um determinado tipo de comprador. A Tesla estava criando um segmento de mercado – o segmento de compradores entusiasmados com tecnologia e com a percepção da virtude de dirigir um veículo "sustentável". Musk previa um aumento de vendas de mais de 55% em 2014, comercializando mais de 35 mil unidades, enquanto a Tesla impulsionava as vendas do Modelo S na Europa e na Ásia.

Os engenheiros da GM assistiam a tudo isso e resmungavam. Queixavam-se de que também poderiam ter construído um sedã de 100 mil dólares; seus planejadores de produtos nunca imaginaram que esse mercado existia. Dentro da força-tarefa, alguns pensavam que a Tesla estava destinada a continuar sendo uma marca de nicho, algo maravilhoso para os californianos endinheirados, mas impraticável para grandes áreas do mundo. Questionavam a capacidade da startup em produzir veículos em massa, o que amplificaria quaisquer problemas de qualidade que viessem à tona em sua fábrica.

Em vez disso, talvez a Tesla fosse um arauto de outra ameaça. Será que as abastadas montadoras chinesas usariam o manual de estratégias da Tesla para entrar no mercado norte-americano? Durante anos, profissionais da indústria automotiva temeram que os chineses adquirissem o poderio industrial para competir nos Estados Unidos – isso era visto como mera questão de tempo. Várias montadoras chinesas já tinham feito promessas de desembarcar nos Estados Unidos até determinadas datas, mas aparentemente faltava a esses planos um componente chave: distribuição. As fabricantes de automóveis estabelecidas contavam com um enorme fosso de proteção ao redor delas: milhares de concessionárias franqueadas que vendiam seus carros e faziam a manutenção deles. Se a Tesla pudesse provar que era possível vender carros diretamente aos clientes por meio de um punhado de lojas em shopping centers administradas pela própria empresa e de um site ágil e descolado, por que uma montadora chinesa não faria o mesmo, matando a Chevrolet no quesito preço?

As lojas da Tesla tornaram-se um dos principais interesses de uma das divisões da força-tarefa. Espiões da General Motors foram despachados para observar a experiência de compra. Notaram que nas lojas poderia haver um ou dois veículos disponíveis para test drives, mas a Tesla encaminhava os compradores a um computador para definir as especificações de seu pedido. Pelo que os espiões observaram, parecia que muitos compradores encaravam o Modelo S talvez como um terceiro automóvel – não o carro do dia a dia. Em comparação com os concorrentes, a Tesla estava entre os melhores em termos dos recursos visuais em suas lojas, mas figurava entre os piores em funções de vendas básicas, como perguntar o nome de um cliente em potencial, oferecer um passeio de teste ou discutir opções de financiamento.

Os espiões questionaram também a maneira como a Tesla, sem concessionárias, planejava atender às demandas dos donos de uma frota cada vez maior de carros. Apesar da recepção entusiástica da mídia, vários proprietários relatavam problemas. O site edmunds.com, que fornece análises sobre automóveis e dados de vendas do setor automotivo, comprou um Modelo S no início de 2013 e mantinha um registro dos pontos negativos, incluindo sete visitas não programadas ao centro de serviços da Tesla e uma pane que travou o carro e prendeu o motorista dentro do veículo. Duas visitas envolveram mau funcionamento da unidade de propulsão do carro, que incluía o motor e a bateria – consertos caros. Os administradores do site não eram os únicos: um cliente alegou cinco substituições de unidade de propulsão antes dos primeiros vinte mil quilômetros rodados. Um dos sinais que revelaram o problema foi um ruído de trituração que se ouvia durante a aceleração, interrompendo o que normalmente seria um funcionamento, em certa medida, silencioso.

"Quando me sentei pela primeira vez para escrever esta postagem, estava empolgado, porque tentei me imaginar no lugar de um dos proprietários do Tesla. Se eu tivesse que substituir o motor do meu carro duas vezes – uma vez só que fosse, caramba! –, juro que abandonaria a marca para sempre", o comentarista do edmunds.com escreveu. "Mas, depois de conversar a respeito disso com alguns colegas, eles me lembraram de que as pessoas que compram Teslas não estão comprando apenas transporte básico. São os compradores de primeira hora, dispostos a servir como cobaias para usar e testar uma tecnologia nova e chamativa."

A impressão da força-tarefa da General Motors era de que a Tesla precisaria ajustar suas vendas e estratégias de serviços de manutenção à medida que crescesse em um mercado mais amplo. Musk já avisara ao mundo que o veículo de terceira geração da Tesla teria uma autonomia de 320 quilômetros ou mais, a uma fração do preço. A força-tarefa começou a ouvir fofocas da indústria que sugeriam que a Tesla poderia tentar colocar o carro no mercado em 2016. Fizeram um discurso bombástico para a equipe de engenharia de baterias da GM. Como a Tesla vai conseguir reduzir o custo da propulsão para poder vender um carro por 35 mil dólares e ganhar dinheiro?

"Eles não vão conseguir", responderam os engenheiros. "Se a gente não consegue fazer um carro de 35 mil dólares, eles também não conseguem."

A General Motors estava, pelo menos, em uma situação melhor para tentar. Em teoria, a GM deveria ser capaz de obter peças a preços melhores, uma vez que comprava volumes muito grandes, e a equipe poderia reutilizar componentes de outros veículos. Nos dois anos anteriores, equipes em Michigan e Seul haviam trabalhado arduamente no próprio veículo para a próxima geração, entusiasmadas por terem alcançado uma autonomia de cerca de 240 quilômetros.

"Se vocês não conseguirem chegar a 320 quilômetros, nem façam, porque vão passar vergonha", disse Steve Girsky, vice-presidente da GM.

No outono, a General Motors anunciou que a empresa estava trabalhando em um carro elétrico que seria capaz de chegar a 320 quilômetros com uma única carga e custar 30 mil dólares (com prejuízo para o fabricante). A mensagem era clara: Detroit pagou para ver a aposta de Musk.

Capítulo 17

No coração do Texas

O septuagenário Bill Wolters viajou de sua casa, em Austin, capital do estado do Texas, até a sede da Tesla em Palo Alto, na Califórnia. De terno e gravata, o lobista de longa data das concessionárias de automóveis queria encontrar-se pessoalmente com o homem que parecia determinado a promover uma reviravolta e derrubar gerações de normas consagradas no negócio de venda de carros. O objetivo de Wolters era convencer Elon Musk de que era hora de usar concessionárias franqueadas para vender seu badalado sedã Modelo S.

Wolters viu a Tesla abrir sua primeira galeria num shopping center em Houston em 2011 e a segunda em Austin. Quando falou sobre os planos da Tesla com Diarmuid O'Connell, representante de Musk que fazia lobby no Texas, Wolters fora desdenhoso. "Uma sorte do caralho pra vocês, filho", disse ele. Em meados de 2013, no entanto, a Tesla estava tendo lucro, e Musk aparecia com mais frequência no Texas, em parte porque a SpaceX tinha planos para se expandir para lá. Na primavera, participou de uma audiência no senado estadual e discursou no South by Souhwest, festival de cinema, música e tecnologia que acontece todo ano em Austin.

A fama de Musk não se restringia apenas ao Texas, é claro; ele estava em alta e ganhara popularidade cultural. Em 2013, o diretor de cinema Robert Rodriguez o incluiu em uma breve cena do filme *Machete mata*, produção estrelada também pela atriz Amber Heard. Embora não contracenasse com ela, Musk tentou conhecê-la por meio de Rodriguez. "Se houver uma festa ou evento com Amber, estou interessado em conhecê-la, apenas por curiosidade", escreveu Musk em um e-mail para o diretor que depois vazou para a imprensa especializada. "Supostamente, ela é fã de George Orwell e Ayn Rand... isso é muito incomum."

Naquele verão, no entanto, Musk se casou novamente com Talulah Riley, a atriz que acabaria sendo escalada como um robô sexy na série *Westworld*, da HBO. O relacionamento deles era complicado, carregado de tensões, e muitas vezes a turbulência respingava na Tesla, de acordo com os funcionários. Alguns diziam que tentavam antecipar o estado de humor de Musk pelas notícias de sua vida pessoal, até mesmo rastreando a cor do cabelo de Riley, por acreditarem que Musk ficava mais feliz quando ela usava um tom mais próximo do platinado.

À primeira vista, tudo isso parecia estar a milhões de quilômetros de distância da questão das concessionárias de carros no Texas, mas o aumento da atenção se retroalimentava, ajudando a Tesla a fazer barulho. Em 2013, a General Motors gastou 5,5 bilhões de dólares em publicidade e promoções – montante cerca de dois bilhões inferior a todo o seu orçamento de pesquisa e desenvolvimento. A GM e outras montadoras estavam entre os maiores anunciantes de TV dos Estados Unidos; suas redes de concessionárias franqueadas também gastavam grandes quantias de dinheiro com jornais e estações de rádio e televisão locais. Musk havia muito evitava a publicidade, que a seu ver era artificial e inautêntica. A qualidade dos carros da Tesla seria suficiente para vendê-los, argumentava ele. Em grande medida, Musk poderia dizer isso porque era capaz de gerar a chamada "mídia gratuita". Assim como um político se beneficia da ruidosa, veemente e insistente defesa de certas causas na cobertura jornalística, Musk e a Tesla estavam se beneficiando de sua própria atenção. A conta pessoal de Musk no Twitter jogava lenha na fogueira e gerava burburinho e entusiasmo. Enquanto a Tesla corria para abrir mais lojas, a mídia local, obedientemente, escrevia matérias sobre os novos showrooms.

As concessionárias franqueadas não podiam mais se dar ao luxo de descartar a montadora. Concessionárias em Massachusetts e Nova York entraram com ações judiciais tentando impedir a Tesla de fazer vendas diretas, enquanto legisladores estaduais de Minnesota e da Carolina do Norte examinavam a possibilidade de alterar suas leis para fazer o mesmo. Para Wolters, não fazia sentido que uma empresa como a Tesla quisesse arcar com o custo de abertura de sua própria rede de lojas. Por que não empurrar esse custo para as revendedoras? Foi esse o motivo que levou a GM e a Ford a franquear suas lojas gerações atrás.

Wolters foi recebido na Tesla por Diarmuid O'Connell, que o levou para conhecer as dependências da sede e lhe mostrou o laboratório de baterias. Por fim acabaram em uma pequena sala de reuniões, onde ele foi apresentado a Musk. "Eu realmente admiro o que você fez para criar este produto, e queremos ajudá-lo a ser bem-sucedido", Wolters lembrou-se de ter dito. "E queremos trabalhar com você de qualquer forma possível para ajudá-lo a fazer as coisas que você deseja fazer em nosso estado por meio do sistema de franquia."

A posição de Wolters era repleta de parcialidade, é claro. Durante uma geração, tinha sido presidente da Associação das Revendedoras de Automóveis do Estado do Texas, entidade na qual entrou após iniciar sua carreira trabalhando para a Ford no Texas e em outros lugares, cargo que o levou a lidar com as concessionárias franqueadas da montadora. Tinha sido uma longa carreira, que moldou seu pensamento sobre a estrutura das pequenas cidades em seu Texas natal. À medida que as grandes lojas, hipermercados e shopping centers surgiram para substituir pequenos centros comerciais e estabelecimentos familiares, em muitos lugares as concessionárias de carros estavam entre as últimas empresas de propriedade de moradores locais. Sim, os clientes poderiam até adquirir um Chevrolet, mas quem lhes vendia o carro era alguém de uma família conhecida, dono de um estabelecimento que também fornecia a manutenção regular do veículo. "Quando eu era criança em Lewisville, Texas, aquela pequena comunidade rural tinha dois mil habitantes, e havia quarenta estabelecimentos comerciais na rua principal da cidade – todos os donos e funcionários eram moradores locais", diria Wolters mais tarde sobre suas motivações. "Uma dessas empresas que existem ainda hoje é a Huffines Chevrolet. Como não havia leis que impedissem sua extinção, todas as demais foram substituídas por alguma loja grande."

A típica concessionária de automóveis franqueada gerava dinheiro com uma mistura de vendas de carros novos e usados, bem como com a manutenção desses veículos. No geral, naquele ano, a revendedora média obteve lucros de cerca de 1,2 milhão de dólares antes dos impostos, vendendo 750 veículos novos e 588 usados, de acordo com a Associação Nacional dos Revendedores de Automóveis. Os ganhos estavam na parte de serviços de manutenção da empresa. (Naquele ano, a venda de um veículo novo rendeu à revendedora apenas 51 dólares.) Como em grande parte da indústria automotiva, a chave para o sucesso era a escala. As concessionárias franqueadas costumavam ser empresas familiares. Porém, como vinha acontecendo com muitas coisas, isso estava se tornando menos comum. As grandes corporações agora tinham dezenas, senão centenas, de lojas franqueadas. A AutoNation Inc., revendedora de carros de capital aberto com sede na Flórida, era a maior delas, com 265 lojas de uma ponta à outra dos Estados Unidos, vendendo de tudo, de Chevrolets a BMWs. Em 2012, a AutoNation empregava 21 mil pessoas (em comparação com os 2.964 funcionários de tempo integral da Tesla). O maior acionista da empresa era o cofundador da Microsoft, Bill Gates, que naquele ano investiu 177 milhões de dólares no negócio. A AutoNation gerou 8,9 bilhões de dólares em receitas com a venda de mais de 250 mil veículos novos.

Embora a evolução do comércio pudesse ter um pouco mais de nuances do que a descrição de Wolters, seus pontos de vista tinham uma determinação inabalável e eram corroborados por mais de 1.300 concessionárias franqueadas em 289 cidades grandes e pequenas em todo o Texas, revendedoras que arrecadavam mais de 1 bilhão de dólares em lucro líquido por ano e representavam uma das maiores folhas de pagamento, bases tributárias e fontes de envolvimento cívico no estado.

"Eu não tratava a questão de forma leviana", refletiu Wolters, mais tarde, sobre sua viagem para falar com Musk. "Estava lá para chegar a um acordo de modo que pudéssemos trabalhar juntos."

Não houve acordo. Musk não estava nem um pouco interessado. Falou sobre pesquisas que indicavam que a maioria das pessoas queria comprar seus carros diretamente das montadoras. Wolters discordou: "No ano passado, registramos 2,8 milhões de vendas de carros novos e usados em nossas concessionárias franqueadas, e ninguém disse: 'Ah, eu preferiria ter comprado da fábrica'".

Musk não engoliu. Mostrou muito pouco interesse em prolongar a conversa. "Vou gastar a porra de 1 bilhão de dólares para derrubar as leis de concessionárias franqueadas nos Estados Unidos", declarou.

Wolters ficou perplexo: "A qualidade de vida e a segurança de cada texano no meu estado, 28 milhões de pessoas, depende da rede de concessionárias franqueadas".

Em resposta, Musk apenas o encarou.

"Então isso tem a ver com uma questão pessoal sua?", perguntou Wolters.

Naquela época, poucas pessoas falavam de forma tão direta e sem rodeios com Musk, para quem Wolters representava tudo o que ele queria mudar: um homem mais velho e indigesto que se sentia no direito de manter o sistema funcionando para beneficiar as pessoas que tinham a sorte de herdar um negócio de impressão de dinheiro que não dava a devida importância a seus clientes. Musk não conseguiu conter sua raiva. Levantou-se de um salto e saiu da sala, batendo a porta e gritando: "Tirem esse cara daqui, porra!".

Mais tarde, Musk diria às pessoas que Wolters o acusou de ser antiamericano. Wolters negou ter dito isso. Os dois homens estavam em extremos opostos do espectro quando se tratava da maneira como enxergavam o futuro dos Estados Unidos. Wolters lutava para manter um sistema que, a seu ver, ajudava famílias em todo o estado do Texas, uma forma de fazer negócios que, segundo o que ele acreditava, compunha a atualidade dos Estados Unidos. Musk tinha um ponto de vista mais subversivo, típico do Vale do Silício. Via uma maneira melhor de fazer as coisas e não queria ser tolhido por regras antigas. Nos últimos dois anos, a Tesla vinha tentando contornar as leis estaduais para estabelecer suas lojas. Estava na hora de mudar esse enfoque, de partir para a ofensiva. Se não pudesse contornar as leis, mudaria as leis. O Texas seria seu primeiro campo de batalha.

Naquele ano, o Texas se tornou um refúgio habitual para Elon Musk. Ele aprovou a liberação do dinheiro para financiar uma campanha de lobby da Tesla, gastando até 345 mil dólares para contratar oito lobistas do estado em uma manobra mais agressiva do que uma campanha paralela da SpaceX, que também tentava modificar a lei estadual para permitir a construção de um porto espacial comercial no sul do Texas.

Esse número empalidecia em comparação com o dinheiro que fluía da entidade de Wolters. A Associação das Revendedoras de Automóveis do Estado do Texas contratou quase três vezes mais lobistas, por até 780 mil dólares, além das doações políticas das concessionárias, que havia aumentado para mais de 2,5 milhões de dólares durante as eleições do ano anterior. Musk sentiu a influência que as revendedoras tinham. Durante uma visita ao palácio do governo, um senador se aproximou de Musk e disse: "Eu amo o que você está fazendo com a SpaceX. Odeio o que está fazendo com a Tesla". Musk manteve a compostura, mas por dentro estava fervendo de raiva.

Apesar das dificuldades, a Tesla conseguiu encontrar apoiadores na assembleia legislativa e no senado estadual para apresentar e defender projetos de lei requerendo mudanças na lei estadual, de modo a permitir que a Tesla fosse dona de suas próprias lojas. Musk quis fazer uma apresentação com pompa e circunstância para dar fôlego à mudança na legislação. Em abril, prestou depoimento perante uma comissão interna e enviou um e-mail a todos os funcionários da empresa pedindo que entrassem em contato com todas as pessoas que conhecessem no Texas, conclamando-as a comparecerem à Câmara:

> É uma loucura que o Texas, que se orgulha tanto das liberdades individuais, tenha as leis mais restritivas do país para proteger os grandes conglomerados de concessionárias de automóveis. Se o povo do Texas soubesse o quanto isso é nocivo, ficaria indignado e em pé de guerra, porque como resultado disso, os texanos estão sendo roubados pelos negociantes de automóveis (não estou dizendo que são todos ruins – há alguns bons, mas muitos são extremamente hediondos). Precisamos espalhar a palavra antes que esses caras tenham a chance de nos trapacear. A todas as pessoas no Texas que já foram ferradas por uma revendedora de automóveis, esta é a oportunidade que vocês têm de se vingar.

O grito de guerra funcionou. Os compradores locais do Tesla estacionaram seus sedãs Modelo S em uma fila organizada na entrada do capitólio e abarrotaram a sala da comissão parlamentar de comércio e indústria para demonstrar apoio a Musk e assistir à apresentação dele. Vestindo um terno escuro, Musk não era o showman arrogante de tantos eventos de revelação de produtos. Falou de forma mais comedida sobre como a Tesla precisava alcançar um novo tipo de comprador, que não estava na experiência costumeira de compra de automóveis. Acreditava que as concessionárias franqueadas tradicionais viam um conflito de interesses na venda de carros elétricos porque isso impactaria nas vendas de carros movidos a combustíveis fósseis.

Musk enfrentou o ceticismo dos legisladores. Um deles questionou se, em última análise, a Tesla não precisaria de uma rede de revendedoras franqueadas para lidar com financiamento e trocas, assim que passasse pela fase das vendas para os compradores de primeira hora mais ávidos e voltasse as atenções para os compradores mais convencionais. Musk sugeriu que um dia a Tesla talvez precisasse adicionar lojas franqueadas, mas que agora a empresa queria opções: "Na verdade, o que estamos tentando fazer na Tesla é ter a certeza de que nossas chances de sucesso são as maiores possíveis".

Separadamente, Musk concedeu uma entrevista coletiva um pouco mais lúcida. "Quando estávamos entrando nesse negócio, todo mundo nos disse que levaríamos uma surra. Bem, acho que há uma boa chance de levarmos uma surra. Mas vamos tentar."

Naquele dia, a comissão apresentou o projeto de lei, mas a coisa não foi muito mais longe do que isso. Quando a sessão legislativa para o ano de 2013 chegou ao fim, o projeto estava morto. A Tesla prometeu voltar em 2015 para a sessão seguinte, mas os executivos sabiam que enfrentariam uma luta difícil. Por ora, no Texas, as galerias da Tesla teriam que bastar.

À medida que os planos para o carro de terceira geração – cujo nome agora estava consolidado como Modelo 3 – se avolumavam, as galerias não seriam suficientes por muito tempo. A Tesla surpreendeu a indústria automotiva com o sucesso do Modelo S, mas os elementos que haviam levado a empresa até ali não seriam o bastante para chegar ao lugar que Musk tinha em mente. Cada aspecto do jogo da empresa precisaria se aprimorar, se ampliar. A evolução seguinte seria rumo ao topo do mundo. Musk queria nada menos do que transformar sua startup de tecnologia em uma montadora de automóveis de verdade. A estrada estava atulhada de destroços de empresas que tiveram a arrogância de pensar que também conseguiriam chegar lá.

Parte 3
Um carro para todo mundo

Capítulo 18

Giga

Agora que o plano da Tesla para um sedã elétrico de luxo estava quase completo, J. B. Straubel passou a supervisionar a criação de uma rede de eletropostos de recarga que ia de São Francisco a Tahoe e de Los Angeles a Las Vegas, a fim de aliviar as preocupações dos californianos com o risco de o carro descarregar durante uma viagem. Uma rede semelhante das chamadas estações Supercharger (Supercarregadoras, em português) estava sendo implantada nas principais rodovias interestaduais dos Estados Unidos. Em 2013, a bordo do jatinho particular de Elon Musk e a caminho de Los Angeles, Straubel refletia sobre as ramificações das novas ambições de seu chefe para a Tesla.

    Desde que a montadora de carros elétricos adquirira a antiga fábrica da GM-Toyota em Fremont, Musk estava convencido de que poderia, mais uma vez, fazer quinhentos mil veículos em um ano, marco que a fábrica quase alcançou em seu apogeu, muitos anos antes.* Musk dissera a Wall Street que julgava haver uma demanda global por cinquenta mil sedãs Modelo S por ano, e também tinha como meta até cinquenta mil SUVs Modelo X. Isso lhe dava margem para, talvez, construir quatrocentos mil unidades do seu futuro Modelo 3 na antiga fábrica – número

---

* A produção da fábrica de Fremont atingiu o pico sob a GM-Toyota em 2006, com cerca de 429 mil veículos, de acordo com um estudo da Califórnia sobre a história da instalação.

vertiginoso para uma empresa que tinha enfrentado dificuldades para fazer sedãs Modelo S ao longo de todo o ano anterior e ainda enfrentava dificuldades para aumentar a produção.

O gargalo eram, sobretudo, as baterias. A Tesla dependia exclusivamente da Panasonic para o fornecimento das milhares de células de íons de lítio que eram presas juntas para criar um pacote de baterias em cada um dos veículos. A matemática de Straubel sugeria que, para produzir carros na capacidade máxima da fábrica, a Tesla precisaria de um fornecimento anual de baterias igual a aproximadamente toda a produção de baterias do mundo naquele momento. O maior problema: o preço. Nos valores atuais, a Tesla não teria condições financeiras para vender um carro elétrico por 30 mil dólares. Apesar de toda a trabalheira de Straubel e Kurt Kelty para reduzir os custos das baterias, esse fator ainda impedia a Tesla de se tornar uma fabricante de carros para as massas. As células custavam cerca de 250 dólares por quilowatt-hora, abaixo dos 350 kWh de 2009. Isso significava que as células em um pacote de baterias de quase seiscentos quilos com capacidade de 85 kWh, meta razoável para um sedã que poderia competir com seu homólogo com motor de combustão, custaria mais ou menos 21 mil dólares. Segundo as projeções, isso já representava uma grande porção do preço total do Modelo 3. De acordo com as estimativas dos analistas, as montadoras precisariam reduzir o custo para cerca de 100 dólares por kWh para que o custo de fabricação de um carro elétrico fosse comparável ao de um automóvel tradicional.

Enquanto Straubel discutia sua matemática com Musk no avião, os dois rapidamente se convenceram de que precisariam de uma fábrica para produzir baterias aos montes apenas para a Tesla. Era a única maneira de aumentar a produção em escala do jeito que queriam. Isso poderia custar bilhões, e embora a Tesla estivesse fazendo sucesso com o Modelo S, seu saldo de caixa após levantar dinheiro no início daquele ano era de apenas cerca de 800 milhões de dólares. Em tese, esse montante financiaria o Modelo X e o Modelo 3, e nos corredores da Tesla já estava ficando claro que o SUV seria mais caro do que Musk havia prometido aos investidores. Mesmo com sua própria fábrica, a Tesla precisaria da ajuda da Panasonic se pretendesse produzir bilhões de células de baterias por ano. Não seria uma tarefa fácil.

Além disso, o manual estratégico padrão de Musk não daria conta do recado. O Modelo S era um sucesso entre os críticos e formadores de opinião, mas foi um fracasso retumbante em atender o objetivo declarado de Musk de custar 50 mil dólares. Por ora, estava tudo bem; dali para a frente as coisas seriam diferentes. Musk precisava construir uma máquina que, figurativa e literalmente, pudesse tornar seu novo carro acessível. A escala de produção seria sua amiga no combate aos custos, espalhando o preço da construção de veículos pelo maior número de capôs possível. A maior fatia do custo da bateria ainda estava em sua fabricação; a escala reduziria esse item. Chegar à proporção almejada, por sua vez, exigiria um rápido crescimento nas vendas. Se a Tesla afinasse esses dois elementos – baterias e entregas de carros –, repetiria 2008 e 2013, dando passadas largas e quânticas mercado adentro.

O desafio não seria elaborar um plano engenhoso; o caminho a seguir estava bastante claro. A batalha – e seria maior e mais ferrenha do que qualquer um poderia ter previsto em 2013 – estaria na execução.

O papel de Straubel no desenvolvimento da tecnologia do pacote de baterias que fez os carros da Tesla funcionarem tinha sido fundamental, tanto que Musk (e a literatura da empresa) o viam como um cofundador. A engenharia era impressionante, é claro, mas também contou com a capacidade de Straubel de convencer a Panasonic a trabalhar em colaboração direta com a Tesla. Tinha sido um relacionamento difícil desde o início, e dependera de persistência e boa sorte, sem mencionar a decisiva descoberta de Straubel em 2006: Kurt Kelty, da Panasonic.

Mas para o Roadster, a Tesla tinha usado praticamente apenas baterias já existentes no mercado e produzidas em série, e Straubel queria ajustar a química e a estrutura das células a fim de torná-las mais robustas para o mundo automotivo mais amplo, tendo em vista o Modelo S. A demanda por células seria tão grande que a Panasonic precisaria comprometer recursos adicionais para supri-la. O cronograma de Musk também era mais veloz do que o ritmo ao qual a empresa japonesa estava acostumada. Enquanto os dois lados definiam os detalhes de seu acordo, após o anúncio do investimento da Panasonic em 2010, Musk ficou insatisfeito com o fornecedor de baterias.

A questão se resumia ao preço – como sempre. Depois de uma reunião especialmente desastrosa em Palo Alto em 2011, a parceria parecia estar em perigo. Embora anos antes Musk tivesse feito a vontade do diretor financeiro Deepak Ahuja ao aceitar usar uma gravata para a reunião introdutória com o CEO da Toyota Motor Corporation, começou a demonstrar menos interesse em acatar a formalidade das empresas japonesas como a Panasonic. Quando a Panasonic propôs um preço para fornecer as células para o Modelo S, Musk ficou muito bravo. "Isso é uma loucura", declarou aos japoneses. Furioso, abandonou a reunião. Seus assessores, incluindo Straubel, foram atrás dele e tentaram levá-lo para uma reunião geral, onde centenas de funcionários da Tesla aguardavam para ouvir o CEO relatar as novidades. Musk murmurou para si mesmo: "Isto é um desastre. Não vamos fazer isso". Instruiu Straubel a fazer a reunião geral sem ele e foi embora.

Straubel e sua equipe foram incumbidos de uma tarefa adicional: a Tesla estava cogitando uma mudança para o ramo da fabricação de baterias. Se a Panasonic fosse cobrar muito dinheiro e demorar demais para entregar suas células, então a Tesla tentaria fazer as próprias baterias. Musk começou a se intrometer na equipe de Straubel, e por conta própria nomeava a realocava membros para a tarefa de construir uma fábrica de baterias. Era uma perspectiva assustadora; alguns dos novos contratados nem sequer tinham certeza se Musk estava falando sério.

"Sim, estou falando sério pra caralho!", berrou Musk de sua mesa certo dia.

Além da questão do custo, porém, a Panasonic passara anos e anos desenvolvendo procedimentos de fabricação de células, que eram extremamente voláteis e exigiam salas limpas e trajes especiais para proteger o material de contaminação. A Tesla ainda estava tentando descobrir como usar carrinhos para deslocar as carrocerias do Modelo S de um lugar para o outro numa fábrica velha. Alguns funcionários da Tesla julgavam que era uma missão desesperada. Depois de meses de trabalho e diante do aumento dos custos projetados, Musk acabou abandonando a ideia. Não estavam prontos para enfrentar as Panasonics e Sanyos do mundo. Mas não se esqueceu totalmente da ideia.

Na surdina, e longe dos olhos de Musk, Kelty firmou um acordo com a Panasonic que era aceitável para ambos os lados. A raiva de Musk acabou arrefecendo (não ficou claro para a equipe de Straubel se ele tinha sido persuadido pela lógica do acordo, se tinha simplesmente perdido o interesse ou se sua fúria tinha sido uma tática de negociação). Em outubro de 2011, a Panasonic anunciou um contrato para a fabricação de uma quantidade de células suficientes para a Tesla construir mais de oitenta mil veículos nos quatro anos seguintes. A Panasonic garantiu que entregaria um número de células suficientes para que a Tesla pudesse fabricar mais de seis mil sedãs Modelo S ainda em 2012. Para atender à demanda, a Panasonic expandiria sua linha de montagem de uma para duas.

Esse cronograma se provaria mais ambicioso do que a Tesla exigia inicialmente. Em 2013, no entanto, ficou claro que o Modelo S era um sucesso não apenas para a Tesla, mas também para a Panasonic. Foi o tipo de vitória de que a empresa japonesa precisava desesperadamente depois de se ver em grande dificuldade durante todo o ano de 2012. Cerca de uma década antes, a empresa havia feito imensas apostas em telefones celulares e televisores de tela plana. Mas a competição com os concorrentes chineses mais baratos levou a Panasonic ao fracasso nesses empreendimentos, o que resultou em bilhões de dólares em prejuízos. Entrou em vigor uma dolorosa reestruturação da empresa, processo que durou vários anos e culminou na escolha de Kazuhiro Tsuga como presidente em 2012. Ele abandonou o negócio de telas de TV e eliminou dezenas de milhares de empregos. Mas apenas cortar não seria o suficiente; ele sabia que precisava direcionar a empresa para novas áreas de crescimento.

A demanda da Tesla por mais baterias para o Modelo S em 2013 veio em boa hora para Tsuga. Ele queria transformar o negócio automotivo da Panasonic em uma das principais unidades da empresa – uma parceria de grande visibilidade com a prestigiosa Tesla teria imensa repercussão e poderia servir como um cartão de visita para outras montadoras que estavam sendo empurradas para o mercado de carros elétricos.

Tsuga estava ansioso para expandir aquele relacionamento. A Panasonic chegou até a pressionar a Tesla para que gravasse o nome da fornecedora de baterias na janela traseira em troca de 50 milhões de dólares em dinheiro. Musk não quis nem ouvir falar disso. Tsuga nomeou um novo comandante em sua unidade de baterias, que viajou até Palo Alto para uma reunião com a Tesla.

Musk acreditava que os visitantes da Panasonic estavam indo até lá para discutir uma redução no preço. Fazia sentido.

A demanda pelo Modelo S era tão grande que a nascente linha de montagem da Tesla estava agora enfrentando uma desaceleração porque não tinha baterias para manter o ritmo de produção, e Musk pressionava por mais e mais células. Um volume maior de negócios deveria significar um desconto. Em vez disso, os visitantes japoneses queriam *aumentar* os preços. Talvez fosse uma tática de negociação para impressionar o novo CEO, mas o tiro saiu horrivelmente pela culatra – para dizer o mínimo. Musk se controlou apenas para não xingar os visitantes, algo que já havia feito com outros fornecedores. Em vez disso, planejou vingança.

No dia seguinte, um sábado, Musk convocou sua equipe para uma reunião na sede da Tesla com uma ordem já conhecida: a Tesla fabricaria suas próprias baterias. No entanto, desta vez ele queria que fosse diferente de qualquer tentativa anterior. Para que o Modelo 3 fosse um sucesso, a Tesla não poderia mais depender totalmente de terceiros, como tinha ocorrido com a Panasonic no caso do Modelo S. Agora, Musk e Straubel acionaram a jogada que tinham imaginado a bordo do jatinho particular.

Mas só porque a Tesla deixaria de comprar as células da Panasonic, não significava que não queriam o *dinheiro* dos japoneses. Assim como a Tesla se beneficiou da contratação de Kelty em 2006, estava prestes a se beneficiar de um novo líder dentro das fileiras da Panasonic. Yoshi Yamada, um alto executivo da fabricante japonesa, tinha uma visão mais ocidental de negócios do que alguns de seus contemporâneos, e estava ansioso para romper com os velhos métodos da empresa nipônica. Ajudou a transformar as operações da Panasonic nos Estados Unidos com uma abordagem de gestão mais moderna e dedicava uma boa quantidade de seu tempo a cultivar relacionamentos no Vale do Silício. À medida que se aproximava da aposentadoria, em 2011, aos 60 anos, começou a praticar maratona; passava as férias viajando pelos Estados Unidos, visitando campos de batalha da época da Guerra da Independência.

Uma mudança o levou de volta ao Japão, onde recebeu o controle da unidade que incluía a produção de baterias. Assim, herdou o relacionamento com a Tesla. No papel de líder da organização nos Estados Unidos, em 2009, visitou a Tesla quando a Panasonic estava em busca de uma parceria. Antes disso, havia sido convidado por Kelty várias vezes a visitar empresas de tecnologia, quando o executivo norte-americano ainda dirigia o escritório da Panasonic no Vale do Silício. Então, quando as demandas de Musk em 2013 ameaçaram inviabilizar as negociações, Yamada interveio pessoalmente para colocar as coisas de volta nos trilhos. Até aquele ponto, o relacionamento com a Tesla havia sido gerenciado como uma parte normal do negócio de baterias; nenhum executivo japonês importante estava envolvido. Yamada achou que havia a necessidade de uma supervisão maior.

No outono, anunciaram uma extensão do contrato. A fim de atender às necessidades da Tesla para o Modelo 3 e lidar com a falta de capacidade da Panasonic para dar conta da nova demanda, Yamada propôs um consórcio entre a Panasonic e a Tesla. Musk desprezava esses acordos – essencialmente uma empresa "meio a meio", em que ambos os lados se digladiavam pelo controle. Qualquer um que tenha trabalhado para Musk sabia que ele não gostava de compartilhar o poder. Porém, a essa altura Kelty e Straubel estavam preparando algo para mitigar as preocupações do chefe.

Foi uma época de mudanças para Straubel, que havia conhecido Boryana, uma jovem funcionária do departamento de recursos humanos da Tesla, autoproclamada nerd que compartilhava com ele a afinidade por dados. Eles se casaram naquele verão. No final de 2013, Straubel elaborava slides para apresentar o argumento em defesa da construção de uma enorme fábrica de baterias. Era um plano audacioso: uma fábrica a ser construída em fases, somando capacidade conforme o necessário. Custaria até 5 bilhões de dólares, compreendendo mais de 929 mil metros quadrados sob um único teto (o que a tornaria maior do que o Pentágono). A instalação exigiria um terreno de 404 hectares (4 milhões de metros quadrados) e empregaria 6.500 pessoas.

A proposta tinha mais em comum com a forma como Henry Ford havia imaginado seu negócio cem anos antes do que com o modo de operação da maioria das montadoras da época. Alguns membros da equipe eram contrários à ideia de assumir a responsabilidade pelas baterias, que era o que Musk exigia. Kelty temia que a complexidade da fábrica fosse grande demais e que isso empurrasse seus colegas da Panasonic a encontrar uma solução inovadora: no grandioso plano de Straubel, a Panasonic essencialmente abriria uma unidade dentro de uma fábrica da Tesla para construir células em uma ponta, enquanto, na outra, a Tesla montava pacotes de baterias. Seria uma instalação verticalmente integrada, em que entraria a matéria-prima para as células e sairiam as baterias para uso no Modelo 3 a ser montado em Fremont.

Fabricando as baterias nos Estados Unidos, só a economia de frete poderia chegar a 30%. Mas a Tesla precisaria economizar ainda mais se quisesse reduzir o custo de seus carros e fazer um veículo elétrico popular e acessível. Os carros a gasolina ainda eram cerca de 10 mil dólares mais baratos do que veículos elétricos de tamanho equivalente.

A "Gigafábrica" de Straubel, como Musk a chamou, surgiu à medida que o diretor-chefe de tecnologia precisava cada vez mais de um novo foco. Musk tinha a intenção de expandir sua equipe de liderança e se convenceu de que a fabricação precisava ser comandada por uma única pessoa, em vez de se dividir entre duas unidades – a do veículo e a de baterias –

que rivalizavam entre si. Na hora de escolher um nome para o cargo de líder, Straubel defendeu seu próprio chefe de fabricação, Greg Reichow, que havia supervisionado, sem grandes dramas, o lançamento da linha de baterias em Fremont. Musk concordou, mas, para a surpresa de Straubel, tanto Reichow quanto Straubel precisariam prestar contas diretamente a Musk, e Reichow recebeu ordens para criar uma linha de montagem para o Modelo S e o Modelo X. A influência de Straubel diminuiu.

Ao mesmo tempo, Musk cortejava Doug Field, engenheiro do alto escalão da Apple, para se juntar à equipe. No dia em que Musk levou Field para um passeio nas dependências da fábrica, os executivos veteranos reconheceram que Musk pensava nele para ocupar mais do que apenas um cargo na engenharia avançada. Field representava um novo tipo de executivo para uma nova era da Tesla. Ao contrário dos engenheiros recrutados por Peter Rawlinson, Field não era alguém que tinha passado uma carreira inteira numa montadora tradicional, e agora procurava escapar para um recomeço numa pequena startup. Tampouco era um cara recém-formado em Stanford tentando uma carreira no Vale do Silício, como Straubel e grande parte de sua equipe haviam feito. Field era um experiente guerreiro corporativo, que supervisionou milhares de pessoas na Apple e foi responsável por materializar a icônica engenharia dos computadores Mac. A contratação de Field seria uma declaração, dirigida ao Vale do Silício, de que a Tesla tinha condições de brincar com os meninos grandes – e de trapacear.

Field era o cara certo para conduzir a Tesla a uma nova era, mais profissional. Iniciou sua carreira de engenheiro na Ford Motor Company depois de se formar na Universidade Purdue em 1987; mais tarde, demitiu-se, frustrado com a cultura da montadora. Fora designado para estudar os carros concorrentes da Lexus e da BMW e, ao fazê-lo, percebeu que demoraria muito até que a Ford tivesse condições de competir em pé de igualdade. Foi trabalhar na Segway, onde supervisionou o scooter elétrico de duas rodas que estava à frente de seu tempo, antes de ser recrutado pela Apple de Steve Jobs.

Enquanto observava o cortejo de Musk, Straubel sabia que Field seria trazido com a promessa de que poderia supervisionar o desenvolvimento do Modelo 3. Straubel precisaria de algo novo. Assim, a Gigafábrica lhe permitiria construir seu próprio império. Assim como havia resolvido o grave problema que fez um carro elétrico movido a íons de lítio funcionar, Straubel solucionaria o maior dos problemas que impedia os carros elétricos de se tornarem populares: o custo.

Assim, Musk e Straubel trabalharam em conjunto para arquitetar uma jogada de altíssimo risco. Conceberam uma forma de pressionar tantos seus fornecedores como os governos locais a ajudar a Tesla a financiar a nova instalação. O plano previa que os fornecedores contribuiriam para a empreitada, estimando que pelo menos a metade dos custos poderia ser paga por empresas como a Panasonic. Isso também dependia, em grande medida, de incentivos governamentais; qualquer estado que aceitasse sediar a fábrica colheria o benefício de milhares de empregos altamente qualificados e bem remunerados. Diarmuid O'Connell, que guiou a empresa em meio aos empréstimos salvadores do Departamento de Energia e em sua luta contra as concessionárias franqueadas, iniciou negociações com os estados com o objetivo de jogar uns contra os outros em uma guerra de lances. O Texas era atraente porque poderia ajudar a dar à Tesla o tipo de alavancagem de que a empresa precisava para obter a aprovação do governo para reverter as leis de proteção às concessionárias franqueadas. Musk preferiu a Califórnia porque era mais perto de casa.

No entanto, um local nos arredores de Reno, em Sparks, Nevada, parecia cada vez mais ser o local perfeito. O estado aparentava estar ávido a receber a Tesla, e Sparks ficava a apenas quatro horas de carro da fábrica de Fremont. No jatinho particular de Musk, era apenas um pouco mais longe do que voar de Los Angeles ao Vale do Silício.

Autoridades do governo foram convidadas a visitar a sede da Tesla para conhecer o plano. Ao chegar, encontraram seus concorrentes na mesma sala. Rapidamente perceberam que o custo de ganhar a presença da Tesla em seu estado seria alto.

No final de fevereiro de 2014, para aumentar a pressão, a Tesla divulgou publicamente seus planos, buscando levantar 1,6 bilhão de dólares em novas dívidas. O dinheiro, disse a empresa aos investidores, serviria para bancar a construção de uma fábrica de baterias enorme, o veículo de terceira geração e outros assuntos corporativos. As especulações se voltaram imediatamente para saber se a Panasonic estava a bordo.

No Japão, Yamada enfrentava resistência ao projeto. Para muita gente na indústria automobilística, não tinha ficado claro qual poderia ser a verdadeira demanda por carros elétricos. Os consumidores não demonstraram pressa para abraçar o Chevrolet Volt ou outro novo concorrente a entrar no mercado, o Nissan Leaf. Funcionários da Panasonic também não gostaram da ideia de instalar uma fábrica compartilhada cara, da qual a Tesla seria a dona. Ninguém nunca tinha feito esse tipo de coisa.

Para persuadir a Panasonic, Straubel precisava convencer Yamada de que a Tesla estava levando as coisas a sério. Tinha um plano, que remetia ao modo como a Tesla havia usado a lábia para adular os primeiros investidores e induzi-los a apostar suas fichas em uma pequena startup. A fim de instigar o interesse da Daimler e da Toyota pelo Modelo S anos antes de o carro estar pronto, construíram "mulas" – protótipos semelhantes ao veículo verdadeiro o suficiente para mostrar ao público o que estava por vir. A Tesla precisava de algo que pudesse mostrar, uma *fábrica-mula*.

Os projetos para erguer uma fábrica, no entanto, não conseguiram suscitar o mesmo tipo de empolgação que os protótipos de carros da Tesla ocasionaram. A equipe da Tesla se convenceu de que precisava demonstrar à Panasonic e a outros fornecedores o quanto encaravam com a máxima seriedade o projeto. Com toda a discrição, firmaram um acordo com proprietários de terras em Sparks e começaram a preparar o local para as obras de construção. Contrataram escavadeiras e máquinas de terraplenagem de todo o estado, ergueram imensos holofotes e começaram a remover toneladas de terra. A conta era enorme, chegando a 2 milhões de dólares por dia. Straubel queria ter um local pronto para ser mostrado aos pretensos parceiros da Tesla. Tinha que ser convincente o bastante para sugerir que a Tesla avançaria – com ou sem eles.

Foi uma aposta arriscada. Se a notícia se espalhasse, poderia dar a impressão de que a Tesla já tinha selecionado um local sem qualquer necessidade de dinheiro do estado. Musk estava em busca de uma ajuda estadual equivalente a 10% do custo do projeto, ou 500 milhões de dólares. Por que os legisladores de Nevada, ou qualquer outro estado, aprovariam incentivos para a construção de uma fábrica que já estava em andamento? Quando o jornal local soube do canteiro de obras colossal e deu a notícia, sugerindo que talvez fosse um empreendimento da Tesla, a empresa se esquivou, alegando que era um dos dois locais sendo preparados para o início da construção – desculpa difícil de engolir, diante dos custos extravagantes e finanças limitadas da empresa.

Mas esses detalhes não importavam. Musk e Straubel estavam criando uma ilusão, uma fábrica Potemkin. Em Sparks, Straubel construiu uma área de observação mais elevada que proporcionava uma ampla visão do canteiro de obras. Convidou Yamada para uma visita. Enquanto os dois olhavam para o local, Straubel providenciou que gigantescas máquinas de terraplenagem e caminhões basculantes passassem às pressas no momento combinado para criar efeito dramático.

Queria que Yamada soubesse que o futuro estava a caminho, com ou sem ele a bordo.

Straubel estava empolgado; sua esperança era que Yamada também estivesse. Em vez disso, o executivo se manteve em silêncio. Parecia pálido. Com dor no estômago, talvez, por causa do que estava vendo. O truque funcionou melhor do que a encomenda. A Tesla não apenas seduziu a Panasonic, mas também a encurralou.

Yamada, que a essa altura estava convencido da ambiciosa visão da Tesla para o futuro, retornou ao Japão, e semanas depois Straubel e Musk voariam para o Japão para um derradeiro jantar de negócios com Tsuga. Após uma breve conversa, Musk foi direto ao assunto: "Vamos fechar o acordo?".

Tsuga concordou.

Depois do jantar, Straubel embarcou no jatinho de Musk para retornar à Califórnia. Em sua ainda pequena vida, a Tesla firmou muitas parcerias que salvaram sua vida – o acordo de fornecimento com a Daimler ajudou a manter as coisas em pé; a fábrica desativada da Toyota permitiu a fabricação do Modelo S. O negócio com a Panasonic era outra coisa, talvez algo ainda maior, que de súbito deu a eles o potencial de subir um grau de magnitude na escala do sucesso. Se Straubel e Musk estivessem certos, tinham acabado de alargar o gargalo, inaugurando a era do carro elétrico acessível.

Capítulo 19

Tornando-se global

Longe da Califórnia, a Tesla ganhava um exército de admiradores, quase como um culto, em um local aparentemente improvável: a Noruega. Em meados de 2012, quando Satheesh Varadharajan, empresário do ramo da tecnologia da informação em Oslo, começou a procurar um substituto para o seu BMW X5 usado, topou na internet com um vídeo de Musk, divulgado meses antes, revelando o Modelo X. Satheesh ficou intrigado com o SUV; leu rapidamente tudo o que conseguiu encontrar a respeito do carro e foi até uma loja local da Tesla recém-inaugurada, onde viu pela primeira vez o Modelo S. O SUV ainda estava a anos de distância de entrar em produção, mas dali a poucos meses Satheesh poderia estar atrás do volante de um Modelo S.

"Aquela máquina estava repleta de coisas que eu nunca tinha visto na vida", Satheesh relembrou. A tela grande, a aceleração. Ficou encantado. O preço ajudou; com os incentivos do governo norueguês, o custo efetivo era de cerca de 60 mil dólares, cerca de metade do que tinha pagado por seu BMW usado. Outras pessoas também notaram isso, e as vendas da Tesla na Noruega dispararam tanto que o país se tornou o segundo maior mercado da empresa, atrás apenas dos Estados Unidos.

Na China o cenário era ainda mais promissor. Enfrentando cidades poluídas e ruas congestionadas, o governo também pressionava pela adoção de carros elétricos. Em lugares como Xangai, em que há severas restrições sobre o número de carros em circulação, incluindo rodízios, os veículos elétricos estavam isentos dessas limitações. Em todo o país, incentivos fiscais para os compradores de VEs reduziriam o custo efetivo. A expansão do mercado de carros elétricos na China foi projetada para alimentar grande parte do crescimento do mercado de VEs no mundo inteiro. As montadoras de luxo de alcance global já estavam ganhando dinheiro com a explosão de compradores chineses de modelos da BMW e da Mercedes. A ideia de um carro elétrico de luxo parecia um tiro certeiro – que poderia turbinar o crescimento da Tesla antes do lançamento do Modelo 3 e, por sua vez, criar um mercado ainda maior para um carro popular. Assim como a Tesla precisava construir sua capacidade de produzir bilhões de baterias, precisava também entrar em um mercado no qual milhões de compradores poderiam ajudar a impulsionar suas vendas.

Com a saída de George Blankenship, Elon Musk passou o comando das vendas e serviços para Jerome Guillen, doutor em engenharia mecânica pela Universidade de Michigan, que já havia provado seu valor para Musk quando ficara encarregado de produzir o Modelo S após a demissão de Peter Rawlinson.

A chegada do cidadão francês à Tesla no outono de 2010 foi uma surpresa para alguns na Europa; a carreira do executivo, então com 38 anos, estava em rápida ascensão na Daimler AG. A mídia alemã especulava que ele era um forte candidato a ser alçado, mais cedo ou mais tarde, a uma cadeira no poderoso conselho administrativo da Daimler. O diretor-presidente da Daimler, Dieter Zetsche, tirou Guillen da divisão de caminhões comerciais da empresa, onde ele supervisionava o desenvolvimento de uma nova geração de semirreboques, para ser o líder fundador do recém-formado departamento de negócios inovadores. Nesse prestigioso cargo, Guillen montou uma equipe para avaliar novas oportunidades de negócios para a empresa, que refletia sobre as maneiras como os avanços tecnológicos poderiam nortear seu futuro. Um dos êxitos de Guillen foi o lançamento de uma empresa de compartilhamento de carros chamada Car2Go, que permitia aos usuários alugar carros elétricos Smart pagando determinado valor por horas de uso.

De acordo com as pessoas que trabalharam ao lado de Guillen, a personalidade dele era um tanto bipolar. Com Musk, Guillen era respeitoso. Nas trincheiras, era severo e não hesitava em gritar e ameaçar subordinados. O departamento de recursos humanos recebia reclamações sobre o estilo dele de gestão e tentava orientá-lo sobre como lidar com as pessoas de maneira menos cáustica. Musk clamava publicamente ter uma "política de não babacas" quando o assunto era a contratação de funcionários, mas muitas pessoas ficavam com a impressão de que a empresa preferia personalidades difíceis, contanto que entregassem resultados (e, mais importante, desde que o próprio Musk não considerasse o executivo um babaca). Era tudo uma questão de perspectiva, é claro. O babaca para fulano é o modelo de honestidade para beltrano. Para Musk, Guillen era um solucionador de problemas, o cara para ligar quando as coisas davam errado. O conselho que Guillen dava a seus subordinados era pedir a opinião dele aos sábados, quando tinha tempo para pensar, e jamais interrompê-lo durante o almoço – o único momento do dia que ele reservava para si mesmo. Seu método de gestão contrastava fortemente com o de seu antecessor, George Blankenship, que sempre usava palavras gentis e se deleitava em recompensar com festas regadas a pizza os funcionários das lojas por seus bons resultados de vendas.

A Europa natal de Guillen era a próxima posição fortificada da Tesla, mas o mercado mais valioso – de longe – seria a China. Musk iniciou 2014 dizendo ao programa *Bloomberg News* que as vendas da Tesla na China poderiam se igualar às dos Estados Unidos em um ano. ("Não é uma previsão firme – está mais para um palpite não muito confiável.") Guillen contratou uma executiva da Apple, Veronica Wu, para supervisionar o crescimento. Ela ajudou a construir a presença da empresa de tecnologia na China de quase zero para uma expansão maciça, a ponto de rivalizar com as vendas da matriz da Apple nos Estados Unidos. A função que ela exercia no negócio tinha sido menos glamorosa, mas não menos significativa do que vender diretamente aos compradores de varejo. Wu era responsável pela educação e iniciativa de vendas.

Durante sua entrevista de emprego, Guillen pediu a Veronica que escrevesse suas ideias sobre o mercado chinês para compartilhar com Musk antes de conhecê-lo. Ela enfatizou o desconhecimento da marca Tesla na China e a necessidade da empresa de se posicionar em âmbito local. Alertou que as empresas estrangeiras tendem a ter problemas quando presumem que o que funciona nos Estados Unidos funcionará automaticamente na China. Por fim, Veronica disse que a Tesla precisava pensar com cuidado nas relações com o governo. Não se trata apenas de uma questão de regulamentação, como nos Estados Unidos;

o governo da China poderia decretar o sucesso ou o fiasco da Tesla, se assim o desejasse. Advertiu que, na China, a sobrevivência era quase darwiniana, e que muitas vezes se resumia à capacidade da empresa de se adaptar, em vez de apenas força ou inteligência.

Assim que foi contratada, o trabalho prioritário de Veronica era buscar a aprovação do governo chinês para a realização de testes de veículos da Tesla no país e qualificar a empresa para a obtenção dos subsídios para os veículos elétricos. Em Xangai, teve uma recepção acolhedora da administração municipal, que se ofereceu até mesmo para conceder aos carros da Tesla as placas de licenciamento de veículos elétricos, antes mesmo que recebessem a qualificação do governo nacional que os habilitava a se candidatar aos subsídios destinados aos VEs. Autoridades da cidade queriam saber se a Tesla tinha planos de instalar uma fábrica na China; caso afirmativo, tinham interesse que fosse construída em sua comunidade. A promessa de uma nova fábrica de automóveis e os empregos que ela geraria provaram ser um atraente e benéfico incentivo econômico para os dirigentes chineses locais, cujas carreiras poderiam ser impulsionadas se demonstrassem empenho para aumentar a fortuna do próprio município. Xangai sempre foi mais hospitaleira do que o restante do país para as fabricantes de automóveis ocidentais. Mas uma montadora estrangeira não poderia simplesmente abrir uma fábrica para construir carros numa cidade chinesa. Precisava de um parceiro local para ser dono de cerca de metade da operação. A General Motors e a Volkswagen tinham como base as operações chinesas em Xangai e fizeram parcerias com a mesma *joint venture* local.

Musk, no entanto, resistia à ideia de entrar na China com um sócio – estava preocupado em perder o controle da marca e da tecnologia. Sem um parceiro local, as montadoras estrangeiras não conseguiriam estabelecer a fabricação local, e os veículos importados do exterior eram saudados com tarifas de 25%.

Embora pudesse atrapalhar qualquer sonho de vender o Modelo 3 por um preço mais baixo, a ausência de produção local não seria o maior obstáculo inicial para a Tesla. A preocupação mais imediata era a falta de infraestrutura para a recarga dos veículos. Muitos compradores, nas principais cidades do país, viviam em prédios altos, sem estacionamento nem vagas onde recarregar seus veículos. Isso os pressionou a apressar a abertura de estações Supercharger em Pequim e Xangai.

Apesar das dificuldades, Wu obteve avanços nos primeiros meses. No final de abril, Musk foi a Pequim para comemorar a entrega dos primeiros sedãs Modelo S a clientes locais em uma estação de carregamento instalada em um parque industrial. A Tesla descobriu que as motivações dos clientes chineses eram diferentes das motivações dos clientes californianos, que em grande medida foram seduzidos tanto pela ideia da Tesla como pelo carro em si. O consumidor chinês disposto a pagar 120 mil dólares por um carro esperava ter uma experiência de luxo – não um showroom básico sem nenhuma das mordomias encontradas nas concessionárias franqueadas do país, como salas VIP e petiscos. Alguns clientes insatisfeitos encenaram performances espalhafatosas para demonstrar a decepção com a marca: um homem reuniu repórteres na porta da loja de Pequim para vê-lo esmagar a marretadas o para-brisa de seu recém-adquirido Modelo S, em protesto pelo atraso na entrega.

Wu argumentou com Guillen que a Tesla precisava expandir suas vendas na China por meio do uso de varejistas parceiros, da mesma forma que a Apple fazia no país (ao contrário de suas lojas nos Estados Unidos, operadas pela própria Apple). Para Guillen, que sabia qual era a posição de Musk a respeito das franqueadas, essa proposta era inviável, uma carta fora do baralho. A ideia fundamental da Tesla era controlar as próprias experiências de vendas, e a empresa não abriria mão disso enquanto se aventurava em um novo e importante mercado. Apesar dos pesares, as vendas no terceiro trimestre na China ganhavam fôlego.

No entanto, quando o negócio parecia estar se firmando, Wu se viu diante de um problema inesperado. Musk fez uma mágica de marketing na Califórnia, no outono de 2014, e os clientes chineses, que a assistiram pela internet, começaram a se revoltar.

Tudo começou em outubro, quando Musk, depois de usar sua conta do Twitter para atiçar os fãs e insinuar a iminência de um anúncio, revelou em um evento que a Tesla em breve lançaria uma *nova* versão do Modelo S – com motor duplo. Musk prometia uma aceleração mais rápida – de 0 a 100 km/h em incandescentes 3,2 segundos, rivalizando com um supercarro McLaren F1. Começaria a lançar um software chamado Autopilot, um piloto automático que prometia usar inteligência artificial para controlar, em parte, a direção do carro. A autonomia do veículo também melhoraria.

"Esse carro é uma loucura", disse Musk. "É como decolar de um porta-aviões – é uma doideira. É como ter a sua própria montanha-russa para usar a qualquer momento." Nas telas sensíveis ao toque, os motoristas poderiam selecionar modos de direção chamados de "normal", "esporte" e "insano". A Tesla afirmou que os clientes dos Estados Unidos poderiam começar a fazer pedidos imediatamente, com entrega prevista para dezembro na América do Norte e pouco depois na Europa e na Ásia.

Sem entender nada, a equipe da China ficou embasbacada, sobretudo quando os clientes com pedidos pendentes do antigo Modelo S começaram a exigir a nova versão atualizada, em vez daquela que já haviam configurado. Demorava cerca de dois meses para um carro deixar a fábrica de Fremont e chegar de barco até a China, depois passar pela alfândega antes de chegar às mãos do cliente. Isso significava que a equipe de Wu tinha centenas de carros prestes a ser entregues e que haviam ficado imediatamente obsoletos. E o que era pior: não estava claro quando os novos veículos chegariam à China ou quais seriam os novos preços. Quando Wu e seus colegas entraram em contato com Palo Alto, constataram que a equipe dos Estados Unidos também não sabia responder a essas questões.

As montadoras de todo o mundo havia muito lidavam com as mudanças de modelos, já que a versão de vanguarda deste ano se torna a versão desatualizada no ano passado. A maioria das empresas tenta gerenciar os próprios estoques para que as concessionárias não fiquem abarrotadas de carros antigos. Os compradores de carros estão familiarizados com as liquidações de queima de estoque, e agosto costuma ser um bom momento para fechar negócios em modelos antigos. Esses descontos iam contra os valores de Musk em relação às vendas. Palo Alto queria se manter firme em sua política de vendas na China.

Mas a equipe de Wu se viu em apuros quando uma onda de cancelamentos de encomendas começou a acontecer em um ritmo alarmante. A chegada da Tesla na China estava à beira de ser uma empreitada natimorta. As vendas despencaram 33% no quarto trimestre, em comparação ao terceiro, e de acordo com um relatório de pesquisa de patrimônio líquido, quase 5% dos veículos que a Tesla importou para o país ficaram sem registro no final do ano. Guillen culpou Wu pela queda, isentando Musk e seu teatro. Ela foi sumariamente demitida. Como as vendas na China caíram ainda mais no início de 2015, Musk enviou um e-mail com uma ameaça clara: se eles "não encontrassem um caminho para o fluxo positivo de caixa no longo prazo", demitira ou rebaixaria gerentes.

Um ano depois de encomendar um Modelo S em Oslo, Varadharajan recebeu seu carro em meados de 2014. O executivo de TI norueguês não se arrependeu, maravilhado pela facilidade de recarregar o carro em casa e aproveitar as vantagens de nunca mais ter que visitar um posto de gasolina. A experiência que tivera enquanto cliente também tinha sido diferente de tudo o que ele vira na vida. Em uma viagem pela Europa, seu carro quebrou. Varadharajan ligou para o centro de serviços em Oslo e foi instruído a voltar de avião para casa, que a Tesla tomaria as providências para cuidar do carro. O centro de serviços se ofereceu até mesmo para pagar as despesas de seu voo. Varadharajan tinha ouvido histórias semelhantes de outros clientes na Noruega. Em junho de 2014, tornou-se presidente do Clube de Proprietários Tesla da Noruega, uma tentativa de construir uma rede de estações de carregamento para aumentar as que já eram operadas pela Tesla.

Em seu primeiro ano, Varadharajan admitiu que enfrentou alguns outros problemas com o Modelo S. As maçanetas paravam de funcionar, um problema muito comum, e vez por outra ele sentia um ou outro solavanco. Era fácil marcar um atendimento para ajustes, com pouco tempo de espera para reparos. Em 2015, no entanto, isso estava mudando. Às vezes demorava várias semanas para conseguir agendar um atendimento, e os reparos levavam vários dias, quando não semanas. Ele se lembrou de que outros sócios do fã-clube relatavam tempos de espera muito maiores.

Em Palo Alto, a equipe de Guillen sabia que havia um problema. Os dados mostravam que o tempo médio para consertar um veículo na Noruega era de sessenta dias, e em fóruns da internet alguns clientes reclamaram de esperas muito mais longas do que isso. (Na Califórnia, o tempo necessário na fila era superior a um mês.) De muitas maneiras, a Noruega foi o alerta de perigo da Tesla. Por causa dos subsídios governamentais destinados a fomentar as vendas de carros elétricos, os negócios da Tesla foram um estrondoso sucesso por lá. Ao contrário dos Estados Unidos, que, de acordo com um relatório de pesquisa sobre compradores de veículos novos de 2014, o comprador médio da Tesla tinha dois automóveis, na Noruega o carro elétrico era o veículo do dia a dia para muitas pessoas.

Era o caso de Varadharajan. Se a Tesla não fizesse alguma coisa, a situação na Noruega se agravaria ainda mais com a chegada do Modelo S, e pior ainda quando o veículo de terceira geração fosse lançado depois disso. Era exatamente o tipo de problema previsto por donos de concessionárias franqueadas em Massachusetts, no Texas e em outros estados, que ainda lutavam contra o sistema de vendas diretas da Tesla. Se os atrasos se espalhassem por todos os cantos dos Estados Unidos, a Tesla entregaria a vitória de mão beijada a seus concorrentes, sem mencionar que afugentaria novos clientes no momento em que a marca decolasse.

Bonnie Norman, a proprietária californiana do Roadster, começou a detectar uma mudança nos tipos de mensagens e no tom delas no site do fã-clube da Tesla que ajudava a moderar. Os novos compradores reclamavam de problemas com seus veículos, desabafando que não esperavam encontrar defeitos desse tipo em um carro tão caro. Ela acreditava no plano de Musk de popularizar os carros elétricos, mas começou a se preocupar com a necessidade de mais ajuda para recepcionar os convertidos no mundo dos proprietários de veículos elétricos.

Escreveu um memorando endereçado ao braço direito de Musk, Diarmuid O'Connell, sugerindo que a empresa desenvolvesse uma estratégia de educação mais robusta. Os leais proprietários de carros da Tesla que tinham formado fã-clubes em várias cidades, incluindo o que ela criaria em Sacramento e no lago Tahoe, poderiam ser uma ferramenta poderosa. Embora evitasse a publicidade tradicional, a Tesla começou a tentar incentivar os compradores a se tornarem embaixadores efetivos da marca. A empresa criou um sistema de código de referência para os proprietários repassarem a compradores em potencial, e o uso desses números lhes daria benefícios. Por sua vez, o proprietário ganharia pontos, quase como uma comissão por uma venda bem-sucedida, para adquirir outros produtos Tesla, incluindo futuras compras de novos automóveis. Norman estava prestes a comprar um Modelo X especial com seus códigos de referência.

"Existe um grupo de proprietários dispostos a fazer qualquer coisa por vocês – pessoas que fazem os próprios cartazes para eventos, organizam desfiles, alguns fazem até churrascos pra gente que atravessa o país de carro. Como vão fazer para usar essa paixão e energia a fim de educar o mercado do Modelo 3 de modo que, quando essas pessoas comprarem seu primeiro Tesla, não sobrecarreguem a empresa com perguntas e problemas gerados por ignorância?", Norman escreveu. "Como vão fazer para começar a apontar essa extraordinária arma da paixão do proprietário da Tesla para um problema que com certeza a Tesla terá no futuro?"

A dificuldade das vendas e operações de serviços globais estava começando a afetar Guillen. Musk havia começado 2015 com a ambiciosa meta de aumentar as vendas anuais da Tesla para 55 mil veículos, um salto de 74% em relação a 2014. Ao final do primeiro semestre, no entanto, a Tesla estava novamente aquém do ritmo de que precisaria para cumprir esse objetivo. A equipe de vendas estava se esforçando

– inclusive o líder dela. Exausto, Guillen se afastou de sua função e, por fim, deixou a empresa, no que foi descrito como uma licença sabática. Teve início mais um período de turbulência no departamento de vendas.

Naquela primavera, Musk assumiu diretamente o controle das vendas, e o conselheiro Antonio Gracias e seu parceiro Tim Watkins voltaram para Tesla a fim de tentar entender o problema a fundo. Tinham ajudado a construir o departamento de vendas desde o início, quando a comercialização do Roadster ainda estava meio capenga e, depois, quando o Modelo S precisou de um empurrãozinho mais agressivo. Mas, àquela altura, Gracias e Watkins estavam com dificuldades para ter novas ideias que incrementassem as vendas. As dúvidas entre os executivos do alto escalão, que especulavam se o teto de demanda para o Modelo S havia sido atingido, eram cada vez maiores. Musk recorreu a seus primos da SolarCity, pedindo que a empresa de painéis solares lhe cedesse o melhor vendedor que tivesse, Hayes Barnard, para ajudá-lo a diagnosticar o problema.

Barnard descobriu que parte do problema era que a equipe de vendas demorava semanas para fechar um negócio, um resquício de quando a organização considerava que seu papel primordial era educar os clientes, evitando técnicas menos sutis para pressionar o cliente a comprar. Musk queria rever essa metodologia, de modo que a equipe se concentrasse, em vez disso, em ações e abordagens de vendas para ir direto ao ponto e convencer rapidamente o cliente. Barnard convocou os vendedores de melhor desempenho da Tesla de todo o país e filmou as estratégias deles como parte de um programa de treinamento que seria implementado em todas as equipes de vendas da empresa no mundo inteiro.

Musk decidiu que precisava de um executivo para lidar com tarefas que não fossem de engenharia, as coisas que o entediavam e que anos antes havia repassado a Blankenship. À procura de um novo chefe de vendas, Musk recrutou outro consultor externo, John McNeill, que foi recomendado por Sheryl Sandberg, diretora de operações do Facebook. McNeill era amigo do falecido marido de Sandberg, e o nome dele veio à tona quando Musk acionou seus contatos no Vale do Silício em busca de conselhos sobrem quem contratar.

O empreendedor McNeill era diferente de muitas das outras grandes contratações dos últimos anos porque entendia os tipos de riscos que uma startup precisava correr. Quase uma década antes, a revista *Fast Company* incluiu McNeill na lista anual que fazia dos empreendedores mais inovadores por conta do trabalho que ele realizou liderando a expansão de uma rede de oficinas mecânicas chamada Sterling Collisions Centers Inc., que abriu quarenta unidades e chegou a fazer negócios da ordem de cerca de 120 milhões de dólares por ano. McNeill conseguiu isso aprimorando o inconveniente processo de consertar carroceiras de carros após acidentes automobilísticos. McNeill levaria para a Tesla uma compreensão aguda de como usar os dados para melhorar a experiência do cliente. Mesmo antes de assumir a função de presidente de vendas e outras áreas não ligadas à engenharia oficialmente na Tesla, começou a fazer paradas, em suas viagens, nas lojas da Tesla para entender melhor o processo de vendas. Em cada loja que visitava, fazia um test drive e deixava um endereço de e-mail diferente. Contudo, mesmo depois de aguardar algumas semanas, nenhuma das lojas entrou em contato para tentar fechar negócio. Desde os primeiros dias, a Tesla entendia que o test drive servia para que um cliente em potencial sentisse a diferença de um carro elétrico para um tradicional. Gracias e Watkins concatenaram todo o processo de vendas em torno desse test drive; era para ser o momento em que vendedor conquistava o cliente e fechava o negócio. Mas se ninguém estava entrando em contato com compradores em potencial para *tentar* fazer uma venda, ficou claro que a equipe de vendas havia perdido a disciplina.

O recém-contratado McNeill foi para a Noruega e, numa loja da Tesla, encontrou-se com Varadharajan e com membros do conselho executivo de seu fã-clube. Disse a eles que a Tesla estava trabalhando com empenho para consertar as coisas. O que McNeill não disse era que teria de encontrar maneiras de melhorar a experiência do cliente para além de apenas contratar um quadro de funcionários maior e abrir mais lojas e postos de atendimento. A Tesla não tinha o dinheiro para fazer o que seria realmente necessário quando o Modelo 3 chegasse. Em vez disso, sua equipe começou a olhar para os dados provenientes do Modelo S e percebeu que poderia identificar 90% dos problemas de serviço remotamente e consertar 80% na casa ou no escritório do proprietário, incluindo substituições de assentos e reparos de freios – quase tudo, menos a substituição das baterias e do sistema de transmissão. Em vez de gastar milhões de dólares para construir mais oficinas de serviço, a equipe de McNeill acionaria centenas de técnicos que iriam, em vans, realizar atendimentos domiciliares.

Observando o centro de serviços em Oslo, Varadharajan acreditou no comprometimento de McNeill: enquanto conversavam, viu dezenas de pessoas fazendo entrevista de emprego.

Capítulo 20

Bárbaros na garagem

Sentado no 14º andar da Trump Tower, no centro de Manhattan, Lawrence Fossi tinha a singular função de gerenciar o escritório particular de um dos bilionários mais pitorescos de Nova York. Embora já fosse quase septuagenário, seu patrão, Stewart Rahr, era um personagem excêntrico e extraordinário no cenário de festas de Manhattan desde que vendera sua empresa farmacêutica e se divorciara da esposa. As façanhas dele com modelos e celebridades eram publicadas em detalhes no tabloide New York Post. Quando não estava nas páginas dos jornais, Rahr desenvolvera o hábito de enviar e-mails relatando bombásticas e deliciosas fofocas de suas aventuras (juntamente de fotografias dele ao lado de celebridades como Leonardo DiCaprio, ou acompanhado de um bando de beldades em variados estados de nudez) a uma lista de centenas de famosos, jornalistas e colegas bilionários. Uma matéria de 2013 da revista *Forbes* trazia como subtítulo: "A saga hedonística e descontrolada do bilionário Stewart Rahr, rei supremo da diversão".

A vida de Fossi era mais sossegada. Ele era o cara por trás do homem. Tinha ralado para chegar até ali; crescera com seis irmãos e fora o primeiro da família a frequentar uma faculdade. Escolheu a Universidade Rice, em Houston, porque parecia o lugar mais longe possível de sua casa em Connecticut. Nascido em 1957, formou-se durante a era

Watergate e foi trabalhar em um minúsculo jornal semanal em Wilton, Connecticut, o tipo de trabalho em que podia fazer um pouco de tudo, desde reportagens sobre o governo local até a diagramação da primeira página. O mais importante: esse trabalho lhe permitia escrever. Um ano depois, foi cursar a faculdade de direito na Universidade Yale, de onde seguiu para um emprego no Vinson & Elkins LLP, um grande escritório de advocacia em Houston.

Lá ele se concentrou primeiro na área de negócios, mas acabou se especializando em contencioso comercial. Foi assim que conheceu Rahr. Em 1999, Rahr contratou Fossi como parte de um processo contra uma empresa de descarte de resíduos em que investira e pela qual se sentira lesado. De acordo com a ação judicial, os executivos da empresa haviam desviado para o próprio bolso quase 12 milhões de dólares do investimento de Rahr, que ganhou o processo e manteve contato com Fossi, a quem recorria em suas diversas necessidades legais. Quando chegou a hora de vender sua empresa farmacêutica, Rahr acionou Fossi novamente.

Após a venda, Rahr pediu a Fossi para gerenciar seu escritório na cidade de Nova York. No início, Fossi hesitou. Não se considerava um cara da área de investimentos. Não tinha diploma de administração, e seu histórico profissional na área de contabilidade era muito limitado. Sua experiência nos negócios era mais parecida com a de um patologista. Fossi passara uma carreira inteira lidando com litígios corporativos, diagnosticando as causas de problemas como fraude ou prevaricação. Mas contava com um trunfo decisivo para o trabalho: a confiança de Rahr.

Até que, em 2011, Fossi se mudou para Nova York. Foi a serviço de Rahr que, em 2014, teve início seu interesse pela Tesla, empresa que Fossi conhecia apenas superficialmente. Sabia que Rahr estava entre os primeiros fãs da marca, comprando várias unidades do Roadster anos antes. Mas quando Fossi começou a prestar mais atenção, algumas coisas na empresa não faziam muito sentido para ele. Assistiu a um vídeo de Musk na internet em que a Tesla anunciava seus planos de troca de bateria.

Para combater os demorados tempos de recarga de seus veículos elétricos – e na esperança de tornar a tecnologia atraente para o público mais amplo –, a Tesla propôs a seus motoristas um plano em que eles simplesmente trocariam as baterias quando chegassem ao fim de sua carga durante uma viagem. Empréstimos do governo federal dos Estados Unidos à Tesla custeariam esse tipo de plano e tornariam a empresa elegível para o aumento dos créditos fiscais concedidos na Califórnia para estimular o desenvolvimento de um sistema de recarga rápida. A ideia de Musk talvez parecesse bastante simples, mas para qualquer pessoa familiarizada com a situação dos veículos elétricos, era tudo, menos simples.

Em cima do palco naquele verão, Musk encantou, com uma performance marcante, a grande multidão reunida. Vestindo camiseta, calça jeans e jaqueta de veludo pretas, prometeu uma troca de bateria mais rápida do que encher o tanque de combustível de um carro normal. Ele descreveu as futuras "estações Tesla", nas quais os proprietários poderiam escolher entre uma recarga gratuita ou uma troca de bateria mais rápida, por um custo de talvez sessenta a oitenta dólares. "A única decisão que você precisa tomar ao chegar a uma de nossas estações Tesla é se prefere que seja rápido ou de graça", disse Musk, provocando risos na plateia.

Para provar isso, um Modelo S vermelho entrou no palco sob uma gigantesca tela de vídeo que mostrava um funcionário parando em um posto de gasolina para abastecer um Audi. A música eletrônica característica da empresa começou a tocar num volume alto. Projetou-se na tela um enorme cronômetro. Abaixo do Modelo S havia uma engenhoca que supostamente retiraria o pacote de baterias e o substituiria por uma nova, embora a plateia não conseguisse ver exatamente o que estava acontecendo sob o carro. Nesse ínterim, um cinegrafista acompanhava o motorista da Audi enquanto ele pegava a mangueira da bomba de gasolina e começava a encher o tanque. Musk ficou ao lado do palco e, de braços cruzados, observou a cena.

Depois de pouco mais de um minuto, Musk interrompeu para explicar: "Temos chaves de torque automatizadas, são as mesmas que usamos na fábrica; elas encontram o local onde os parafusos estão e os apertam automaticamente com a precisão específica de que cada um deles precisa, de modo que aplicam, em cada um, o torque certo de acordo com a especificação da bateria, toda vez que há uma troca de bateria".

Pouco mais de trinta segundos depois, o Modelo S estava pronto e alguém o dirigiu para fora do palco, debaixo de uma chuva de aplausos, enquanto o Audi continuava sendo reabastecido. Musk olhou para a tela e para o cronômetro que continuava avançando. "É, parece que ainda temos um tempinho extra", disse ele. "Vamos fazer mais uma vez." Um Modelo S branco entrou e se posicionou em meio a aplausos e risadas frenéticas. Mais segundos se passaram; o segundo Modelo S saiu de cena cerca de noventa segundos depois. "Lá no posto de gasolina estamos quase prontos", disse Musk à multidão. Mais segundos se passaram. "Sinto muito, não quero deixar vocês esperando... peço desculpas", falou Musk, enquanto o motorista do Audi terminava. A multidão viu o homem entrar de novo no carro e arrancar quase um minuto após a recarga do segundo Tesla.

Musk voltou ao centro do palco com um sorriso maroto e encolheu os ombros para os novos aplausos da multidão. Agradeceu o apoio dos fãs dizendo, como fazia com frequência, que a Tesla não estaria onde estava sem eles. "A questão aqui é convencer as pessoas que são céticas – algumas são mais difíceis de convencer", disse ele. "Então, o que realmente queríamos mostrar é que é possível que um carro elétrico seja mais conveniente do que um a gasolina... tenho esperanças de que é isso que vai convencer as pessoas, finalmente, de que os carros elétricos são o futuro."

Essa pode até ter sido a intenção de Musk, mas quando Fossi assistiu ao vídeo em seu escritório na Trump Tower, seu próprio ceticismo cresceu. Talvez fosse porque, tendo a possibilidade de analisar a gravação em retrospecto, assistiu-a sabendo que os turbulentos planos da Tesla para uma troca de bateria nunca tinham dado certo. A empresa acabou constatando que o interesse dos proprietários nisso era pequeno, alguns preocupados com a possibilidade de a própria bateria ser substituída por outra com defeito. O show parecia ter sido impulsionado, acima de tudo, por um desejo de ajudar a empresa a se qualificar para receber créditos regulatórios.

O que realmente chamou a atenção de Fossi, no entanto, foi o entusiasmo da multidão. "Me ocorreu que aquilo parecia muito uma religião", lembrou Fossi. Ficou maravilhado com a forma como Musk havia forjado uma narrativa de si mesmo como um grande visionário da tecnologia – aterrissando foguetes, revolucionando indústrias, tornando o mundo um lugar mais limpo. "Esse cara... era quase um pastor", disse Fossi. "Ele ergueu a tenda do avivamento e as pessoas vieram."

Desde que a Tesla abriu o capital e se tornou pública, havia os que questionaram os planos de Musk. As ações começaram a atrair os tipos de investidores que usavam manobras de mercado, como vendas a descoberto, para apostar contra a Tesla – pessoas que julgavam que as ações estavam supervalorizadas e, em última análise, cairiam de preço para corresponder ao seu valor real.

Um investidor típico compra ações de uma empresa pagando, digamos, 100 dólares cada, com a esperança de que com o tempo o valor aumente para, digamos, 105 dólares e elas possam ser vendidas com um lucro de cinco dólares cada. Os vendedores a descoberto fazem o oposto. Pegam emprestada a ação a 100 dólares cada e vendem-na imediatamente, apostando que o valor dela cairá, talvez, para 95 dólares, momento em que compram a ação de volta, devolvem-na ao proprietário original e embolsam a diferença de cinco dólares. É um jogo complicado, de um risco enorme. O máximo que um vendedor comprado pode perder nesse cenário é seu investimento de 100 dólares. Se a ação vendida subir não para 105 dólares, mas para, digamos, mil dólares, o vendedor a descoberto teria que comprá-la de volta pelo preço mais alto, perdendo novecentos dólares na venda. Em teoria, não há limite para o quanto ele pode perder.

Cerca de 20% das ações da Tesla estavam sendo negociadas por vendedores a descoberto em 2015, o que só acrescentou volatilidade a uma ação já tumultuada. O gráfico traçando a trajetória da Tesla desde seu primeiro trimestre lucrativo em 2013 até 2015 parecia uma montanha-russa que geralmente subia cada vez mais, mas numa ascensão pontuada por quedas acentuadas. Por exemplo, o investidor que segurasse uma ação da Tesla do início de 2014 até o final do ano teria visto um aumento de valor de quase 50% – um crescimento extraordinário. Mas teria sido uma aventura de arrepiar os cabelos. O ano começou com uma queda nos preços das ações de 7,4%, numa baixa de fechamento em meados de janeiro, na casa de 139,35 dólares. Em setembro, o preço havia se recuperado, mais do que dobrando para uma alta de fechamento de 286,05 dólares. No fim do ano, porém, despencou novamente, desta vez em 22%, terminando em 222,40 dólares.

Dependendo de quando um vendedor a descoberto faz suas apostas, pode lucrar com essas quedas periódicas. Com o passar do tempo, porém, conforme as ações da Tesla tendiam para cima, ficou evidente que a venda a descoberto era uma aposta perdedora. Nos anos entre a IPO da Tesla e 2015, as posições vendidas registraram perdas estimadas de quase 6 bilhões de dólares. Apesar disso, muitos vendedores a descoberto permaneceram confiantes de que os números da Tesla estavam prestes a aumentar. Nesse ínterim, o ano de 2015 provava ser outra jornada de revirar o estômago.

Os vendedores a descoberto gostam de trabalhar com os eventos de uma empresa, como a divulgação dos balanços financeiros trimestrais ou o lançamento de um novo produto. Estão sempre à procura de uma notícia que o mercado considere ruim e que desencadeie uma liquidação. Mas muitos ficam num perrengue, especialmente se virem uma ação que continua a subir. Alguns vendedores a descoberto, sentindo a pressão, começam a se unir para atacar uma empresa – por meio da mídia, fóruns de investidores on-line e, cada vez mais, no Twitter – tudo como parte de um esforço para mudar a narrativa de uma empresa, para destacar os pontos negativos em torno de seu negócio ou revelar uma falha que os investidores normais talvez não reconheçam. Essencialmente, tentam assustar os investidores e reduzir o preço pretendido das ações.

Um dos vendedores a descoberto mais lendários de Wall Street nas últimas gerações consolidou sua fama ao prever o colapso da Enron Corporation. Jim Chanos se interessou pela Enron no outono de 2000, depois de ler, na seção de notícias sobre o Texas do *The Wall Street Journal*, um artigo que dizia que a empresa estava turbinando seus lucros por meio de relatórios em que informava como receita corrente ganhos não realizados e não monetários em contratos de energia de longo prazo – manipulando projeções para rendimentos futuros, a Enron, essencialmente, adicionava a seu balanço receitas que só veria depois de cerca de vinte anos. Os analistas de Jim investigaram mais a fundo, e ele chegou à conclusão de que a Enron era um "fundo de hedge disfarçado" que usava o comércio de energia, em vez da distribuição de energia, para gerar a maior parte de seus ganhos. Segundo os cálculos de Jim, a Enron não era um fundo de hedge muito bom. Exigia-se uma quantidade cada vez maior de capital para se ter resultados modestos. A matemática da coisa sugeria que a Enron gerava uma taxa de 7% de retorno anual, mas com um gasto de mais de 10%.

Deu suas opiniões sobre a Enron em uma conferência para outros vendedores a descoberto no início de 2001, na esperança de despertar interesse. Recebeu uma ligação de Bethany McLean, então repórter da revista *Fortune*, e a ajudou a montar a história. Enquanto a pressão crescia sobre a Enron em 2001, o início da derrocada foi marcado por uma teleconferência entre o CEO Jeffrey Skilling e analistas do setor. Um deles perguntou por que a Enron não apresentava um balanço patrimonial junto com seus relatórios de ganhos, da mesma forma como as outras empresas faziam. Skilling chamou o analista de "babaca". Oito meses depois, a Enron pediu concordata. A revista financeira *Barron's* descreveu a venda a descoberto de Jim Chanos como "certamente a maior aposta de mercado da década, se não dos últimos cinquenta anos".

A ascensão de Jim Chanos só não foi menos improvável do que a de Fossi. Filho de greco-americanos de segunda geração que eram donos de lavanderias em Milwaukee, Jim havia estudado economia em Yale e em seguida conseguido um emprego em Chicago na corretora Gilford Securities. Chamou a atenção por fazer uma recomendação de venda sobre uma empresa chamada Baldwin-United, palpite que ia na contramão da opinião convencional de analistas concorrentes, que estavam otimistas sobre a alta da lucratividade da empresa. Jim chamou a empresa de "castelo de cartas", fadada à falência devido a muitas dívidas, contabilidade instável e fluxo de caixa negativo. Pouco mais de um ano depois, provou-se que Jim Chanos tinha razão, quando a empresa entrou com um pedido de concordata e recuperação judicial, perdendo 6 bilhões de dólares em valor de mercado. Jim foi aclamado pela editoria do *The Wall Street Journal* e em outras mídias por sua aposta corajosa. Criou seu próprio fundo e teve sucesso contínuo no início da década de 1990, vendendo a descoberto bancos regionais e outras instituições financeiras expostas ao colapso do mercado imobiliário nos estados do Texas, Califórnia e Nova Inglaterra. Obteve sucesso também nas vendas a descoberto do reino de títulos de alto risco de Michael Milken. No mesmo período, viu seu fundo subir duas vezes mais que o índice S&P,* mais do que quadruplicando em valor, até que sua sorte acabou em 1991, quando o mercado geral azedou. Ao longo dos anos, Jim tinha feito algumas apostas ruins. Assumiu uma posição vendida a descoberto contra a McDonnell-Douglas nos anos 1990. Apostou errado também ao interpretar os balanços patrimoniais da America On-line como os de uma empresa em apuros. A America On-line aproveitou o sucesso da internet na década de 1990.

No geral, entretanto, Jim Chanos provou ser um operador verdadeiramente extraordinário e presciente. O colapso financeiro global de 2008 foi bom para sua empresa, a Kynikos Associates – cujo nome homenageia a palavra em grego antigo para "cínico". A empresa atingiu o pico em 2008 com quase 7 bilhões de dólares em ativos. A revista *New York* traçou um perfil de Jim em um longo artigo, repleto de histórias sobre suas disputas contra o Goldman Sachs e outros e definindo-o como o "capitalista da catástrofe". Outros o compararam ao "LeBron James do mundo das vendas a descoberto". À medida que a reputação de Chanos crescia, o mero anúncio de que ele estava interessado em

---

* Abreviação de *Standard and Poor's*, é um dos principais índices do mercado financeiro mundial. (N. T.)

uma empresa com uma posição de venda a descoberto poderia alterar o desempenho de uma ação.

Em seu entusiástico fervor, Jim Chanos era capaz de adotar um tom de virtude e integridade acerca do lugar que ocupava no ecossistema de investimentos de Wall Street. Declarou a um repórter que estava "convencido até a parte mais profunda de meus ossos que a venda a descoberto desempenha o papel de um cão de guarda financeiro em tempo real. É um dos poucos freios e contrapesos do mercado".

Em 2015, no entanto, o fundo de hedge de Jim enfrentava novas dificuldades. Uma das partes interessadas retirou dinheiro do fundo; Jim o abriu para investidores externos. Além disso, no mesmo ano, começou a fazer muito alarde sobre os negócios de Musk. Em janeiro, durante uma entrevista ao canal de notícias de negócios CNBC, questionou a Tesla, advertindo que as ações da empresa eram avaliadas com base nos lucros projetados para 2025, enquanto a montadora lutava para prever seu trimestre seguinte. "A essência desse produto [a bateria] é feita pela Panasonic", disse ele. "[A Tesla é] uma empresa de manufatura. É uma montadora automobilística. Não é uma empresa que vai mudar o mundo."

Não era assim que Musk estava pintando o futuro da Tesla naquele inverno. Em fevereiro, numa reunião com analistas, Musk traçou um caminho de como a Tesla poderia valer 700 bilhões de dólares, ou quase o mesmo que a Apple na época. "Vamos gastar espantosas quantias de dinheiro", disse ele. "Por um bom motivo e com um ótimo retorno sobre o investimento." Reiterou que a Tesla veria uma taxa de crescimento de 50% ao ano durante uma década, com uma margem operacional de 10% e uma relação preço/lucro de 20%. A matemática dele sugeria um crescimento sem precedentes na indústria automobilística, bem como uma avaliação inacreditável para a maioria das empresas. Simplesmente não fazia sentido para os céticos, sobretudo para uma empresa que tivera um pequeno lucro apenas uma vez, durante um único trimestre em 2013. Na melhor das hipóteses, as afirmações de Musk soaram como bravata. Na pior das hipóteses, ele estava blefando, fazendo uma aposta alta, embora tivesse cartas fracas na mão.

Em agosto, Jim Chanos voltou ao CNBC, onde anunciou que estava vendendo a descoberto ações da SolarCity. Na teia de seus negócios, Musk via a SolarCity como um produto e serviço complementares, cujos painéis solares gerariam a energia para movimentar os carros Tesla. Se essa visão era plausível ou não, a questão bem mais imediata para a empresa eram seus fundamentos. A SolarCity instalava painéis solares em residências e estabelecimentos, e o núcleo de seu negócio era ir de porta em porta fazendo vendas, mas também financiar a compra ao longo de vinte anos. Essa escala de tempo poderia se mostrar uma enorme complicação, porque tecnologias mais novas estavam fadadas a surgir. Chanos equiparou o negócio a uma firma de empréstimos baseados em subprimes, pela forma de financiamento dos painéis, tratados essencialmente como um passivo ligado à propriedade. "Você basicamente aluga os painéis da SolarCity. Eles os instalam na sua casa e recebem um pagamentos pelo aluguel. Então, de fato, se você instala painéis, faz uma segunda hipoteca de sua casa, porque espera que seja um ativo, mas em muitos casos se transforma em um passivo." A SolarCity estava queimando dinheiro e acumulando dívidas. "É uma mercadoria muito assustadora", disse Chanos.

Como ele certamente já esperava, nesse dia as ações da SolarCity despencaram.

Se a SolarCity enfrentava problemas, o império de negócios de Musk também estava encrencado. A empresa de painéis solares, juntamente com a Tesla e a SpaceX, representava uma pirâmide em cujo topo Musk se sentava – pelo menos era o que ele pensava. Se parte dessa pirâmide começasse a desmoronar, a coisa toda corria o risco de cair. As finanças pessoais de Musk e de suas empresas estavam entrelaçadas em um complicado nó. Desde que a Tesla se tornara pública, as finanças pessoais de Musk haviam ficado mais turvas à medida que ele aumentava seus empréstimos. Havia feito empréstimos pessoais dando como garantia 25% de suas ações da Tesla e 29% de suas participações na SolarCity. Tinha uma linha de crédito no Goldman Sachs e no Morgan Stanley totalizando 475 milhões de dólares, quantia que, em parte, havia usado nos últimos anos para comprar ações na Tesla ou SolarCity a fim de potencializar essas empresas. Se as ações da SolarCity afundassem, Musk provavelmente teria que desembolsar dinheiro ou mais ações para deixar os bancos felizes. Havia muito ele detestava a ideia de se desfazer de quaisquer ações da Tesla, e fazia isso apenas em raras ocasiões, como quando pagou o empréstimo da SpaceX que usara para evitar a falência da Tesla em 2008. Sua posição como a maior acionista da Tesla o ajudara a manter um firme controle sobre a montadora. Quanto mais sua participação acionária minguasse, mais vulnerável ele estaria a uma aquisição ou a ser destituído como CEO. Depois de mais de uma década, Musk conseguiu evitar perder o controle da Tesla da mesma maneira que tinha ocorrido na PayPal. O sucesso da Tesla em levantar o dinheiro de que precisava para pagar pela expansão parecia cada vez mais entremeado com a personalidade pública de Musk.

No outono, Musk e sua família sentiram o risco de toda a volatilidade das ações da SolarCity; todo o castelo de cartas estava à beira de desabar. Kimbal Musk, membro do conselho diretivo da Tesla, administrava suas finanças pessoais da mesma maneira que seu irmão mais velho. No final de outubro, quando o valor das ações da SolarCity caiu pela metade considerando o valor do início do ano, Kimbal recebeu de seu banco uma chamada de margem, um pedido de garantia financeira para que depositasse mais dinheiro, de modo a cobrir as perdas que já havia acumulado. "Hoje eu fiquei tão nervosa que dava pena de ver", a consultora financeira de Kimbal, Karen Winkelman, escreveu a ele sobre as ações da SolarCity. Kimbal estava em apuros, pois queria expandir um restaurante no qual havia investido, mas tinha poucos fundos disponíveis. Ele disse à consultora financeira que pediria emprestado a Elon.

O Musk mais velho, no entanto, não gostou do pedido. "Você sabe que na verdade eu não tenho dinheiro, certo?", Elon escreveu, irritado. "Tenho que pedir emprestado."

A família Musk mantinha ligações profissionais havia vários anos. Musk ajudara seus primos Lyndon e Peter Rive a fundar a SolarCity em julho de 2006, o mesmo mês em que a Tesla apresentou o Roadster no aeroporto de Santa Monica. Nesse evento, um fato passou despercebido pelo público presente: Musk mencionou que sua visão para a Tesla estaria ligada à geração de energia do sol por meio de painéis solares. Além disso, em seu plano-mestre para a Tesla divulgado no mês seguinte, Musk falou sobre futuras parcerias entre a montadora e a SolarCity.

Em teoria, o negócio solar era simples. Proprietários de casas e donos de empresas tinham duas opções quando se tratava de adquirir um sistema de painéis solares. Poderiam investir cerca de 30 mil dólares, que normalmente era o preço para instalar o equipamento em uma casa, e assim seriam elegíveis para receber quaisquer eventuais créditos fiscais federais – na época, 30% do custo do sistema. Ou poderiam alugar o sistema. Se optassem pelo aluguel, receberiam um pagamento mensal baixo, mas não o crédito fiscal, que, em vez disso, iria para a organização que financiou a compra do sistema.

Na prática, como Jim mencionou no canal CNBC, a SolarCity evoluiu para se transformar uma complicada operação financeira que consistia basicamente em duas empresas trabalhando juntas: uma que vendia e instalava sistemas fotovoltaicos; e uma que criava veículos de investimento, vendendo os direitos a incentivos fiscais do governo e outros benefícios associados a esses sistemas de energia solar.

O esquema exigia muito dinheiro. A SolarCity, que abriu seu capital em 2012, quase dois anos após a Tesla, nunca havia obtido lucro consolidado naquela época. Perdeu 1,5 bilhão de dólares de 2009 a 2015 e levantou dinheiro por meio da venda de ações e emissão de títulos de dívida. A SolarCity adotava a filosofia de Musk de trabalhar com pouco dinheiro, o que, ele acreditava, obrigava os executivos a administrar as próprias operações de forma eficiente e os forçava a encontrar soluções criativas – além de evitar a diluição ainda maior de sua participação acionária. Mas o aperto estava à beira de ser drástico *demais*. Quando vendedores a descoberto, a exemplo de Jim, começaram a colocar a SolarCity na mira em 2015, Musk usou a SpaceX para ajudar a melhorar as finanças da SolarCity, comprando 165 milhões de dólares em títulos da empresa de energia solar. Foi a única vez que a SpaceX investiu seu dinheiro em uma empresa de capital aberto.

Ao falar sobre a SolarCity, Jim não se esqueceu da Tesla. Tinha a teoria de que a alta rotatividade de executivos era um sinal de problemas dentro de uma empresa. Nos últimos anos, Musk havia queimado vários conselhos gerais, e por fim acabara escolhendo o próprio ex-advogado de divórcio, Todd Maron, para lidar com assuntos corporativos; Deepak Ahuja se aposentou como diretor financeiro no final de 2015, quando supostamente a produção do Modelo X estava pronta para decolar e vários líderes do Autopilot, a iniciativa de veículo semiautônomo da empresa, discretamente pediram demissão. Alguns meses depois de seus comentários sobre a SolarCity, Jim Chanos apareceu na rede de TV Bloomberg. Mencionou a gritante diferença no valor de mercado da BMW em comparação com a Tesla. A BMW vendia dois milhões de veículos por ano, ao passo que a Tesla alegava que se plano era fazer 55 mil em 2015. Os investidores, no entanto, empurraram o valor das ações da Tesla para cima, tão alto que a empresa de carros elétricos valia cerca de metade da BMW.

"É uma empresa de automóveis superfaturada", disse Chanos sobre a Tesla. Também advertiu que outras montadoras estavam fazendo planos para carros elétricos e em breve alcançariam a Tesla. "Eles vão precisar se tornar uma fabricante de automóveis, e dar este passo é muito mais difícil do que ser uma queridinha do setor de alta tecnologia."

Na Trump Tower, Larry Fossi tinha suas próprias suspeitas. Em casa, à noite e nos fins de semana, começou a pôr em palavras os próprios pensamentos sobre a Tesla. Cogitou a ideia de publicar sua tese no *Seeking Alpha*, site dedicado a divulgar conteúdo para investidores. Entretanto, queria fazer isso de forma anônima. Queria, também, a sensação de que estava arriscando a própria pele, o que o levou a apostar contra a Tesla.

Ele precisava de um pseudônimo. Apaixonado pelo estado de Montana, onde planejava se aposentar, adotou "Cético de Montana". Como avatar, escolheu um desenho de Galileu Galilei, o astrônomo condenado como herege pela Igreja Católica por seu conceito do sol como o centro do universo (o que, no fim das contas, descobriu-se estar correto). No final de 2015, publicou o primeiro artigo, intitulado "Por que a Tesla não vai conseguir cumprir a previsão de Elon Musk sobre o prazo de entrega do Modelo X". Eram nove páginas de uma análise crítica das ambiciosas metas de produção de Musk e de seu histórico de erros. Algumas semanas depois, também como "Cético de Montana", Fossi publicou outra análise, alertando que o Modelo 3 estava a caminho de uma enrascada.

Capítulo 21

Trabalho de parto

Uma escarpada cordilheira que chega a seiscentos metros de altitude se ergue acima da imensa fábrica da Tesla em Fremont, Califórnia. Durante os meses úmidos de inverno, as colinas sem árvores ficam verde-esmeralda, contrastando vividamente com a pintura branco-brilhante da fábrica e as elegantes letras cinza com que o nome Tesla está escrito na placa. A construção nunca pareceu tão convidativa durante as quase duas décadas em que Richard Ortiz trabalhara lá, na vida anterior da instalação. Mesmo assim, desde criança, sonhava em trabalhar naquela fábrica de automóveis. Foi um sonho que seu pai não conseguiu realizar, e que parecia improvável para Ortiz quando chegou ao ensino médio.

A General Motors abrira aquela fábrica em 1962, quatro anos antes de Ortiz nascer, como parte da estratégia da montadora de Detroit de construir carros e caminhões perto de onde os clientes os compravam, de modo a economizar nos custos de transporte dos veículos. Gerações de famílias eram ligadas à vida de classe média que a fábrica proporcionava. Na década de 1980, porém, esse sistema entrou em perigo. As montadoras norte-americanas passaram a enfrentar o aumento da competição de concorrentes japonesas, como a Toyota, e, como resultado de anos de má gestão, os carros estadunidenses sofriam quando comparados aos nipônicos.

Em 1982 a GM fechou várias fábricas, incluindo a de Fremont, tida como uma de suas unidades de pior desempenho, com reputação de uma força de trabalho durona e organizada sob a bandeira da central sindical United Auto Workers (UAW), congregação dos sindicatos dos trabalhadores da indústria automotiva dos Estados Unidos. Na época, os trabalhadores chamavam a fábrica marrom-esverdeada de "navio de guerra", e durante gerações até seu fechamento, lá ocorreram conflitos intermináveis. Os trabalhadores utilizaram todos os truques possíveis para demonstrar poder aos administradores da General Motors – greves mascaradas por dispensas por motivos de saúde, operações tartaruga, paralisações sem aval do sindicato. As faltas diárias chegavam a 20% da equipe. Quando a fábrica fechou, o sistema da GM registrava mais de seis mil reclamações trabalhistas pendentes.

Mesmo quando ainda era adolescente, Ortiz entendia o poder da UAW. Como parte de um projeto escolar, leu um livro sobre a vida de Walter Reuther, o fundador do sindicato. Sonhava em um dia se tornar o presidente de uma filial local da UAW.

A fábrica se salvou em 1984. A Toyota pretendia iniciar atividades nos Estados Unidos, mesmo enfrentando temores protecionistas cada vez maiores. Uma confluência de necessidades levou a General Motors e a Toyota a pensar na possibilidade de uma parceria numa fábrica. A GM estava ávida para aprender sobre o lendário sistema de manufatura da Toyota; a montadora japonesa, por sua vez, não sentia tanta confiança de que funcionaria com trabalhadores norte-americanos. Por fim chegou-se a um acordo para reabrirem, juntas, a fábrica de Fremont, reaproveitando muitos dos ex-operários da GM. Os operários que retornaram acabaram encontrando um ambiente muito diferente. A fábrica foi renomeada como NUMMI, acrônimo de New United Motor Manufacturing Inc., propriedade conjunta da GM e da Toyota. A montadora japonesa trouxe consigo centenas de instrutores nipônicos para ensinar os métodos que utilizavam à mão de obra da Califórnia, enfatizando melhoria contínua, respeito pelas pessoas e trabalho padronizado. O sistema esperava que os gerentes tomassem decisões que fossem melhores a longo prazo, não apenas para consertar problemas imediatos. Na concepção japonesa, o trabalho deveria ser realizado com o menor número possível de movimentos. A linha de montagem se movia a uma velocidade constante, com a expectativa de que cada etapa ocorresse dentro de um intervalo de sessenta segundos. Os trabalhadores eram incentivados a puxar um cabo pendurado no teto para interromper a linha de montagem se vissem algum problema. O mantra era fazer o trabalho corretamente na primeira vez para evitar a chance de surgirem defeitos no futuro.

Teoricamente, tudo fazia sentido. O desafio era fazer a coisa funcionar na prática, sobretudo porque os gerentes eram pressionados a cumprir as cotas de produção diárias. Os gerentes executivos tinham que viver de acordo com esses princípios. Em 1991, quando constataram que a consistência estava deixando a desejar, os gerentes penduraram faixas e distribuíram botões para encorajar os trabalhadores a se concentrarem na qualidade. Naquele ano, a fábrica ganhou o prestigioso prêmio do J. D. Power* pela qualidade de seus veículos.

Ortiz foi contratado em 1989. Por ter pouco tempo de filiação no sindicato, primeiro foi enviado para a oficina de pintura em vez de trabalhar como soldador, ofício no qual tinha formação técnica. A oficina de pintura era um trabalho difícil, que abriu seus olhos para o mundo além de Fremont. A forte crença da administração japonesa no treinamento lhe deu uma visão ampla do negócio, incluindo uma instrutiva viagem à cidade de Toyota. Também aprendeu a atuar dentro da UAW, chegando ao nível de comissário local, cargo poderoso em que era incumbido de garantir o cumprimento do contrato do sindicato. Conseguiu empregos para seus familiares na NUMMI, comprou uma casa e criou uma família. Estava satisfeito em saber que tinha deixado seu pai orgulhoso. "Ele se gaba de você o tempo todo", diziam familiares e amigos de Ortiz.

Depois de quase vinte anos, em 2006, ele saiu. Estava frustrado com a política do lugar e passava por alguns momentos difíceis com a esposa, cuja imagem havia tatuado no braço direito. Depois que se separaram, Ortiz procurou treinamento para se qualificar em reparos de colisões. Em muitos aspectos, foi um acaso feliz em um momento oportuno: a indústria automobilística entrava em declínio de 2008 a 2009, e o plano de reorganização da GM após declarar falência incluía abrir mão de sua participação na fábrica NUMMI. Alegou que as finanças da fábrica não funcionavam sem a GM, e a Toyota começou a se livrar dela em 2010. O fim da NUMMI foi doloroso para seus trabalhadores, muitos dos quais responsabilizavam a liderança sindical por suas desgraças. A promessa do envolvimento da Toyota era de que teriam empregos para o resto da vida. A estabilidade média dos quase cinco mil trabalhadores da fábrica

---

* O J. D. Power é um instituto norte-americano que faz pesquisas para avaliar a satisfação dos consumidores. (N. T.)

acabou sendo de 13,5 anos, com média de idade de 45 anos. Ortiz viu a luta de familiares para encontrar novos empregos.

Quando adquiriu a fábrica em 2010, a Tesla não precisava de milhares de trabalhadores, uma vez que sua produção era menor e enfatizava a automação. Além do mais, Ortiz não estava muito interessado em voltar para a fábrica, onde as lembranças pessoais ainda estavam muito frescas. Nos anos seguintes, caiu e bateu a cabeça, o que resultou no descolamento de suas retinas. Acordou da queda cego e não sabia se voltaria a enxergar. Foi submetido a uma cirurgia que exigiu uma recuperação exaustiva, incluindo manter a cabeça em uma posição específica por horas a fio. Curou-se e sua visão voltou. "Quando acordei após a cirurgia, conseguia enxergar", disse ele. "Todos os problemas que eu tinha já não eram mais problemas."

Enquanto se adaptava à vida após o acidente, passou de carro pela fábrica com seu filho num certo dia de dezembro de 2015. "Por que você não se candidata a uma vaga?", perguntou o filho. Naquela noite, Ortiz entrou na internet para fazer isso. Novamente, foi a decisão certa na hora certa. A Tesla precisava desesperadamente de trabalhadores em meio a uma batalha para aumentar a produção do Modelo X. Poucos dias depois, Ortiz entrou na fábrica, de novo, pela primeira vez em anos.

Ao entrar, percebeu que as coisas haviam mudado. Embora o esqueleto do prédio fosse o mesmo, era diferente de tudo o que ele já tinha visto lá antes – de muitas maneiras. Os cantos escuros e as paredes sujas tinham sumido. Os pisos tinham sido pintados de branco e tudo parecia novo e brilhante. Novas janelas haviam sido instaladas. Durante a orientação, falaram sobre como a Tesla estava revolucionando a indústria automobilística, focando-se na construção de carros melhores do que nunca. "Era o sonho para qualquer operário de montadora", lembrou ele.

Ao se estabelecer na linha de montagem geral, Ortiz começou a se sentir em casa. Rapidamente aprendeu os macetes de sua função e foi sendo transferido para tarefas cada vez mais difíceis. O pagamento não era tão bom quanto ele se lembrava. Agora ganhava 21 dólares por hora, em comparação com os 27 dólares de quando deixara a fábrica da GM-Toyota. Teve também a sensação de que, apesar da pintura reluzente e das conversas animadas, as coisas não eram tão alegres quanto pareciam. Detectou a ansiedade que irradiava de seus colegas.

Ortiz não sabia ainda, mas havia chegado a Fremont em um momento perigoso. Toda a adulação em torno do Modelo S havia inflado a convicção da Tesla nas capacidades da empresa. Elon Musk vendera aos investidores um sonho do que ainda estava por vir com seu carro de terceira geração – um sonho que basicamente presumia que tudo estava em ordem com o Modelo S e com o Modelo X, quando na verdade as coisas ainda estavam longe disso.

Muito antes de Ortiz chegar à fábrica da Tesla, as sementes dos problemas começaram a ser plantadas. Assim como a equipe de Peter Rawlinson havia tido dificuldade para saber quando parar de trabalhar no Modelo S – e entregar os projetos para que a fábrica começasse a construir –, o Modelo X se mostrou igualmente caótico. Com o Modelo S, a pressão externa acabou pesando: a Tesla estava ficando sem dinheiro. Precisavam colocá-lo em produção para gerar receita. Em 2014, a Tesla se viu em uma nova posição. Em meio a excelentes avaliações da imprensa especializada, o Modelo S estava gerando caixa e, por um momento em 2013, lucro. Musk ficou confiante – talvez confiante até demais. Queria que o Modelo X fosse um carro ainda mais extraordinário. As equipes de engenharia e de manufatura visitaram o estúdio de design de Franz von Holzhausen em Hawthorne, onde aparentemente todas as novas ideias pareciam florescer. Preocupações sobre a incapacidade dos fornecedores de dar conta do recado ou sobre as limitações da fábrica rapidamente entraram na roda para engrossar o caldo da situação perigosa.

Musk tinha especial aversão a desculpas sobre tempo. Tentava entender a fundo, por exemplo, por que uma peça não poderia ser feita no tempo proposto. Em um ou outro caso individual, talvez estivesse certo. Por que esse fornecedor específico *não conseguia* acelerar as coisas? Entretanto, à medida que as solicitações para fazer o impossível cresciam, e como cada vez mais o veículo dependia de prazos inéditos, os riscos de falhas se acumulavam e se empilhavam uns sobre os outros.

Havia a questão do para-brisa dianteiro, que era muito maior do que o de outros carros, e obrigou a equipe a vasculhar o mundo em busca de um fornecedor. Por fim encontrou-se um, na América do Sul, que atendia aos requisitos.

Os bancos da segunda fileira eram um desafio. Para que fosse possível que resistissem a colisões, tinham que atender a certos requisitos de carga. Na maioria dos carros, os assentos são parafusados no chão nos quatro cantos. O cinto de segurança também costuma ser preso a um pilar estrutural. Mas na visão de Musk, o Modelo X deveria ter espaço para que a pessoa entrasse sem esforço na terceira fileira, com bases independentes de modo que cada passageiro pudesse ajustar seu banco sem precisar mover toda a fileira. Queria que os assentos da segunda fila parecessem pairar em seus pontos. Não queria cintos de segurança desajeitados estendendo-se de cima a baixo através da entrada na parte de trás. Tudo isso exigia um assento com um design especial preso ao chão por meio de seu próprio pilar. Executar essa ideia estava se mostrando mais difícil do que se imaginava.*

Todas essas dificuldades, no entanto, pareciam nem existir quando comparadas às portas traseiras "em asa de falcão". Peter Rawlinson alertou Musk sobre elas no final de 2011, mas as palavras dele haviam sido esquecidas havia muito. Na primavera de 2015, a equipe estava se esforçando para tentar descobrir como fazê-las se abrir para cima como as asas de um pássaro em pleno voo. O sistema hidráulico não passava no teste; vazava água nos passageiros. Sterling Anderson, pesquisador do Instituto de Tecnologia de Massachusetts (MIT) que chamou a atenção por seu trabalho em carros autônomos, foi contratado no final de 2014 como gerente de programa do Modelo X e discretamente encabeçou a engenharia de um novo design para as portas, que usaria um sistema eletromecânico menos complicado. Musk gostou e ordenou a mudança de última hora.

Mudar o design da porta tão em cima da hora era arriscado. Exigiria ajustes na carroceria do veículo, o que por sua vez acarretaria a criação de novas matrizes. Normalmente, isso poderia levar nove meses, seguidos por três meses de ajustes das ferramentas, para fazer as peças adequadas. Mas eles não tinham um ano; a produção estava marcada para começar em apenas alguns meses. Tudo isso ocorria enquanto a equipe tentava fazer a transição do inovador sistema de carrinhos de Gilbert Passin para uma linha de montagem real, a fim de lidar com as crescentes demandas da produção. Mais uma vez, a Tesla tentava construir o avião em plena decolagem.

A fábrica foi em frente usando as ferramentas antigas, e fez algumas dezenas de versões do SUV para o teste final antes de iniciar a produção oficial. Os carros eram quase impossíveis de se construir. O aspecto deles era horrível, com grandes lacunas entre as partes. Mas a equipe não tinha escolha. Precisavam montar as primeiras dez unidades para

---

* Musk acabou ficando tão insatisfeito com os assentos que ordenou que a empresa começasse a fabricá-los por conta própria — processo caro e demorado que mais tarde resultaria em uma fábrica.

serem entregues aos clientes em um evento comemorativo do início da produção do Modelo X, previsto para o final de setembro de 2015.

Os veículos foram levados a uma oficina dos fundos e desmontados para que os engenheiros e as equipes de design pudessem reconstruir manualmente os SUVs. As peças tinham que ser refeitas. Munidos de facas, os operários entalharam à mão a vedação das portas. Trabalharam vinte e quatro horas por dia durante duas semanas apenas para preparar os primeiros SUVs. Na véspera do evento, os carros ainda estavam infestados de problemas e defeitos. O ensaio geral foi um desastre – na maioria dos carros, falhas provocavam o mau funcionamento das portas. Os programadores de software usavam laptops para descobrir por que as portas não abriam. Musk manteve a frieza sob pressão, incentivando a equipe a fazer o que fosse necessário para a apresentação, garantindo que poderiam resolver os problemas reais depois.

Na noite do show, Musk subiu ao palco vestindo as roupas que eram sua marca registrada: calça jeans, jaqueta de veludo preta e sapatos reluzentes. Iniciou sua apresentação de acordo com o que estava se tornando a norma: recapitulando os motivos pelos quais a Tesla estava fazendo o que estava fazendo. "É importante mostrar que qualquer tipo de carro pode ser elétrico", disse ele. "Com o Roadster, mostramos que é possível fazer um carro esportivo atraente e que pode ser elétrico, e mostramos que dá para fazer isso com um sedã. Agora vamos mostrar que é possível fazer isso com um SUV." Em seguida, ao som da música eletrônica, os SUVs apareceram.

A equipe nos bastidores prendeu a respiração quando chegou a hora de revelar o funcionamento das portas. O principal recurso do carro estava sendo testado como nunca antes. Uma falha poderia transformar todo o trabalho árduo em empregos perdidos.

As portas funcionaram.

Mais uma vez tinham escapado por um triz, mas, assim como em 2012, momento em que a empresa havia celebrado o início da produção do Modelo S, a Tesla não estava nem sequer remotamente pronta para alcançar os números de produção que Musk vinha prometendo. Ele declarou a Wall Street que a Tesla faria de quinze a dezessete mil veículos nos últimos três meses de 2015, algo entre 1.250 e 1.400 carros por semana.

Coube a Greg Reichow, chefe de manufatura, e seu vice, Josh Ensign, ex-oficial do exército que entrou na Tesla em 2014, descobrir como dar um jeito de transformar essas promessas em realidade. Em meio ao empenho para cumprir o objetivo de Musk, a fábrica começou a produzir veículo defeituoso atrás de veículo defeituoso. As portas não fechavam, as janelas não funcionavam. Logo, o estacionamento estava apinhado de centenas de carros com problemas, e ninguém tinha certeza de qual era a causa.

Essas questões não surpreenderam trabalhadores como Ortiz. Era como se, quando a Tesla repintou a fábrica, tivesse removido também o espírito de fabricação da Toyota. Ortiz via seus gerentes focados em soluções de curto prazo, em vez de pensarem sobre os efeitos de longo prazo. Tal como acontecera com o Modelo S, não havia padronização do trabalho nas diferentes estações construídas; os processos eram deixados ao sabor do acaso. Em vez de etapas coreografadas, Ortiz corria de um lado para o outro com a carroceria para acoplar as peças; não existia foco na eficiência, algo que ele tinha aprendido. Às vezes, as próprias peças pareciam erradas. Ele mostrava a um supervisor uma caixa com peças para as portas que estavam rachadas, por exemplo. Às vezes era instruído a vasculhar a pilha e encontrar peças boas. Noutras vezes, diziam para usar as que tinha de qualquer maneira, em bom ou mau estado. Sua voz não parecia importar.

A Toyota teria interrompido a linha de produção para corrigir problemas como esses, mas Ortiz tinha que enviar os veículos para serem refeitos no final da linha de montagem. Lá, as equipes remodelariam uma parte à mão. Ou encaixariam as peças na marra, corrigindo imperfeições por meio da força bruta, em outras vezes. Era um trabalho demorado e exaustivo. Em pouco tempo, os efeitos puderam ser vistos nos trabalhadores; os executivos começaram a notar o aumento dos índices de acidentes de trabalho.

Em 2015, a Tesla registrou 8,8 ferimentos a cada cem trabalhadores, superando a média da indústria, que era de 6,7. Muitos estavam relacionados ao movimento repetitivo, de acordo com os gerentes; Ortiz vinha percebendo os tipos de lesões nas costas e braços que poderiam ser evitados por meio da ergonomia adequada. Ao contrário da Toyota, a Tesla não perdeu tempo projetando o SUV para ser construído por trabalhadores. Os assentos chiques da segunda fileira foram concebidos para poupar os clientes do constrangimento de sentirem dores nas costas ao tentarem encontrar um ângulo para ajeitar uma criança no banco do carro, mas exigiam que os trabalhadores se curvassem desajeitadamente dentro da cabine para parafusá-los ao chão. Os parafusos se soltavam, e os trabalhadores eram forçados a fazer o trabalho manualmente.

Mesmo com esses empecilhos, porém, havia um sentimento de camaradagem. A Tesla lutava para provar que o mundo estava errado. Quando o ano chegou ao fim, Ensign enviou uma mensagem para avisar que precisariam trabalhar ininterruptamente nos 21 dias seguintes para cumprir a meta anual. Musk insistiu que mostrassem ao mundo que eram capazes de cumprir – ou pelo menos que pareciam capazes.

No final das contas, a produção geral da Tesla ficou cerca de mil carros abaixo do objetivo, mas o número total de vendas – quase todas do Modelo S – ficou dentro da faixa que Musk havia prometido. A Tesla fez apenas 507 SUVs no último trimestre de 2015. A maioria deles nos últimos dias do ano. Foi quando as equipes se esforçaram para alcançar uma taxa semanal de cerca de 238 veículos em sete dias. Musk começou a dizer aos investidores que a Tesla estava acertando as coisas para fazer mil carros por semana até junho. Sua equipe executiva, no entanto, pressionou-o para que recuasse dessa meta – de modo a permitir que os trabalhadores recuperassem o fôlego. Mas Musk temia que um trimestre lento assustasse o mercado. Disse aos executivos que o sucesso da Tesla estava baseado na percepção de que a demanda era maior do que a oferta. No momento em que parecesse o contrário, estavam condenados. A paciência de Musk com a fábrica diminuía. Ele não tinha interesse em saber como a bagunça havia se formado – decisões de design tomadas meses antes que haviam gerado efeitos em cascata sobre a linha de montagem. Só queria que limpassem a bagunça – e agora.

Conforme o ano de 2016 avançava, o pavio de Musk parecia estar ficando mais curto. O investimento que fizera na SolarCity ia aos trancos e barrancos, e relatórios trimestrais sugeriam que a empresa estava ficando sem dinheiro em meio a uma desaceleração no setor de energia solar. O casamento dele com a atriz Talulah Riley estava no fim – pela segunda vez. Discretamente, Musk passava cada vez mais tempo com a atriz Amber Heard, que era então casada com o ator Johnny Depp. Na primavera, enquanto Depp estava fora do país, Musk passou a visitar o apartamento do casal num condomínio no centro de Los Angeles, de acordo com funcionários de lá. Chegava tarde da noite e saía de manhã bem cedo.[*] Os hábitos de sono de Musk – ou a falta deles – eram bem conhecidos entre os altos executivos da empresa. E-mails sobre trabalho no meio da noite eram a norma. Ele parecia ser uma daquelas pessoas

---

[*] Musk alega que seu relacionamento amoroso com Heard só começou depois que ela pediu o divórcio de Depp, em maio de 2016. Antes disso, Musk e Heard eram apenas amigos.

que não precisam dormir muito naturalmente. Mas, à medida que seu relacionamento com Heard ganhava força, os executivos disseram que Musk parecia esticar sua agenda já lotada para conciliá-la à agenda da atriz. Aparentemente, Musk vinha embarcando em seu jatinho para fazer viagens inesperadas e impulsivas à Austrália, onde Heard rodava o filme *Aquaman*, e voltava para os Estados Unidos depois de passar muito pouco tempo em terra firme. Musk era flagrado pelos tabloides na companhia de Heard em casas noturnas em Londres e Miami. Durante reuniões de equipe, Musk comentou que as viagens o estavam afetando. Ficou claro para as pessoas mais próximas que ele se esforçava para vê-la o máximo de tempo possível.

"A falta de sono não era nada, já que ele sempre funcionava num nível excelente com poucas horas de sono por noite", disse um assessor de longa data. "O que cobrava o preço eram todas aquelas viagens e os vários fusos horários."

Apesar de todas as dificuldades, a Tesla abriu os olhos de muitas pessoas para a possibilidade de um veículo elétrico, apagando a noção de que as montadoras tradicionais detinham a solitária chave para o sucesso na fabricação de carros. Não foi nenhuma surpresa, portanto, que isso tenha chamado a atenção da maior força do Vale do Silício, a Apple. Em 2014, a empresa começou discretamente a trabalhar em seu próprio programa de carro elétrico, contratando uma série de profissionais experientes para lançar a iniciativa, chamada de "Projeto Titã". Mas rapidamente ficou claro que desenvolver um carro era mais difícil do que eles pensavam. Então, com as ações da Tesla bem abaixo dos picos anteriores e com a ampla divulgação pública dos problemas do Modelo X, o CEO da Apple, Tim Cook, aparentemente viu uma oportunidade.

A Tesla e a Apple desenvolveram um relacionamento complicado. Musk admirava os feitos da Apple e era ávido para contratar pessoas com a etiqueta da empresa no currículo. As lojas da Tesla imitavam explicitamente o padrão das lojas da Apple; os designs que fazia se inspiravam no iPhone. Ambas as empresas geraram legiões de fãs que mais pareciam seitas religiosas, e alguns desses entusiastas viam uma sinergia em potencial nas duas. Na reunião de acionistas da Apple no início 2015, Cook se viu diante de alguns investidores empolgados por uma parceria. "Francamente, eu gostaria de ver vocês comprarem a Tesla", disse um deles a Cook, declaração recebida com risadas e aplausos da plateia.

Um dos primeiros sinais de que a Apple estava trabalhando em seu próprio carro surgiu quando a equipe de Cook começou a tentar roubar executivos da Tesla, com promessas de 60% de aumento salarial e bonificações de 250 mil dólares no ato da assinatura do contrato. Tudo isso foi demais para a Tesla levar numa boa. Musk começou a atacar a Apple, alegando publicamente que a fabricante do iPhone estava contratando os profissionais que não eram durões o suficiente para trabalhar na Tesla. "De brincadeira, sempre chamamos a Apple de 'cemitério da Tesla'", declarou ele ao jornal alemão Handelsblatt em 2015.

Apesar de toda a disputa e troca de farpas, Musk estava interessado em ouvir o que Cook pensava. Quando os dois agendaram uma conversa por telefone, Cook propôs que a Apple comprasse a Tesla. De acordo com pessoas que ouviram a versão de Musk dos fatos, ele demonstrou certo interesse, mas com uma condição: queria ser CEO.

Cook concordou rapidamente que Musk permaneceria na função de CEO da Tesla no controle da Apple, de maneira muito parecida ao modo como o magnata da música Jimmy Iovine e o rapper Dr. Dre se juntaram à empresa depois que sua fabricante de fones de ouvido Beats foi adquirida em 2014.

Musk respondeu que não, de acordo com um ex-assistente que ouviu o relato dele da conversa. Ele queria ser CEO *da Apple*. Cook, que desde a morte de Steve Jobs alçou a Apple à condição de mais valiosa empresa de capital aberto do mundo, ficou pasmo com o pedido.

"Vá se foder", disse Cook, antes de desligar.

Nenhuma dessas distrações foi suficiente para afastar Musk das demandas da fábrica. Assim como em 2008, quando o resgate do Roadster foi visto como o resultado da intervenção pessoal de Musk, ele mais uma vez mergulhou de cabeça nas minúcias. Mandou instalar um colchão de ar no piso no final da linha de montagem de Fremont. Começou a falar publicamente sobre como estava dormindo na fábrica.

Um problema especialmente desconcertante eram as janelas do passageiro do Modelo X, que faziam um som estridente e horrível ao subir ou descer. Muitos sabiam que Musk era sensível a cheiros e sons – tanto que as equipes de trabalho no chão de fábrica eram instruídas a desativar os bipes de segurança nos carrinhos quando ele estava por perto. (Musk também não gostava da cor amarela, e insistiu em substituir a tradicional cor da sinalização de segurança por vermelho sempre que possível.)* Em certa ocasião, tarde da noite, reuniu para um bate-papo

---

* Musk negou isso, incluindo em um tuíte de 21 de maio de 2018: "A fábrica da Tesla tem literalmente quilômetros de linhas pintadas de amarelo e fitas amarelas".

motivacional a equipe que estava retrabalhando e aperfeiçoando o Modelo X. Em meio às idas e vindas de seu discurso, disse que entendia o sacrifício que eles estavam fazendo. Fez uma pausa; seus olhos se encheram de lágrimas. Musk disse que sabia por experiência própria o alto preço que o trabalho poderia cobrar de uma família.

Eram esses momentos de transparência emocional que ajudavam a motivar muita gente. Musk não estava pedindo a ninguém para trabalhar mais do que ele mesmo. Até mesmo Ortiz admitiu que a presença de Musk parecia colocar a equipe em alta velocidade. Um sinal revelador de que Musk estava visitando a fábrica era a chegada de máquinas de pipoca para petiscos instaladas perto de sua mesa de trabalho. Os gerentes também pareciam mais nervosos. Isso fez Ortiz se lembrar de seus dias na NUMMI, quando a OSHA* aparecia para fazer inspeções.

Enquanto percorria a linha de montagem umas noites depois de fazer aquele discurso motivacional, Musk deparou-se com um trabalhador lutando com uma janela, que fazia aquele som estridente e irritante. Musk estava fervendo de raiva – até que um operário horista criou coragem e disse: "Eu sei como consertar isso". Explicou que se fizesse uma incisão ao longo da vedação da porta, eliminaria o som. Musk lhe pediu que demonstrasse, e o operário obedientemente o atendeu. Como era de se esperar, o som sumiu.

O resultado foi diferente de qualquer reação que o trabalhador poderia esperar. Musk explodiu numa bronca em Ensign: "Porra, como é que você tem alguém na sua equipe que sabe resolver o problema?".

Ensign não quis dizer na frente do operário braçal que, na verdade, os engenheiros já haviam sugerido aquela mesma solução muito tempo antes, apenas para constatar que depois de algumas semanas o problema voltava, de forma frustrante. Não havia a necessidade de envergonhar o trabalhador, que estava se sentindo um herói para Musk. Mas Musk ficou furioso. O "discurso para o idiota", como alguns funcionários chamavam, havia sido acionado, como se alguém tivesse ligado um interruptor que sinalizava para Musk que um funcionário era imprestável. Musk continuou o sermão: "É totalmente inaceitável que você tenha uma pessoa trabalhando na sua fábrica que sabe resolver um problema e você nem sabe disso!".

---

* Sigla para Occupational Safety and Health Administration (Administração de Segurança e Saúde Ocupacional), agência do Departamento do Trabalho dos Estados Unidos. (N. T.)

A equipe ficou só olhando enquanto Musk e o chefe de Ensign, Greg Reichow, entrarem em uma sala de reuniões para uma conversa inflamada. Os resultados foram rápidos: Ensign foi demitido. Reichow pediu demissão. Musk se viu prestes a lançar o Modelo 3 sem os chefes de suas operações de manufatura.

Algumas semanas depois, Musk celebraria o primeiro Modelo X a sair da linha de montagem sem quaisquer defeitos. Isso ocorreu por volta das três da manhã. Mesmo com o impulso, a Tesla não conseguiu atingir sua meta de mil carros por semana até o final do trimestre. Ainda assim, Musk disse aos investidores que a empresa estava em vias de fabricar cinquenta mil veículos na segunda metade do ano – a mesma quantidade que a Tesla havia produzido em todo o ano anterior.

O esforço para produzir unidades do Modelo X talvez tenha ajudado a dar uma chacoalhada nas estatísticas da Tesla em Wall Street, mas, para os clientes, apenas postergou problemas. O carro foi alvo de um sem-número de reclamações. As vendas nacionais dos veículos da Tesla ainda não tinham atingido os volumes anuais para merecer uma "Avaliação de Qualidade Inicial", estudo de referência do instituto J. D. Power que classifica os carros de acordo com seu desempenho e os defeitos apresentados nos primeiros três meses de utilização. (A Tesla chegou a bloquear sua própria inclusão no estudo ao rejeitar a solicitação do J. D. Power para telefonar para seus clientes em certos estados, como a Califórnia e Nova York, que exigem a permissão prévia do fabricante.) Mas o J. D. Power conseguiu dados de um número de veículos suficientes de fora desses estados para chegar a uma conclusão. A pesquisa mostrou que a qualidade inicial da Tesla era a pior entre as marcas de luxo e estava entre as piores da indústria como um todo. Apenas a Fiat e a Smart tiveram um volume maior de problemas gerais, de acordo com o estudo específico sobre o Tesla, que não foi divulgado amplamente em detalhes na época porque os números ainda estavam muito crus.[*]

A lista de reclamações era longa, desde o ruído excessivo do vento até painéis da carroceria desalinhados e dificuldade para encaixar os cintos de segurança. Apesar disso, o estudo constatou que os carros da Tesla tinham suas vantagens, com as grandes telas sensíveis ao toque e o desempenho do trem de força elétrico. Essencialmente, a Tesla ofuscava concorrentes em áreas que as fabricantes de automóveis tradicionalmente

---

[*] O J. D. Power só começaria a incluir publicamente a Tesla em seu estudo em 2020.

não entendiam, e tinha um desempenho horrível na parte que já haviam aprendido há décadas.

Apesar das reclamações dos clientes para o J. D. Power sobre os muitos problemas do carro, o apelo da marca não sofreu prejuízo. Na categoria "empolgação pela marca", a Tesla obteve uma pontuação mais alta do que qualquer outra concorrente. O J. D. Power concluiu seu relatório privado com um alerta de que as preocupações com a qualidade inicial da Tesla "podem crescer à medida que as vendas aumentarem e surgir uma base diferente de compradores".

Ortiz entendeu a desconexão. Seu filho parecia idolatrar Musk como um herói da tecnologia, tanto que um dia tentou pegar um autógrafo do chefe para o menino. Ainda assim, via também como a Tesla era mal administrada – de uma forma perigosa. Muitas vezes pensava que a UAW faria a festa na fábrica.

No verão, Ortiz colocou essa ideia à prova. Recebeu um misterioso convite para uma reunião de fim de semana com alguns velhos amigos do sindicato. Encontrou organizadores da UAW enviados de Detroit. Queriam saber se Ortiz estava disposto a ajudar a mobilizar os trabalhadores da Tesla, uma oportunidade com a qual havia sonhado. Seria fácil, Ortiz pensou consigo mesmo; os trabalhadores estavam prontos. Queria voltar para os anos de glória da UAW, na época em que os esforços da central sindical fecharam as fábricas da GM.

"Eu queria fazer uma greve – esse era o objetivo final", disse Ortiz. "Tiraria todo mundo daquele prédio do jeito antigo. Sem discussão, sem discurso, sem contagem de votos. Se reconhecerem nosso valor, voltamos ao trabalho. Caso contrário, ficaremos bem aqui, de braços cruzados." Ortiz pensou que talvez acabasse se tornando o presidente de uma filial da UAW.

Capítulo 22

Quase S-E-X

Elon Musk decidiu o nome do carro compacto depois de cogitar a primeira opção – Modelo E, de "elétrico", mas também porque permitiria que a linha de veículos da Tesla fosse lida como o acrônimo S-E-X (ou seja, sexo). Sua equipe de gerentes executivos deu boas gargalhadas com a sugestão, mas teve que fazer ajustes quando soube que a Ford detinha a marca registrada de um Modelo E. Assim, o "E" foi invertido para "3", o que era propício para um carro de terceira geração, mas também meio que permitia manter a piada.

Não era assim que a Apple teria escolhido o nome do modelo mais recente de seu iPhone. Mas muita coisa na vida da Tesla era diferente do que Doug Field tinha vivenciado em seu emprego anterior, quando supervisionava milhares de engenheiros enquanto desenvolviam os mais novos computadores Mac. Rapidamente ficou claro para ele: na Tesla havia coisas que precisavam de mudança. Se a montadora quisesse se tornar popular, não poderia continuar cometendo os mesmos erros que tinha cometido com o Modelo S e o Modelo X. A empresa estava crescendo demais, as apostas eram muito grandes para os tipos de deslizes que a equipe cometia. Em um carro para o mercado de massa, atrasos podem matar a empresa de uma vez por todas. A contratação de Field sinalizou que era hora de a Tesla amadurecer, livrar-se de sua existência de startup e se transformar em uma corporação.

Quando Field chegou à sede da empresa em Palo Alto, a ingenuidade era evidente. Ainda existia uma divisão, que remontava à época de Peter Rawlinson, entre os caras dos carros e os caras da tecnologia. (Eram quase todos homens.) Os engenheiros e mecânicos – os caras dos carros – provinham da organização de Rawlinson em Los Angeles, transferidos para o Vale do Silício. Via de regra eram ex-funcionários de outras montadoras, muitas vezes europeias. Vários tinham sotaque britânico. Livraram-se dos ternos, abriram as camisas de botão, não usavam gravata. Eram homens na casa dos 40 e 50 anos, que moravam em estilosos subúrbios da área da baía de São Francisco, em cidades como Pleasanton ou Walnut Creek.

Os caras da tecnologia foram parar na Tesla por meio de J. B. Straubel. Eles se assemelhavam aos típicos sujeitos de uma startup do Vale do Silício, e muitos eram uma geração mais jovens do que seus colegas no setor de carros, quase sempre (inevitavelmente) ex-alunos de Stanford. Preferiam camisetas e tênis caros, viviam em São Francisco ou Palo Alto.

As tensões entre as duas facções eram profundas. Os caras dos carros sentiam que os caras da tecnologia não tinham respeito pelas lições conquistadas a duras penas pela indústria automobilística na maneira adequada de se fabricar um carro. Na opinião dos caras da tecnologia, os caras dos carros não tinham habilidades de engenharia e se fiavam no passado como uma muleta. Um executivo fez uma observação sobre os dois grupos: "Não havia um só eixo cultural em que se pudesse dizer que havia alinhamento".

As coisas precisavam mudar. Field precisava que os dois grupos trabalhassem juntos se quisessem encontrar uma maneira de materializar tudo o que todos amavam no Modelo S, e fazer isso por uma fração do custo. Era necessário mudar a perspectiva. Anos antes, quando os engenheiros que trabalhavam no Modelo S mencionavam orçamentos para Musk, ele perdia a paciência. Queria que eles se concentrassem em fazer o melhor carro possível, e que pouco se lixassem para os custos. Agora não: Field tinha ordens diferentes. A Tesla provara que poderia fazer o melhor carro. No momento o desafio da Tesla era fazer um carro para o dia a dia que rendesse dinheiro – um carro para todo mundo. Essa era a única maneira pela qual a Tesla poderia evoluir de uma ideia absurda para uma realidade.

Durante uma reunião inicial com sua equipe sobre o Modelo 3, Field mostrou um slide para mantê-los focados. O Modelo 3 precisava atingir um preço de venda de 35 mil dólares, uma autonomia de mais de 320 quilômetros com uma única carga e gerar algo próximo da experiência do cliente e da paixão do Modelo S. Se fizessem isso, Field lhes disse o seguinte: "Nós vamos mudar o mundo".

O preço inicial de 35 mil dólares era fundamental. Era o ponto ideal para as vendas de sedã. O BMW Série 3 e o Mercedes Classe C começavam nesse preço, enquanto o Toyota Camry alcançou esse preço na versão de luxo. Nos Estados Unidos, em 2015, um veículo novo era vendido em média por 33.532 dólares, de acordo com o site *Edmunds*. É claro que um Modelo 3 completo e totalmente equipado seria mais caro, aumentando o lucro que a empresa poderia obter.

Mas o desafio continuava o mesmo de uma década antes, quando Martin Eberhard começou a pensar em maneiras de converter o *tzero* da AC Propulsion em um carro de produção em série: os custos da bateria. A ideia de Straubel para uma Gigafábrica e a parceria com a Panasonic foram um começo. Segundo a estimativa da Tesla, a localização da fábrica, nos arredores de Reno, Nevada, ajudaria a reduzir os custos em quase um terço. Contudo, muitas outras coisas precisavam ocorrer. Field precisava encontrar uma maneira de motivar uma equipe que não estava tradicionalmente acostumada a pensar sobre o retorno do investimento.

Com os dados de vendas, elaborou um gráfico, mostrando como o custo de um carro as afetava. Para cada dólar que conseguissem cortar no custo do carro, ganhavam cem vendas por ano. "É isto o que um dólar significa", disse ele. "Significa cem famílias a mais, cem motores de combustão interna a menos na estrada, cem pessoas mais seguras e mais felizes que têm a alegria de ser donas de um Modelo S." Em suma, a missão que ele tinha era construir uma versão mais barata do Modelo S, uma versão que cortava custos ao mesmo tempo que mantinha todas as partes empolgantes.

Além da eficiência na fabricação das baterias, outra maneira de reduzir o custo seria colocar mais energia nas baterias e, portanto, usar menos células. O Modelo S usou células de íons de lítio apelidadas de "18650". A equipe do diretor de tecnologia J. B. Straubel imaginou células um pouco maiores (21 mm x 70 mm), que permitiriam aos engenheiros obter maior volume interno e comprimir mais energia. Queriam encontrar uma maneira de conseguir a mesma distância do Modelo S, mas usando 25% menos energia.

Para fazer isso, a Tesla precisava se concentrar na melhoria geral da eficiência do veículo. Os engenheiros de Field receberam dois orçamentos para suas peças. Ele queria que pensassem no custo de suas decisões não apenas em termos de dinheiro, mas em termos da carga que colocava no sistema elétrico do carro. Então, por exemplo, quando a equipe apresentou o custo da proposta de freios, listaram em dólares, mas também calcularam a energia associada à aceleração e desaceleração. Uma tira de plástico sob a carroceria do veículo poderia custar 1,75 dólar para fazer e 25 centavos para instalar, mas a melhoria na aerodinâmica significava um incremento na autonomia equivalente a quatro dólares adicionais referentes a baterias. Isso foi uma vitória. Enquanto a equipe trabalhava para reduzir o peso e refinar a aerodinâmica, aprimorou a autonomia do carro para 540 quilômetros, bem acima de sua meta original.

Outras maneiras de reduzir o custo resultaram na mudança para uma estrutura de aço, em vez de alumínio, encontrado no Modelo S (embora as portas de alumínio tenham permanecido). Dentro do carro, chegaram a uma grande economia ao substituir o tradicional painel de medidores por uma única tela plana expandida no centro do carro, contendo todas as informações do veículo.

Desenvolveram um sistema de ventilação que era muito mais barato do que o que se usava normalmente, e optaram por menos peças. Durante anos, os designers de automóveis sonharam em acabar com as aberturas circulares ou retangulares no painel dos carros. Imaginavam substituí-las por algo mais elegante. Ninguém nunca conseguiu. Quem estava tentando fazer isso para a equipe de Field era um jovem engenheiro chamado Joe Mardall, que antes de ingressar na Tesla em 2011, já havia trabalhado na equipe de automobilismo McLaren Racing – melhorando a aerodinâmica de carros de corrida. Em 2015, ele participou do desenvolvimento de um sistema de filtro de ar para o Modelo X que, segundo a Tesla, removia pelo menos 99,97% de partículas finas. A nova tarefa exigia que ele descobrisse uma maneira de usar fluxos de ar para agir como as grades de um respiradouro – direcionando o fluxo de ar sem as desajeitadas e enfadonhas aberturas habituais. Mardall criou uma fenda elegante e discreta no painel para escoar o ar. Os círculos de ventilação se foram. Isso foi emblemático do que a Tesla vinha tentando tentado fazer desde o Modelo S: reunir um pequeno grupo dos mais inteligentes engenheiros e deixá-los apresentar ideias criativas para consertar problemas aparentemente insolúveis.

Cortar custos era uma coisa. O pesadelo que estava ocorrendo na fábrica de Fremont na primavera de 2016 ressaltou a necessidade de melhorar não apenas a economia, mas a capacidade de construção dos carros da Tesla. Field e Greg Reichow, antes de saírem, estavam de acordo quanto a isso. O principal problema para dar o pontapé inicial na produção do Modelo X tinha sido as mudanças de última hora no design e na engenharia do SUV. A fábrica precisava de tempo para trabalhar com os fornecedores de peças a fim de configurar as ferramentas, fazer testes e ajustes para construir os veículos, antes de dar início à produção.

Para colocar os desenvolvedores de carros e os engenheiros de fábrica na mesma página, Field levou todos para uma reunião longe da sede em Palo Alto e da fábrica em Fremont. Numa sexta-feira em que Musk estaria em Los Angeles, Field discretamente arrebanhou os gerentes e diretores, cerca de cinquenta no total, para um evento de um dia inteiro no Presidio, o antigo forte militar em São Francisco com vista para a baía. O dia começou com uma apresentação da equipe de design de Franz von Holzhausen e dos gerentes do programa técnico revelando o desenho do Modelo 3 e a sua proposta para a experiência do usuário. Compararam o carro ao Modelo S, mas também a concorrentes da Alemanha e do Japão, detalhando especificações que iam das dimensões ao desempenho. Tinham como alvos o BMW Série 3, o Audi A4 e o Mercedes-Benz Classe C. Tendo em mente a compreensão de como seria o carro, na parte da tarde voltaram as atenções ao plano de construção. Os principais engenheiros de design de produto explicaram todo o processo. Tinham ideias para usar uma fábrica de matrizes recém-adquirida de modo a reduzir a quantidade de tempo necessária para girar as ferramentas de estampagem e prensas.

Field formulou tudo por meio de uma metáfora simples: queria que seus engenheiros pensassem em si mesmos como agricultores. A equipe poderia evitar um bocado de problemas, argumentou ele, se aproveitasse o tempo agora para semear os campos com trabalho de engenharia, de modo a assegurar que o Modelo 3 estaria pronto quando chegasse a hora da colheita. Desde o início, a Tesla se esforçava para se concentrar em mais de uma coisa ao mesmo tempo. Isso ficou evidente na execução do Roadster, depois no Modelo S, e mesmo agora, enquanto lutavam para tirar o Modelo X da fábrica de Fremont. Field alertou seus engenheiros de que precisavam evitar situação semelhante quando o Modelo 3 saísse. Em qualquer processo de desenvolvimento de produto, disse ele, os engenheiros tinham uma oportunidade de exercer a maior influência sobre o projeto na etapa inicial. Esse é também o momento em que um CEO geralmente está prestando menos atenção. No momento em que um produto se aproxima da conclusão, quando a atenção de um CEO está mais acesa e aguda, os engenheiros têm pouca capacidade de fazer melhorias ou correções de curso. É o que estava acontecendo com o Modelo X. Musk percorria a linha de montagem da fábrica, insatisfeito com as decisões de engenharia e design tomadas anos antes e exigindo mudanças dolorosas.

Musk não estava presente nessa reunião com a equipe em local neutro para receber a mensagem, mas vinha demonstrando um apreço recém-descoberto pelas complexidades da fabricação. Quando von Holzhausen realizou sessões de design para o Modelo 3 em Hawthorne, os gerentes notaram uma mudança no tom de Musk em comparação ao que tinham visto anos antes, durante o desenvolvimento do Modelo X. Ele ainda podia ser um sujeito do tipo que gostava de botar a mão na massa, mas em vez de fazer sugestões delirantes, questionava gerentes de compras e de manufatura sobre os efeitos das decisões que tinham tomado. Para alguns gerentes que já estavam na empresa havia tempo suficiente para ter visto o velho Musk, ele não parecia tão envolvido com o Modelo 3 quanto tinha estado com o Modelo X. Passava mais tempo na fábrica, é claro; mas também carregava o fardo de problemas em casa e em outros lugares.

Musk não *precisava* estar tão envolvido: tinha uma equipe de gestão muito bem azeitada. Field parecia estar no controle do desenvolvimento do Modelo 3. Enquanto isso, a equipe de manufatura em Fremont trabalhava em um ambicioso plano para construir o carro. Previram a criação de uma nova linha de montagem exclusiva para o Modelo 3. Cogitavam também acrescentar mais automação, em um esforço para melhorar a qualidade. Começaram a fazer planos para que a produção começasse no final de 2017, com a meta de fazer cinco mil unidades do Modelo 3 por semana até o verão de 2018. Nesse ritmo, em uma base anual que já incluía o costumeiro tempo de inatividade para manutenção, produziriam cerca de 260 mil compactos por ano, um marco importante. Uma segunda fase lhes permitiria adicionar mais robôs e automatizar mais partes da linha de montagem, a fim de alcançar a meta de fabricar quinhentos mil veículos por ano em 2020.

Era agressivo, todos concordavam. Mas a estratégia de dois estágios permitiria à Tesla lidar com o complicado processo de adicionar mais automação, o que leva tempo, enquanto a produção estivesse em andamento. Também permitiria que a empresa gerasse receita com a venda de unidades do Modelo 3 saindo da linha de montagem, o que ajudaria a financiar essa automação.

A chave para tudo, porém, era evitar o erro do Modelo S e do Modelo X: eles não poderiam construir a linha de manufatura ao mesmo tempo que a fábrica tentava iniciar a produção. A Tesla já estava sendo obrigada a refazer milhares de unidades defeituosas do Modelo X, sofrível resultado de uma linha de montagem que entrou em produção às pressas, de forma afoita, antes de estar pronta. Uma fábrica que produz semanalmente mais que o triplo de carros que precisam de um pesado trabalho de ajustes e reparos pode ter consequências desastrosas para a empresa.

Enquanto Field tentava unificar a empresa, alguns membros queriam mapear o próprio caminho. A equipe de J. B. Straubel na Gigafábrica debatia como transportar os pacotes de baterias de Sparks para a fábrica de Fremont, e uma ideia sugerida meio de brincadeira era desenvolver um trem elétrico movido a baterias. A conversa se transformou no desenvolvimento de um caminhão semirreboque elétrico, já que os custos faziam mais sentido. A equipe ficou animada; na surdina, Straubel autorizou os engenheiros a trabalharem em um protótipo para entender se era possível. Imaginaram construir uma pequena frota de caminhões elétricos que circularia entre as fábricas. À sua maneira, fez a equipe adquirir um caminhão da marca Freightliner movido a gasolina que pudessem modificar e converter em veículo elétrico. Straubel incumbiu o jovem engenheiro Dan Priestley de desmontar o veículo inteiro e construir um protótipo, usando meia dúzia de baterias do Modelo S. A equipe começou a levar o protótipo para test drives, carregando-o em estações Supercharger e maravilhando-se com a aceleração.

Depois de algum tempo, porém, viram-se diante de um problema. Tinham criado um produto inteiramente novo sem contar a ninguém. A equipe de Field desenvolvia veículos; em teoria, a equipe de Straubel deveria estar construindo uma fábrica de baterias. Além disso, Musk não gostava de surpresas – a menos que gostasse da surpresa. Straubel apostou que o novo semirreboque seria tão impressionante que todos receberiam perdão. Certo dia, convidou Musk para ver algo atrás da fábrica de Fremont, oferecendo uma demonstração. O caminhão que sua equipe construíra tinha uma aceleração incrível – parecia mais um carro esportivo do que um pesado semirreboque.

Musk ficou devidamente impressionado. Mas decidiu que o projeto não ficaria nas mãos de Straubel (que tinha uma fábrica gigante em que se concentrar). Musk tinha outras ideias: queria usar a promessa de um novo programa de desenvolvimento de veículo como uma isca para atrair de volta Jerome Guillen, que ganhara a confiança de Musk ao lançar o Modelo S antes de ficar esgotado enquanto gerenciava o departamento de vendas.

Desde sua saída em agosto de 2015, Guillen estivera desopilando. Percorrera os Estados Unidos em uma viagem de acampamento épica, e vez por outra enviava para amigos na Tesla fotos suas em lugares remotos. Ninguém se lembrava de já ter visto Guillen tão feliz. Quando Musk levantou a possibilidade de ele voltar, Guillen parecia inseguro. Não estava claro nem se haveria um lugar para ele. Field já supervisionava o desenvolvimento do Modelo 3, e Jon McNeill comandava o departamento de vendas e serviços. Para que precisavam dele?

Na última conversa com Musk, Guillen ouviu um discurso que despertou seu interesse. Guillen já havia trabalhado em semirreboques no início de sua carreira, antes da Tesla. Com esse novo veículo, poderia haver um mercado totalmente novo para a empresa? Persuadido, Guillen voltou em janeiro de 2016 para supervisionar o projeto, um remanso agradável e tranquilo na Tesla. Isso também significava que, mesmo enquanto lutavam para colocar o Modelo X em produção naquele inverno, desenvolviam não um, mas dois veículos novos. Era algo que exigia um bocado de capacidade de gerenciamento, mas também era o tipo de flexibilidade de que a Tesla precisaria no futuro se quisesse ir além de seu nicho.

Em uma noite fresca de março de 2016, Elon Musk, Doug Field, Jon McNeill e outros gerentes executivos se reuniram nos bastidores do estúdio de design da Tesla, onde centenas de clientes e apoiadores aguardavam para ver o carro que Musk vinha prometendo havia muito: o Modelo 3. No Twitter, dias antes, Musk anunciara a revelação, e já estava inclusive recebendo encomendas antecipadas de um carro que jamais tinha sido visto fora da fábrica.

Nos bastidores, os executivos assistiam a vídeos nas redes sociais que mostravam filas de pessoas nas lojas da Tesla em todo o país. Também estavam de olho em uma tela que registrava a incessante entrada de depósitos de mil dólares. Mal podiam acreditar. Tinham feito um bolão de apostas informal para premiar quem adivinhasse o total de depósitos que receberiam. Quando revelou o Roadster, a Tesla esperava conseguir cem compradores dispostos a pagar 100 mil dólares pelo carro.

Demorou algumas semanas para chegar a esse montante. O Modelo S amealhou três mil encomendas nos meses após a revelação. Mas aquilo era diferente de tudo o que eles esperavam. Dezenas de milhares de pessoas estavam se candidatando às cegas para adquirir o Modelo 3, sem nunca nem sequer terem visto o automóvel. Depois, eram centenas de milhares. A equipe estava chocada, sem palavras. Era tudo tão espantoso. Calculando-se a velocidade de construção prevista pela Tesla para o Modelo 3, somente as reservas feitas naquela noite consumiriam os primeiros *anos* de produção planejada. Sabiam, por experiência própria, que muitas das reservas não se converteriam em vendas reais, mas ainda assim sinalizavam um grande interesse. Field agradeceu a Musk pela oportunidade de estar lá.

Musk subiu ao palco debaixo de uma explosão de vivas e aplausos. "Você conseguiu!", gritou alguém na multidão. Por fim, ele revelou o Modelo 3. Na plateia estava Bonnie Norman, a proprietária do Roadster (e agora do Modelo X) que atuava como uma embaixadora voluntária da marca, e Yoshi Yamada, o executivo da Panasonic que defendeu o envolvimento de sua empresa na fábrica de Nevada. Ambos estavam em clima de comemoração.

A coisa mais impressionante no Modelo 3 que estava sendo lançado não era o frescor de sua estética. Em muitos aspectos, assemelhava-se ao Modelo S, embora menor e com proporções um pouco menos elegantes. (O efeito era mais perceptível na parte da frente, na curta extremidade dianteira que lhe dava um aspecto quase semelhante ao de uma tartaruga de perfil.) Para muitos, as diferenças entre o Modelo 3 e o Modelo S eram difíceis de se detectar. E isso, por si só, era o mais assombroso: um carro com um preço inicial prometido em 35 mil dólares que podia ser facilmente confundido com seu antecessor de 100 mil dólares. A noite foi uma façanha espetacular.

Muitos executivos da Tesla criaram um vínculo de afinidade por meio da experiência de gestão de *cultivar um bom relacionamento* com seu CEO – ou, em outras palavras, gerenciar e influenciar seu chefe. Musk continuava a se reunir semanalmente com sua equipe de executivos de alto escalão; era sempre um momento tenso e inquietante, em que qualquer erro poderia transformar uma pessoa em um alvo da ira explosiva de Musk. Uma maneira de lidar com Musk era sondar de antemão seu humor consultando o chefe de gabinete dele, Sam Teller, que viajava com ele e agia como porteiro e anteparo para todas as coisas relativas a Elon. Teller era uma das poucas pessoas do convívio de Musk capazes de enxergar além dos silos da Tesla, SpaceX ou SolarCity e que poderiam dar o sinal de alerta quando alguma outra parte do império estava causando tristeza a Elon. Quando novos executivos eram contratados, o conselho de Teller para eles era simples: problemas não são problemas de verdade. São normais. Musk passa o tempo todo resolvendo coisas que deram errado. *Surpresas* são o problema. Musk não gosta de ser surpreendido.

    J. B. Straubel viu potencial para ajudar a apaziguar potenciais rivalidades mutuamente destrutivas nessas reuniões usando Teller como um canal; reunia representantes-chave para pré-reuniões, de modo que pudessem resolver as diferenças em particular e depois se apresentassem ao chefe como uma frente unida. Parecia estar funcionando – até que Musk descobriu. Como era de se esperar, ficou chateado e ordenou que essa prática de forja de alianças cessasse. Os subordinados e braços-direitos não deveriam conspirar nas costas dele; Musk queria vê-los se engalfinhando na sua frente. A mensagem implícita: Musk queria manter a autoridade na tomada de decisões, em vez de lidar com decisões já previamente tomadas no momento em que chegavam a seu conhecimento.

    Apesar desses contratempos, Musk chegou exultante à sede da Tesla na semana seguinte à revelação do Modelo 3. Os membros da equipe executiva sentados na sala de reuniões envidraçada ao lado da mesa de trabalho de Elon se maravilharam com o número de reservas que não paravam de chegar, bem além de suas expectativas mais loucas. Contudo, a empolgação logo deu lugar à tensão. Em meio a toda a expectativa, Musk tomou a decisão que os presentes certamente temiam: queria acelerar a produção do Modelo 3.

    O plano que traçaram ao longo dos últimos meses exigia que a produção começasse no final de 2017, meses depois da instalação de uma nova linha de montagem, que teria de ser testada a fim de que ficasse comprovado que cada estação de trabalho era capaz de executar tarefas ininterruptas a intervalos de poucos segundos.

    De acordo com esse plano, o agora diretor financeiro da Tesla, Jason Wheeler, que havia assumido o cargo de Deepak Ahuja no final do outono de 2015, projetou que as receitas mais do que dobrariam em 2018 em relação a 2016. Previu que a Tesla alcançaria seu primeiro ano de lucro em 2017, faturando 258,9 milhões de dólares, seguidos por quase novecentos milhões em 2018. Para 2020, quando Musk prometeu entregar quinhentos mil veículos em um único ano, Wheeler previu uma receita de 35,7 bilhões de dólares, com lucro de 2,19 bilhões. A Tesla se encaminhava para uma dimensão muito maior, tudo graças ao Modelo 3.

De repente, isso não estava bom o suficiente para Musk. O plano existente significava que os primeiros anos de produção alimentariam apenas as pré-encomendas. Quando a empresa acabasse de atender aos pedidos pendentes, o carro à venda já estaria desatualizado. Os pedidos também sinalizaram para o mundo que havia uma enorme demanda potencial por veículos elétricos, o que certamente motivaria os concorrentes a levar a sério seus planos ainda incipientes.

O que Musk não disse diretamente, mas muitos acreditaram ser uma parte importante de sua motivação, era a queima de caixa da empresa. O atraso no Modelo X estava queimando dinheiro. A empresa encerrou março com 1,5 bilhão de dólares em caixa, nível que seria muito mais baixo se a Tesla não tivesse aproveitado uma linha de crédito rotativo (essencialmente um cartão de crédito corporativo). Em comparação, esse montante diminuía o valor das reservas que a Tesla tinha em seus cofres apenas alguns anos antes, mas mesmo assim, no ritmo atual, até o fim do ano a empresa estaria sem um tostão. A Tesla precisava aumentar também a produção do Modelo X; caso contrário, a empresa teria que arrecadar mais dinheiro dos investidores.

O custo de acelerar o Modelo 3 inevitavelmente aumentaria a pressão financeira. Portanto, quanto mais rápido o Tesla chegasse a cinco mil carros por semana, mais rápido conseguiria gerar o tipo de caixa necessário para manter o negócio em andamento. Mas a equipe estava dividida quanto à sensatez de acelerar seu plano. O desastre da linha de montagem do Modelo X era um exemplo que confirmava isso. Field, em particular, foi bastante explícito em sua oposição à ideia. Straubel também estava preocupado, alegando não ter certeza se conseguiria fazer a Gigafábrica funcionar na velocidade capaz de atender à demanda.

Musk não cedia um milímetro. Não se tratava de uma discussão. Estava decidido.

Field guardou para si suas opiniões sobre as mudanças. Reuniu os membros de sua equipe para lhes dar apoio moral e prepará-los para o que estava por vir. "Vocês agora estão trabalhando em uma empresa diferente", disse ele. "Tudo mudou."

Com a saída de Reichow e Josh Ensign, o setor de fabricação se reportava diretamente a Musk, ao passo que o departamento de vendas prestava contas a Jon McNeill. Um grupo de gerentes lidava diretamente com o volátil CEO sem qualquer anteparo. Shen Jackson, um engenheiro de manufatura, propôs um cronograma de três fases, aumentando de cinco mil por semana para dez a vinte mil semanais. Musk lhe disse que esse ritmo não era rápido o suficiente. Queria começar a montagem do Modelo 3 no verão seguinte, cerca de seis meses antes do plano original. Não apenas isso: queria atingir uma velocidade de construção muito mais agressiva do que jamais havia sido planejada.

A equipe de manufatura aventou a ideia de gerenciar gargalos em diferentes estações de trabalho. Abrandariam o ritmo com pausas para descanso, fariam alguns carros de cada vez. Se uma estação de trabalho importante apresentasse problemas e parasse, ainda assim poderiam manter os trabalhadores da estação seguinte em marcha sem desligar totalmente a linha. Uma ideia sensata: Musk a rejeitou. Se a engenharia fosse perfeita, não haveria necessidade desses desvios e caminhos indiretos.

Alguns gerentes começaram a se opor; entre os resistentes, incluía-se um gerente de oficina de pintura que disse a Musk que o que ele estava propondo não era possível. Musk retrucou e mandou o homem encontrar outro emprego – o gerente foi demitido. Mais um dos muitos que aprenderiam a manter suas dúvidas para si se quisessem manter o emprego.

Os fornecedores também começaram a expressar preocupações. Executivos da Panasonic ficaram perplexos com o cronograma acelerado. Ainda estavam se esforçando para se estabelecer em Nevada, onde a instalação tinha muitos novos defeitos – havia apagões de energia, e era necessário treinar uma nova força de trabalho numa parte do país pouco acostumada à atividade industrial. Musk não se intimidou.

Em 4 de maio, ele tirou a rede de segurança. Anunciou aos investidores, por meio de uma carta aos acionistas e de uma teleconferência com analistas, que a Tesla estava acelerando seus planos de fabricar quinhentos mil veículos por ano até 2018 – a partir de 2020, a Tesla faria *um milhão* de veículos.

Era uma projeção impressionante. Quando a imprensa teve a oportunidade de fazer perguntas, Phil LeBeau, o correspondente automotivo de longa data do CBNC, pediu esclarecimentos. "Isso é uma meta de produção, um objetivo de produção ou uma hipótese?"

A Tesla faria mais de quinhentos mil veículos em 2018, disse Musk, seguidos de cerca de 50% de crescimento no ano seguinte, até chegar a um milhão de unidades em 2020. ("Quer dizer, essa é a minha melhor estimativa", emendou Musk, fazendo essa ressalva.)

Musk disse aos investidores que estava instruindo os fornecedores a se prepararem para começar a produção em grandes quantidades em 1º de julho de 2017. Admitiu que talvez a Tesla demorasse alguns meses depois desse prazo para atingir a capacidade total, enquanto a empresa lidava com quaisquer eventuais problemas que pudessem surgir. "Para que possamos ter certeza de que conseguimos produzir o Modelo 3 em grande quantidade até o final de 2017, temos que definir uma data, de fato, para meados de 2017, e pegar no pé dos funcionários interna e externamente, pressionando-os para que possamos cumprir a data de produção do final de 2017", disse Musk. "Então, como uma estimativa aproximada, eu diria que nosso objetivo é produzir de cem a duzentos mil unidades do Modelo 3 na segunda metade desse ano."

Aos clientes, Musk deu um conselho: a hora de fazer a encomenda era agora. "Vocês não precisam se preocupar com a noção de que [...] vão fazer seu pedido agora e só vão recebê-lo daqui a cinco anos. Se fizerem o pedido agora, há uma grande probabilidade de que realmente recebam o carro em 2018."

Agora havia proclamado para o público: em apenas um ano, o Modelo 3 sairia tinindo das fábricas para zunir pelas ruas e estradas. A sorte estava lançada.

Capítulo 23

Mudança de rota

Joshua Brown, de Ohio, de 40 anos, dirigia por uma rodovia ao sul de Gainesville, no estado da Flórida, pouco depois das 16h30 de um sábado no início de maio de 2016 quando seu Modelo S colidiu com um semirreboque que fez uma conversão à esquerda na frente do carro. O Tesla, viajando a 120 quilômetros por hora, não desacelerou: entrou debaixo do caminhão, teve o teto arrancado, continuou por dentro de uma valeta de escoamento e atravessou duas cercas de arame antes de atingir um poste, girando no sentido anti-horário e parando no jardim da frente de uma casa. Com o impacto, Brown morreu na hora. O motorista do caminhão não se feriu. Embora as autoridades tenham dito que o caminhoneiro não cedeu o direito de passagem, a questão imediata era: por que motivo Brown, viajando em uma estrada reta sem nenhuma obstrução, não fez qualquer tentativa aparente de frear ou mesmo de desacelerar o carro diante de um gigantesco caminhão cruzando a pista? O fato de o veículo ter seguido em frente sugeria uma possível falha fatal em um recurso novo e muito atrativo que tinha acabado de entrar em funcionamento.

As autoridades levariam meses para analisar a fundo o acidente, mas a Tesla foi capaz de recuperar rapidamente os dados e logo constatou que o Autopilot, o software de assistência ao motorista, estava, de fato, em uso no momento da colisão. Durante a maior parte de sua viagem de 41 minutos saindo da costa oeste do estado, Brown estivera com o sistema ligado, aplicando torque suficiente ao volante sete vezes, por um total de 25 segundos, para convencer o sistema de que ele próprio estava no controle. O intervalo mais longo que passou entre os alertas de que precisava tocar o volante foi de quase seis minutos. Durante sua viagem, Brown recebeu quase dois minutos de sinais de advertências para voltar a colocar as mãos no volante. O sistema sentiu pela última vez o movimento do volante dois minutos antes do impacto. Não fez nenhuma tentativa de parar.

O acidente aconteceu em um momento horrível para Musk. Após a empolgação com o Modelo 3 semanas antes, estava correndo para arrecadar o dinheiro que custearia a produção do carro. Também trabalhava discretamente com seu primo Lyndon Rive, CEO da SolarCity, a fim de descobrir uma maneira de a Tesla comprar a empresa de energia solar, que enfrentava dificuldades financeiras e era ferozmente atacada por vendedores a descoberto, que questionavam seus negócios. A confluência desses três eventos ameaçaria a capacidade da Tesla em lançar o Modelo 3 depois do esforço de anos de Musk.

Durante muito tempo, Musk conseguiu, de alguma forma, equilibrar a administração da Tesla e da SpaceX, além de atuar como presidente da SolarCity. Não tinha sido fácil, sobretudo em 2008, época em que a Tesla e a SpaceX enfrentaram dificuldades. Quando o inverno deu lugar à primavera em 2016, a intrincada casa financeira de Musk parecia em perigo novamente, a essa altura uma situação com a qual ele já estava bastante familiarizado. A revelação do Modelo 3 propiciou uma incrível esperança para o futuro da montadora, mas o esforço de meses para produzir o Modelo X deixou a empresa em apuros financeiros. Nesse meio-tempo, nos bastidores, os negócios da SolarCity haviam ficado mais fracos.

No início de 2016, Musk surpreendeu seu novo diretor financeiro da Tesla, Jason Wheeler, com uma ligação no início da manhã de sábado. Parecia ter muito barulho ao fundo, talvez porque Musk estivesse a bordo de seu avião. No entanto, as instruções que deu foram claras. Musk planejava convocar uma reunião de emergência com as sete pessoas da diretoria da Tesla. Surpreendentemente, queria que Wheeler se preparasse para apresentar argumentos sobre as implicações da aquisição da SolarCity pela Tesla. Wheeler tinha 48 horas para formular seu discurso.

Sem o conhecimento de Wheeler, Musk passaria o fim de semana com Rive no lago Tahoe. A SolarCity estava com problemas, e se a SolarCity estava com problemas, o império de negócios de Musk também estava encrencado. O telefonema de Musk para o diretor financeiro da Tesla naquela manhã de fevereiro veio depois de um mês de tramas e conluios de Musk e seu primo sobre maneiras de a SolarCity poupar dinheiro. A empresa encerrou 2015 com 383 milhões de dólares em mãos. Havia uma exigência em um dos empréstimos rotativos que ajudaram a empresa a fazer negócios, nas profundezas dos detalhes contratuais impressos em letras pequenas e de difícil leitura, de que a SolarCity precisava manter em caixa um saldo médio mensal de 116 milhões de dólares. Caso contrário, a empresa se tornaria imediatamente inadimplente, o que poderia desencadear calotes em outras dívidas da empresa e teria que ser anunciado publicamente. Isso poderia ameaçar a capacidade da SolarCity de se manter solvente. E uma vez que suas finanças estavam entrelaçadas com as da Tesla, havia o risco de que essa inadimplência tornasse mais difícil para a Tesla contrair novos empréstimos, dos quais a empresa precisaria devido ao atraso do Modelo X e aos custos de montagem para lançar o Modelo 3.

Preocupações sobre assumir riscos desnecessários enquanto a Tesla se preparava para o Modelo 3 pesavam muito sobre Wheeler, que havia ingressado na empresa meses antes depois de sair do Google, onde havia sido vice-presidente de finanças. Substituiu Deepak Ahuja, que optou pela aposentadoria depois de sete penosos anos ao lado de Musk. Wheeler e sua equipe trabalharam durante todo o fim de semana para elaborar um relatório sobre as ramificações da compra da SolarCity pela Tesla.

O resultado não foi bonito: era difícil ver a SolarCity como outra coisa senão uma fonte de prejuízo e uma máquina de perder dinheiro. A fusão das empresas quase dobraria a carga de dívida da Tesla e poderia ser uma distração arriscada. Wheeler mostrou seus números ao conselho administrativo em uma apresentação que intitulou "Projeto Ícaro". Resumindo: um acordo prejudicaria o valor da ação da Tesla. O conselho concordou que não era o momento certo, sobretudo enquanto a fábrica de Fremont continuava a lutar para aumentar a produção do Modelo X. A ideia foi posta em discussão.

Em maio, no entanto, a Tesla já havia dado início ao movimento de ir até Wall Street para levantar seu próprio dinheiro, em meio à comoção que se seguiu à revelação do Modelo 3. O número cada vez maior de clientes fazendo depósitos ajudaria Musk a apresentar argumentos irrefutáveis para arrecadar novos investimentos: a Tesla precisava financiar a produção do carro, agora em incessante expansão. Os gerentes executivos se uniram para pressioná-lo a angariar o dobro do dinheiro que queria – uma quantidade que, segundo acreditavam, garantiria que tivessem fundo de reserva suficiente para fabricar o carro no cronograma acelerado que Musk exigia agora. Mas Musk não queria arrecadar tanto (e, assim, diluir sua própria aposta). Em vez disso, em 18 de maio, a Tesla entrou com um pedido para vender ações e levantar 1,4 bilhão de dólares.

Menos de duas semanas depois, na reunião trimestral privada do conselho diretivo da Tesla, Musk mais uma vez aventou a ideia de comprar a SolarCity. Desta vez, o conselho, que tinha vários membros interessados no sucesso da empresa de painéis solares, estava aberto à proposta, autorizando a Tesla a avaliar uma compra potencial e contratar consultores para ajudar.

Durante anos, Musk e alguns dos membros do conselho, como o investidor de primeira hora Antonio Gracias, falaram em colocar as duas empresas sob o mesmo teto, especialmente porque cada vez mais a Tesla e a SolarCity trabalhavam juntas. Em 2015, J. B. Straubel, diretor de tecnologia da Tesla, desenvolveu mais uma linha de negócios para a montadora, vendendo baterias de grande porte para residências e espaços comerciais – era um produto que atraía os clientes de energia solar ávidos por captar a energia que criavam durante o dia e usá-la à noite. A ideia de adicionar um componente solar aos negócios da Tesla foi proposta ao conselho da montadora em 2006, antes até da fundação da SolarCity, mas na época o conselho rejeitou. Kimbal Musk, irmão de Elon e também conselheiro da Tesla, atribuiu isso à miopia dos demais membros do conselho.

A ideia ganhou um significado novo e maior no início de 2015, quando a diretoria da Tesla visitou o canteiro de obras da Gigafábrica em Sparks, onde Musk e Straubel planejavam trabalhar com a Panasonic para construir milhões de células de baterias e pacotes de baterias. Quando viram a imensidão do local, muitos atinaram com a seriedade da situação. Se a Tesla queria se posicionar no mercado para construir baterias e vendê-las como parte dos sistemas de painéis solares, controlaria toda a experiência do cliente. Para membros do conselho como Gracias, isso cristalizava o entendimento de que a empresa estava entrando em uma nova era: armazenamento de eletricidade.

Em 20 de junho, menos de um mês depois de obter permissão para investigar a possibilidade de um negócio, Musk convocou uma reunião especial do conselho – desta vez, reuniram-se no início tarde, na fábrica de Fremont.

Enquanto discutiam uma possível aquisição, o diretor financeiro Wheeler expressou novamente uma preocupação com os resultados. Temia que, com uma fusão, a Tesla fosse obrigada a pagar mais para pedir dinheiro emprestado no futuro. De acordo com apontamentos de consultores, entre as questões que foram levadas em consideração estava o efeito que os vendedores a descoberto, e Jim Chanos especificamente, poderiam ter sobre o valor da ação da empresa.

O conselho decidiu que um de seus membros, Robyn Denholm, que tinha acabado de juntar-se à gigante australiana de telecomunicações Telstra como diretora de operações e estava na fila para se tornar diretora financeira, precisava se apresentar aos investidores para justificar por que as duas empresas faziam sentido juntas. Era vista como um dos membros do conselho desprovidos de qualquer vínculo com a SolarCity (da qual Gracias era investidor e também conselheiro). À medida que a conversa passou a girar em torno do valor que a Tesla deveria pagar pela SolarCity, Musk quis colocar sobre a mesa um preço que fosse publicamente defensável. Quanto a táticas de negociação, Musk disse ao grupo: "Não vou negociar".

Musk saiu da sala junto com Gracias, uma concessão a seus conflitos de interesse. O grupo definiu o preço numa faixa entre 26,50 e 28,50 dólares a ação – uma avaliação de até 2,8 bilhões de dólares pela SolarCity. A empresa rapidamente enviou uma carta formal para Rive na SolarCity e no dia seguinte publicou um comunicado no site da Tesla, depois que os mercados fecharam em Nova York, anunciando a proposta:

"A missão da Tesla sempre esteve ligada à sustentabilidade. Agora é hora de completar a tarefa. Os clientes da Tesla já podem dirigir carros limpos e usar nossos pacotes de baterias para ajudar a consumir energia de forma mais eficiente, mas ainda precisam ter acesso à fonte de energia mais sustentável disponível: o sol."

A reação dos investidores foi imediata e inequívoca. A SolarCity subiu 15%, um sinal de esperança para uma empresa cujas ações haviam caído mais de 60% nos doze meses anteriores. As ações da Tesla despencaram de um penhasco. A avaliação da montadora caiu para 3,38 bilhões de dólares.

Com a divulgação do negócio da SolarCity e da queda da Tesla, o CNBC sabia exatamente a quem recorrer. O canal de negócios interrompeu sua cobertura da tarde com um estridente aviso de "notícias de última hora". Jim Chanos enviara uma declaração criticando violentamente a proposta: "O descarado resgate financeiro da Tesla à SolarCity é um vergonhoso exemplo de governança corporativa na sua pior forma". Claro, Chanos tinha interesses no jogo. Enquanto a Tesla afundava, as ações da SolarCity disparavam vertiginosamente – más notícias para quem, como Chanos, estava apostando no colapso da SolarCity.

Mas as críticas negativas não vinham apenas de vendedores a descoberto. Uma empresa chamada Evercore, que prestava consultoria para a Tesla, começou a compilar uma série de notas negativas de analistas da indústria, usadas por investidores para avaliar o mercado. "Na ausência de uma explicação detalhada (neste momento), estamos nos esforçando para enxergar sinergias entre marca, cliente, canal, produto ou tecnologia", escreveu um analista do banco J. P. Morgan. "Acreditamos que essa integração é possível, mas provavelmente difícil e repleta de riscos de financiamento", concluiu um analista do Oppenheimer. E a avaliação mais dolorosa veio de Morgan Adam Jonas, do banco Morgan Stanley, o analista cujo entusiasmo pela Tesla ajudou a inspirar sua volta de Londres para os Estados Unidos: "Acreditamos que o ativo mais valioso da Tesla pode ser a confiança que construiu junto a seus provedores de capital. Até mesmo um negócio rejeitado poderia 'deixar uma marca' em termos de questões de governança corporativa dos investidores, alterando o preço que os investidores podem exigir do capital da Tesla".

Em meio ao ataque do mercado, a Administração Nacional de Segurança de Tráfego Rodoviário dos Estados Unidos, a agência reguladora federal que supervisiona os carros e é dotada de poder para forçar recalls dolorosos e caros, anunciou que estava abrindo uma investigação sobre o acidente fatal da Flórida, tornando públicas, pela primeira vez, as preocupações que tinha com o recurso Autopilot da Tesla e desencadeando uma cobertura bastante crítica do sistema por parte da mídia. Carol Loomis, da revista *Fortune*, questionou por que a Tesla não divulgou o acidente quando, onze dias depois, arrecadou dinheiro.[*] Essa mesma questão suscitou preocupações também quanto à papelada

---

[*] Musk defendeu a atitude da Tesla neste episódio, argumentando que a questão não era "relevante para o valor da Tesla". Ele disse à revista *Fortune*: "Na verdade, se alguém se preocupasse em fazer as contas (obviamente, vocês não fizeram), perceberia que de mais de 1 milhão de mortes em acidentes com automóveis por ano em todo o mundo, cerca de meio milhão de pessoas teriam sido salvas se o Autopilot da Tesla estivesse universalmente disponível. Por favor, tirem cinco minutos e façam a porra das contas antes de escrever um artigo para enganar o público".

que tinha que ser apresentada junto à Comissão de Valores Mobiliários (SEC), o que colocou a Tesla sob o microscópico escrutínio do poderoso órgão regulador que supervisiona o mercado de capitais e monitora as operações das empresas.

Enquanto refutavam as críticas ao sistema de direção Autopilot, Musk e o conselho de diretores pareciam ter sido pegos de surpresa pela rejeição do mercado à ideia da aquisição da SolarCity. Denholm ouvia broncas diretamente dos maiores acionistas da Tesla, os investidores institucionais que administravam bilhões em participações, e que teriam importante influência na aprovação do negócio proposto. T. Rowe Price – um dos maiores acionistas institucionais – estava infeliz porque a Tesla tinha acabado de fazer uma oferta pública poucas semanas antes, mas não divulgou a potencial aquisição. Jeff Evanson, diretor e vice-presidente de relações com investidores da Tesla, também estava sendo muito pressionado.

"Honestamente, odiamos ser uma empresa de capital aberto", Kimbal Musk reclamou em uma mensagem a um amigo sobre a drástica queda no preço das ações da Tesla após o anúncio da SolarCity. Era um tema que ele e o irmão já haviam discutido antes, lamentando-se sobre como era muito mais fácil administrar a SpaceX, uma empresa privada. Não seria a última vez que alardeariam publicamente essa queixa.

O acordo proposto à SolarCity não bagunçou apenas os mercados; também não pegou bem dentro da própria empresa. A Tesla já havia assumido riscos antes, mas sempre em busca de algo maior. Para muita gente de fora da Tesla poderia parecer algo sentimental e piegas, mas muitos gerentes de longa data encamparam a missão ambiental da empresa – a crença de que estavam trabalhando para lançar um carro elétrico capaz de ajudar a reduzir a poluição e melhorar o planeta. Em 2016, alguns achavam difícil acreditar que o valor das ações poderia subir ainda mais. Para eles, havia um vínculo comum que ajudava a justificar os longos horários de trabalho, o sacrifício pessoal e o comportamento errático de seu CEO.

Agora, a situação parecia diferente. A impressão era de que Musk estava agindo em nome de seus interesses pessoais. "Elon gostava de correr riscos, mas normalmente tomava boas decisões de negócios", disse um gerente de longa data. "Mas simplesmente não fazia sentido: por que motivo ele compraria *aquela* empresa, *aquela* marca, a não ser pelo fato de que estava tentando resgatar *aquele* negócio específico?"

Evanson, das relações com investidores, confidenciou a um dos membros do conselho da Tesla que o negócio não agradava aos diretores executivos da montadora. "Há um sentimento péssimo dentro e fora da empresa", disse ele por e-mail. "Os executivos precisam calar a boca e subir a bordo."

Embora Musk fosse o presidente e o maior investidor individual da Tesla e da SolarCity, as culturas das duas empresas eram muito divergentes. As maneiras básicas de vender seus produtos estavam a quilômetros de distância umas das outras, por exemplo. Musk desprezava as práticas de vendas que dispensam sutilezas e pressionam os clientes a comprar, aversão que contribuía para que as lojas da Tesla atuassem mais como centros educacionais. A SolarCity girava em torno das vendas diretas e objetivas, baseadas na mobilização de vendedores que viajavam de porta em porta e no uso de *call centers* para pressionar clientes em potencial. As equipes de vendas eram incentivadas a lançar mão dessas práticas. A Tesla não gostava da ideia de colocar seus vendedores trabalhando uns contra os outros, e evitava a política de comissões que a SolarCity adotava. As diferenças apareciam nos livros contábeis. A equipe de Wheeler calculou que a SolarCity gastara 175 milhões de dólares em pagamentos de comissões nos doze meses anteriores, em comparação com os apenas 40 milhões de dólares na Tesla.

Até mesmo as coisas aparentemente pequenas estavam desalinhadas. Na Tesla, Musk resistia à prática de distribuir cargos sofisticados, e dispensava candidatos a emprego que, a seu ver, buscavam títulos em vez de um trabalho interessante. Na SolarCity havia uma abundância de fanáticos por títulos, talvez para compensar o salário, que geralmente era mais baixo. Ambas as empresas empregavam cerca de doze mil pessoas nos Estados Unidos. Na SolarCity, 68 pessoas ocupavam o cargo de vice-presidente e ganhavam salários médios de 214.547 dólares, em comparação com as 29 pessoas na Tesla que ganhavam em média 274.517 dólares.

Os chefes de engenharia da Tesla não ficaram felizes ao examinar sua nova mão de obra em potencial. Michael Snyder, gerente de engenharia da unidade de energia da Tesla, disse a Musk que os engenheiros da SolarCity eram inferiores, completando que, em termos de talento, daria a eles uma nota dois ou três em uma escala de um a dez. Chegou a dizer que havia apenas uma pessoa que cogitaria contratar. Musk o tranquilizou: "Vamos dispensar uma boa quantidade de funcionários da SolarCity".

Sem dúvida, a Tesla estava mudando e já não era a empresa em que muitos ingressaram durante os dias do Modelo S e do Modelo X, assim como a empresa evoluiu após ter chegado à beira da falência em 2008.

Naquele verão, Musk postou outro texto no blog para tratar dessa mudança (da mesma forma que havia definido, em 2006, a própria visão estratégica para a trajetória da Tesla do Roadster ao Modelo 3), detalhando o que estava por vir para a empresa – uma clara tentativa de alterar a narrativa em Wall Street sobre o negócio que caminhava aos trancos e barrancos.

Esse texto, intitulado "Plano-mestre – parte dois", era uma declaração de princípios em que Musk se empenhou para articular melhor o ecossistema sobre o qual ele, seu irmão e Gracias vinham conversando ao longo de muitos anos. Escreveu que queria "criar um belo produto, perfeitamente integrado e de teto solar, com bateria que simplesmente funciona, tão útil a ponto de empoderar o indivíduo, e, em seguida, dimensionar isso em uma escala global. Uma única experiência para fazer o pedido, uma instalação, um contato de serviço, um aplicativo de telefone".

Mas Musk foi além de explicar os benefícios de comprar a SolarCity. Detalhou uma visão ambiciosa para o negócio do automóvel. Depois do Modelo 3, imaginou um utilitário esportivo compacto (menor do que o Modelo X e construído no mesmo chassi que o Modelo 3, conhecido como Modelo Y) e um novo tipo de picape. Vislumbrou um caminhão semirreboque para clientes comerciais. A Tesla provavelmente não precisaria desenvolver um carro mais barato do que o Modelo 3 porque, segundo Musk, esperava que táxis robôs substituíssem a posse de automóveis. Imaginou um momento futuro em que o proprietário de um carro da Tesla poderia disponibilizar seu veículo para uma frota de táxis robôs "apenas pressionando um botão no aplicativo da Tesla no celular, gerando sua própria receita enquanto estiver no trabalho ou de férias, compensando de maneira significativa o custo mensal do empréstimo ou aluguel e às vezes até mesmo ultrapassando esse valor".

Isso era Musk em seu estilo mais clássico. Ele dava voz para o tipo de visão de automóveis no futuro que o Vale do Silício havia fantasiado durante gerações. Mas, de alguma forma, quando disse isso, pareceu plausível. (Tentando recuperar o atraso, em março a General Motors anunciou que estava adquirindo uma startup pouco conhecida de São Francisco chamada Cruise para impulsionar seu próprio programa de carro autônomo. O que atraiu a atenção de todos foi o número que apareceu nas manchetes para divulgar o valor do negócio: mais de um bilhão de dólares.) Musk não explicou em detalhes de que forma pagaria por seu futuro ou como daria conta dos cronogramas. Não precisava. O pronunciamento dele tinha um certo contexto histórico convincente a seu favor: dez anos antes, a declaração de que lançaria um sedã de luxo e um carro compacto totalmente elétricos parecia absurda e improvável. E olhe onde a Tesla havia chegado.

Como que para corroborar seu argumento, Musk recorreu a uma carta na manga que a Tesla raramente tinha usado antes, pois concentrava-se no crescimento impactante e não nos resultados financeiros. A empresa começou a dar lucro. Em novembro, a montadora anunciou que o trimestre de julho a setembro rendeu lucro de 22 milhões de dólares – de todos os tempos, aquele era só o segundo trimestre da empresa a dar lucro. O aumento nas entregas do Modelo X, de preço mais alto, ajudou, mas, assim como em 2013, a Tesla também se beneficiou enormemente da venda de créditos regulatórios para concorrentes que não cumpriram as metas de emissões em lugares como a Califórnia, e que de outra forma teriam que pagar multas por esse descumprimento.

Em seguida, Musk começou a trabalhar de uma maneira que sabia bem, dando aos investidores os objetos brilhantes de que precisavam para serem persuadidos pela ideia da combinação Tesla-SolarCity. Segundo Elon, a SolarCity conceberia um novo tipo de painel solar. Em vez de serem instalados no topo do telhado, *seriam* o telhado. Depois de se reunir com investidores céticos, Musk enviou um bilhete a seu primo Peter Rive e a J. B. Straubel: "O feedback mais recente dos principais investidores quanto à SolarCity é bastante negativo. Precisamos mostrar a eles como será o produto integrado. Eles não conseguem entender, de jeito nenhum. E precisamos mostrar antes da votação". No final de outubro, na sede da Universal Studios, Musk revelou sua visão usando os telhados exibidos nas casas da série *Desperate Housewives*. Verdade seja dita, nenhum dos painéis solares funcionou, mas isso era irrelevante. Musk prometeu que os telhados seriam bem atraentes. Semanas depois, os acionistas aprovaram o negócio.

Musk trabalhava com a mesma firmeza para mudar a percepção comum do sistema de direção Autopilot. A tecnologia parcialmente autônoma da Tesla tinha atraído muita atenção por ocasião de seu anúncio em 2014, e entrou em operação para valer no final de 2015, fomentando ainda mais as credenciais da Tesla como uma empresa de automóveis do futuro. O Autopilot fora usado por Musk como um exemplo de como a montadora estava no caminho de implantar carros totalmente autônomos, o tipo de tecnologia que vinha recebendo maior atenção no Vale do Silício com os avanços feitos pelo Google e por outras empresas.

A tecnologia subjacente da Tesla veio de um fornecedor de peças chamado Mobileye, que desenvolveu um sistema de câmeras para identificar objetos nas ruas e estradas. A equipe da Tesla trabalhou para ultrapassar os limites do sistema por meio da programação de software. O efeito disso tudo era que o motorista poderia ativar uma série de sistemas, como se manter numa mesma faixa e ter um controle de velocidade adaptado, que permitem ao condutor não apenas estabelecer a velocidade em que o veículo deve trafegar, mas também ajustar a distância que deseja manter em relação ao carro à frente. Não era infalível, como indicou o acidente da Flórida. Às vezes o sistema não reconhecia os perigos da pista, razão pela qual os motoristas eram instruídos a permanecer vigilantes o tempo todo. Mas funcionava suficientemente bem a ponto de os usuários se tornarem complacentes.

A equipe de software do Autopilot, encabeçada por Sterling Anderson – que também ajudou a conduzir o desenvolvimento final do Modelo X – propôs ideias diferentes para garantir o envolvimento do motorista. Vinham monitorando o torque aplicado ao volante (uma medida não muito confiável) e investigavam a possibilidade de construir um sensor que pudesse detectar se a mão do motorista estava, de fato, no volante. De início, Musk recusou a ideia de tornar o sistema menos integrado ou de contribuir para a sensação de que o carro incomodava o motorista. Depois do acidente na Flórida, aprovou mudanças que incluíam desativar o Autopilot caso os usuários continuassem ignorando os alertas sobre manter as mãos no volante. Também queria projetar uma nova geração do sistema, repleta de recursos extras.

À medida que a equipe de Musk chegava mais perto da data de anunciar novidades no outono, Anderson ficou cada vez mais preocupado com o hábito de Musk de fazer promessas em excesso, de acordo com o que diziam as pessoas familiarizadas com o trabalho da equipe. A última coisa de que precisavam era Musk alardear aos quatro ventos que a versão seguinte do Autopilot seria totalmente autônoma.

Anderson expressou essas preocupações a Jon McNeill, chefe de vendas e marketing, entre outras pessoas. Não seria nada correto dizer que o sistema era capaz de assumir o controle do carro sem uma pessoa sentada ao volante, observando a rua ou estrada apenas como um recurso adicional de segurança. De acordo com fontes que estavam a par das reações negativas ao Autopilot, os departamentos jurídico e de relações públicas da Tesla já vinham perdendo uma trabalhosa batalha com Musk sobre a questão das mensagens que eram comunicadas à opinião pública. No ano anterior, haviam enfatizado a importância de que os motoristas *mantivessem ambas as mãos no volante*, e trabalharam para garantir que toda e qualquer comunicação oficial da Tesla demonstrasse esse uso. Mas quando Musk levava jornalistas da TV para passeios nos carros, passava rapidamente a demonstrar o Autopilot tirando as mãos do volante.

Em outubro, chegou a hora de Musk anunciar o novo hardware. Disse que a novidade seria incluída em todos os carros, e que os compradores poderiam fazer a atualização para as versões mais aprimoradas dos recursos. Provando que as preocupações de Anderson tinham fundamento, Musk declarou que o hardware do sistema era capaz de dirigir o carro totalmente por conta própria e afirmou que, lá pelo final de 2017, demonstraria um carro autônomo capaz de viajar sozinho de Los Angeles a Nova York. Os clientes que comprassem carros novos já teriam esse recurso, que seria instalado assim que estivesse disponível, com a pequena ressalva de que talvez fosse necessário obter aprovação regulamentar.

Os comentários de Musk irritaram alguns dos engenheiros, que se incomodaram por considerar que Elon estava propondo algo impossível. Outros deram de ombros – se Musk disse, então *talvez fosse* possível. Afinal, não esperavam que extrairiam tanta funcionalidade do sistema anterior. Esse era o aspecto mais estimulante de trabalhar com Musk. Com as cobranças, Elon os empurrara até ali, superando obstáculos nos quais outras fabricantes de automóveis teriam tropeçado.

As pessoas mais próximas de Musk, no entanto, não fizeram pouco caso do pronunciamento. Sabiam não apenas que o cronograma de Musk era impossível de ser sustentado, mas que em breve ele procuraria alguém em quem botar a culpa. As promessas de Musk pareciam ter cruzado uma nova fronteira. No passado, havia chocado as pessoas com declarações ousadas. Agora, estava realmente prometendo o impossível.

No início de 2017, Anderson e Wheeler sairiam da Tesla. Na teleconferência derradeira com analistas em que estiveram, Wheeler saudou o retorno de Deepak Ahuja como diretor financeiro em comentários que pareciam prenunciar os problemas que antevia no horizonte. "Com a história que Deepak já teve por aqui, estando à beira da falência, e todas as outras coisas pelas quais passou, ele está em boa posição", disse Wheeler, antes de Musk interrompê-lo.

Por mais preocupado que Wheeler pudesse estar, as apostas de Musk pareciam estar se pagando com êxito quando o novo ano começou. Primeiro que, em janeiro de 2017, a Administração Nacional de Segurança de Tráfego Rodoviário dos Estados Unidos (NHTSA) em janeiro de 2017 encerrou suas investigações de seis meses sobre o Autopilot da Tesla, anunciando que não encontrou "defeitos no design ou no desempenho". Em linguagem densa, o órgão do governo afirmou ter analisado os dados do sistema da Tesla e, em seu veredicto, isentou a empresa de responsabilidade ao constatar que a taxa de acidentes de seus veículos *caiu* quase 40% após a instalação da "autodireção". Musk estava em êxtase – sem demora, foi ao Twitter realçar esses 40%. Alguns membros da equipe ficaram atordoados. De onde viera aquele número de 40%?

Todas as atenções voltadas para o Autopilot, e o sonho de Musk de construir carros totalmente autônomos, estavam gerando uma nova empolgação em Wall Street. No mesmo dia da divulgação dos resultados da investigação da NHTSA, Adam Jonas, do Morgan Stanley, publicou um relatório de pesquisa prevendo que as ações da Tesla poderiam subir 25% – para 305 dólares cada –, nível surpreendentemente alto que, se alcançado, seria um marco inacreditável: a valorização da Tesla seria maior do que a da Ford ou da General Motors. Para enfatizar o fato de que, na visão de Musk, a Tesla se tornaria mais do que apenas uma fabricante de carros, tirou a palavra "Motors" do nome oficial da empresa, assim como, anos antes, a Apple abandonou a palavra "computadores".

Em fevereiro, Musk comemorou o lançamento de um de seus foguetes do Centro Espacial Kennedy, em Cabo Canaveral, Flórida, o mesmo lugar de onde a NASA um dia enviou os primeiros astronautas à Lua. O evento marcou a primeira vez que um foguete comercial foi lançado das instalações da agência espacial. Depois de anos de dificuldades com a SpaceX, a ambiciosa visão de Musk para sua empresa de foguetes estava começando a se mostrar promissora e atrair uma atenção renovada. Em 2015, conseguiu pousar um foguete, um passo importante enquanto trabalhava para desenvolver foguetes espaciais reutilizáveis; em seguida, em 2016, foi mais longe ao pousar um foguete em uma barcaça em alto-mar. Musk cativava a imaginação das pessoas com suas falas sobre viver em Marte enquanto continuava a arrecadar mais e mais dinheiro para a SpaceX, que permaneceu privada e gerava uma quantidade significativamente menor de drama público em comparação com a Tesla. Musk tornou-se o próprio Tony Stark, o *Homem de ferro*, da vida real.

Os investidores concordaram com o sentimento otimista em relação à Tesla. As ações da empresa começaram a acelerar. Na primavera de 2017, a Tesla fez o que outrora era impensável: ultrapassou a Ford em valor de mercado e se tornou a segunda montadora mais valiosa dos Estados Unidos, atrás apenas da General Motors. Algumas semanas depois, ultrapassou a GM. A Tesla, que vendia uma fração dos carros e nunca teve lucro anual, agora era vista como uma montadora mais valiosa do que os ícones centenários da indústria norte-americana, titãs que viviam seu momento mais lucrativo da história. Os investidores apostavam que a visão de Musk para o novo século tinha uma chance maior de funcionar do que os objetivos que a GM ou a Ford ofereciam.

Publicamente, Musk estava radiante. No Twitter, feliz da vida, atacou alegremente os vendedores a descoberto. No Instagram, a atriz Amber Heard postou uma foto dela com Musk, anunciando um relacionamento que até então era apenas insinuado entre cochichos e piscadelas nos tabloides. Na foto, Musk podia ser visto sorrindo em um jantar na Austrália, com uma marca de batom na bochecha.

Com a empolgação pelo Modelo 3 e pela namorada famosa, a fama do próprio Musk atingiu novos patamares. A Tesla o impulsionou para o panteão dos CEOs celebridades. No início de 2017, pela primeira vez, Musk apareceu na lista do "Índice Q", ranking que mede o grau de apelo público de uma marca, celebridade, empresa ou produto de entretenimento.

A atenção intensificada mudou a vida de Musk. Pelo lado positivo, estava namorando outra celebridade; parecia ter prazer em levá-la ao escritório para impressionar sua equipe de diretores executivos. Nessas ocasiões, Heard ficava sentada enquanto Musk comandava reuniões; ela levou um bolo para comemorar o aniversário de Musk. O recém-eleito presidente norte-americano Donald Trump perguntava as opiniões de Musk sobre as coisas, pedindo que integrasse conselhos consultivos de alto escalão. (Durante um telefonema para Musk, de acordo com uma pessoa que ouviu a conversa, Trump pediu conselhos sobre a NASA: "Quero que a NASA seja grande de novo".) Naquele inverno, CEOs ficaram em maus lençóis com clientes por conta de sua associação com Trump; Musk teve rusgas com Heard, que estava descontente com o incipiente relacionamento do namorado com o presidente republicano.

Era apenas um sinal inicial, para os funcionários da Tesla, de que junto ao relacionamento amoroso do CEO da empresa viria também um novo drama pessoal.

A recém-adquirida fama de Musk trazia desvantagens e dissabores. Cada passo que dava era analisado. Agora era difícil sair em público sem ser perseguido por desconhecidos. Depois de anos pulando de casa em casa no Vale do Silício, Musk comprou uma propriedade de dezenove hectares em Hillsborough, na península de São Francisco, que abrigava uma mansão centenária conhecida como De Guigne Court. Musk pagou 23 milhões de dólares para ter vistas deslumbrantes da baía de São Francisco e um lugar onde dar festas e jantares privativos.

Embora os investidores mostrassem um renovado entusiasmo, dentro da Tesla havia motivos para preocupação. Tanto a fábrica de Fremont como a Gigafábrica estavam atrasadas. Enquanto Musk procurava explicações, alguns atribuíam a culpa – de forma justa ou injusta – à Panasonic. Quase desde o início, a equipe da Tesla vinha fazendo pressão e exigindo cronogramas agressivos. Acelerar os planos de produção não facilitou as coisas. Assim como o Modelo S foi aprimorado depois que a produção começou, a Gigafábrica ainda estava sendo projetada quando a Tesla se aproximou do prazo da produção do Modelo 3.

Temendo o que os atrasos poderiam acarretar, Dan Dees, do Goldman Sachs, o banqueiro de longa data de Musk, insistiu que ele levantasse dinheiro para o caso as coisas não darem certo. As lições de 2008 e 2013 deveriam ter sido óbvias: qualquer tipo de atraso derrubaria a frágil casa financeira que a Tesla havia construído e devoraria o limitado montante de dinheiro que a empresa tinha em caixa.

Simultaneamente a tudo isso, um gigantesco novo fundo de capital de risco estava sendo criado pelo SoftBank, o conglomerado de tecnologia japonês com participações na Alibaba, Sprint e outros. O CEO Masayoshi Son estava prestes a controlar um fundo de quase 100 bilhões de dólares que pretendia reescrever as regras de investimento no Vale do Silício e escolher vencedores do tipo que mudam o mundo, injetando neles o dinheiro que, para uma geração anterior, teria parecido impossível no mercado privado.

O Goldman achou que um encontro entre Musk e Son poderia dar frutos. O "casamenteiro" incumbido de marcar a reunião foi Larry Ellison, cofundador da Oracle. Morava perto da casa de Son no Vale do Silício e era amigo dos dois. Um comprador entusiasmado do Roadster nos primeiros dias da Tesla, Ellison acumulou discretamente um considerável volume de ações da empresa.

Em março, uma sala de reuniões no segundo andar da fábrica de Fremont com vistas para a linha de montagem foi transformada em sala de jantar. Um serviço de bufê preparou uma refeição com bifes para um pequeno grupo. Musk e Ellison estavam lá. Son chegou, e depois dele Yasir Al-Rumayyan, o diretor-gerente do fundo de riqueza soberana da Arábia Saudita, que logo se juntaria ao conselho do SoftBank.

Musk, Ellison, Son e Al-Rumayyan: coletivamente, esses homens controlavam centenas de bilhões de dólares (ainda que, ao contrário dos outros comensais, a fortuna de Musk fosse, em larga medida, ilíquida). Todos compartilhavam da ambição de fazer apostas colossais que, se bem-sucedidas, mudariam os rumos da humanidade. Se fracassassem, queimariam montanhas de dinheiro. Sentados à mesa, comendo e bebendo vinho, discutiram uma série de possibilidades, incluindo fechar o capital da Tesla.

Como Musk e seu irmão, Kimbal, haviam notado no passado, as coisas eram muito mais fáceis na SpaceX, que era privada. Mas fechar o capital de uma empresa do porte da Tesla era uma perspectiva assustadora.

Durante cerca de um ano, Musk vinha cogitando a ideia na surdina. Enquanto pensava sobre isso, aconselhou-se com Michael Dell, que em 2013 havia fechado o capital de sua empresa de computadores homônima, bem como ouviu a opinião do advogado que ajudou Dell a fazer isso. Musk se preocupava com o aumento do valor da Tesla. No preço atual da ação da empresa, cerca de 250 dólares, teriam que levantar sessenta bilhões – considerando o valor da avaliação atual da Tesla e mais um ágio de 20%, que era prática padrão em aquisições e destinava-se a adoçar um negócio e afastar a concorrência de ofertas.

Depois de algumas taças de vinho, Son, vestindo seu habitual suéter de tricô, começou a questionar por que Musk se distraía com tantas empresas. Por que não se concentrava apenas em fazer carros, em vez de se enrolar com energia solar, sem mencionar a ocasional conversa sobre cavar túneis para trânsito de alta velocidade e desenvolver computadores que poderiam ser controlados pela mente? As críticas implícitas não agradaram a Musk. Son também insistiu que Musk precisava levar a Tesla para a Índia, e Musk concordou, alegando que, sim, em algum momento isso faria sentido. Entretanto, no momento em questão, afirmou: *"Temos um monte de outras merdas que estamos tentando fazer direito agora"*. Musk começou a suspeitar que as motivações de Son estavam atreladas a negócios do SoftBank no país.

Ficou claro que Musk e Son não eram um par de pombinhos apaixonados. Um tinha respeito pelo outro, mas ambos eram machos alfas que imaginavam o próprio futuro e deleitavam-se em provar que os céticos estavam errados. Qualquer dinheiro do SoftBank provavelmente viria com restrições, condições e exigências. Son tinha a reputação de ser um investidor ativo, prático, que botava a mão na massa – o tipo de influência à qual Musk naturalmente se opunha.

O jantar terminou com a promessa de novas discussões.* Por ora, no entanto, tudo indicava que a Tesla continuaria sendo uma empresa de capital aberto. Em meio a todo o frenesi da bolsa de valores, Musk poderia voltar novamente ao mercado para levantar mais dinheiro (o que fez na primavera). Esses dólares lhes dariam menos amarras que as de Son, e o controle de Musk não seria questionado.

Muito mais urgente para o futuro da Tesla era o que tomava forma apenas um andar abaixo da sala em que jantavam, onde os trabalhadores corriam para preparar a montagem do Modelo 3. A data oficial para o início da produção em série estava programada para 1º de julho, dali a poucos meses.

---

* Os dois acabariam se encontrando algumas vezes, incluindo uma ocasião em que Son aparentemente cochilou, vítima dos efeitos do *jet lag*.

Capítulo 24

O inferno de Elon

"Fico imaginando como você está se sentindo agora – parece um pouco desanimado com os desafios que tem pela frente", disse um repórter a Elon Musk no fundo de uma sala de reuniões, na fábrica da Tesla em Fremont. Durante vinte e cinco minutos, Musk sentou-se em um banquinho na frente de uma sala repleta de jornalistas, reunidos para discutir o início da produção do Modelo 3. Musk já havia divulgado no Twitter o início oficial das semanas de produção, observando que o primeiro veículo estaria pronto em 6 de julho de 2017. Tuitou que sua expectativa era fabricar cem unidades do Modelo 3 no mês seguinte, depois mais de 1.500 em setembro. Em dezembro, a Tesla alcançaria vinte mil unidades mensais do Modelo 3, afirmou ele.

Isso era o que estava por vir. Aquele dia, uma última sexta-feira de julho, era para comemoração, tanto para os funcionários como para os clientes fiéis. Naquela noite, a Tesla realizaria um evento para entregar aos clientes as trinta primeiras unidades do Modelo 3 – um evento marcante que, quando apresentado como parte da visão de Musk uma década antes, parecia o lançamento de uma nave espacial para a Lua. Chegar a tal momento exigira grandes sacrifícios, coragem e muita sorte.

Apesar do marco, enquanto respondia às perguntas dos jornalistas naquela tarde, Musk não parecia especialmente animado. Alertou os repórteres ali reunidos de que a Tesla estava prestes a entrar numa fase de pelo menos seis meses de "fabricação infernal", em que a empresa faria ajustes e resolveria todos os probleminhas da linha de produção para alcançar uma taxa semanal de cinco mil veículos até o final do ano. Musk advertiu que era difícil prever quando exatamente isso ocorreria, mas, em tom monótono, disse que estava confiante de que a Tesla alcançaria dez mil veículos por semana até o final do ano seguinte. Comentou que nenhum tornado, inundação, incêndio ou naufrágio "em qualquer lugar do planeta" seriam capazes de interromper esses planos.

Muitos dos jornalistas presentes na sala não precisavam ser lembrados: a Tesla tinha enfrentado percalços em todos os seus carros novos. A empresa deu um salto enorme, e se antes fabricava cerca de seiscentos Roadsters por ano, passou a construir vinte mil sedãs Modelo S e cinquenta mil SUVs Modelo X anuais. Agora, a meta da Tesla era quinhentas mil unidades do Modelo 3. "Vai ser um grande desafio", disse Musk: que enorme eufemismo.

Indagado sobre seu estado de ânimo, Musk fez uma pausa. "Estarei mais animado hoje à noite", respondeu. "Peço desculpas. Tenho muita coisa para pensar."

A equipe de Musk assistia, incrédula. Nos bastidores, os assistentes dele tinham tentado levantar seu astral, mas lá estava ele, com um aspecto de derrota diante da mídia mundial. Alguma coisa na cabeça de Musk parecia reconhecer que estava abatido, mas seu coração não conseguia ter forças para mudar o tom melancólico. Em vez disso, Musk continuou falando, como a voz arrastada, sobre como aquele era um grande dia para a Tesla, "algo em que estivemos trabalhando desde a criação da empresa".

Horas depois, já de volta a seu estado normal, Musk subiu ao palco enquanto centenas de funcionários comemoravam a entrega das chaves. A Tesla combinou de antemão com a revista Motor Trend, que um ano antes cobrira de elogios o Chevy Bolt (o novo carro totalmente elétrico da GM, que não deve ser confundido com seu híbrido Volt), que aproveitaria a ocasião do evento para dar ao jornalista especializado a chance de levar o veículo para um primeiro passeio. O artigo com a análise crítica foi publicado na revista e transbordava elogios: "O Tesla Modelo 3 está entre nós, e é o veículo mais importante do século". De acordo com as primeiras impressões do jornalista ao dirigir o carro, em muitos aspectos o Modelo 3 superava o Modelo S em termos de experiência e desempenho – exatamente o que Doug Field e sua equipe esperavam quando começaram a trabalhar no veículo, dois anos antes.

O texto com a avaliação do jornalista terminava assim: "Nos últimos tempos, tenho passado algum tempo ao volante do Chevrolet Bolt da Motor Trend, e, a cada quilômetro, chego mais perto de chamá-lo de 'o Automóvel 2.0'. Por conta de sua acessibilidade, autonomia livre de estresse e qualidades deliciosas na direção, penso que talvez seja com ele que a segunda era do automóvel começa. Deixo esse pensamento em pausa. Diante do desempenho do Modelo 3, de seu estilo atraente, de sua fascinante criatividade e, o que é decisivo, da rede de segurança Supercharger, creio que, a bem da verdade, é *aqui* que ela começa".

O evento deu ao mundo do Twitter novos nacos de carne pelos quais se engalfinhar. Praticamente uma em cada quatro ações estava empatada por vendedores a descoberto, que apostavam que a Tesla estava supervalorizada. Larry Fossi, o homem encarregado de administrar o escritório particular do excêntrico bilionário Stewart Rahr em Manhattan, entrou na parada com uma cáustica postagem em seu blog, sob o pseudônimo "Cético de Montana". Questionou por que a Tesla não mostrou a nova linha de montagem no evento para celebrar o início da produção. Previu que a empresa precisaria levantar mais dinheiro até o final do ano.

"Conclusão: acredito que o Modelo 3 compartilha do mesmo defeito genético do Modelo S e do Modelo X: está destinado a ser uma perda de dinheiro crônica."

Fossi estava certo ao ter dúvidas sobre a linha de montagem. Enquanto a equipe de Doug Field corria para terminar o trabalho na linha do Modelo 3, os trabalhadores intensificaram seus esforços de sindicalização. Richard Ortiz, o operário horista que retornou à fábrica de Fremont depois de um período de vinte anos na NUMMI, vinha discretamente sondando a força de trabalho para descobrir quem estava disposto a se manifestar e dar apoio público à UAW. O sindicato, com sede em Detroit, enviou organizadores para ajudar nessa empreitada. Hospedaram-se num hotel próximo, abrindo um escritório em um pequeno prédio na mesma estrada da fábrica. Em um quadro branco, anotaram uma lista com os nomes dos trabalhadores que assinaram um cartão indicando a vontade de colaborar com a organização sindical. A lista era curta: Ortiz e outro trabalhador que também trabalhara na NUMMI, Jose Moran, um homem caladão que saía de casa em Manteca, Califórnia, às 3h25 da manhã e dirigia cerca de cem quilômetros para chegar a tempo de conseguir encontrar uma vaga no estacionamento e iniciar seu turno às 5h25. Entrou em contato com os representantes da UAW para oferecer ajuda no verão de 2016. Decidiram que Moran seria o rosto perfeito para o movimento.

Em fevereiro, a UAW deixou a mídia de tecnologia em polvorosa por conta de uma postagem – assinada por Moran – no Medium, um dos sites preferidos por startups para publicar anúncios disfarçados de notícias. O texto descrevia a vida na fábrica da Tesla. No título lia-se "É hora de a Tesla ouvir", e o que se seguia eram 750 palavras descrevendo a vida atribulada que os cinco mil trabalhadores da fábrica enfrentavam, incluindo uma carga excessiva de horas extras obrigatórias e ferimentos evitáveis. "Seis das oito pessoas da minha equipe estavam de licença médica ao mesmo tempo devido a vários acidentes de trabalho", escreveu Moran. "Ouço colegas de trabalho dizerem baixinho que estão se machucando e sofrendo, mas têm muito receio de denunciar por medo de serem rotulados por seus gerentes como reclamões ou maus trabalhadores." Escreveu que queria tornar a Tesla um lugar melhor, e acreditava que isso poderia ser alcançado por meio da formação de um sindicato. "Muitos de nós estão conversando sobre sindicalização, e procuramos a United Auto Workers em busca de apoio."

A resposta de Musk foi rápida. Tentou desmoralizar Moran, dizendo ao site Gizmodo: "Nosso entendimento é que esse cara foi pago pela UAW para entrar na Tesla, provocar agitação política e disseminar a ideia de organizar um sindicato. Na verdade, ele não trabalha para nós, trabalha para a UAW". Musk acrescentou: "Francamente, considero esse ataque um ultraje moral. A Tesla é a última montadora de automóveis que restou na Califórnia, porque os custos são muito altos. A UAW matou a NUMMI e abandonou os trabalhadores na fábrica de Fremont em 2010. Eles não têm como se justificar, não têm base de argumentação". Em âmbito privado, Musk enviou aos trabalhadores um e-mail ridicularizando a UAW e prometendo uma série de regalias, incluindo uma festa para celebrar o Modelo 3, distribuição de iogurte congelado e, por fim, a instalação de uma montanha-russa elétrica nas dependências de Fremont. "Vai ficar superlegal", escreveu ele, com uma carinha sorridente.

No entanto, Moran trabalhava na Tesla, e ele e o sindicato negaram que estivesse sendo pago pela UAW. Moran e Ortiz distribuíam folhetos para os operários em seus momentos de folga.

Havia uma triste verdade naquelas trinta unidades do sedã Modelo 3 festejadas em julho: não saíram de uma nova e chique linha de montagem dentro da fábrica de Fremont. Foram feitas à mão pelos trabalhadores da Tesla. As carrocerias foram soldadas em uma oficina de protótipos, montada ao lado da oficina de pintura. (Era um espaço tão apertado que as diferentes partes de cada carro individual tinham que entrar e sair em um carrinho.) Em seguida a carroceria era transferida para uma área onde passava pela montagem final. O processo demorava dias e era fisicamente exaustivo. Precisaria continuar pelas semanas seguintes também, porque as equipes de trabalho ainda não tinham terminado de preparar o espaço para a oficina de funilaria, na qual era montada a carroceria, a parte inicial do processo, no qual gigantescos robôs soldavam a estrutura do carro antes de ela ir para a oficina de pintura, e depois para a montagem final.

Os avisos do chefe de engenharia Doug Field para Musk na primavera de 2016 tornaram-se realidade. Tendo celebrado ou não, a empresa ainda estava a meses de ter todo o equipamento instalado para iniciar a produção regular.

Aquilo foi um alívio para o pessoal de Sparks, Nevada, porque as equipes de bateria também não estavam prontas. Musk apontou o dedo para Kurt Kelty, o gerente de longa data da Tesla que anos antes ajudara a forjar um relacionamento com o fornecedor japonês. A Panasonic também não estava nem um pouco feliz com Kelty, que tinha o trabalho nada invejável de atuar como intermediário entre os nipônicos e os prazos urgentes da Tesla e seus problemas na Gigafábrica. Preso entre a cruz e a espada, Kelty decidiu que seu tempo na Tesla havia chegado ao fim. Viu o Modelo 3 ser celebrado no evento em julho – seu último dia na empresa. Como Martin Eberhard, Peter Rawlinson, George Blankenship e tantos outros, Kelty deu tudo o que tinha. Era hora de se afastar.

Embora Musk culpasse a Panasonic pelo atraso, a culpa era da Tesla. As dificuldades de construir uma fábrica pela primeira vez e iniciar um novo tipo de sistema de produção eram opressoras. Kevin Kassekert, importante braço direito de Straubel que supervisionava o projeto de construção da Tesla, empenhava-se com unhas e dentes para manter o fornecimento de energia nas linhas de produção, à medida que novas partes da fábrica eram adicionadas ao mesmo tempo. Em outubro, ficou claro tanto para Musk como para pessoas de fora que a Tesla estava se esforçando até o limite para produzir. A empresa relatou ter fabricado apenas 260 sedãs Modelo 3 no terceiro trimestre, incluindo as trinta unidades que entregara no evento do final de julho. A Tesla atribuiu esses resultados a imprecisos "gargalos de produção".

"Embora a vasta maioria dos subsistemas de fabricação tanto na nossa unidade da Califórnia como em nossa Gigafábrica em Nevada esteja em condições de operar com alta taxa de produtividade, alguns demoraram mais do que o esperado para serem ativados", declarou a empresa em um comunicado oficial.

Poucos dias depois, o *The Wall Street Journal* revelou que a oficina de funilaria da fábrica não estava funcionando e os carros estavam sendo feitos à mão. A Tesla respondeu bruscamente. "Por mais de uma década, o WSJ atacou de forma implacável a Tesla com artigos enganosos que, com poucas exceções, forçam ou ultrapassam os limites da integridade jornalística. Talvez essa matéria seja uma exceção, mas é extremamente improvável." O jornal sustentou sua história, e outros veículos de comunicação logo começaram a escrever reportagens semelhantes. Um acionista abriu um processo judicial alegando fraude.[*] As declarações da Tesla sobre sua alegada produtividade atraíram a atenção do Departamento de Justiça.

Era, em muitos aspectos, a Tesla em seu modo clássico: Musk dando declarações ousadas como parte de um esforço mais amplo para motivar as equipes a fazerem o impossível e, por sua vez, empolgar os investidores. Só que dessa vez, Musk havia dito que a Tesla produziria cerca de duzentos mil carros no segundo semestre daquele ano e, após três meses, tinha fabricado menos de 1% dessa quantidade. Para começo de conversa, o objetivo tinha sido fantasioso, e volta e meia Musk amalgamava a possibilidade de fabricação de cinco mil carros por ano com a capacidade de fabricação de cinco mil carros por semana. Mas a marca de cinco mil carros em uma única semana parecia um resultado impossível de se alcançar naquele mês de outubro, enquanto a equipe corria para colocar em operação a oficina de funilaria. Quando, em 2016, Musk fez afirmações igualmente ambiciosas para o Modelo X e não conseguiu alcançá-las, a lacuna entre seu objetivo e seu resultado não era tão grande. Agora o abismo era tão imenso que dava para passar uma frota inteira de caminhões elétricos.

Parte da dificuldade era que Musk pressionava cada vez mais para que existisse automação. A linha de montagem estava repleta de robôs

---

[*] Um juiz acabaria por extinguir o processo, alegando que as declarações prospectivas da Tesla eram protegidas por causa da cobertura que Musk fizera ao anunciar suas metas. "As leis federais de valores mobiliários não punem as empresas por não atingirem suas metas", escreveu o juiz distrital Charles Breyer em agosto de 2018.

que precisavam ser configurados e programados para realizar tarefas específicas – por exemplo, soldar apenas determinados pontos na carroceria do carro. A falta de espaço em Fremont e a convicção de Musk de que os robôs poderiam trabalhar com mais rapidez se fossem posicionados mais perto uns dos outros obrigaram as equipes a pensar na densidade como um importante elemento do design. Em resposta, instalaram cerca de mil robôs no local para a oficina do Modelo 3, incluindo centenas pendurados de cabeça para baixo no teto, para que coubessem mais no espaço exíguo.

O mesmo acontecia na Gigafábrica. Mas enquanto a oficina de funilaria fazia algum progresso reconhecidamente trôpego, a equipe de Straubel estava uma completa bagunça. Em alguns lugares, os engenheiros estavam tendo dificuldades para simplesmente conseguir entrar no espaço físico a fim de consertar um robô, de tão apinhados estavam. Em alguns casos, os pacotes de baterias precisavam ser feitos à mão; a Tesla pediu funcionários da Panasonic emprestados para ajudar.

À medida que o gargalo crescia, os carregamentos de células fornecidas pela Panasonic começaram a se acumular. A certa altura, um executivo da Tesla se viu entre caixotes e mais caixotes de células prontas para serem montadas. Estimou que havia cem milhões de células esperando para serem juntadas em pacotes de baterias. Centenas de milhões de dólares em estoque simplesmente parados, queimando dinheiro.

Os problemas da Gigafábrica deixaram Musk furioso. Ele começou a voar até lá com mais frequência a fim de lidar pessoalmente com a questão. Sempre foi rápido para demitir pessoas, mas em geral isso acontecia por meio de gerentes, não cara a cara. Agora, ele poderia demitir qualquer pessoa que encontrasse no chão de fábrica. Com Musk não havia argumentação; ele culpava a todos, menos a si próprio, mesmo quando tentavam lhe explicar que os robôs estavam funcionando mal por causa das próprias exigências dele.

No dia em que a Tesla anunciou os horrendos resultados do terceiro trimestre, Musk passou mal, e durante horas permaneceu deitado no escuro no chão de uma sala de reuniões. Um executivo foi enviado com a missão de sentá-lo numa cadeira para falar por teleconferência com Wall Street. Durante a ligação, a voz de Musk estava horrível. Adam Jonas, o analista do Morgan Stanley que havia muito elogiava o potencial da Tesla, perguntou: "Está muito quente aí no inferno?".

"Vamos considerar que o nível nove seja o pior", respondeu Musk. "Nós estávamos no nível nove. Agora estamos no nível oito."

Numa ocasião, Jon McNeill, o gerente executivo de vendas e um dos principais braços-direitos de Musk, tentou acalmá-lo. "Acho que podemos consertar isso", disse ele, antes de repetir um provérbio: *Nenhum homem tem uma boa ideia quando é perseguido por um tigre.*

Talvez sentindo que precisava reforçar sua equipe, Musk deu ordens para que uma festa fosse organizada para alguns gerentes no telhado da Gigafábrica. Queria que fizessem uma fogueira e comessem *s'mores*. Kassekert, diretor de desenvolvimento de infraestrutura, ficou horrorizado com a diretriz: "Musk queria acender uma fogueira no telhado de uma fábrica de baterias extremamente inflamáveis?". Obedientemente, descobriu uma maneira, assentando sobre o telhado um tecido de proteção.

Naquela noite, Musk bebeu uísque e cantou algumas músicas. Já eram mais de duas da manhã quando postou um vídeo curto no Instagram. Esse vídeo e mais uma matéria de capa da edição de novembro da revista *Rolling Stone* fustigando Musk por conta de seu rompimento com a atriz Amber Heard assustaram alguns observadores, que colocaram em dúvida a estabilidade mental do CEO. Musk continuava a se ressentir do fato de que a Tesla era de propriedade pública, com tantos vendedores a descoberto apostando em sua morte. "Eu gostaria que a Tesla fosse privada", disse ele. "Na verdade, sermos uma empresa de capital aberto nos torna menos eficientes."

No final do verão, os esforços de Ortiz, o trabalhador que sonhava em se tornar presidente de sindicato, e de Moran, o rosto do comitê de organização, ganhavam o apoio de legisladores da assembleia estadual da Califórnia. No final de agosto, Ortiz viajou, acompanhado de três outros operários horistas da Tesla e organizadores da UWA, para a capital do estado, Sacramento, a fim de se reunir com os deputados. Foram até lá para fazer lobby a fim de que fosse incluído na legislação um abatimento de impostos dos veículos elétricos, especificando que a Tesla precisava ser "justa e responsável" e garantir a segurança de seu local de trabalho. À guisa de resposta, a Tesla organizou por conta própria um grupo de trabalhadores para depor no mês seguinte na capital; entre eles estava Travis Pratt, um técnico de manutenção de equipamentos. Durante a audiência, Pratt elogiou a empresa e disse aos legisladores que ganhava um salário anual de 130 mil dólares na Tesla.

Um vídeo do depoimento chegou às mãos de Ortiz, que o encaminhou para Moran com o pedido de que identificasse os trabalhadores. "Me diga quem são... quero ir até cada um deles E dizer 'vejo você em Sacramento, puxa-saco'", escreveu ele na mensagem de texto ao amigo.

Moran fez login na intranet da empresa para acessar o diretório de funcionários e verificar os nomes. Encontrou Pratt e fez uma captura de tela com a foto dele, juntamente com a identificação de seu cargo, em seguida, encaminhou para Ortiz, que postou aquela e outras fotografias em um perfil privado do Facebook que os trabalhadores envolvidos na tentativa de organização sindical haviam criado. "Estes caras estiveram em Sacramento pra dizer que estamos mentindo sobre como funcionam as coisas na Tesla. Foram levados pela gerência... um deles diz que ganhou 130 mil dólares ano passado... isso só prova o quanto os puxa-sacos e dedos-duros se dão bem na Tesla, e as pessoas que trabalham de verdade só se ferram."

Depois mudou de ideia e excluiu a publicação, assim que Pratt se queixou diretamente com ele por meio de uma mensagem privada. "Diga o que quiser de mim às escondidas... ganhei o que ganhei no ano passado quase que inteiramente como técnico de manutenção de nível 2, que é a posição em que vários de seus próprios colegas da produção estão agora. Desejo-lhe boa sorte, mas saiba que haverá muitos de nós do outro lado. Começar a ofender as pessoas pode não ser a estratégia que você deva usar daqui pra frente."

Pratt enviou uma captura de tela da postagem original para o departamento de recursos humanos da Tesla – um presente. "Parece que irritamos algumas pessoas", escreveu ele na mensagem, junto com um emoji de rostinho sorridente e corado. Foi a desculpa de que a Tesla precisava para abrir uma investigação sobre Ortiz e, esperava ela, esmagar a campanha sindical. A empresa já tinha tentado. Meses antes, Gabrielle Toledano, chefe do RH, em uma troca de e-mails com Musk, tramou para oferecer a Moran e Ortiz vagas em uma equipe de segurança que os faria ser trabalhadores remunerados, tornando-os inelegíveis para o sindicato. Agora, tinham vestígios digitais de Moran acessando os registros da empresa de uma forma que, segundo alegaram, violava a política da empresa.

No final de setembro, Ortiz foi levado a uma reunião com um investigador que tinha sido recrutado pelo RH. Chegou vestindo camiseta e um button do sindicato. Quando o investigador lhe mostrou uma cópia da postagem no Facebook, ele confessou ser o autor e disse que havia apagado após a reclamação de Pratt. Pediu desculpas.

Mas quem deu as fotos do diretório de funcionários da empresa para você? Ortiz não respondeu. O investigador pediu para ver o celular pessoal dele. O aparelho não tinha nenhuma pista. Era novinho em folha, fora comprado horas antes naquele mesmo dia.

A lealdade de Ortiz não foi suficiente para proteger Moran. A empresa rastreou rapidamente seu acesso aos registros digitais. No início de outubro, abriram um processo disciplinar contra os homens: Moran foi apenas repreendido com uma punição leve, mas Ortiz foi demitido.

Os efeitos sobre a sindicalização foram impactantes. O quadro no escritório da UAW com a lista de funcionários que apoiavam a formação de um sindicato logo ficou em branco. O sonho de Ortiz de se tornar presidente sindical evaporou. Um dirigente da UAW se ofereceu para transferi-lo para Detroit e ajudá-lo a encontrar um novo emprego, mas Ortiz não quis ir. A baía de São Francisco era sua casa.

Quando 2018 começou, teria sido fácil para observadores externos ignorar a confusão na fabricação dos carros. Musk estava envolvido até o pescoço em seus velhos disparates de marketing, protagonizando peripécias com as quais os executivos de Detroit só sonhavam. Primeiro, o caminhão semirreboque movido a bateria de Straubel, do qual Jerome Guillen havia se apropriado, provou ser a revelação perfeita para os clientes em novembro, alardeando autonomia de oitocentos quilômetros com um único ciclo de carga. O mais emocionante, no entanto, foram os momentos derradeiros da demonstração, que aconteceu ao lado da pista do aeroporto de Hawthorne. O trailer do semirreboque se abriu para revelar faróis semelhantes a cobras emergindo do escuro. Em seguida, entrou em cena um novo Roadster, uma versão mais robusta do original. Era mais comprido, mais largo, mais sexy – um verdadeiro supercarro que saiu zunindo em disparada do hangar enquanto os alto-falantes tocavam no máximo volume a música "Sabotage", dos Beastie Boys. A multidão reagiu com um entusiasmo jamais visto num evento da Tesla.

A Tesla havia passado anos tentando chegar ao Modelo 3; agora, 640 quilômetros ao norte, a fábrica estava um verdadeiro inferno para produzir o veículo. Naquela noite, contudo, Musk acionou com força total a sua máquina de gerar atenção. As especificações do supercarro eram suficientes para fazer suar até os entusiastas de automóveis. O carro era capaz de ir de 0 a 100 km/h em 1,9 segundo, façanha que, se verdadeira, faria dele o carro de produção em série mais rápido já fabricado no mundo. Era um lembrete não tão sutil de que se a Tesla conseguisse sobreviver à tempestade em que estava enrascada naquele momento,

Musk recompensaria seus clientes fiéis. Aproveitando a deixa, o CEO anunciou que a Tesla já estava aceitando depósitos de 50 mil dólares para reservas antecipadas das unidades do Roadster de 200 mil dólares, com lançamento previsto para 2020; um número limitado da chamada "edição de fundação" custaria 250 mil dólares adiantados.

Musk se deleitava com esse tipo de marketing, é claro. Resistia com unhas e dentes à noção de anúncios *pagos*. Como as vendas do Modelo S tinham diminuído no ano anterior, McNeill, o gerente executivo de vendas, havia feito uma sugestão quase herética quando aventou a possibilidade de lançar uma campanha de anúncios no Facebook para incrementar as vendas, ideia que foi rejeitada em parte por causa da aversão de Musk, mas também porque a empresa poderia, em vez disso, investir em uma campanha para oferecer um contrato de *leasing* de dois anos, o que interessaria a compradores que talvez não quisessem (ou não pudessem) pagar em dinheiro. A empresa atiçou o interesse pelo carro em 2017 com outra atualização de software, permitindo que certas versões do Modelo S acelerassem ainda mais rápido (de 0 a 100 km/h em 2,4 segundos), com o chamado "modo ridiculamente absurdo".

A Tesla tinha outra alavanca de marketing à disposição de Musk. No início de 2018, a SpaceX se preparava para testar um foguete jumbo chamado Falcon Heavy. Era o foguete mais potente em operação no mundo desde quando os Estados Unidos transportaram astronautas à Lua quase cinquenta anos antes e fora projetado para colocar cargas pesadas em órbita ao redor da Terra. Para demonstrar esse poderio, Musk mandou levar um Roadster vermelho-cereja no porão de carga. Sua equipe instalou câmeras de vídeo no carro para capturar imagens do carro no espaço sideral. Sentado no banco do motorista, "dirigindo" o carro, estava um boneco com roupa de astronauta apelidado de "Starman" – homem das estrelas. A foto é impressionante, e vinculou os carros da Tesla, na mesma conversa, às viagens espaciais. A imagem sugeria que a Tesla não era apenas uma empresa de carros elétricos; Musk estava oferecendo às pessoas o futuro. Deixou essa conexão clara para analistas após divulgar um terrível prejuízo no quarto trimestre, um dos piores da história da Tesla em todos os tempos. "Tenho esperança de que se as pessoas pensarem que somos capazes de enviar um Roadster para o cinturão de asteroides, provavelmente poderemos também resolver o problema da produção do Modelo 3", disse ele.

Os investidores aparentemente concordaram, e em sua maioria permaneceram pacientes, apostando que Musk conseguiria realizar outra façanha impossível. Essa paciência se evidenciou nos preços das ações da Tesla, que terminaram 2017 com alta de 46%, dando à empresa um valor de mercado de 52 bilhões de dólares.

Musk olhou para o preço das ações e disse ao conselho de diretores que acreditava que os acionistas o apoiariam em planos ainda mais grandiosos a longo prazo. Durante anos, Musk evitou receber contracheques como pagamento. Em vez de salário, sua verdadeira remuneração eram opções de ações, que valiam milhões e eram vinculadas a certos eventos marcantes, como o lançamento do Modelo S e do Modelo 3. Agora, quando chegou a hora de negociar um novo pacote de compensação, Musk exigiu que o conselho diretivo da Tesla aprovasse um plano que o tornaria o CEO mais bem pago de todos os tempos e, em teoria, se recebesse o valor integral, uma das pessoas mais ricas do mundo. O plano de dez anos que Musk desejava valeria mais de 50 bilhões de dólares, contanto que a Tesla atingisse uma gama de metas financeiras, incluindo alcançar um valor de mercado de 650 bilhões de dólares – um aumento de quase seiscentos bilhões em relação a seu valor naquele momento. A ambição que Musk tinha em mente sugeria uma reimaginação da Tesla: uma montadora que vendia *milhões* de carros por ano e que valia mais do que qualquer outro fabricante de automóveis, por uma diferença de muitos múltiplos.

Era um plano difícil de engolir, especialmente porque Musk estava comendo o pão que o diabo amassou para conseguir fabricar *centenas de milhares* de veículos. Diante da imensidão da remuneração potencial de Musk, o conselho se dividiu quanto aos incentivos, de acordo com o testemunho de pessoas que tiveram acesso à deliberação; porém, como Musk contava com muitos amigos entre os conselheiros, incluindo seu irmão Kimbal, o plano acabou sendo facilmente aprovado. O pacote foi anunciado no início de 2018.

A proposta causou rancor entre alguns membros do alto escalão da equipe de Musk, que julgavam que também deveriam receber uma recompensa maior pelo sucesso da empresa.

De acordo com um ex-executivo, um dos que se magoaram com as atitudes de Musk foi J. B. Straubel, que estivera lá desde o início e era considerado um dos cofundadores da Tesla. "Esse foi um dos pontos da ruptura", disse o executivo. "Destruiu o relacionamento entre eles."

Straubel negou que o efeito tenha sido tão dramático, observando que, a seu ver, o pacote de Musk vinha atrelado a um "risco que, de tão alto, era uma loucura", bem como uma "alta recompensa". O próprio

Straubel disse: "Há dias de frustração e altos e baixos em qualquer relacionamento, mas Elon e eu passamos por merdas muito mais difíceis do que essa sem romper relações".

Escalonados em doze parcelas, os pagamentos de dividendos eram bizantinos em complexidade. Para receber o primeiro lote de 1,69 milhão de ações, por exemplo, a Tesla precisaria ou aumentar sua receita anual para 20 bilhões de dólares (que era de 11,8 bilhões em 2017) ou alcançar um lucro ajustado de 1,5 bilhão. Além disso, o valor de mercado teria de subir para 100 bilhões de dólares, nível que precisava manter em média durante seis meses e trinta dias. Para exercer as opções, Musk precisaria pagar 350,02 dólares a ação. O que estava ausente em todos os requisitos: o lucro líquido, algo que a Tesla ainda não tinha conseguido atingir em uma base anual total. A empresa nem sequer tinha sido capaz de manter dois trimestres consecutivos de lucratividade. À moda de outras startups de tecnologia contemporâneas, a métrica favorecia o crescimento e o preço das ações, em detrimento do antiquado "ganhar dinheiro".

Os detalhes do negócio exigiam que Musk mantivesse suas ações por cinco anos. E mais importante que isso, Musk precisava ficar empregado na Tesla como CEO ou presidente. Embora nos últimos anos Musk tivesse falado algumas vezes em desistir de sua posição como CEO, o novo pacote de remuneração mandava um recado poderoso para sua equipe de gerentes executivos do alto escalão e aos investidores: ele não pretendia largar as rédeas tão cedo. Dentro na Tesla, algumas pessoas pensavam que McNeill ou talvez Field, o engenheiro que supervisionava o Modelo 3 e cuja autoridade cresceu para abarcar a supervisão de toda a fabricação, poderiam ser o futuro CEO da Tesla. No mês seguinte, McNeill deixaria a empresa para tornar-se diretor de operações da startup Lyft Inc., o app de mobilidade.

Quando o novo ano começou, as atitudes de Musk não indicavam que ele tivesse a intenção de desistir do controle. Estava claro que Fremont, e não Sparks, era o maior obstáculo. Musk mudou de foco mais uma vez. A nova revelação do Roadster, junto com o caminhão semirreboque, ajudou a situação de caixa da Tesla; todavia, o dinheiro estava acabando novamente e, por algumas razões, Musk relutava em buscar mais capital. Em primeiro lugar, o Departamento de Justiça começou a investigar as declarações da Tesla sobre sua produtividade em meio a dúvidas sobre se Musk havia enganado os investidores. A Tesla ainda não havia divulgado publicamente a investigação, e, de acordo com pessoas familiarizadas com a situação, precisaria fazer isso como parte de qualquer novo esforço de arrecadação de fundos. Serviria apenas para aumentar a aparência de desespero da Tesla. Em segundo lugar, Musk havia falado publicamente sobre a importância de levantar dinheiro quando não há a impressão de que a empresa necessita de dinheiro. Quando parece necessário, os termos de negociação são mais difíceis – e, portanto, o dinheiro custa mais caro.

Na verdade, Musk estava apostando tudo em fazer a fábrica funcionar. Agora havia estourado duas vezes seu prazo final para construir cinco mil carros por semana. Sua nova meta: a última semana de junho.

Enquanto a fábrica enfrentava dificuldades com a linha de montagem automatizada, Antoin Abou-Haydar, engenheiro contratado vários meses antes da Audi para trabalhar na qualidade da produção, fez uma observação para Field e outros executivos. A equipe de engenharia realizou um trabalho tão bom projetando o Modelo 3 para a montagem que, em julho e agosto, não sentiram dificuldade alguma para fazer o carro à mão. Em vez da complexa linha de montagem automatizada que estavam construindo, não deveriam simplesmente começar de novo – sem robôs?

A sugestão não foi muito longe. Musk estava determinado a fazer sua linha de montagem (que ele começou a chamar de "o encouraçado alienígena") funcionar. Estava vendendo a investidores a ideia de que, mais cedo ou mais tarde, a fábrica precisaria de apenas um punhado de pessoas, semelhante à maneira como Tim Watkins havia programado as máquinas para trabalharem sozinhas no turno da noite. Musk imaginava uma linha de montagem de três andares em que as peças dos carros se deslocariam do nível superior para estações de trabalho, localizadas no segundo nível, onde trabalhadores montariam a estrutura do automóvel com as peças entregues do terceiro nível sob seus pés por um sistema de correias transportadoras. Parecia um sistema eloquente para economizar espaço e mão de obra. Na prática, era uma bagunça. Os engenheiros não conseguiam acertar o ritmo. A falta de espaço na fábrica gerava um ambiente abarrotado, que passava a sensação de se caminhar por um navio de guerra.

Na primavera, no entanto, ficou claro que *alguma coisa* precisava ser feita para resolver o impasse. A empresa estava queimando dinheiro; a ideia de Abou-Haydar ganhou nova urgência. Para ajustar-se a ela, uma segunda linha de montagem geral, menos robótica, foi erguida dentro da fábrica, resultando imediatamente em uma retomada da produção.

No Twitter, Musk admitiu seu erro: "A automação excessiva da Tesla foi um equívoco. Para ser exato, um equívoco meu. Os humanos são subestimados".

A fim de atingir a meta de cinco mil carros por semana, no entanto, precisariam fazer ainda mais. Precisavam adicionar uma terceira linha de montagem para o Modelo 3. A essa altura, contudo, a fábrica estava apinhada. Já se viam obrigados a fazer inspeções de qualidade do lado de fora, debaixo de uma tenda gigantesca. A equipe começou a especular se poderiam fazer o mesmo com uma linha de montagem.

Acrescentar linhas de montagem adicionais, sobretudo as não automatizadas, exigiria muito mais gente trabalhando no carro do que o plano original. Nas reuniões, Musk perdia a noção dos números. Continuava falando sobre ter cerca de trinta mil funcionários, quando na verdade o número de trabalhadores com contratos externos crescera para mais de quarenta mil. (Dizia-se que, depois do início das apresentações do orçamento, a atenção de Musk se perdia.) Deepak Ahuja, o diretor financeiro que retornou, teve, por fim, que comunicar a Musk, com muita delicadeza, o fato de que a empresa agora tinha muito mais funcionários.

Musk não recebeu bem a notícia. Era o tipo de detalhe ao qual ele se agarrava, como se cristalizasse um problema maior, ou seja, que a estrutura de custos da Tesla não estava funcionando. Musk começou a congelar os gastos, incluindo a suspensão dos planos para aumentar de maneira drástica o tamanho dos centros de serviço e entrega na América do Norte. Musk queria cortar empregos o mais rapidamente possível.

As falhas em Fremont levaram Musk a um lugar previsível. Ele estava infeliz com Field. Embora tenha feito o que havia sido incumbida originalmente de fazer – levar a empolgação do Modelo S a um público mais amplo com o Modelo 3 –, Fremont estava uma bagunça. Pode-se argumentar que o culpado era o próprio Musk por ter apressado a produção, apesar das advertências das pessoas a seu redor. Ainda assim, Musk adotou uma solução conhecida: assumiu as rédeas, tirando de Field a supervisão da fabricação.

Foi o início de um fim inglório para Field, que elevara o nível das operações de desenvolvimento de produtos da Tesla, competindo por alguns dos melhores engenheiros do Vale do Silício e criando um carro que, em muitos aspectos, era *superior* ao Modelo S. Ele tinha seus críticos e detratores internos. Alguns veteranos alegavam que Field instituiu uma visão mais corporativa às operações, e que sob sua supervisão, o lugar se tornou um ambiente mais político. Ainda assim, Field talvez estivesse mais bem preparado do que qualquer um de seus colegas para se tornar o próximo CEO da Tesla, se Musk cumprisse a promessa de se afastar do comando do dia a dia para se concentrar no desenvolvimento de produtos.

Na primavera, Musk assumiu o controle da fábrica efetivamente. Reduzir as atribuições de Field não impediu que, certa noite, um Musk furioso ligasse da fábrica para o executivo rebaixado, exigindo saber o paradeiro dele, de acordo com um aliado a quem contaram a história.

Em outra noite, Musk convocou para uma sala de reuniões um grupo de engenheiros que estavam focados em fazer a linha de montagem funcionar. Entrou de supetão e começou a dizer a todos que o trabalho deles era "uma merda completa". Pediu que cada uma das pessoas andasse até o outro lado da sala e lhe dissesse "quem diabos você é e que merda você está fazendo para consertar a porra da minha linha de montagem". Enquanto Musk dava uma bronca na equipe, um dos engenheiros se cansou e se demitiu ali mesmo. Debaixo de uma chuva de berros e impropérios de Musk, o jovem engenheiro saiu da sala. Em outra reunião, Musk entrou e, ao dar de cara com um gerente com o qual estava insatisfeito, disse: "Pensei que tinha mandado você embora ontem".

Foi nessa época, durante uma visita à fábrica, que Musk viu que a linha estava parada. Foi informado de que o sensor de segurança automático interrompia a linha sempre que as pessoas a atrapalhavam. Isso o enfureceu. Enquanto esbravejava sobre a falta de perigo de uma linha de montagem em baixa velocidade, Musk começou a dar cabeçadas na extremidade dianteira de um carro na linha de montagem. "Não vejo como isso poderia me machucar", disse ele. "Eu quero apenas que os carros continuem andando." Um gerente de engenharia tentou argumentar que o sistema era projetado como uma medida de segurança. Musk gritou: "Saia daqui!".

Para aqueles que o conheciam há mais tempo, incidentes desse tipo eram uma dolorosa mutação do que tinham visto nos primeiros dias. Todos sabiam que Musk tinha um temperamento explosivo e não tolerava idiotas. Nos primeiros anos, entretanto, alguns tinham a sensação de que as pessoas que eram demitidas talvez merecessem perder o emprego. A Tesla queria ser a melhor e a mais durona. Os gerentes compartilhavam as farpas e críticas mordazes de Musk como se fossem histórias de guerra: por exemplo, teve uma vez que ele se irritou com um gerente e jurou que racharia o crânio do homem e marcaria seu cérebro a ferro e fogo com um "F, de fracasso". Em outra ocasião, queixou-se de estar na fábrica de Fremont durante a problemática produção do Modelo X: "Neste exato momento, eu poderia estar em Bora Bora comendo uma atriz, mas em vez disso estou aqui dando uma de babá de um bando de marmanjos na linha de montagem".

Mas agora, disseram os veteranos, a raiva de Musk parecia não ter qualquer previsibilidade. Em vez de distribuir broncas atrás de portas fechadas, a fúria dele se manifestava à vista de todos, não importando a posição do subordinado. Era como se a empresa tivesse crescido tanto que Musk, sem saber a quem culpar especificamente, apenas berrasse no escuro.

Fosse qual fosse o caso, Field chegou ao próprio limite. A posição que ocupava era frustrante: fora recrutado para supervisionar o desenvolvimento do Modelo 3 (bem como o futuro veículo *crossover*,[*] o Modelo Y), mas tinha recebido as rédeas das operações de fabricação após a saída de Greg Reichow. Agora, depois de seu efetivo rebaixamento, assistia enquanto Musk desmantelava sua própria equipe, pessoa por pessoa, de maneiras humilhantes. Field relutava em sair, é claro, por sentir que isso seria abandonar os que permaneceriam. Mas estava na hora. A mãe dele havia morrido e o pai estava doente. Além disso, o filho estava prestes a se formar na faculdade – evento que ele com certeza perderia no chão de fábrica.

A equipe foi informada de que Field tiraria uma licença, mas estava claro para muitos que ele estava indo embora para sempre. No momento em que a Tesla anunciou oficialmente seu desligamento, a natureza pungente da saída de Field ficou evidente. Ele estaria entre os pelo menos cinquenta vice-presidentes ou executivos de alto escalão a ter deixado a Tesla em um período de 24 meses (incluindo um grande número de gerentes em altos cargos da SolarCity demitidos após a aquisição). A notícia da saída de Field gerou uma enxurrada de manchetes, como seria de se esperar após o desligamento de um chefe de engenharia de destaque em uma montadora de prestígio. Mas Musk se ressentiu com a cobertura da imprensa. A equipe de relações públicas da Tesla pressionou os meios de comunicação para que minimizassem a importância do fato. O site Jalopnik, especializado na indústria automotiva,

---

[*] O termo *crossover* classifica os veículos fabricados com a base de um carro de passeio com adaptações feitas para adquirir as características de um utilitário esportivo (SUV); um *crossover* também pode ser chamado de *crossover utility vehicle* (CUV). (N. T.)

publicou uma correção irônica: "Um porta-voz da Tesla entrou em contato para esclarecer que Field NÃO era o principal engenheiro da Tesla, só o melhor engenheiro de veículos. Na mesma lógica de que só pode existir um Deus, só pode existir um Principal Engenheiro na Tesla, que é Elon Musk. O segundo engenheiro da Tesla é J. B. Straubel".

Em Sparks, a equipe de Straubel via algumas melhorias, mas que vieram com um custo. Alcançaram uma taxa de fabricação de três mil pacotes de baterias por semana, e em determinado momento chegaram a uma taxa horária de construção que, se extrapolada, significaria atingir a marca dos cinco mil carros. Mas atingir esse pico e, em seguida, mantê-lo, dia após dia – isso era outra coisa. Em meio ao esforço para avançar, desperdiçavam muitos materiais; células estavam sendo danificadas por uma parte da automação enquanto os operários tentavam se apressar para dar conta dos reparos. Um relatório catalogando os problemas, compilado pelo supervisor de qualidade de operações Brian Nutter, destacou o mais recente jogo de "acerte uma marretada na toupeira" que a Tesla estava jogando: células de baterias estavam sendo danificadas por causa de um problema numa das estações do circuito, enquanto em outros lugares algumas peças eram rejeitadas por excesso de adesivo entre as células. Uma linha de produção desligava toda hora pela insuficiência dos tubos de refrigeração. Por causa de um erro de automação, a carroceria não estava sendo levada adiante até uma estação de secagem, resultando em um acúmulo de módulos de bateria.

Na primavera, durante uma teleconferência pública com analistas, Musk tentou explicar os horríveis resultados do primeiro trimestre. Cerca de trinta minutos após o início da chamada, um analista de Wall Street perguntou quando a empresa alcançaria a meta de margem bruta para o Modelo 3, que, segundo ele, a empresa aparentemente havia revisado e postergado em seis a nove meses. Musk interrompeu a tentativa de explicação de seu diretor financeiro para dizer que isso seria resolvido em alguns meses. "Não faça disso um caso federal", disse Musk, sarcasticamente. O analista se voltou para as necessidades de caixa da Tesla e, enquanto tentava formular seu raciocínio, Musk o interrompeu mais uma vez. "Perguntas chatas e estúpidas não são legais", disse ele. "Próximo." Um analista do banco de investimentos RBC Capital Markets queria saber que tipo de efeito a abertura de novas reservas para mais clientes exerceu na disponibilidade de compra efetiva dos carros Modelo 3. Musk não gostou e, desdenhoso, respondeu: "Vamos passar para o YouTube, desculpe", referindo-se a um investidor de varejo com um canal do YouTube que recebera permissão para fazer perguntas. "As perguntas de vocês estão muito secas. Estão me matando."

A arrogância de Musk não pegou bem entre os investidores. Em um período de cerca de vinte minutos, o preço da ação da Tesla caiu mais de 5%. Os cochichos sobre a teleconferência foram agourentos. Alguns disseram que essa crise os lembrava dos derradeiros dias da Enron.

Capítulo 25

Sabotagem

À 1h24 da madrugada de domingo, dia 27 de maio de 2018, o técnico da Tesla Martin Tripp apertou a tecla "enviar" em um e-mail encaminhado para a CNN, para a Reuters, para a Fox News e para o site de notícias *Business Insider*. "Atualmente, trabalho para a Tesla, por isso quero permanecer anônimo. Ocupo um cargo que me permite ver a produção diária, os números da produção, custos de falha/refugo etc. (em todos os departamentos e níveis). Em várias ocasiões, Elon mentiu abertamente para o público/investidores. Entrei na Tesla para seguir a Declaração de Missão dela, e é desanimador ver que é totalmente o oposto daquilo que de fato somos." O que se seguiu foi a sugestão, por parte de Tripp, de que a Tesla ainda não era capaz de fabricar cinco mil carros Modelo 3 por semana e que Musk estava pegando atalhos arriscados para acelerar a produção.

O e-mail endereçado à caixa de entrada de dicas do *Business Insider* rapidamente foi parar nas mãos de Linette Lopez, correspondente de finanças. Uma estrela do *Business Insider*, Lopez escrevera alguns artigos sobre a Tesla no ano anterior, mas nenhum que tivesse quebrado as paredes corporativas. Meses antes, havia entrevistado o vendedor a descoberto Jim Chanos, ocasião em que perguntou sobre sua aposta contra a Tesla. Chanos definiu que a maior habilidade de Musk era sua capacidade de persuasão. "Ele está sempre vendendo a próxima grande ideia", declarou Chanos. "O problema é que a execução das ideias atuais está deixando a desejar. E é aí que acho que as coisas ficam problemáticas. Além disso, e se somando a tudo isso, acho que ele está fazendo promessas que sabe que não consegue cumprir. E acho que esse é um caminho muito mais ameaçador."

Lopez respondeu na mesma manhã para Tripp: "Sem dúvida, estou interessada no que você está dizendo aqui". Começou a investigar as alegações de Tripp sobre os problemas na Gigafábrica no mesmo momento em que os trabalhadores começaram a erguer uma tenda gigante ao lado da fábrica de Fremont, a mais de quatrocentos quilômetros de distância, na Califórnia. Muita gente da alta cúpula da Tesla pensava que apenas atingir a marca de cinco mil carros por semana aliviaria a pressão – tirando um pouco do oxigênio dos vendedores a descoberto e estabilizando o esteio financeiro da empresa. Se dessem uma parada para descansar antes de uma arrancada final de construção, poderiam ter todas as peças prontas à disposição e, se tudo corresse bem, todos os obstáculos seriam tirados do caminho para cumprir a meta no último dia do trimestre, sábado, 30 de junho. O método "todo mundo com a mão na massa" era conhecido por qualquer pessoa que estivesse na Tesla desde o início ou durante os testes dos picos de produção do Modelo S e do Modelo X. Musk estava fazendo simplesmente a mesma coisa com o Modelo 3: criando um prazo de entrega arbitrário que conseguiriam cumprir a duras penas e aos trancos e barrancos para, em seguida, reagruparem-se depois que a atenção se dispersasse, momento em que poderiam descobrir uma maneira de melhorar o processo e cortar custos.

O que Tripp compartilhou com Lopez, no entanto, foi o medonho custo dessa estratégia. Cerca de uma semana após o primeiro contato dos dois, ela publicou uma matéria em 4 de junho com o título "Documentos internos revelam que a Tesla está torrando uma quantidade insana de dinheiro e matéria-prima para fazer o Modelo 3, mas a produção ainda é um pesadelo". Citando documentos internos da Tesla que Lopez obteve pelo intermédio de Tripp (cujo nome ela não revelou), o artigo afirmava que a empresa estava gerando uma quantidade extraordinária de resíduos na Gigafábrica: até 40% das matérias-primas usadas para fazer os pacotes de baterias e unidades de acionamento estavam sendo descartadas ou precisavam de um retrabalho. O artigo afirmava que isso já tinha custado 150 milhões de dólares à Tesla, embora a empresa tenha negado veementemente esse nível de resíduos.

A montadora divulgou um comunicado que visava a minimizar a questão. "Como é de se esperar em qualquer novo processo de fabricação, tivemos altas taxas de resíduos no início da produção do Modelo 3. Isso foi planejado e é algo normal no processo de produção", declarou a Tesla.

Na verdade, a empresa vinha acompanhando muito de perto o problema. A Tesla estava na vanguarda quando se tratava de produção de baterias, e seu experimento era algo inédito na indústria automobilística. Outros competidores no mercado também teriam dificuldades com o descarte e o reaproveitamento de resíduos. De tão preocupado com a questão, Straubel se convenceu de que deveria financiar uma startup com o objetivo de analisar maneiras de melhorar a reciclagem de baterias de carros elétricos.

Poucos dias depois, Lopez publicou outra história de Tripp afirmando que os novos robôs de Musk para a Gigafábrica ainda não eram totalmente operacionais. Apenas algumas semanas antes, Musk dissera no Twitter que essas máquinas eram essenciais para turbinar a produção para mais de cinco mil carros por semana.

Ao contrário das informações divulgadas por Peng Zhou em 2008, que revelou que a Tesla estava quase sem dinheiro, esses vazamentos contribuíram para a narrativa de que o esforço de fabricação da Tesla continuava falho, adicionando mais preocupação de que a meta de cinco mil carros por semana não seria atingida. O que mais esse informante anônimo de dentro da Tesla poderia trazer à tona? A equipe de Musk não esperou para descobrir e começou a investigar a fonte do vazamento.

Tripp era relativamente novo na Tesla, tendo recebido uma oferta para trabalhar na empresa em setembro do ano anterior, um dos muitos novos recrutas que haviam chegado na onda de contratações enquanto a empresa impulsionava sua mão de obra na Gigafábrica para mais de seis mil trabalhadores. Foi contratado a 28 dólares por hora. De acordo com os registros da empresa, no início de 2018 foi repreendido por não se dar bem com os colegas. Mostrou uma espécie de ingenuidade que voltaria a prejudicá-lo.

Enquanto a equipe de segurança da Tesla procurava o infiltrado, Tripp incluiu Musk e Straubel em um e-mail sobre suas preocupações com a fábrica. "Gostaria de afirmar que há MUITOS funcionários da Tesla preocupados. Um cálculo aproximado do custo do manuseio de sucata para o restante do ano provavelmente é de mais de duzentos milhões de dólares." E acrescentou: "O que mais surpreende a todos é que não teremos espaço físico onde colocar os resíduos".

Às 3h22 do domingo, 10 de junho, Musk respondeu que reduzir a quantidade de sucata para menos de 1% "precisa ser uma meta explícita". Mas a resposta não impressionou Tripp, que a entendeu como o mesmo tipo de promessa vazia que já tinha ouvido antes. Em poucos dias, os investigadores da Tesla chegaram a ele depois de descobrirem quem teve acesso aos dados citados nas reportagens e quem os havia consultado recentemente. Tripp foi demitido.

Musk não aceitou bem a descoberta. Tarde da noite do domingo, 17 de junho, enviou um e-mail a toda a empresa avisando para que ficassem alertas e procurassem mais traidores. "Fiquei consternado ao saber, neste fim de semana, sobre um funcionário da Tesla que praticou atos de sabotagem de grandes proporções e bastante prejudiciais às nossas operações."

Sem citar o nome de Tripp, Musk disse que o vazamento foi motivado por um funcionário que acabou sendo preterido numa promoção, e que toda a extensão do que ele havia feito ainda estava sendo investigada: "Precisamos descobrir se ele estava agindo sozinho ou em conluio na Tesla e se estava trabalhando com alguma organização externa. Como vocês sabem, há uma longa lista de organizações que desejam a morte da Tesla, entre elas vendedores a descoberto de Wall Street, que já perderam bilhões de dólares e perderão muito mais".

Seguiu-se uma batalha privada entre Musk e Tripp, que estava cheio de bravatas, mas não dispunha dos recursos financeiros para brigar nos tribunais contra um bilionário furioso. Na quarta-feira, a Tesla entrou com um processo contra Tripp pelo suposto roubo de 1 gigabyte de dados e por fazer declarações falsas sobre os negócios da empresa. Os dois trocaram farpas via e-mail. "Não se preocupe", disse Tripp a Musk, "você receberá o que merece pelas mentiras que contou ao público e aos investidores."

"Fazer ameaças a mim só piora as coisas para você", respondeu Musk.

"Nunca fiz ameaças", Tripp escreveu. "Eu disse só que você receberá o que merece."

"Você deveria [ter] vergonha de si mesmo por tramar contra as pessoas. Você é um ser humano horrível."

"Eu NUNCA 'tramei' contra ninguém, sequer insinuei que outra pessoa estava envolvida na revelação que fiz dos seus documentos de MILHÕES DE DÓLARES EM RESÍDUOS, preocupações com a segurança, mentiras para os investidores/o MUNDO. Colocar carros nas ruas com problemas de segurança é coisa de um ser humano horrível!"

Toda essa repercussão negativa na imprensa ameaçava ofuscar o que Musk e a Tesla viam como um evento marcante que havia muito tempo buscavam. Para contar melhor a história do que estava acontecendo na fábrica de Fremont, a Tesla começou a convidar jornalistas para verem por si próprios. No meio da fábrica, Musk falou sobre como estava confiante (mesmo que a situação o tivesse levado a dormir no chão). "Estou me sentindo bem com as coisas", disse ele. "Acho que há boas vibrações – acho que a energia é boa; se vocês forem à Ford, lá parece um necrotério."

Indagado por que levara adiante os planos de produção do Modelo 3 depois de ter sido alertado por membros de sua equipe sobre as armadilhas e ciladas, Musk respondeu: "As pessoas me dizem isso a vida inteira; qual é a novidade?". E acrescentou: "Falaram pra mim também que não conseguiríamos pousar foguetes".

Sarah O'Brien, chefe de relações públicas, acompanhou Musk em uma visita. Ex-gerente de comunicações da Apple, a executiva de 37 anos supervisionava uma equipe de mais de quarenta pessoas no departamento de relações públicas. Trabalhou com Musk diretamente por quase dois anos – e estava começando a sentir os efeitos. Exausta, desmaiou duas vezes fora do ambiente de trabalho. Seu expediente começava às cinco da manhã e normalmente terminava por volta das nove da noite, além dos fins de semana. Usava um relógio Apple Watch para alertá-la sobre os tuítes de Musk.

Desde 2014, Musk usava o Twitter de forma cada vez mais intensa, tanto que em meados do verão de 2018, seu número de postagens acelerou para mais de 1.250 somente naquele ano, ou cerca de seis por dia, sobre uma ampla variedade de tópicos: respondendo a reclamações de clientes, criticando a mídia, brigando com os vendedores a descoberto. Musk se tornou ainda mais falastrão em maio e junho, publicando sete vezes mais mensagens do que em janeiro. Às vezes, adotava um tom sombrio, como fez quando questionado sobre sua vida. "A realidade é que tenho momentos de alta incríveis, de baixas terríveis e de um estresse implacável. Não acho que as pessoas querem ouvir sobre os dois últimos", escreveu ele. Musk nunca dormia muito, esforçava-se para conseguir algumas horas de sono, e, em busca de alívio, recorria à medicação. "Um pouco de vinho tinto, um disco vintage, um pouco de Ambien*... e mágica!"

---

* No Brasil, é o remédio para dormir conhecido como Zolpiden. (N. T.)

Por mais sombrias que as coisas estivessem, havia alguns sinais de esperança. Pesquisando na internet uma piada obscura sobre inteligência artificial que queria fazer no Twitter, topou com outra pessoa que tinha feito uma piada semelhante, uma estrela pop em ascensão chamada Claire Elise Boucher, mais conhecida como Grimes, então com 30 anos. Musk puxou conversa com ela e os dois logo começaram a namorar.

Enquanto isso, a aposta de Musk de que poderia alcançar a meta de cinco mil carros por semana estava chegando mais perto de se concretizar. No início da manhã de 1º de julho, os trabalhadores da fábrica começaram a comemorar, depois de passarem a noite inteira trabalhando. As linhas de montagem adicionais e o estafe extra fizeram o que a automação não tinha conseguido. Assinaram o capô de um Modelo 3 para comemorar o carro de número cinco mil fabricado naquela semana. Musk estava longe, no entanto. Já havia partido para o casamento do irmão em Lisboa. Enviou um e-mail a toda a empresa elogiando o esforço. "Acho que acabamos de nos tornar uma fabricante de carros de verdade", escreveu ele.

O que deveria ter sido um momento de festa rapidamente se tornou o mais feio espetáculo público na história de Elon Musk e da Tesla.

Capítulo 26

Furacões no Twitter

Enquanto os exaustos funcionários da Tesla festejavam o marco de produção em Fremont, Musk desembarcou em Portugal bem a tempo da cerimônia de casamento de seu irmão Kimbal e de uma necessária pausa para respirar. Durante meses, os amigos de Musk se mostraram cada vez mais preocupados com ele, que recusava todos os convites para tirar uma folga e relaxar alegando que precisavam dele na fábrica. Os comentários públicos de Musk sobre sua agora ex-namorada Amber Heard pareciam desvairados e perturbadores. Sua mais nova paixão, Claire Boucher (Grimes), não se encaixava perfeitamente no tipo de Musk.

Não havia como negar a importância do que ele havia alcançado, tampouco havia tempo para aproveitar. Agora, com o gargalo na fábrica aparentemente aberto, a atenção de Musk parecia se voltar para um desafio urgente em igual medida: entregar carros aos clientes. A incapacidade de vender o Modelo S cinco anos antes, depois que a fábrica havia consertado seus problemas, quase arruinou a empresa. Desta vez, a Tesla precisava entregar muito mais do que 4.750 carros, e a meta era mais do que simplesmente alcançar o ponto de equilíbrio, empatar zero a zero. Não se tratava de provar algo, a questão era fazer *dinheiro* – para pagar os fornecedores, cujas contas estavam aumentando. Mais do que apenas entregar carros, a Tesla precisava ir além de sua única fábrica de montagem nos arredores de São Francisco; tinha que se preparar para se tornar uma empresa global, atingir o tipo de volume de vendas e a escala necessários para competir com empresas como a General Motors.

E, no entanto, apesar das necessidades conflitantes – descansar, focar-se nas vendas –, a mente de Musk foi atraída para outro lugar. Estava à beira de um colapso público, que poderia não apenas manchar sua reputação e impedir a Tesla de completar seu objetivo de lançar um carro elétrico para as massas, mas também a única coisa que Musk tinha lutado tanto ao longo dos anos para evitar: fazer com que ele perdesse o controle da empresa.

O hábito de Musk de ser bastante ativo no Twitter parecia inofensivo. Verificava obsessivamente a plataforma de mídia social ao longo do dia, mas, pensando bem, quem é que não checa obsessivamente suas redes sociais? Algumas de suas primeiras gafes públicas ocorreram no site. Meses antes ele havia deixado os internautas nervosos com uma pegadinha, no Dia da Mentira, que sugeria que a Tesla estava falida. Musk usou o Twitter para se regozijar quando o valor de mercado da Tesla ultrapassou o da Ford mais de um ano antes, atacando os vendedores a descoberto que estavam sentindo o aperto do prejuízo. Os inimigos de Musk no Twitter não se esqueceram; estavam ocupados procurando problemas na última onda de boas notícias da Tesla. Com os vazamentos de Martin Tripp, Musk passou a enxergar conspirações contra si por toda parte. Sem qualquer prova, pensava que o vendedor a descoberto Jim Chanos estava, de alguma forma, por trás da manobra.

Desta vez, um drama que se desenrolava do outro lado do mundo atraiu sua atenção: adolescentes de um time de futebol masculino ficaram presos, com seu treinador, dentro de uma caverna inundada na Tailândia. Enquanto o mundo assistia às tentativas de salvamento de equipes de resgate e grupos internacionais de mergulhadores, alguém no Twitter pediu a Musk que interviesse. No começo ele hesitou, mas poucos dias depois estava proclamando que seus engenheiros projetariam um minissubmarino para resgatar os garotos – mesmo que não estivesse muito claro se as equipes de resgate na Tailândia queriam essa ajuda. Musk documentou seus esforços no Twitter.

A equipe da Tesla se preparava para uma reunião de Musk com os líderes do governo chinês a fim de celebrar o acordo da montadora para abrir uma fábrica na China – um negócio de importância descomunal que poderia redefinir a empresa e impulsioná-la para além da condição de fabricante de carros de nicho. Em vez de chamar a atenção para esse triunfo, Musk tinha outros planos. A caminho da China a bordo de seu jatinho, fez uma parada na Tailândia e correu para o local da caverna. Postou fotos no Twitter. "Acabo de voltar da Caverna 3. O minissubmarino está pronto, se for necessário. É feito de peças de foguete e se chama 'javali selvagem', em homenagem ao time de futebol dos meninos. Vou deixá-lo daqui, caso venha a ser usado no futuro. A Tailândia é tão linda", escreveu ele em 9 de julho, mesmo com uma ousada (e, no fim das contas, bem-sucedida) tentativa de resgate estava em andamento.

A oferta de Musk havia se tornado parte da narrativa e espetáculo do resgate, que se transformou em uma comovente história de sobrevivência para os meninos quando todos foram finalmente retirados da caverna em 10 de julho. "Boa notícia: todos saíram sãos e salvos", tuitou Musk. "Parabéns a essa excelente equipe de resgate!"

O submarino de Musk nunca foi usado, e Narongsak Osottanakorn, chefe da operação que coordenou o resgate, disse a jornalistas que o submarino não teria sido prático para a missão. A essa altura, Musk já estava na China. Recebeu uma mensagem de texto de sua namorada Grimes alertando-o sobre a declaração de Osottanakorn e para o fato de que a mídia estava tendo uma reação negativa contra Musk. Elon entrou em contato com sua equipe: "Acabei de acordar em Xangai. O que está acontecendo?". Enquanto a equipe tentava descobrir quem era Osottanakorn, Sam Teller, chefe de gabinete de Musk, entrou na conversa com um e-mail: "Ele é a porra do governador regional que ignorou nossos telefonemas".

Musk não podia deixar passar em branco o que, a seu ver, era um gesto de desprezo e rejeição. Respondeu: "Precisamos ir para cima com tudo e fazer esse cara retirar o comentário que fez".

As coisas só ficaram piores. Alguns dias depois, um mergulhador britânico chamado Vernon Unsworth, espeleólogo que teve papel-chave na operação de salvamento graças a seu conhecimento sobre as cavernas da região, foi entrevistado pela CNN. Em uma pergunta de passagem, foi indagado sobre o submarino de Musk. Afirmou que se tratava de uma "manobra publicitária" e declarou que o submarino "não teria absolutamente chance alguma de funcionar" e que Musk "não tinha ideia de como era aquela rede de cavernas". Encerrou dizendo que Musk poderia "enfiar seu submarino onde dói".

O vídeo com essa entrevista rapidamente começou a circular no Twitter. Em 15 de julho, Musk ficou furioso, atacando Unsworth em uma série de tuítes, incluindo o seguinte: "Desculpe, seu pedófilo. Você pediu mesmo por isso". Quando um outro usuário do Twitter observou que Musk estava chamando Unsworth de pedófilo, Musk respondeu: "Aposto com você um dólar assinado que é verdade".

Isso não provocou só uma tempestade no Twitter. Causou um furacão de categoria 5. Com a repercussão, as ações da Tesla despencaram 3,5%, varrendo do mapa 2 bilhões de dólares da avaliação da empresa. Em entrevista, James Anderson, da Baillie Gifford, uma das maiores investidoras da Tesla, opinou que o acontecimento era "um episódio lamentável" e disse que a Tesla precisava de "paz e execução". Os principais veículos de imprensa começaram a entrar em contato com o departamento de comunicações da Tesla para perguntar se Musk estava, de fato, chamando Unsworth de pedófilo. A equipe monitorou de perto a cobertura da mídia, acompanhando mais de duas dúzias de manchetes, da BBC ao Gizmodo. Um assessor escreveu um memorando analisando a situação: "A mídia continua a cobrir o tuíte de E, e alguns artigos mencionam que a 'explosão' vem 'apenas uma semana depois de Musk ter dito, em entrevista ao Bloomberg, que tentaria ser menos exaltado no Twitter'". O memorando dizia ainda que uma série de investidores e analistas "acreditam que os comentários [de Musk] aumentam as preocupações de que ele esteja distraído do cerne dos negócios da Tesla".

Um artigo de opinião da agência internacional de notícias Reuters resumiu o dilema que o conselho diretores da Tesla enfrentava: "Demiti-lo por conta de seu tuíte sobre o 'pedófilo' poderia precipitar uma crise de confiança entre os investidores. Ao contrário da demissão de Travis Kalanick, CEO da Uber – que então ainda era uma empresa de capital fechado –, para uma empresa de capital aberto ávida por investimentos, pode ser um golpe fatal. Os diretores devem considerar a possibilidade de destituí-lo do cargo de presidente ou diretor executivo".

Na manhã seguinte, dia 17 de julho, bem cedo, Teller, o chefe de gabinete de 32 anos, tentou argumentar com Musk, dizendo que era hora de pedir desculpas. Disse que conversou com todas as pessoas por quem Musk tinha grande consideração – o membro do conselho Antonio Gracias, o diretor financeiro Deepak Ahuja, o conselheiro geral Todd Maron (ex-advogado de divórcio de Musk) e outros –, e todos concordaram de maneira unânime que um pedido de desculpas e uma pausa do Twitter "colocariam você de volta no caminho certo, interna e externamente". Teller tomou inclusive a liberdade de anotar os itens que uma carta de desculpas precisaria conter. Disse ao chefe: "Todos vão amar e respeitar mais você por admitir abertamente o erro e mostrar o quanto você se preocupa com seus funcionários e com a missão da empresa".

Uma hora depois, Musk respondeu. "Depois de refletir a respeito, não fico feliz com a abordagem sugerida." Musk temia que um pedido de desculpas apresentado tão rapidamente após a queda das ações da Tesla seria considerado uma atitude hipócrita e covarde. "Precisamos parar de entrar em pânico", decretou ele.

Naquela noite, porém, Musk cedeu. Em outro tuíte, declarou: "Minhas palavras foram ditas em um momento de raiva depois que o sr. Unsworth falou várias inverdades e sugeriu que eu me envolvesse em um ato sexual com o minissubmarino, que havia sido construído em um ato de bondade e de acordo com as especificações do chefe da equipe de mergulho".

Mais ou menos na mesma época, a verdadeira identidade do "Cético de Montana" – o gerente de investimentos Larry Fossi – começou a circular no Twitter entre os apoiadores da Tesla, que publicaram informações pessoais sobre ele. Bonnie Norman, a proprietária de primeira hora do Roadster que virou investidora e evangelista da Tesla, retransmitiu para Musk e Maron as informações que ajudara a reunir. Em um e-mail, Norman comentou que um grupo anônimo de investidores da Tesla conseguiu solucionar o mistério depois que Fossi postou uma fotografia de sua casa em Montana, imagem que vasculharam em busca de metadados. A investigação lhes forneceu a localização da fotografia, permitindo-lhes identificar Fossi. "Eu simplesmente caí na gargalhada quando ouvi", escreveu ela em um e-mail chamado "eles não são tão inteligentes". Nele, ela revelou que Fossi trabalhava para o bilionário Stewart Rahr, conhecido por suas travessuras de playboy de meia-idade.

"Uau, isso é muito interessante mesmo", escreveu Musk a Norman por volta de 1h22 da madrugada de 6 de julho. Musk conhecia Rahr. "Ele comprou alguns dos primeiros carros Modelo S, conseguiu meu número de telefone pessoal de alguma forma, começou a me perseguir, deixou longas mensagens bêbado na minha caixa postal e depois ficou realmente [puto] por eu não querer sair com ele."

Musk entrou em contato com Rahr. De acordo com Fossi, Musk tinha uma mensagem para o chefe dele: se Fossi continuasse a escrever sobre a Tesla, ele o processaria e arrastaria Rahr para dentro do imbróglio. No dia seguinte, Fossi anunciou que estava aposentando seu blog: "Elon Musk venceu essa rodada. Silenciou um crítico".

Enquanto os ventos do Twitter rodopiavam, os executivos da Tesla ficaram quietos em seu canto. No final de junho haviam cumprido a meta de produzir cinco mil unidades do Modelo 3 em uma única semana, mas recriar essa taxa de produtividade e muito mais, como Musk prometeu, estava se mostrando uma batalha difícil. Os atrasos significavam que a Tesla não estava gerando o volume de vendas que esperava para manter o negócio financeiramente saudável. O dinheiro em caixa caiu para 2,24 bilhões de dólares no final de junho. Agora a Tesla não somente precisava aumentar as vendas, como também cortar custos – e rápido.

Em um movimento incomum que sinalizava o quanto as coisas estavam ficando terríveis, a Tesla começou a pedir o reembolso de uma parte do dinheiro que já pagara a alguns de seus fornecedores. O pedido, enviado na mesma semana em que Musk brigava com Unsworth, foi formulado como uma proposta para ajudar a empresa a ter lucro em 2018. Um gerente encarregado de enviar a solicitação disse que um desconto ou reembolso imediato eram as maneiras mais óbvias de ajudar. "Este pedido é essencial para a continuidade das operações da Tesla", dizia o memorando.

Isso disparou sinos de alarme entre alguns dos fornecedores, que estavam ficando cada vez mais desconfiados da Tesla. Não era a primeira vez que viam uma montadora recorrer a essa tática, com a qual se acostumaram nos dias sombrios que antecederam a falência da General Motors.

A gravidade da situação financeira da Tesla pesou sobre Musk. Pressionado, em certo momento pensou em voz alta sobre como a Apple e seu baú do tesouro de 244 bilhões de dólares poderiam ajudar. Segundo consta, os esforços da fabricante do iPhone para desenvolver um carro tinham sido uma luta ferrenha. A suposta bravata de Musk com o CEO Tim Cook anos antes, na última vez em que a Tesla estava em apuros, talvez tivesse encerrado as chances de uma possível aquisição.

Desta vez com o chapéu na mão, Musk sondou Cook sobre um encontro para fecharem um possível negócio. Estaria a Apple interessada em adquirir a Tesla por cerca de 60 bilhões de dólares, ou mais do que o dobro de seu valor de quando Cook fez suas primeiras averiguações? Iniciou-se um vaivém entre as duas assessorias a fim de arranjarem tempo para um encontro, mas logo ficou claro que o lado de Cook estava enrolando, aparentemente desinteressado em encontrar uma brecha na agenda para uma reunião, de acordo com o que disse uma pessoa que acompanhou de perto as tratativas. Em vez disso, a Apple contratou de volta Doug Field, recém-saído de seu trabalho no Modelo 3, para ajudar a orientar seu próprio programa de carros.

Em 7 de agosto, Musk acordou em uma de suas cinco mansões em Los Angeles e deu de cara com uma matéria no jornal Financial Times que revelou algo que vinha fermentando na surdina na Tesla. O fundo de riqueza soberana da Arábia Saudita havia adquirido 2 bilhões de dólares de participação na empresa, tornando-se instantaneamente um dos maiores acionistas da montadora. Minutos depois, enquanto Musk se dirigia ao aeroporto para voar até a Gigafábrica em Nevada, digitou uma mensagem fatídica no Twitter: "Cogitando fechar o capital da Tesla a 420 a ação. Fundos garantidos".

Era o tipo de mensagem meio engatilhada e sem censura pela qual Musk era conhecido – precisamente o tipo de postagem que tornou sua conta do Twitter uma leitura obrigatória para dezenas de milhões de pessoas, fãs e detratores. Musk não estava nem remotamente preparado para o ataque que essas palavras desencadeariam.

A reação em Wall Street foi instantânea. O valor dos papéis da empresa, que já tinha subido, disparou. Musk chegou à Gigafábrica quase tonto, perguntando aos gerentes se sabiam o que o "420" representava. Era uma referência à maconha, disse ele. E riu.

Normalmente, uma empresa avisa a NASDAQ antes do tipo de manobra que Musk agora estava propondo de maneira informal e despreocupada, e as negociações de compra e venda de ações são interrompidas. Não se trata de uma cortesia, é a regra da bolsa de valores; as empresas devem notificar a bolsa com pelo menos dez minutos de antecedência antes de qualquer notícia que possa criar uma volatilidade significativa no preço das ações – por exemplo, a intenção de fechar o capital –, para que o pregão seja interrompido de modo a permitir aos investidores digerir as novas informações. O anúncio pegou todo mundo de surpresa – e a Tesla não disse nada. Autoridades da NASDAQ tentaram freneticamente falar com seus contatos na empresa.

Não adiantou muito. O diretor vice-presidente de relações com investidores da Tesla também foi pego desprevenido. Enviou uma mensagem ao chefe de gabinete de Musk, Sam Teller: "Esta postagem é verdadeira?". Os jornalistas também entraram em contato. "Um belo tuíte! (É uma piada?)", um deles escreveu. Outro mandou um e-mail diretamente para Musk: "Você está só zoando?".

Cerca de 35 minutos após o tuíte, o diretor financeiro Deepak Ahuja enviou uma mensagem a Musk: "Elon, tenho certeza de que você pensou em uma comunicação mais ampla sobre sua lógica e estruturação para os funcionários e os potenciais investidores. Ajudaria se Sarah [O'Brien, chefe de relações públicas], Todd [Maron, conselheiro geral] e eu escrevêssemos uma postagem ou um e-mail aos funcionários por você?". Musk disse que seria ótimo.

Musk parecia estar cuidando de seus compromissos como se fosse apenas mais um dia normal. O ponto alto foi um jantar com executivos no Vale do Silício. Nos momentos de folga, disparou mais tuítes. Quase uma hora depois do primeiro, escreveu: "Não tenho um voto controlador agora e não esperaria que nenhum acionista tivesse se fecharmos o capital. Não venderia em nenhum dos cenários". Vinte minutos depois, acrescentou: "Minha esperança é de que todos os investidores atuais continuem com a Tesla, mesmo que ela seja privada. Criaria um fundo para propósitos especiais que permitiria a qualquer um ficar com a Tesla. Já faço isso com o investimento do Fidelity na SpaceX". Mais de duas horas após o primeiro tuíte, detalhou seu raciocínio: "Espero que todos os acionistas permaneçam. As coisas serão muito mais tranquilas e menos perturbadoras como uma empresa privada. A propaganda negativa dos investidores de curto prazo acabará".

No dia seguinte, a Comissão de Valores Mobiliários (SEC) abriu uma investigação.

Musk e Masayoshi Son, do SoftBank, podem não ter se dado bem logo de cara, mas depois do inebriante jantar que Larry Ellison, amigo e investidor de Musk, ofereceu na fábrica de Fremont em março de 2017, os sauditas se mantiveram em contato com Musk. Com a guerra de Musk contra os vendedores a descoberto se estendendo até julho de 2018, o fundo solicitou uma reunião. Musk se encontrou com os sauditas na noite de 31 de julho, uma terça-feira, um dia antes de anunciar os resultados do segundo trimestre da Tesla, ocasião em que prometeu que dali para a frente lucraria continuamente, e uma semana antes do tuíte que deixou a internet em polvorosa. Teller e Ahuja juntaram-se a ele para uma reunião breve.

Em retrospecto, a conversa estava aberta a interpretações. Os sauditas informaram Musk de que tinham comprado no mercado aberto um volume de ações da Tesla no valor de quase 5% da empresa, pouca coisa aquém do limite em que teriam que anunciar publicamente sua posição. Conforme Musk e Yasir Al-Rumayyan, o diretor-gerente do fundo, haviam discutido em um jantar um ano antes, aventou-se a possibilidade de fechar o capital da Tesla. Musk não entrou em detalhes de como esse negócio seria estruturado. Os sauditas queriam ver uma fábrica de automóveis da Tesla construída em seu país, prêmio que várias nações do Oriente Médio vinham disputando ao longo dos anos. Depois de cerca de meia hora, de acordo com Musk, Al-Rumayyan deixou a bola no campo de Musk: diga-nos como você deseja fazer um fechamento de capital e, contanto que os termos sejam "razoáveis", pode acontecer.

Musk pensou a respeito. Na quinta-feira, um dia após o anúncio dos resultados do segundo trimestre, viu as ações subirem 16%, o que dava à Tesla um valor de mercado de 59,6 bilhões de dólares. Temia que se o valor da Tesla continuasse crescendo ele acabaria perdendo a chance de tirar a empresa da bolsa e fechar o capital. Depois que o mercado fechou, Musk enviou um memorando a seu conselho de diretores. Estava cansado de ver a Tesla ser alvo de ataques "difamatórios" por vendedores a descoberto. O bombardeio constante estava prejudicando a marca Tesla. Queria que sua proposta de fechamento de capital fosse apresentada aos acionistas o mais rápido possível, e disse que a oferta expiraria em trinta dias. Chegou a um preço de 420 dólares a ação, o que elevaria o valor da Tesla para cerca de 72 bilhões de dólares, com base em um ágio de 20% do ponto onde a ação fechasse naquele dia. (Com um aumento real de 20%, o preço teria sido de 419 dólares, mas ele achou que faria sua namorada rir se fosse 420.)*

Para complicar ainda mais as coisas, Musk disse ao conselho, em uma reunião especial convocada para a noite seguinte, que queria manter a porta aberta para os investidores existentes. Essencialmente, queria permitir que os investidores continuassem com uma nova Tesla recém-privada, se assim o desejassem, e comprar os que não quisessem. Os pequenos investidores de varejo, a exemplo de Bonnie Norman, tinham sido alguns de seus maiores incentivadores ao longo dos anos; Musk queria mantê-los no rebanho.

Alguns membros do conselho de diretores estavam céticos, mas aprovaram a ideia de Musk de entrar em contato com alguns dos

---

* Mais tarde, Musk admitiu à SEC que ter escolhido um preço que seria uma piada para a namorada fazendo referência à maconha "não tinha sido um raciocínio muito sensato".

maiores investidores sobre o negócio. Ele se comprometeu a dar um retorno ao conselho.

Na segunda-feira após a reunião de emergência do conselho, Musk ligou para Egon Durban, do grupo de *private equity* Silver Lake, para falar sobre o negócio. A firma, que incluía Larry Ellison como investidor, conquistara uma posição de destaque no Vale do Silício. Em 2013, ajudaram Michael Dell a fechar o capital da empresa de computadores que ele mesmo fundou, a Dell, em uma compra alavancada de 25 bilhões de dólares. Durban advertiu Musk de que sua esperança de permitir que todos os investidores atuais permanecessem com a empresa não tinha precedentes. Ele disse que o número de acionistas restantes precisava ser inferior a trezentos. A Tesla tinha mais de oitocentos acionistas institucionais. Havia também inúmeros pequenos investidores, o tipo de pessoa que comparecia com entusiasmo às reuniões anuais da Tesla.

Foi na manhã seguinte, com esse aviso ainda fresco em seus ouvidos, que Musk publicou seu tuíte explosivo.

A estratégia de Musk não era incoerente em relação à maneira como ele havia administrado a Tesla ao longo de grande parte da história da empresa: anuncie algo, depois descubra como dar um jeito de fazer acontecer. O problema aqui era que, como CEO e presidente de uma empresa de capital aberto, suas declarações públicas sobre a Tesla ganhavam um peso maior. É crime sujeito a processo judicial uma pessoa dizer algo sobre seu negócio que sabidamente é falso. Uma vez que o anúncio de Musk no Twitter parecia tão improvisado, e os escassos detalhes que vieram à tona pareciam tão irrefletidos e desajuizados, de imediato surgiram suspeitas. Via de regra, as empresas anunciam negócios dessa envergadura somente após extensa verificação, com declarações minuciosamente analisadas por advogados. A Tesla estava correndo para montar uma equipe a fim de avaliar o negócio, *pós*-anúncio.

Uma semana após o tuíte, o conselho de diretores disse que criaria uma comissão para estruturar o negócio. Seria liderada por Brad Buss, que ingressou na Tesla em 2009 e teve uma breve passagem como diretor financeiro da SolarCity; e também por Robyn Denholm, que ajudara a guiar a Tesla no processo de aquisição da SolarCity. Eles seriam acompanhados por um novo membro, Linda Johnson Rice, executiva de mídia de Chicago que passara a integrar o conselho no ano anterior após reclamações de que a empresa tinha pouquíssimos diretores sem vínculos profundos com Musk. Eles começaram a contratar advogados e consultores.

Musk tentou apagar o fogo que ele mesmo havia ateado; em vez disso, atiçou as chamas. Escreveu uma postagem no blog indicando que os detalhes do negócio estavam longe de concluídos, e que tudo aconteceria no devido tempo: "Seria prematuro fazer isso agora. Continuo as discussões com o fundo saudita, e também mantenho conversas com uma série de outros investidores, que é algo que sempre planejei fazer, pois gostaria que a Tesla continuasse a ter uma ampla base de investidores". Tentou explicar por que divulgou uma ideia que estava apenas pela metade. "A única maneira de ter discussões significativas com nossos maiores acionistas era ser completamente franco com eles em relação a meu desejo de tornar a empresa privada", escreveu Musk. "No entanto, não seria correto compartilhar informações sobre fechar o capital apenas com nossos maiores investidores, sem ao mesmo tempo compartilhar as mesmas informações com todos os investidores." Quanto à parte dos "fundos garantidos" de seu tuíte, Musk explicou que se reunira com o fundo saudita no final de julho, ocasião em que "expressou seu apoio ao financiamento de uma transação de fechamento de capital da Tesla naquele momento".

Musk concluiu dizendo que "se e quando uma proposta definitiva fosse apresentada", o conselho da empresa a avaliaria e, se aprovada, os acionistas teriam uma chance de votar.

A postagem serviu apenas para causar uma confusão ainda maior em Wall Street, e fez as ações despencarem. Começaram a circular boatos de que Musk talvez não fosse capaz de sobreviver a esse último passo em falso. James Stewart, o influente colunista de negócios do jornal *The New York Times*, ouviu dizer que Jeffrey Epstein, o financista que caiu em desgraça ao se declarar culpado de crime sexual envolvendo uma adolescente, estava compilando uma lista de candidatos para assumir a presidência da Tesla, a pedido de Musk. Era uma alegação tresloucada em meio a um período inacreditável. Stewart entrou em contato com Epstein para perguntar sobre o boato, e em 16 de agosto viu-se na casa do financista em Manhattan para entrevistá-lo, com a condição de que Epstein falaria "como fonte anônima", o que significava que as informações poderiam ser divulgadas, mas não atribuídas diretamente a ele. Stewart achou que Epstein foi evasivo.

O jornal também entrou em contato com Musk, que ficou uma fera quando soube. "Epstein, uma das piores pessoas da Terra, disse ao *NYT* que estava trabalhando comigo e com a Tesla na operação de fechamento de capital",* vociferou Musk para Juleanna Glover, poderosa consultora de relações públicas em Washington, contratada para ajudá-lo a lidar com a mídia, "e, sob esse pretexto, confidenciou ao jornal preocupações que tinha a meu respeito. Isso foi incrivelmente assustador e diabólico". Musk marcou uma entrevista por telefone com o *The New York Times* para negar a afirmação de Epstein, mas, assim que a ligação se completou, Musk começou a se autoimplodir durante uma hora, relatando todas as privações e adversidades que enfrentara nos últimos meses tentando lançar o Modelo 3 – quase perdeu o casamento do irmão, passava seus aniversários no chão de fábrica.

A manchete resultante foi "Elon Musk detalha o "excruciante" preço pessoal que paga na convulsão da Tesla". A matéria descreveu Musk como um homem emotivo, que "engasgou várias vezes" durante a entrevista. Falava de seu uso de Ambien para combater problemas de sono; alguns membros do conselho de diretores teriam ficado preocupados, alegando que isso contribuía para o que Musk fazia no Twitter madrugadas adentro.

Como se todo esse barulho não bastasse, a fama de celebridade de Musk e seu relacionamento com a cantora Grimes se somaram à cacofonia. Nesse período, a rapper Azealia Banks, que tinha a reputação de usar as mídias sociais para lavar roupa suja publicamente sobre suas desavenças, foi para o Instagram se queixar sobre um malfadado acordo de colaboração com Grimes para compor e gravar uma música. Primeiro, alegou ter ficado esperando por Grimes em uma das casas de Musk em Los Angeles durante vários dias; depois, pareceu sugerir que Musk publicou seu tuíte sobre fechar o capital da Tesla enquanto estava sob efeito de ácido.** Quando um repórter pediu a Banks que explicasse melhor, ela disse que estava na casa de Musk no fim de semana depois que ele postou o infame tuíte, e testemunhou suas tentativas de desfazer o estrago. "Eu o vi na cozinha com o rabo enfiado entre as pernas e procurando investidores para tirar o dele da reta. Estava estressado e com o rosto vermelho."

---

* No original, "take-private", tipo de transação em que um grupo de *private equity* compra ou adquire ações de uma empresa de capital aberto. (N. T.)
** Ao longo dos anos, vez por outra funcionários suspeitaram que Musk pudesse estar drogado.

Musk queria apenas que tudo acabasse. "Eles não têm outra coisa sobre o que escrever?", perguntou à consultora de relações públicas. "É tão cansativo me ver no noticiário!"

O comportamento de Musk ao longo do ano anterior havia incomodado observadores próximos, mas seus últimos deslizes catapultaram sua fama; agora, Musk e seus infortúnios estavam na boca do povo. Investidores surtaram; as ações despencaram quase 9% no dia seguinte à publicação da entrevista ao *The New York Times*. Os analistas de Wall Street começaram a rebaixar suas expectativas para a Tesla, dizendo aos investidores que as ações da empresa eram supervalorizadas. Os membros do conselho administrativo da Tesla, aliados próximos de Musk, viram-se em uma posição difícil. Poderiam ser responsabilizados caso fizessem vista grossa para o episódio mais recente.

No sábado seguinte, fizeram uma teleconferência. Musk e seu irmão Kimbal, que atuava nos bastidores para tentar ajudar nas relações públicas, participaram da reunião de Los Angeles. Musk comunicou a notícia de que sua esperança de manter pequenos investidores poderia não dar certo. A equipe de consultores de Musk no Silver Lake, bem como outros do Goldman, suavam a camisa para encontrar uma maneira de fazer os números funcionarem. Uma das principais suposições de Musk era a de que os grandes acionistas ficariam com a Tesla, mesmo como uma empresa privada. Era uma crença ingênua. Ele aprendeu que os fundos mútuos, devido a requisitos regulamentares, seriam forçados a reduzir sua participação. Seu plano presumia que dois terços dos acionistas o seguiriam; se investidores do quilate do Fidelity e T. Rowe, que juntos detinham vinte milhões de ações, não entrassem na onda, as ações teriam que ser compradas por 420 cada. Ou, em outras palavras, Musk precisaria reunir outros 8 bilhões de dólares para concretizar seu plano.

Não era apenas uma questão de encontrar o dinheiro. Musk havia sofrido resistência de dentro da Tesla. Havia quem questionasse o que significava para uma fabricante de carros elétricos – que se empenhava para extinguir os automóveis que bebiam gasolina – pegar dinheiro de um grande fornecedor de petróleo estrangeiro. Enquanto isso, os sauditas estavam insatisfeitos com a forma como a ideia proposta foi implementada. Nunca haviam feito uma proposta formal. (O diretor-gerente do fundo, al-Rumayyan, mais tarde diria aos advogados do governo que não havia concordado em fazer negócio com Musk.) A ideia de fechar o capital causou uma divisão entre os executivos do alto escalão da Tesla, sobretudo porque o comportamento de Musk suscitou dúvidas sobre a estabilidade mental do CEO e seu papel central na empresa.

Os consultores de Musk saíram procurando em outros bolsos por fundos para substituir os sauditas, incluindo possivelmente a Volkswagen AG. A equipe apresentou a Musk um plano para levantar até 30 bilhões de dólares. Mas novos investidores dessa escala inevitavelmente gostariam de ter o direito de opinar sobre o funcionamento da empresa. Isso preocupava Musk. Afinal, a ideia de fechar o capital não era limitar a influência externa? Musk estava insatisfeito com alguns dos investidores sugeridos, entre eles a Volkswagen.

Na quinta-feira, dezesseis dias depois de Musk ter enviado seu tuíte de abertura de capital, o conselho de diretores da Tesla voou para a fábrica de Fremont para analisar suas opções com um pequeno grupo de consultores e advogados, que apresentaram argumentos e depois saíram da sala. Com os membros do conselho remanescentes, as atenções se voltaram para Musk. O que ele pensava?

Musk disse que, com base nas informações que reuniu, estava retirando a proposta, desistiu de fechar o capital da Tesla, e a empresa continuaria com o capital aberto. "Na minha opinião, o valor da Tesla aumentará de forma considerável nos próximos meses e anos, possivelmente colocará toda operação de fechamento de capital fora do alcance de qualquer investidor", escreveu Musk em um e-mail após tomar a decisão. "Era agora ou talvez nunca mais."

Isso marcou o fim de duas das semanas mais instáveis da história da Tesla. Porém, por mais que Musk quisesse simplesmente apagar seu tuíte e seguir em frente, meteu-se numa enrascada. Agora tinha que convencer a Comissão de Valores Mobiliários (SEC) de que, no momento em que tuitou, de fato tinha os fundos garantidos para o negócio, que não enganou os investidores tampouco deu falsas informações. Musk e outros membros do conselho deveriam prestar depoimentos sob juramento aos investigadores nos dias seguintes. A SEC, liderada pelo escritório de São Francisco, movia-se rapidamente.

Um executivo menos impetuoso poderia ter sido punido. Mas, em meio a todo esse alvoroço, Musk voltou ao Twitter. Sua explosão emocional na entrevista ao *The New York Times* no início do mês levou a um debate sobre se as mulheres em altos cargos executivos conseguiriam se safar se chorassem no trabalho. "Só para constar, minha voz ficou embargada uma vez durante a entrevista para o *NYT*. É isso. Não houve lágrimas", tuitou Musk às 8h11 da manhã do dia 28 de agosto. Isso lhe rendeu o desprezo de algumas pessoas. "Elon, sua dedicação aos fatos e à verdade teriam sido maravilhosos se aplicados àquela ocasião em que você chamou alguém de pedófilo", um usuário do Twitter escreveu. Musk respondeu: "Você não acha estranho que ele não tenha me processado? Ele recebeu a oferta de assistência jurídica gratuita".

A essa altura, Unsworth tinha um advogado, que entrou na conversa: "Verifique seu e-mail".

Os tuítes desencadearam outra rodada de atenção da mídia, despertando o interesse de um repórter do site BuzzFeed, Ryan Mac, que enviou um e-mail a Musk em 29 de agosto. Trocaram algumas mensagens, e um dia depois Musk lhe enviou um e-mail com o assunto "em off", sugerindo que Mac ligasse para algumas pessoas na Tailândia, incluindo em seu e-mail o trecho: "e pare de defender estupradores de crianças, seu babaca filho da puta do caralho". Musk cavou para si um buraco ainda mais profundo. "[Unsworth é] um cara branco, velho e solteiro da Inglaterra que viajou para a Tailândia ou morava lá havia 30 ou 40 anos, principalmente na praia de Pattaya, até se mudar para Chiang Rai para se casar com uma noiva criança que tinha cerca de doze anos na época.* Só há uma razão pela qual as pessoas vão à praia de Pattaya. Não é um lugar para onde as pessoas vão procurar cavernas, mas é para onde vão quando estão atrás de algo mais. Chiang Rai é um lugar conhecido pelo tráfico sexual de crianças. Unsworth pode alegar que sabe como mergulhar em cavernas, mas não fazia parte da equipe de mergulhadores de resgate, e boa parte da verdadeira equipe de mergulhadores se recusou a ficar perto dele. Fico me perguntando por quê…".

Em seguida, Musk acrescentou: "Porra, espero que ele me processe".

Mac nunca combinou com Musk que a troca de mensagens entre os dois seria sigilosa, obedecendo a uma antiga tradição no jornalismo segundo a qual um repórter e um entrevistado podem concordar em conversar "em off" *antes* da conversa. Nenhuma promessa semelhante foi feita. O BuzzFeed publicou a matéria de Mac em 4 de setembro.

Musk soube imediatamente que estava em apuros. Glover, a consultora de relações públicas, mexeu os pauzinhos nos círculos políticos de Washigton; encaminhou a Musk um e-mail de Jeff Nesbit, astuto ambientalista com experiência em política, que ofereceu assistência e expressou preocupações acerca do que os discursos de Musk no Twitter poderiam

---

* Unsworth, na verdade, não era noivo de uma criança. Sua namorada tailandesa de longa data tinha 40 anos de idade.

significar para a empresa: "Mais um ou dois destes e posso garantir que haverá um voto de não confiança no conselho de administração".

Musk respondeu que sabia que a situação era "extremamente ruim". Sua intenção tinha sido apenas que o BuzzFeed investigasse o cara. "Sou um idiota do caralho", concluiu ele.

Glover sugeriu que Musk desse uma entrevista em caráter oficial "para acabar de vez com essa absurda especulação em torno do seu estado mental". Ela queria colocá-lo de novo diante da opinião pública, apresentado de uma forma que o fizesse parecer uma pessoa decidida, divertida e plenamente consciente. Musk sugeriu o podcast do comediante Joe Rogan, The Joe Rogan Experience. Rogan, um comediante de stand-up, comentarista de lutas do Ultimate Fighting Championship (UFC) e ex-apresentador do programa de TV Fear Factor, conquistou um nicho extremamente popular do cenário da mídia entrevistando líderes, acadêmicos e celebridades, bem como vozes estridentes cujas posições extremas a maior parte da mídia tradicional se recusava a tocar.

Dois dias depois que as assessorias acertaram os ponteiros, Glover informou a Musk de que as entrevistas de Rogan poderiam durar várias horas. "Joe não costuma interromper muito, então vai deixar você falar (ele é engraçado e diz palavrões no ar porque não existe regulamentação da Comissão Federal de Comunicações para podcasts)", ela instruiu Musk. O CEO precisava saber de seus advogados o que dizer se Rogan perguntasse sobre a investigação da SEC em andamento. Além disso, Glover implorou a Musk para que, se Rogan fizesse perguntas sobre Unsworth, evitasse responder. "Por favor, por favor, por favor, se surgir o assunto do mergulhador da Tailândia, por favor diga que você acha que já se meteu em problemas suficientes com essa história e não vai dizer mais nada", escreveu ela.

A entrevista ao vivo, transmitida pelo YouTube de um estúdio da Califórnia, começou tarde na Costa Oeste. Musk, vestindo uma camiseta preta em que se lia "Ocupe Marte", parecia estar de bom humor. Em muitos aspectos, Rogan era o entrevistador perfeito para Musk, permitindo que ele falasse longamente sobre seus interesses, desde viagens espaciais até escavação de túneis. À medida que a noite avançava, Rogan e Musk começaram a beber uísque. Perto do final da entrevista de quase três horas de duração, Rogan acendeu o que disse ser um baseado e perguntou se Musk já havia fumado maconha. "Eu acho que tentei um uma vez", respondeu Musk, rindo. "Você provavelmente não pode por causa dos acionistas, certo?", perguntou Rogan.

"Ora, é legal, certo?", disse Musk, no estúdio que fica na Califórnia.

"Totalmente legal", respondeu Rogan. E em seguida entregou o baseado para Musk, que deu uma tragada. A conversa se tornou inebriante. Rogan quis saber sobre o papel dos inventores no aprimoramento da sociedade. E se existisse um milhão de Nikolas Teslas?, perguntou. Musk disse que as coisas teriam avançado muito rapidamente. Certo, acrescentou Rogan, mas não há um milhão de Elon Musks. "Só existe um filho da puta fodão", disse Rogan. "Você pensa sobre isso?"

Musk checou seu celular.

"Você está recebendo mensagens de texto de garotas?", perguntou Rogan.

"Não", respondeu Musk. "Estou recebendo mensagens de texto de amigos que estão me perguntando: 'Porra, você está fumando maconha?'"

Quando a edição de sábado do jornal *The Wall Street Journal* chegou às bancas no dia seguinte, a primeira página destacava uma foto de Elon Musk em meio a uma nuvem de fumaça, segurando o baseado. Para quem observava a imagem, não estava claro se Musk ou a empresa que ele dirigia conseguiriam algum dia escapar da névoa.

Capítulo 27

A grande onda

Era uma imagem perturbadora, e onipresente na mídia nos dias que se seguiram. Mas Musk teve pouco tempo para pensar em seu mais recente desastre de relações públicas. Faltando três semanas para o final do terceiro trimestre de 2018, o tempo estava se esgotando. Ele tinha vinte e três dias para salvar a Tesla.

Três meses antes, Musk pisou no acelerador para realizar uma façanha impactante, alcançando sua meta de cinco mil unidades do Modelo 3 em uma única semana, mas nada disso importava se a empresa não mantivesse a fabricação de veículos nesse ritmo, sem mencionar a necessidade de vender esses veículos aos clientes. Musk havia prometido lucro; depois de romper tantas promessas, estava obcecado em cumprir essa única.

Em agosto, a reserva de dinheiro extra que a Tesla tinha em caixa se reduziu a um mínimo de 1,69 bilhão de dólares – o que colocava a empresa à beira de quase não ter o dinheiro suficiente para fazer o negócio. Internamente, Musk pressionava a equipe a entregar cem mil veículos no terceiro trimestre – quase a mesma quantidade que a empresa vendera em todo o ano de 2017. Não estava claro se a fábrica de Fremont seria capaz de construir tamanha quantidade, especialmente porque vinha lutando para tirar da linha de montagem veículos sem defeitos. Um dos últimos pontos de estrangulamento era a oficina de pintura, afetada por severos incêndios no início do ano. Enquanto o conselheiro Antonio Gracias tentava encontrar uma solução, a equipe de vendas aumentou o preço dos modelos vermelhos – a variedade cuja criação era a mais problemática.

O plano de Musk contava com a capacidade da empresa de entregar quase 60% de seus veículos nas últimas semanas de setembro. Cronometrava-se cuidadosamente a chegada dos veículos às mãos dos clientes, momento a partir do qual poderiam ser marcados como "vendidos". Os carros destinados ao embarque para a Costa Leste seriam fabricados no início do trimestre, para atender a seus prazos de entrega mais longos. Os carros para a Costa Oeste seriam feitos somente após aqueles com destino a mercados distantes. Em ambos os casos, a entrega seria programada para pouco antes do final do trimestre, de modo que os carros pudessem ser faturados nos ganhos referentes a esse período. O processo era conhecido internamente por algumas pessoas como "a onda", por causa da maneira como os carros eram "espalhados" para os clientes ao mesmo tempo. Desta vez, porém, a escala cresceu tanto e tão rapidamente que um enorme vagalhão ameaçava esmagar a empresa.

Outra consequência dessa estratégia era que o sucesso ou o fracasso da empresa – se conseguiria ou não cumprir suas metas trimestrais – só poderia realmente ser conhecido nos últimos dias de setembro.

Para aumentar a pressão que Musk estava sentindo, a Comissão de Valores Mobiliários, que investigava as alegações de Musk de ter assegurado o dinheiro para tornar a Tesla privada, estava de olho no final do trimestre em nome de seus próprios interesses. Era o fim do ano fiscal da SEC. Poucas horas após a aparição de Musk no programa de Rogan, seus advogados foram falar com advogados do governo para perguntar sobre um possível acordo, na esperança de evitar litígios. Se conseguissem chegar a um acordo, o governo estaria predisposto a finalizá-lo até o encerramento do mês, de modo a contabilizar em seu próprio balanço total de fim de ano o valor de qualquer eventual multa aplicada à Tesla.

No entanto, no sábado após o programa de Rogan, as atenções de Musk estavam voltadas para as entregas. Transferiu sua escrivaninha móvel da fábrica de Fremont para um centro de entregas da Tesla cerca de três quilômetros adiante, onde fazia teleconferências noturnas com gerentes da Tesla de todos os cantos do país. Em um conjunto de prédios de escritórios de startups e outras empresas, a entrada do centro de entregas de Fremont parecia uma das acolhedoras lojas criadas por George Blankenship sete anos antes. Mas a ampla parte de trás abrigava o que era essencialmente uma linha de montagem, com clientes de um lado e veículos do outro. Centros de entrega idênticos de uma ponta à outra dos Estados Unidos eram o cerne dos problemas atuais da Tesla. Assim como quando a empresa tentou obter um lucro de um dólar em 2013, construir os carros era apenas metade do problema. Precisavam entregar numa escala a qual não estavam acostumados. Para a Tesla, o quase colapso de 2013 fora uma surpresa quando os depósitos não eram convertidos em vendas; desta vez, a equipe havia lutado antecipadamente para evitar o "inferno de entregas 2.0".

Agora, porém, enfrentariam um pesadelo criado pelo próprio Musk, resultado de uma lista de escolhas impossíveis. Antes de Jon McNeill sair da presidência em fevereiro, a equipe da Tesla elaborava um plano para lidar com o imenso crescimento de entregas que almejava para o final do ano. Era caro e amplo, e exigia consolidar e triplicar o número de entregas para grandes centros regionais, talvez 25 ou 30 em todo o mundo, ao custo de centenas de milhões de dólares. Enquanto Doug Field e J. B. Straubel se esforçavam para aumentar a produção no primeiro semestre de 2018, entretanto, Musk olhou para os livros contábeis e concluiu que a Tesla simplesmente não teria como custear os planos das equipes de vendas e entregas. Pediu-lhes que propusessem outra solução. O empreendedor Dan Kim, recrutado por McNeill para supervisionar as vendas globais, começou a trabalhar para incrementar o processo de vendas on-line da empresa, na esperança de incentivar mais vendas pela internet e pelo aplicativo de smartphone da empresa (diminuindo, assim, a dependência das lojas físicas).

A Tesla não era a mesma marca que tinha sido em 2013. Naquela época, o Modelo S representou uma venda difícil para compradores incertos sobre uma montadora iniciante que oferecia uma tecnologia ainda não testada. Após o sucesso do Modelo S, no entanto, essas preocupações não eram a tônica para o Modelo 3. Os mesmos compradores ainda precisavam ser convencidos e tranquilizados, porém, sobretudo no que dizia respeito a financiamento e comercialização dos veículos em produção. Kim trabalhou para fortalecer os *call centers*, onde as equipes de vendas internas assumiriam a liderança para fechar negócios. A Tesla não cometeria o mesmo erro do Roadster e do Modelo S, que foi presumir que as reservas se converteriam automaticamente em vendas.

Cayle Hunter foi contratado em janeiro de 2018 para supervisionar a nova equipe de vendas e entregas sediada em Las Vegas, em um antigo escritório da SolarCity não muito longe da Strip, a avenida mais famosa da cidade.* Outras equipes menores ficavam em Fremont e em Nova York. O trabalho deles era simples e claro: fechar negócios. Trabalharam com uma lista de quinhentas mil pessoas que fizeram depósitos reembolsáveis de mil dólares para o Modelo 3.

Nos primeiros oito meses de trabalho, Hunter aumentou seu grupo de 35 para 225 pessoas. No início, não tiveram problemas em encontrar compradores para os carros cuja produção avançava lentamente na fábrica de Fremont. Os clientes de carros anteriores da Tesla que haviam depositado dinheiro iam para a frente da fila. A equipe de Hunter descobriu que não era necessário fazer muito esforço para converter essas pessoas em compradoras. A pergunta que faziam não era *por que* comprar, mas *quando*: quando é que poderiam colocar as mãos no Modelo 3? Isso não era vender, Hunter pensava consigo mesmo nesses primeiros meses. As metas de venda que definiu para os primeiros dois trimestres de 2018 tinham sido assustadoras, mas os objetivos diminuíram – à medida que se tornava cada vez mais claro que a fábrica não seria capaz de produzir uma quantidade de veículos suficiente para cumprir essas cotas – e agora os números pareciam menos agourentos.

No verão, entretanto, isso mudou. Musk efetivamente desembaraçou os nós e desarmou as arapucas na fábrica de Fremont, e a produção aumentou de forma constante. Se antes a equipe de Hunter despachava carros mais ou menos sem esforço para clientes ávidos, agora se via obrigada a mobilizar verdadeiras habilidades de vendas para fechar negócio. À medida que faziam suas ligações, com frequência cada vez maior passaram a enfrentar resistência do outro lado da linha.

Parte do sucesso da revelação de 2016 derivava da promessa de Musk de que o preço inicial do Modelo 3 seria de 35 mil dólares. O preço de venda efetivo em agosto de 2018 não estava nem perto disso. A versão mais barata começava em 49 mil dólares, com uma versão mais luxuosa e de melhor desempenho por volta de 64 mil. Quando a equipe revisou seu catálogo de reservas e pedidos pendentes, ficou claro que muita gente havia feito depósitos com a intenção de comprar um carro de *apenas* 35 mil dólares. Para algumas pessoas já era um tremendo aperto de orçamento adquirir um carro mesmo a esse preço.

---

* Apesar das afirmações públicas de que impulsionaria os negócios da SolarCity após a aquisição da empresa em 2016, Musk teve pouco tempo ou recursos para conseguir fazer isso. A maior parte do que restou do negócio dos painéis solares agora estava sendo direcionada para ajudar a construir ou entregar o Modelo 3.

Havia outros clientes que poderiam ser induzidos a comprar o item mais caro: a equipe de Hunter usava a lábia para convencê-los de que era melhor tomar posse do carro agora em vez de esperar – talvez mais um ano? – pela versão de 35 mil dólares. Ademais, o comprador poderia aproveitar os 7.500 dólares de crédito fiscal federal que começaria a ser gradualmente extinto em janeiro do ano seguinte. Os vendedores argumentavam que o custo de um Tesla era menor do que o de um carro tradicional porque não exigia idas ao posto de gasolina. Isso quase sempre funcionava, mas as vendas não estavam se mostrando tão fáceis quanto naqueles primeiros dias.

Durante esse período, Musk disse à equipe que era hora de capitalizar com os compradores dispostos a gastar até 65 mil dólares por um automóvel. Não havia tantas pessoas inclinadas a fazer isso, e no início do ano seguinte seria ainda mais difícil, pois os clientes mais afoitos já haviam recebido seus carros. A Tesla não conseguia ter lucro com o Modelo 3 de 35 mil dólares, disse Musk; cada entrega de carro a esse preço significaria mais de mil dólares de prejuízo para a empresa. Era desta forma que a Tesla seria lucrativa no terceiro trimestre: inundaria o mercado com versões de ponta de seu carro "do consumidor", com margens de lucro mais altas.

Apesar de todo o crescimento obtido, ainda não estava claro se a fábrica seria capaz de produzir sua meta de cem mil veículos no tempo previsto. E mesmo que conseguisse, a Tesla não tinha espaço para lidar com tamanho estoque. Para ajudar a lidar com a onda de entregas que sabidamente estava chegando, a equipe mantinha uma lista de quatro mil funcionários que se ofereceram para ser despachados para centros de entrega já sobrecarregados em todo o país. Mas viram-se paralisados, à espera do sinal verde.

No início do trimestre, enquanto Musk se concentrava no resgate do time de futebol tailandês e em fechar o capital da Tesla, parecia a alguns gerentes executivos que o diretor financeiro Deepak Ahuja estava retendo os recursos necessários à preparação para as entregas, o que suscitou dúvidas sobre se aquele seria realmente o trimestre em que a Tesla, mais uma vez, registraria lucro, ou se a alta cúpula administrativa da empresa estava jogando alguma espécie de jogo, planejando em vez disso empilhar as vendas no quarto trimestre. A presença de Musk no centro de entregas de Fremont no mês de setembro, no entanto, sinalizou que agora as entregas eram a principal prioridade da empresa.

Contudo, mesmo com a mão de obra extra, cada um dos centros de entrega tinha certo número limitado de vagas para armazenar carros no local, cada uma delas reservada por uma hora. De uma ponta à outra dos Estados Unidos, a Tesla talvez contasse com um total de cem mil vagas disponíveis no terceiro trimestre, calculando-se todas as horas e dias de trabalho ao longo de um período de três meses. O problema era que os veículos só chegariam na segunda metade do trimestre – milhares e milhares de entregas precisavam ocorrer antes do último dia do período de relatório. Unidades do Modelo 3 estavam sendo estacionadas em qualquer lugar onde encontrassem espaço: garagens, estacionamentos, pátios ferroviários, centros comerciais. Os vendedores a descoberto começaram a perceber, postando fotos nas redes sociais e criando teorias de que a Tesla estava escondendo estoques defeituosos.

Eles não estavam totalmente errados: muitos carros precisavam de consertos antes de ir para os clientes. Em Marina del Rey, no sul da Califórnia, um dos centros de entrega mais importantes se viu sob extrema pressão durante um telefonema noturno de Musk. Os clientes de lá começaram a reclamar de seus carros nas redes sociais. Descontente, Musk ameaçou começar a demitir pessoas no centro se ouvisse mais reclamações sobre veículos defeituosos. O chefe de Hunter, Kim, parou de enviar carros aos clientes enquanto não pudessem consertar os defeitos de pintura (mesmo depois que Jerome Guillen lhe perguntou se sabia quanto dinheiro isso estava custando à empresa). Kim despachou equipes para Marina del Rey para refazer painéis de carroceria e corrigir defeitos de pintura, contratando trabalhadores externos para ajudar.

Ao contrário das equipes de fabricação, naquele ano as equipes de vendas e entrega estavam relativamente protegidas de Musk. Mas agora não mais. Reuniões virtuais (principalmente) noturnas com os gerentes de vendas em todo o país, programadas de acordo com a agenda de Musk e muitas vezes de madrugada para os gerentes da Costa Leste, eram momentos de alta pressão, em que Musk muitas vezes entremeava ordens com ameaças implícitas – senão explícitas – de rescisão de contrato por falha no cumprimento de metas. Hunter recebeu uma dessas ligações no verão, enquanto Musk continuava a acelerar o processo de transferência de responsabilidades.

"Está tudo certo com Vegas?", perguntou Musk diretamente a Hunter. "Quantas entregas marcou para hoje?" Era o grande momento de Hunter: somente naquele dia, sua equipe tinha agendado 1.700 pessoas para buscar seus carros Modelo 3 nos dias seguintes – um recorde – , e ele estava orgulhoso de anunciar a conquista.

Musk não gostou nem um pouco – ordenou que Hunter mais que dobrasse o resultado no dia seguinte, caso contrário ele próprio assumiria as rédeas. Além do mais, Musk disse que ouviu dizer que a equipe de Hunter vinha utilizando uma tática de ligar diretamente para as pessoas a fim de agendar a data e o horário para buscarem o carro. Isso teria que parar imediatamente. Ninguém gosta de telefonemas, tomam muito tempo, argumentou Musk. Em vez disso, deveriam enviar mensagens de texto. Seria mais rápido. Musk lançou a ameaça: se voltasse a ouvir falar sobre quaisquer ligações, Hunter seria demitido.

Hunter foi invadido por uma sensação de pânico. Sua esposa e filhos tinham acabado de se mudar para Las Vegas com ele, e haviam finalmente acabado de desencaixotar todos os seus pertences. Agora Musk ameaçava demiti-lo caso não fizesse o impossível em 24 horas? O departamento de vendas da empresa não dispunha de centenas de telefones celulares que sua equipe pudesse usar para enviar mensagens de texto, e a empresa não queria que os funcionários usassem seus próprios telefones. Construíra um sistema para rastrear as interações dos clientes, a fim de evitar falhas de comunicação e garantir que os contatos e potenciais compradores tivessem acompanhamento. Hunter teria que contornar esse problema.

Da noite para o dia, Hunter e outros gerentes arranjaram uma solução, empregando um software que permitia à equipe enviar mensagens de texto a partir de seus computadores. Deram fim à prática de orientar os clientes em meio à volumosa papelada de vendas que mais cedo ou mais tarde precisaria ser preenchida e assinada. Se o objetivo de Musk era ver as pessoas fazendo fila para pegar carros, então era isso que fariam. Começaram a marcar simplesmente dia e horário para a entrega dos carros aos clientes. Por exemplo: *Você pode vir pegar seu novo Modelo 3 às quatro da tarde na sexta-feira?* Muitas vezes, Hunter nem sequer esperava por uma resposta antes de colocar um cliente na lista da entrega das chaves. Quando um cliente alegava que não poderia buscar o carro, corria o risco de ser informado de que perderia o lugar na fila naquele trimestre. Os clientes ficavam mais motivados a dar as informações pessoais necessárias para a finalização de uma venda quando se exibia um Modelo 3 bem na frente deles. A equipe de Hunter começou a instruir os clientes a terem toda a papelada completa 48 horas antes da entrega do carro.

A equipe começou a percorrer a lista de clientes, definindo datas e horários aleatórios nos centros de entrega de todo o país. Por volta das seis da tarde no dia seguinte, tinham chegado a cinco mil agendamentos.

Hunter reuniu os membros de equipe para agradecê-los por seu trabalho. Lutou para conter as lágrimas. Não lhes disse que seu emprego estava em risco; todos sabiam que era superimportante agendar um monte de entregas. Naquela noite, por telefone, Hunter relatou os resultados a Musk.

"Uau!", disse Elon.

Foi um tremendo avanço, que seria relembrado por alguns gerentes executivos como um momento de definição para o trimestre. Mas havia pouco tempo para celebração. Logo passaram a remediar o incêndio seguinte. Como os centros de entrega estavam abarrotados, Musk queria começar a entregar os carros Modelo 3 diretamente nas casas dos clientes. A Tesla já havia desenvolvido um sistema para finalizar as vendas remotamente; foi a maneira encontrada para contornar as leis no Texas e em outros estados, onde as revendedoras franqueadas saíram vitoriosas e impediram a instalação das lojas da Tesla. Nas "galerias", os clientes eram direcionados a terminais de computador para entrarem em contato com a empresa e fornecerem os detalhes da compra de um carro. Vendedores em Las Vegas ou em outro lugar acompanhavam a conclusão da negociação. A empresa montou um pacote de documentos que precisavam de assinatura a tinta, que era enviado para a casa do cliente com um envelope expresso e instruções para ser devolvido com um cheque em dois dias úteis. Em seguida, os carros eram enviados do sul da Califórnia ao Texas para a entrega. À medida que o ritmo se intensificou, Hunter começou a despachar para o Texas carros ainda não vendidos, apostando que já teria em mãos o cheque dos compradores de tais veículos específicos quando o caminhão cruzasse a fronteira do estado. Se a cronometragem não fosse perfeita, Hunter teria que pagar pelos carros a serem enviados de volta para nova entrega.

Uma pequena porcentagem das vendas já havia passado por esse processo. Agora Musk queria entregar diretamente vinte mil carros no terceiro trimestre. Em teoria, isso economizaria o dinheiro a ser gasto na expansão dos centros de entrega; na prática, exigiria um exército de pessoas para levar fisicamente os veículos até os clientes. De jeito nenhum a Tesla estava pronta para fazer vinte mil entregas em domicílio.

Dan Kim, que havia trabalhado para melhorar o processo de compras on-line da empresa, recorreu aos membros da equipe de vendas que eram egressos da Amazon e da Uber a fim de usar a expertise deles no rastreamento de pacotes e na contratação de trabalhadores temporários. Musk queria que os carros fossem entregues em caminhões cobertos. Kim e o designer-chefe Franz von Holzhausen se reuniram para desenvolver a aparência dos caminhões, até que ficou claro que esse sistema de transportes seria muito caro e demorado. Em vez disso, Kim propôs a Musk que os funcionários simplesmente dirigissem os carros até as casas dos compradores e lhes entregassem as chaves. Para voltar ao escritório, os motoristas da Tesla chamariam um Uber ou Lyft. Entregas em domicílio eram incomuns na indústria automobilística e, para alguns compradores, uma solução de gosto um tanto duvidoso.

Havia outras estratégias possíveis para acelerar as entregas. Em vez de gastarem uma hora com cada cliente apresentando ao novo proprietário do Tesla as características e recursos de seu novo carro, Kim queria que os entregadores deixassem-no em cinco minutos. Em vez de explicarem tudo pessoalmente, deveriam instruir os clientes a assistirem a um vídeo de treinamento. Alguns dos motoristas ficavam tão ansiosos para retornar que já chamavam um Uber ou Lyft antes mesmo de chegarem com o carro à porta do cliente – uma manobra inteligente para economizar tempo, a menos que o motorista do aplicativo chegasse antes da conclusão da entrega e acabasse batendo na porta do ávido comprador do Modelo 3.

Enquanto o final do trimestre se acelerava em chegar, ficou claro que a equipe não tinha sido capaz de prever quantos caminhões seriam necessários para transportar até os centros de entrega um volume sempre crescente de carros. Os caminhões de transportadoras de automóveis terceirizadas não tinham espaço suficiente para eles. Os gerentes simplesmente presumiram que poderiam continuar aumentando e aumentando as remessas à medida que carros fossem saindo da linha de produção.

Durante uma teleconferência noturna, Kate Pearson, que havia sido recentemente contratada como diretora-chefe de operações e experiência do cliente, tomou a palavra. Passara treze anos supervisionando cadeias de abastecimento para a Guarda Nacional do Exército e ingressou na Tesla depois de ter ocupado uma vice-presidência na Walmart, onde trabalhou no e-commerce varejista. Dona de uma vasta bagagem em operações, ao olhar para os números, tinha más notícias para dar a Musk. A empresa não conseguiria cumprir sua meta de cem mil entregas no trimestre. No ritmo em que estavam, atingiriam cerca de oitenta mil.

Musk não aceitou isso. Disse que as entregas tinham que acontecer. Dias depois, Pearson foi demitida. Na teleconferência noturna com os gerentes de vendas, Musk afirmou que Pearson foi dispensada não porque não sabia puxar saco, mas por causa de sua "intrínseca incapacidade de desempenhar tarefas a contento". Verdade seja dita, ela deu a Musk uma resposta que ele não queria ouvir. O que queria ouvir era: *Faremos o nosso melhor*. Os gerentes tinham sido condicionados a não contar a Musk a verdade nua e crua.

Em outra ocasião, um gerente de vendas de nível intermediário chegou ao limite depois de quase dois anos na Tesla. Avisou que pediria demissão. A notícia dessa decisão chegou aos ouvidos de Ahuja, o diretor financeiro, que não queria perder o gerente de vendas e começou a tentar mantê-lo na empresa. Musk, no entanto, teve a reação oposta: raiva. No centro de entregas de Fremont, partiu para cima do gerente e, berrando palavrões, mandou-o embora. "Eu não quero aqui ninguém que vai me deixar na mão num momento tão importante quanto agora", vociferou Musk, de acordo com uma pessoa que assistiu à cena. Musk seguiu o homem estacionamento afora. Foi um episódio tão feio e público que no final das contas a diretoria sentiu a necessidade de investigar, em meio a acusações de que Musk tinha empurrado o gerente.

A denúncia de ter maltratado fisicamente um funcionário foi, então, adicionada à lista de outras acusações que já pesavam contra Musk, enquanto seus advogados se ocupavam em tentar negociar um acordo com a SEC. Musk não estava facilitando nem um pouco tarefa deles. No final de 26 de setembro, as duas partes acreditavam ter alcançado um ajuste, que a SEC planejava anunciar no dia seguinte. Pela manhã, porém, um dos advogados de Musk ligou para a SEC. Musk tinha mudado de ideia e cancelou o acordo. Estava preocupado, temia que um acordo pudesse afetar sua capacidade de recorrer a mercados de dívida para a SpaceX.

Atordoada, a SEC correu para o tribunal. Após o fechamento dos mercados, ajuizaram uma ação, formalizando a alegação de que Musk havia enganado os investidores quando anunciou que tinha financiamento garantido para tornar a Tesla privada. Os advogados da SEC solicitaram que um juiz federal proibisse Musk de voltar a comandar uma empresa de capital aberto – banindo-o das posições de liderança da Tesla para o resto da vida. Essa impetração marcou uma guinada drástica, surpreendendo investidores e, sem dúvida, agradando financeiramente os detratores de Musk. Depois do anúncio do processo, as ações da Tesla caíram 12%, rendendo aos vendedores a descoberto, no papel, um lucro estimado de 1,4 bilhão de dólares.

Analistas de Wall Street começaram a imaginar um Tesla sem Musk, perguntando-se em voz alta se haveria um "ágio Musk" embutido no preço de negociação. Outros especularam se os credores ficariam tão animados em continuar emprestando dinheiro à Tesla sem a visão de Musk por trás da empresa.

Em meio à briga com a SEC havia, no entanto, uma dinâmica trabalhando a favor de Musk. Ele sabia que a morte da Tesla acabaria com ele, mas prejudicaria em igual medida também a SEC. Quando a comissão impõe punições a uma empresa, pode lesar os acionistas, o que em uma última instância acarretava prejuízos à própria SEC. Por isso relutam em usar toda a extensão do próprio poder. Por causa disso, muitos observadores próximos duvidaram que a comissão seguiria em frente com um banimento. O que queriam era frear Musk, colocá-lo sob controle, implementar novas salvaguardas que o impediriam de aprontar novas asneiras e realizar futuras peripécias.

Os advogados de Musk passaram a noite em claro tentando mudar a opinião do CEO sobre sua recusa aos termos do acordo, até mesmo pedindo ao investidor-celebridade Mark Cuban para instigá-lo a aceitar um acordo. Cuban, o bilionário dono do time de basquete Dallas Mavericks, travou sua própria batalha pública com a SEC, uma discussão que se arrastou por cinco anos depois que foi acusado de fazer negociações com uso indevido de informação confidencial. Era como uma cena da série *Billions*, do canal Showtime, em que Cuban aconselhava o CEO sitiado, alertando-o de que, caso insistisse na teimosia, teria pela frente anos de uma luta dolorosa. Um acordo de conciliação não seria tão prejudicial quanto uma batalha judicial.

Musk estava em conflito. Acreditava que tinha um acordo verbal com os sauditas e que a SEC estava equivocada em pensar que um contrato escrito e um preço fixado por escrito eram necessários para fazer um negócio. No Oriente Médio, rotineiramente os negócios operam com base em acordos verbais, a princípio. Além disso, Musk acreditava que poderia ter concluído o fechamento de capital da Tesla usando sua participação na SpaceX, que agora valia bilhões.

Mas no fim, Musk sabia ser pragmático, especialmente quando não tinha escolha. Seus advogados entraram em contato com a SEC na sexta-feira de manhã perguntando se poderiam reconsiderar o acordo anterior.

A SEC estava em vantagem agora, e a usaria.

Com o relógio correndo para o final do terceiro trimestre e a absurda meta de vendas da Tesla parecendo inalcançável, Musk foi ao Twitter para fazer um pedido de ajuda incomum a seus clientes leais: *Ajudem-nos a entregar veículos.*

Bonnie Norman, proprietária de longa data de carros da Tesla, agora aposentada e morando no Oregon, aceitou o desafio. Queria ver a Tesla ter sucesso; Norman compareceu ao centro de entregas de Portland. Outros também se apresentaram em diferentes centros. O foco desses fãs da Tesla era mostrar aos clientes como operar seus carros novos e explicar a vida com um veículo elétrico, liberando o pessoal pago para lidar com o excesso de papelada. Musk e sua nova namorada Claire Boucher, a musicista conhecida como Grimes, trabalharam no centro de entregas de Fremont, acompanhados pelo conselheiro Antonio Gracias. Kimbal Musk esteve na loja em Boulder, Colorado. Foi um momento em que todos, de verdade, estavam com a mão na massa. Um gerente relembrou que, rodeado de amigos e parentes, Musk parecia mais feliz do que nunca. "Foi como um grande evento em família... ele gosta disso, gosta de lealdade."

Esse apoio era necessário. Depois de deixar a SEC no altar, os advogados de Musk voltaram, agora em busca de um acordo definitivo. Por fim concordaram com os novos termos: Musk poderia manter seu papel como CEO, mas deveria desistir de seu título de presidente por três anos em vez de dois, como na proposta original. Musk pessoalmente teria que pagar uma multa de 20 milhões de dólares, dez milhões a mais do que no primeiro acordo. A Tesla teria que pagar uma multa de vinte milhões e concordar em adicionar ao conselho dois novos diretores independentes. A empresa também teria que colocar em prática um plano para monitorar os comentários públicos de Musk. Ele não teria permissão para tuitar informações relevantes sem aprovação prévia. Nada de mensagens de "fundos garantidos" sem que um advogado as checasse primeiro.

As partes concordaram. O anúncio foi feito no sábado, 29 de setembro, e os investidores deram um suspiro de alívio que pôde ser ouvido em toda Wall Street no primeiro dia de pregão após a divulgação oficial do acordo. Nesse dia, as ações dispararam 17%, a maior mudança em um único dia em um ano de impressionante volatilidade para a montadora. (Felizmente para Musk, os vendedores a descoberto perderam cerca de 1,5 bilhão de dólares no papel nesse período.)

A empresa estava pronta para tabular os resultados finais das entregas do trimestre. Chegou perto. As entregas de carros somaram 83.500 – um recorde que ultrapassou as expectativas de Wall Street, mas que ficava 15% aquém da meta interna de cem mil (o número era também estranhamente próximo da estimativa de Kate Pearson, a diretora-chefe de operações e experiência do cliente que ao que tudo indicava fora demitida por sugeri-lo). Quase 12 mil veículos ainda estavam a caminho da casa dos clientes, e por isso perderam o prazo para serem computados no terceiro trimestre.

Embora tivesse ficado abaixo do objetivo de Musk, ainda assim foi uma conquista enorme. Foi também suficiente para empurrar a empresa para o patamar do lucro – principalmente porque muitos desses carros eram os mais caros, os que a equipe de Hunter foi instruída a convencer os clientes a comprar –, mas também porque Ahuja, o diretor financeiro, trabalhou para atrasar os pagamentos aos fornecedores. O item contas a pagar da empresa – o dinheiro devido a fornecedores e outros – cresceu 20% em comparação com o segundo trimestre e 50% em relação ao ano anterior.

Efetivamente, a Tesla estava fazendo seus números funcionarem nas costas de seus fornecedores, truque que as grandes montadoras praticavam havia anos e era um sinal de seu novo poderio. Não era bonito, mas teve o efeito de uma vitória para os investidores quando os números finais foram divulgados em outubro: um lucro de 312 milhões de dólares. Era o maior já registrado na história da empresa até então, e foi uma surpresa para os analistas de Wall Street, que estavam prevendo prejuízo. O ímpeto continuou no quarto trimestre, o que permitiu à empresa informar em janeiro seus primeiros períodos consecutivos de lucratividade. Durante uma teleconferência com investidores e analistas, Musk parecia confiante sobre o ano seguinte, dizendo que sua expectativa era obter um pequeno lucro nos três primeiros meses de 2019 e, em seguida, "em todos os trimestres daí por diante". Mais de oito anos desde que a Tesla abrira o capital, os investidores poderiam desfrutar do céu azul havia muito prometido – ou pelo menos foi o que lhes disseram.

Durante meses, Musk ficou obcecado com as opções de preço do Modelo 3, mexendo e remexendo nas coisas on-line como se estivesse elaborando cuidadosamente o coquetel perfeito. O perfil do comprador para o carro compacto era diferente do comprador do Modelo s. Primeiro, havia a questão do preço, que, dependendo das opções escolhidas, poderia ser dezenas de milhares de dólares mais baixo que o do sedã de luxo. Depois, havia outros fatos da vida: os proprietários do Modelo 3 normalmente dependiam do veículo para uso diário. Muitas vezes recorriam a financiamento e precisavam incluir seu antigo carro na negociação. A fim de evitar a contratação de mais vendedores, Musk havia instruído Dan Kim a criar um configurador on-line, uma ferramenta para personalizar cada compra, mais fácil de usar. A ideia era proporcionar ao cliente a experiência mais próxima possível de comprar presencialmente um carro numa loja de conveniência.

Musk também pressionou Kim a formar uma equipe de entregas em domicílio. Embora não tenha sido suficiente para cumprir a meta de Musk de realizar 20% das entregas de carros por meio do sistema de entrega direta aos clientes no terceiro trimestre, a estratégia alcançou esse objetivo no quarto trimestre, de acordo com uma pessoa que teve acesso aos números. Todas essas medidas foram tomadas para reduzir os gastos. Musk ficou obcecado em tornar a Tesla lucrativa. Ele começou a se perguntar em voz alta se poderiam fechar todas as lojas da empresa.

Internamente, Musk alertou seus gerentes sobre um "inverno sombrio", forçando-os a cortar custos e focar o aumento da produção o máximo possível. A Tesla precisava de maior escala, Musk lhes disse. Essa nova atenção com os gastos veio na esteira do fato de que a equipe de vendas percebeu uma desaceleração no número de pedidos do Modelo 3 no primeiro trimestre de 2019. Em grande medida graças ao sucesso da Tesla, o crédito fiscal federal dos Estados Unidos para a compra de um carro totalmente elétrico passaria a sofrer uma redução escalonada em 1º de janeiro, caindo de 7.500 dólares para 3.750. Em meados do ano, iria para 1.875. No final do ano o crédito seria extinto de vez. Efetivamente, o Modelo 3, que já era caro, aumentaria de preço a cada seis meses, no exato momento em que a Tesla precisava que custasse mais barato.

A equipe de Hunter em Las Vegas passou os últimos três meses de 2018 convertendo os depositantes restantes em compradores, a fim de alcançar outro trimestre com recorde de entregas. Essa tarefa se tornou mais difícil à medida que o ano caminhava para o fim e escasseavam os compradores com apetite pela versão de preço mais elevado – um número cada vez maior de clientes aguardava o modelo de 35 mil dólares. A equipe de Hunter estava ansiosa para tirar uma folga após o fechamento do ano. Alguns desistiriam de vez. Tinham alcançado seu objetivo, mas também chegaram ao limite de suas forças. Muitos, como o próprio Hunter, seriam demitidos, já que Musk se concentrou em cortar custos e levar o Modelo 3 para a Europa e China, onde ainda havia pioneiros supostamente dispostos a pagar pelas versões mais caras do Modelo 3.

Foi uma época de mudanças para a Tesla. Todd Maron, advogado de Musk desde seu primeiro divórcio, estava pronto para se aventurar em uma startup. Ahuja, o diretor financeiro, estava pronto para partir — de novo. J. B. Straubel ainda não havia desistido da luta, mas estava exausto e precisando de férias.

Como parte do acordo com a SEC, o conselho de diretores acrescentou dois novos membros, incluindo Larry Ellison, o investidor de longa data e cofundador da Oracle. Robyn Denholm, que ajudou a capitanear a Tesla durante a aquisição da SolarCity e da frustrada tentativa de fechar o capital da empresa e retirá-la da bolsa de valores, tomaria as rédeas de Musk como presidente, embora estivesse claro para qualquer um que, com ou sem cargo, Musk ainda estava no comando. Ele não conseguiu se segurar e foi ao Twitter para comentar que havia deletado os títulos de seus cargos do site da empresa. "Agora sou o Nada da Tesla. Até agora parece tudo bem." Em uma entrevista ao programa *60 Minutes*, do canal norte-americano CBS, Musk mostrou total desprezo pela SEC, afirmando que não havia ninguém encarregado de aprovar de antemão suas mensagens nas redes sociais. "Eu quero ser bem claro aqui, eu não respeito a SEC" – que no Twitter ele chamou jocosamente de "Comissão de Enriquecimento de Vendedores a Descoberto."

Se ainda restava qualquer dúvida sobre se Denholm seria capaz de controlar Musk, rapidamente se dissipou. A investigação do conselho sobre a suposta agressão física no centro de entregas não deu em nada. No final de 2018, quando Musk revelou no centro de design o SUV compacto Modelo Y, veículo que a seu ver acabaria vendendo mais do que o Modelo 3, Denholm foi vista na primeira fila, espremida entre os fãs e clientes, aplaudindo Musk. Questionada mais tarde sobre o uso do Twitter, ela disse a um jornalista: "Do meu ponto de vista, ele o usa com sabedoria".

Para compensar o aumento de preço acarretado com a extinção do crédito fiscal federal, a montadora decidiu que reduziria os preços de todos os seus veículos. O Modelo 3 agora começaria em 44 mil dólares, em vez de 46 mil (embora ainda estivesse muito longe de 35 mil dólares). Se a Tesla pensou que a mudança apaziguaria os investidores, errou feio. Os investidores interpretaram o movimento como uma indicação de que a demanda estava desacelerando, sinistro sinal para uma empresa cuja narrativa dependia de um crescimento ilimitado, e que aparentemente não tinha descoberto uma maneira de cortar custos. As ações caíram quase 7% no dia do anúncio da diminuição dos preços.

Musk adotou um tom tranquilizador, dizendo aos investidores em janeiro que o interesse no carro estava alto. "O fator inibidor é a questão do preço. É que as pessoas literalmente não têm dinheiro para comprar o carro. Não tem nada a ver com desejo. Elas simplesmente não têm grana suficiente em sua conta bancária. Se pudermos deixar o carro mais acessível financeiramente, a demanda é extraordinária." Para se contrapor ainda mais às preocupações, Musk foi ao Twitter para comemorar que pela primeira vez as unidades do Modelo 3 estavam sendo carregadas em um barco e despachadas para a Europa. Ele observou que a Tesla "fará cerca de 500 mil [carros] em 2019", declaração que horas depois foi arrematada com outro tuíte para dizer que se referia a uma *taxa de produção anual* de 500 mil unidades, mas que a expectativa em relação ao total de entregas para o ano ainda era de cerca de 400 mil.

Era o tipo de mensagem arrogante e descuidada que o acordo que Musk fechou com a SEC pretendia impedir. Os reguladores já suspeitavam que Musk não estava levando as coisas a sério, sobretudo depois de sua atuação no programa *60 Minutes*. No dia seguinte a seu último tuíte, perguntaram à Tesla se alguém havia aprovado de antemão a postagem. Como era de se esperar, a resposta foi que não. A equipe da Tesla alegou que somente depois da postagem é que um advogado ajudou a criar o tuíte de esclarecimento de Musk, que se explicou com o argumento de que não achava que precisava de pré-aprovação, porque estava simplesmente repetindo declarações anteriores. A SEC não engoliu. No final de fevereiro, solicitou a um juiz que acusasse Musk de desacato por violar seu acordo.

Estava começando a parecer uma repetição do verão de 2018. E o drama não acabou. Poucos dias depois, Musk anunciou que a Tesla fecharia a maioria de suas lojas para cortar custos, uma economia suficiente para que a empresa pudesse finalmente chegar a seu tão prometido Modelo 3 de 35 mil dólares. A mudança para as vendas (quase) exclusivamente on-line era um sonho que Musk acalentava havia muito tempo, mas ao qual sua equipe resistia por causa dos desafios inerentes à venda de um carro elétrico para compradores de primeira viagem.

Em teoria, pode ter parecido uma maneira fácil de cortar custos; na realidade, a Tesla tinha centenas de contratos de aluguel de suas lojas em todo o mundo. No total, 1,6 bilhão de dólares em obrigações contratuais a serem cumpridas nos anos seguintes. Não era simplesmente uma questão de apagar as luzes e economizar uma fortuna. A Tesla "é uma empresa com um balanço viável que deve dinheiro a muitos proprietários de imóveis", disse Robert Taubman, executivo-chefe da Taubman Centers Inc. em uma conferência dias depois. Entre as propriedades dele incluíam-se oito lojas da Tesla, incluindo a de Denver.

Ao longo dos anos os investidores perdoaram com grande boa vontade as palhaçadas de Musk, em grande parte porque a empresa continuou a mostrar um crescimento impressionante (ainda que estivesse devorando dinheiro no processo). Em abril, a tolerância dos investidores tinha quase atingido o limite. E foi então que o mundo de fantasia da Tesla desabou.

A Tesla relatou um colapso nas vendas: uma queda de 31% no volume de entregas de veículos nos três primeiros meses do ano em comparação com o trimestre anterior, enquanto a empresa lutava para encontrar compradores nos Estados Unidos e levar o Modelo 3 para a Europa e a China com rapidez suficiente para compensar o estrago. Em meados de abril, a Tesla discretamente recuou em sua promessa provisória de um preço inicial de 35 mil dólares, agora listando 39.500 como o preço mais baixo, alegando, porém, que *havia a disponibilidade* de uma "opção fora do cardápio" no valor de 35 mil dólares, mas apenas se o cliente visitasse ou ligasse para as lojas, que poderiam ou não estar abertas. A Tesla terminou o mês registrando um de seus maiores prejuízos trimestrais, e advertiu que o segundo trimestre também seria no vermelho. Adeus, céus azuis.

Musk só precisava que a empresa aguentasse um pouco mais. A chegada do Modelo 3 à Europa ajudaria a reforçar os resultados da Tesla de uma forma já conhecida. Assim como o primeiro trimestre lucrativo da Tesla em 2013 havia sido turbinado pela venda de créditos regulatórios na Califórnia para rivais que não conseguiram cumprir as metas de emissão de veículos, os gerentes da Tesla na Europa estavam negociando em surdina um novo acordo para agrupar as vendas europeias com a Fiat Chrysler, de modo que a rival pudesse evitar multas por violar o novo conjunto de normas de controle de emissões da União Europeia. O acordo, a ser anunciado na primavera de 2019, seria avaliado em mais de 2 bilhões de dólares distribuídos ao longo de vários anos, borrifando lucro puro nos livros contábeis da Tesla, justamente quando ele era mais necessário. E Musk acalmou os nervos dos investidores alegando que ainda havia a China, onde a Tesla estava em vias de começar a produção ainda naquele ano.

Mesmo assim, durante uma teleconferência com analistas Musk reconheceu o que era óbvio para muitos: a Tesla precisava levantar mais dinheiro.

A empresa cambaleava e estava a ponto de adernar. Em poucas semanas, passou de uma fabricante de carros que ganhava dinheiro e declarava que teria lucros em um futuro distante para uma montadora que lutava com crises desnecessárias e autoinfligidas e mais uma vez se via perigosamente com pouquíssimo dinheiro em caixa. Por fim, Wall Street perdeu a paciência. As ações começaram a cair, atingindo uma baixa de 178,97 dólares cada em junho, a metade de seu valor no início do ano. As apostas dos vendedores a descoberto estavam finalmente valendo a pena, com lucros no papel estimados em mais de 5 bilhões de dólares no primeiro semestre do ano (quase o mesmo montante que tinham perdido de 2016 a 2018).

Até mesmo um otimista de longa data da Tesla, Adam Jonas, o analista do Morgan Stanley que estava entre os primeiros a ver o potencial da empresa e apostar em sua alta na bolsa, parecia farto de Musk. Em reunião reservada com os investidores, Jonas alertou que a Tesla não era mais uma história de crescimento, mas em vez disso uma "história de crédito transtornado e uma história de reestruturação". Em outras palavras, uma possível futura falência. A dívida da empresa havia aumentado para cerca de estratosféricos 10 bilhões de dólares, em parte por causa do negócio da SolarCity anos antes, que teria sido palatável se a Tesla continuasse a crescer e gerar dinheiro e se pudesse manter o acesso aos investidores, algo que agora era alvo de questionamento. Seria necessário levantar um imenso montante de dinheiro, ele advertiu, ou "procurar alternativas estratégicas" – papo de banqueiro para uma venda ou fusão. Três quartos das ações da empresa naquela semana foram parar nas mãos de vendedores a descoberto. A dívida havia caído para 85,75 centavos de dólar – sinal de que os detentores de dívidas estavam preocupados sem saber se receberiam seu dinheiro de volta da montadora sitiada.

O pior de tudo, ao que parecia, era que o plano de Musk de depositar a salvação da Tesla na China talvez chegasse tarde demais, já que as vendas de automóveis novos naquele país tinham caído pela primeira vez desde 1990, e as relações entre China e Estados Unidos tornaram-se mais gélidas. Será que, depois de correr uma maratona aos trancos e barrancos, lutando contra rivais e detratores, logo agora a Tesla entraria em colapso, a poucos metros da linha de chegada?

Ou, nas palavras de Jonas: "Poderia haver um momento pior para depender da China?".

Capítulo 28

Boas-novas vermelhas

Em um dia frio de janeiro de 2019, Musk foi a um campo lamacento nos arredores de Xangai. Vestindo terno e sobretudo, estava acompanhado por seu amigo de faculdade Robin Ren, bem como do prefeito de Xangai, Ying Yong, para uma cerimônia de inauguração. Naquele local, a Tesla construiria sua segunda fábrica de montagem, a primeira incursão da empresa na fabricação de carros fora de Fremont. Os três sorriram para fotos que circulariam em todo o mundo. O momento representava uma vitória para a China e outra para a Tesla.

No entanto, havia o risco de ser uma vitória efêmera. A empresa estava à beira do precipício. Agora que o Modelo 3 estava nas ruas e estradas, não era mais apenas uma fantasia cogitada por alguns sonhadores do Vale do Silício. E apesar dos contratempos – muitos deles autoimpostos – que atormentaram Musk em seu verão de descontentamento, a empresa flertava com a lucratividade de longo prazo. Mas a missão de Musk não estava completa. Ele ainda não tinha conseguido fazer do Modelo 3 um carro verdadeiramente viável. Para tanto, precisava de escala, o que reduziria os custos. E, para alcançar escala, precisaria de dinheiro – muito dinheiro. Tudo apontava para um único lugar: a China.

No Twitter, Musk prometeu que as obras de construção iniciais de sua fábrica seriam concluídas no verão e que a produção do Modelo 3 já estaria a pleno vapor até o final do ano. Para os observadores da Tesla, isso gerou habituais olhares de censura e desconfiança: mais um cronograma irreal para uma meta aparentemente impossível. Era apenas o mais recente de uma série de anúncios otimistas que apostavam na alta do preço das ações da Tesla, enquanto a empresa tentava recuperar o equilíbrio após seu conturbado ano de 2018.

Mas os investidores que debandaram da empresa na primavera não conseguiram entender totalmente (ou se recusaram a acreditar) que algo vinha sendo engendrado durante anos nos bastidores da Tesla.

Tudo começou na liderança. Musk sabia que se quisesse concretizar suas ambições globais, precisava da ajuda certa. Tinha que ser alguém em quem pudesse confiar, alguém que conhecesse sua forma de pensar e que pudesse representá-lo do outro lado do mundo, onde Musk não poderia simplesmente aparecer de supetão na calada da noite, arregaçar as mangas e botar a mão na massa, ou então acampar no chão de fábrica por alguns dias até desenroscar uma linha de montagem. Para encontrar a pessoa certa, Musk recuou no tempo e voltou a seus dias de faculdade.

Quando era estudante na Universidade da Pensilvânia, ficara frustrado ao constatar que não tinha as notas mais altas da turma, que não era ele o aluno que estabelecia o padrão de excelência do curso de Física (pelo menos é o que diz a história que ele contou aos executivos). Então Musk abordou o professor para reclamar: quem poderia ser melhor do que ele? A resposta: Robin Ren, um estudante de Xangai. Musk foi falar com seu rival acadêmico e rapidamente se deu conta de que Ren não apenas definia o parâmetro em sua classe, mas estava entre os melhores alunos de Física de toda China, e fez por merecer a então rara oportunidade de estudar nos Estados Unidos. Os dois estrangeiros tornaram-se amigos inseparáveis, tanto que depois da formatura viajaram juntos para a Califórnia, quando Musk pensou que estudaria em Stanford, mas em vez disso deu uma guinada em direção à vida da startup. Enquanto isso, Ren foi fazer mestrado em engenheira elétrica em Stanford e seguiu carreira no Yahoo! e na Dell, chegando por fim ao posto de diretor de tecnologia da XtremeIO, a subsidiária de *pen drives* da Dell. Era um profissional confiável e tinha a experiência certa. Se Musk era impetuoso, Ren era reservado. Quando Musk precisou de ajuda para reiniciar sua empreitada na China, após a desastrosa jornada da empresa em 2015, Ren assumiu o comando.

Nos bastidores, Ren e Jon McNeill (gerente executivo de vendas antes de sair em 2018) deram início a uma das missões mais urgentes da Tesla: obter aprovação para instalar uma fábrica na China. Foram calorosamente recebidos em Xangai, cidade animada para sediar mais uma montadora; mas a lei nacional exigia que a Tesla tivesse um parceiro comercial local e, Musk, em seu comportamento típico, manteve-se irredutível.

Felizmente, Ren herdou dois gerentes com experiência em transitar em meio aos canteiros de obras e corredores do governo. Tom Zhu, que havia sido contratado para construir a rede de pontos de recarga da Tesla na China, tinha um MBA da Universidade Duke e executou grandes projetos de construção na África; ficou encarregado de supervisionar a produção da nova fábrica. Grace Tao, por sua vez, lidava com as relações governamentais. Ex-correspondente da Televisão Central da China, era conhecida nos círculos de poder de Pequim e ajudou a empresa a transitar pelos meandros da burocracia. A família de Tao tinha laços antigos dentro do Partido Comunista, de acordo com uma pessoa familiarizada com a dinâmica, e ela mostrava uma aguda compreensão de como operar as alavancas do poder governamental. Na Tesla, Tao, pendurou um enorme organograma mapeando a estrutura hierárquica do alto escalão do governo central e os líderes mais importantes das principais províncias. A revista de negócios *Bloomberg Businessweek* citou funcionários anônimos que disseram que certa vez Tao alegou que poderia enviar uma mensagem ao presidente Xi Jinping passando por apenas um intermediário, "o que na China seria um nível de acesso astronômico" (declaração que a Tesla negou). No entanto, os colegas dela ficavam maravilhados com seu grau de influência. "Grace é muito suave", afirmou um deles. "Sabe exatamente como fazer política." A fama cada vez maior de Musk também ajudava.

Durante uma viagem a Pequim em 2016, quando Musk e seus colegas ficaram presos em um emaranhado de carros, ele começou a falar sobre a necessidade de resolver o problema dos congestionamentos da cidade. Propôs uma ideia para cavar túneis sob a capital chinesa. Era o tipo de pensamento pelo qual Musk era notório: sua cabeça se inclinava para cima, seus olhos pareciam receber o download da nuvem. "E se nós...?", começava a falar.* O que se seguia poderia ser um capricho maluco, logo

---

* No final do ano, Musk tuitou uma ideia semelhante, que prenunciou a criação de outro de seus empreendimentos, a Boring Co. "O tráfego está me deixando louco. Vou construir uma máquina de perfuração de túneis e simplesmente começar a cavar...", escreveu ele numa postagem seguida por outra mensagem: "Vou fazer isso mesmo" (https://twitter.com/elonmusk/status/810108760010043392?s=20).

esquecido. Ou poderia ser um grande empreendimento, que consumiria anos e anos da vida de algum gerente. Para começo de conversa, foi esse tipo de pensamento sem limites que levou Musk até a China, e que veio à tona novamente enquanto ele mantinha conversas sérias sobre como entrar no país sem um parceiro – ideia que, ao longo dos anos, um punhado de advogados lhe dissera ser impossível.

Em 2017, porém, as perspectivas para esse tipo de empreendimento pareciam mais promissoras. No final do verão, a Tesla fechou um acordo que lhe permitia construir uma fábrica em Xangai; segundo uma pessoa inteirada nos planos e negociações, os chineses pediram autorização para fazer o anúncio logo, provavelmente no outono, quando o presidente Donald Trump visitasse o país em meio a tensões comerciais. Mas Musk disse que o negócio não poderia ser concluído ainda. Com a produção do Modelo 3 empacada, a Tesla não tinha dinheiro para a fábrica. Musk queria que a empresa adiasse o anúncio para o futuro, disse essa pessoa.

À medida que as coisas se arrastaram até 2018, no entanto, começaram a surgir dúvidas sobre se a Tesla algum dia concretizaria sua ambição de construir uma fábrica chinesa sem uma parceria local. Essas dúvidas coincidiram com a intensificação das negociações comerciais entre os Estados Unidos e a China. Em última análise, quando o negócio foi anunciado, permitiu que a "Terra do Meio" parecesse mais aberta para trabalhar com as empresas dos Estados Unidos – pelo menos quando lhe convinha.

Os termos do acordo definitivo foram generosos com a Tesla em outros aspectos – em certo sentido, até mais generoso do que o acordo que a empresa havia conseguido em Nevada. A Gigafábrica chinesa ocuparia 86 hectares de terras cedidas por Xangai sob um acordo por meio do qual a Tesla concordava em investir cerca de 2 bilhões de dólares no projeto. Em separado, recebeu um empréstimo de 1,26 bilhão de dólares em condições favoráveis de bancos chineses politicamente conectados, dinheiro que usaria para construir a fábrica, e mais outros 315 milhões de dólares para pagar pela mão de obra e pelas peças. Em outras palavras, a Tesla recebeu a chance de construir uma fábrica na China com o dinheiro do próprio país.

Se as boas-vindas foram generosas, era porque a China precisava da Tesla tanto quanto a Tesla precisava da China. O país estava ansioso para abrir um mercado de veículos elétricos, e que melhor maneira de motivar os rivais do que deixar a Tesla entrar? O mercado automotivo chinês estava em alta. Quase 40% das vendas de veículos da General Motors em 2018 haviam sido feitas na China, seu maior mercado; a Volkswagen AG dependia muito dos compradores do país. Esse fato, somado ao aperto das restrições nas regulamentações de emissões do país, forçava os gigantes automotivos globais a acelerarem seus preparativos para um futuro elétrico.

Essa investida se deu enquanto as primeiras iniciativas elétricas das grandes montadoras continuavam a ter um desempenho decepcionante, especialmente em comparação com a Tesla. A General Motors anunciou a morte do Chevrolet Volt, o sedã híbrido do tipo plug-in. As vendas do veículo nunca foram muito boas, e caíram para menos de dezenove mil unidades nos Estados Unidos em 2018. O Bolt totalmente elétrico da GM foi ainda pior. Apesar de avanços, empalidecia em comparação com o Modelo 3.

Mas as montadoras aprenderam com seus erros e estavam se arriscando. Tanto a GM como a Volkswagen planejavam concentrar seus dólares de investimento em carros totalmente elétricos, em vez de híbridos, um tácito reconhecimento de que a estratégia da Tesla estava correta o tempo todo. A Volkswagen tinha a intenção de que dois quintos do total de suas vendas fossem de carros elétricos em 2030. O objetivo da GM era lançar pelo menos vinte modelos elétricos até 2023. Ambas as empresas estavam correndo para garantir o fornecimento de baterias de íons de lítio. A GM faria parceria com a LG Chem para investir 2,3 bilhões de dólares em uma fábrica de baterias gigantesca em Ohio, semelhante à Gigafábrica. A Volkswagen se comprometeu a investir um bilhão de dólares em uma startup europeia que estava construindo sua própria fábrica na Suécia e que era composta por executivos que haviam ajudado a criar as instalações da Tesla em Sparks.

A visão coletiva para o futuro do carro era cada vez mais a de Musk. Na Alemanha, os jornalistas não conseguiram instigar o presidente-executivo da VW, Herbert Diess, a depreciar seu rival. "A Tesla não é um nicho", disse o CEO. "Temos muito respeito pela Tesla. É uma concorrente que levamos muito a sério."

Musk sempre foi obcecado pela noção de *justiça*. Embora nem sempre agisse de uma forma que outras pessoas consideravam justa, poucas coisas o colocavam em pé de guerra mais do que sua percepção de que, de alguma forma, estava sendo tratado de maneira injusta. Sua lista de ressentimentos nesse quesito era longuíssima, incluindo Martin

Eberhard, o designer Henrik Fisker, a mídia e, mais recentemente, a SEC. O acordo que Musk firmou em setembro de 2018 com a comissão a fim de evitar uma longa batalha judicial o corroeu por dentro, e sua última briga, em que a SEC ameaçara acusá-lo de desacato, mostrou ser um grande transtorno.

Tendo passado a infância e a adolescência na África do Sul, Musk considerava o sistema judiciário dos Estados Unidos esquisito, de acordo com aqueles que lidaram com ele em questões jurídicas. Tinha extrema confiança na capacidade de um juiz de ver as coisas à maneira dele. Nessa última rusga, seu argumento era o de que os termos de seu acordo com a SEC autorizavam que tuitasse sobre os números de produção da Tesla e, além disso, a Constituição dos Estados Unidos protegia seu direito de se manifestar publicamente. Musk argumentou que a SEC estava tentando amordaçar sua liberdade de expressão, noção que parecia ignorar que assinara um acordo para evitar precisamente o tipo de tuítes confusos que o haviam colocado naquela situação difícil. Musk havia aperfeiçoado a habilidade de afirmar as coisas de uma forma que alguns investidores consideravam *plana*, mas que ao mesmo tempo possibilitava que afirmasse, mais tarde, esquivando-se, que tinha apenas sugerido as próprias *ambições* vagas.

Naquela primavera, em um tribunal de Manhattan, a crença de Musk no sistema judicial foi recompensada. A juíza distrital Alison Nathan repreendeu advogados do governo pela ânsia de acusar Musk por desacato, sugerindo que a linguagem do acordo era imprecisa. Disse aos dois lados para "vestirem as calças da razoabilidade". Ao sair do tribunal e se deparar com uma multidão de repórteres, Musk não conseguiu conter a própria alegria e disse a eles que "estava muito feliz com os resultados". No final do mês, resolveram a divergência com uma lista mais detalhada de coisas sobre as quais Musk precisaria de permissão prévia dos advogados antes de tuitar. Mais importante, a nuvem fora removida; ele agora poderia se concentrar na batalha real.

Se cada vez mais o futuro parecia pertencer à Tesla, o presente era menos garantido. Após os difíceis primeiros meses de 2019, era compreensível que Musk estivesse hesitante; em junho, acompanhado nos bastidores por J. B. Straubel, seu diretor de tecnologia, Musk se preparava para subir ao palco enquanto uma multidão de investidores aguardava o início da assembleia anual de acionistas da Tesla. Normalmente esse evento, realizado no Museu da História do Computador em Mountain View, na

Califórnia, era barulhento – praticamente uma ruidosa reunião de família. Enquanto a Ford realizava sua reunião anual virtualmente e esperava a menor repercussão possível, para a Tesla a ocasião servia como uma sessão festiva e alto-astral para entusiasmar pequenos investidores e proprietários de longa data dos carros da Tesla, que desde os primeiros dias se mantiveram aferrados à esperança do que a empresa poderia se tornar. Ao longo dos anos, Musk havia aproveitado o evento para sugerir futuros produtos.

Desta vez as coisas seriam diferentes. Ele planejava anunciar que Straubel – que não apenas tivera papel crucial em muitos dos êxitos da Tesla, mas essencialmente passara toda a vida adulta na empresa e agora era casado com uma moça jovem e pai de gêmeos – deixaria a empresa.

Com quinze anos de história em comum, o relacionamento dos dois ficara tenso, sobretudo porque a Tesla se atrapalhara ao fazer a Gigafábrica funcionar.* Musk continuava mandão e rigoroso como sempre, um osso duro de roer que exigia nada menos do que a perfeição. No final de 2018, Straubel optou por se afastar do trabalho para um necessário descanso. Suas férias se transformaram em dúvida sobre o que estava por vir. No período em que trabalhou na Tesla, sua visão com relação aos carros movidos a baterias de íons de lítio passara de uma novidade perigosa para o futuro de uma indústria global. O plano que traçara para reduzir os custos das baterias em Nevada pareciam estar funcionando também, mesmo que no começo tivessem sido uma bagunça. Os analistas estimavam que os custos das baterias do Modelo 3 caíram abaixo de cem dólares o KWh, um número mágico, almejado pela indústria automotiva há muito num momento em que o custo de fabricar um carro elétrico era visto como o equivalente a fabricar seu gêmeo movido a gasolina. Straubel cumpriu o que se propôs a fazer. E quando olhou para a frente, teve a convicção de que a Tesla precisava de algo que ele não poderia mais dar: expertise em fabricação, grande experiência operacional. A empresa não era mais uma startup, e, ele sabia que sua paixão estava nas startups. Para Straubel, era hora de sair.

---

* Ambos os homens enfatizaram que a relação entre eles continuou boa. "Se eu pudesse voltar no tempo, deveria ter começado a Tesla apenas com J. B., conforme era a intenção original, e não trazer Eberhard, Tarpenning e Wright para a equipe. De qualquer forma, no final das contas sobramos apenas J. B. e eu, mas só depois de uma tonelada de drama doloroso que quase matou a empresa", declarou Musk. "O erro que cometi foi tentar fazer duas coisas ao mesmo tempo. Eu gosto de criar produtos, mas não gosto de ser CEO, então tentei que outra pessoa dirigisse a empresa enquanto eu desenvolvia o carro. Infelizmente, isso não funcionou."

Todavia, minutos antes de subirem ao palco para oficializar a saída de Straubel, Musk mudou de ideia e recuou de seu plano. Aquele não era o dia certo para o anúncio, decidiu. Straubel precisava ficar um pouco mais.

Musk subiu ao palco e foi recebido por gritos e aplausos. "Foi um ano dos infernos, mas coisas muito boas estão acontecendo", disse ele. "E acho que vale a pena rever essas coisas." Depois de falar sobre como o Modelo 3 estava vendendo mais que todos os carros de luxo movidos a gasolina com os quais concorria nos Estados Unidos,[*] pediu que Straubel se juntasse a ele para comentar o sucesso da Gigafábrica. Permaneceram no palco por quase uma hora respondendo a perguntas. À medida que o tempo passava, Musk ficou reflexivo. Provavelmente estava pensando na saída (ainda secreta) de Straubel. Falou sobre a ocasião em que os dois se conheceram, anos antes, naquele fatídico almoço com Harold Rosen. "Foi como uma boa conversa", disse Musk, meio sem jeito.

"Acho que evoluímos e fizemos um incrível progresso desde então", disse Straubel. "Não previmos exatamente como as coisas aconteceriam."

"Eu achava que com certeza fracassaríamos."

"Mas precisávamos fazer tudo isso", interrompeu Straubel. "Quer dizer, era algo que claramente valia a pena ser feito, mesmo que as chances de chegarmos onde estamos hoje – ou mesmo em 10% disso, ou 1% disso – fossem escassas. Ainda assim valia a pena ser feito. Mas é incrível ver VEs andando por todas as ruas e estradas de todo lugar. É incrível."

Musk sempre se mostrara capaz, quando era tomado pelo espírito da coisa, de ficar obcecado por todos os detalhes. Sua relutância em abrir mão do controle de algumas facetas da Tesla, grandes e pequenas, talvez fosse a característica definidora de seu estilo de liderança, desde os primórdios da empresa. O mais provável é que não conseguisse dormir no chão de uma fábrica chinesa com a mesma facilidade que em Fremont, mas ainda assim queria estar perto da ação. Zhu encabeçou o projeto da construção da fábrica na China, agora em andamento. Musk parecia ter encontrado em Zhu seu Jerome Guillen chinês, um executivo que sabia trabalhar muito e fazer acontecer. O agressivo estilo de gestão de Zhu foi parar em reportagens da mídia local, incluindo matérias sobre como ele costumava ligar e enviar mensagens para os funcionários depois da meia-noite, às vezes para dar furiosas broncas, e na

---

[*] Em 2018, a Tesla vendeu cerca de 117 mil unidades do Modelo 3, em comparação com 111 mil unidades do Lexus RX, e se tornou o carro de luxo mais vendido do ano, de acordo com o site *Edmunds*.

manhã seguinte chegava bem cedo no escritório, tirava fotos de cadeiras vazias e as postava em grupos de mensagens da empresa perguntando sobre o paradeiro dos trabalhadores. Parecia entender a importância de um relacionamento próximo com Musk; enviava fotos diariamente para mostrar o avanço da fábrica e, durante o auge das obras, a cada par de semanas viajava para a Califórnia a fim de relatar pessoalmente as atualizações. Zhu aprendeu a lição mais valiosa e decisiva para lidar com Musk e impedi-lo de se intrometer no dia a dia: entregar resultados. Ajudava-o, é claro, o fato de que Musk, separado por um oceano de distância, não poderia interferir tão facilmente.

O cenário até então era encorajador. A nova fábrica da Tesla estava aparentemente se beneficiando da experiência anterior da empresa – evitando os pecados de Fremont e Sparks de maneiras importantes. Por um lado, em grande medida graças à iniciativa de Doug Field, o Modelo 3 era muito mais fácil de construir do que os carros anteriores. A empresa ainda trazia as cicatrizes do Modelo X, que de tão complexo parecia impossível de se fabricar. Essa relativa facilidade de montagem significava uma linha que a Tesla sabia como gerenciar.

Além disso, a nova planta não seria atolada de automação – em parte porque a mão de obra chinesa seria acentuadamente mais barata do que a norte-americana. Em essência, a Tesla replicaria a linha de montagem que tinha construído sob a tenda em Fremont, a apenas cerca de dez mil quilômetros de distância (e sob um teto adequado). A Tesla aprendeu a fazer carros em um dos lugares mais caros do mundo; agora estava rumando para um país conhecido por sua mão de obra barata. Analistas esperavam uma grande economia, tornando o Modelo 3 de 10 a 15% mais rentável.

As bênçãos do governo chinês significaram que as rodas da burocracia se mexeram mais rapidamente para a Tesla na China do que em Nevada. A empresa estatal que administrava a Zona de Livre Comércio de Xangai, onde a fábrica estava sendo erguida, trabalhou de perto para agilizar a construção. A montadora foi autorizada a enviar apenas uma parte das plantas e projetos normalmente exigidos para a obtenção de licenças de construção, por exemplo. A rede elétrica ampliou a capacidade de fornecimento para o canteiro de obras na metade do tempo que levaria em geral.

As lições aprendidas com a primeira Gigafábrica também foram aplicadas à equipe que projetou e construiu a nova fábrica. Enquanto Kevin Kassekert, um dos braços-direitos de Straubel, trabalhava nos retoques finais da fábrica de Nevada, começou a formar uma equipe de especialistas em construção que poderia ser despachada mundo afora para abrir fábricas – aproveitando as lições que tinham aprendido e aplicando-as em âmbito global. Assim como o Modelo 3 havia sido aprimorado de várias maneiras em relação ao Modelo S, eles tentavam pensar na fábrica como um produto que poderia ser burilado e aperfeiçoado a cada nova versão. A equipe na China convenceu Musk a não fazer uma cópia carbono idêntica das fábricas anteriores, mas usar, em vez disso, a construção industrial chinesa mais típica, que era mais barata e mais rápida de sair do papel, de acordo com o que disse um gerente de construção a par da evolução das obras. As próprias fábricas estavam se tornando um produto escalonável. Cumprir as metas de crescimento de Musk exigiria fazer milhões de veículos anualmente; a Tesla precisaria de mais do que apenas duas fábricas, e olheiros já estavam à procura de um terreno na Alemanha para uma filial europeia.

Instalar a montadora na China, no entanto, exigiria mais do que apenas uma fábrica. A Tesla precisava de fornecedores para alimentá-la com peças, nenhuma tão importante quanto as baterias, que, cedo ou tarde, precisariam vir de fábricas locais de modo que os carros pudessem se qualificar para receber incentivos fiscais. A Panasonic, parceira de longa data da Tesla, se recusava a ir para a China.

O relacionamento das duas empresas havia azedado por conta dos problemas na Gigafábrica. O comportamento errático de Musk em 2018 também não ajudou em nada, sobretudo quando aparentemente fumou maconha durante uma entrevista ao vivo. Alarmado, um executivo da Panasonic assistiu à entrevista a caminho do escritório: "O que nossos investidores vão pensar?". Alguns diretores japoneses já haviam feito lobby para limitar ainda mais a exposição à Tesla, já que as ações da empresa haviam caído 50%.

Por ocasião do anúncio da Gigafábrica em Nevada, a Tesla disse que as instalações ocupariam mais de cem campos de futebol, mas em 2019 ainda não tinham chegado a essas dimensões. Como Kurt Kelty, que ajudara a Tesla a forjar o relacionamento com a fornecedora de baterias, já tinha ido embora e Straubel estava em vias de sair, o vínculo da Tesla com a parceira fora enfraquecido. Yoshi Yamada, o alto executivo da Panasonic que ajudara a unir as duas empresas em prol da Gigafábrica, atingiu a idade de aposentadoria compulsória. Musk rapidamente o contratou na esperança de que ele pudesse ajudar a preservar o relacionamento. Cada vez mais, porém, o próprio Musk ligava diretamente para o presidente da

Panasonic, Kazuhiro Tsuga, não somente para pedir reduções nos preços das baterias vindas da fábrica de Nevada, mas também para que concordasse com a construção de outra fábrica na China. Falando sem rodeios: para dobrar a aposta no que parecia ser uma mão perdedora.

Diante de tudo isso, a Tesla se preparou para uma fábrica chinesa sem a Panasonic. Drew Baglino, que assumiu o cargo de gerente executivo de baterias outrora de Straubel, começou a procurar um parceiro alternativo. Inicialmente, a escolha preferida era a LG Chem, a fornecedora sul-coreana por trás do programa de veículos elétricos da GM. Mas alguns mostraram preocupação com a obrigação de mais uma vez ficarem atrelados a um único fornecedor. Outro nome proposto foi a Contemporary Amperex Technology Company, fabricante chinesa de baterias mais conhecida como CATL, que, de fornecedora de peças para a Apple, cresceu e se tornou a maior fabricante mundial de baterias para veículos elétricos. De início, Musk pareceu irritado com a ideia. Aparentemente achou preocupante firmar uma parceria com uma empresa que fornecia células a tantos rivais.

No que se tornou um refrão recorrente para Musk – assim como em 2010 e 2013 –, ligou para seus executivos em um sábado exigindo que a Tesla começasse a desenvolver as próprias células de baterias. Baglino abriu um laboratório experimental para um programa confidencial apelidado de Roadrunner.

Nesse ínterim, Musk ainda precisaria de um fornecedor para a China, onde a produção deveria começar no final do ano. Sua equipe correu para fechar um acordo com a LG enquanto trabalhava com muita delicadeza para colocar a CATL em posição de firmar um acordo também. Em agosto, quando Musk foi à China para participar de reuniões, um encontro foi organizado para que conhecesse pessoalmente o fundador da CATL, Robin Zeng, nos bastidores de uma conferência sobre inteligência artificial na qual Musk palestrou juntamente com Jack Ma, o cofundador do grupo chinês Alibaba. Musk e Zeng se deram bem logo de cara, pois o CEO da Tesla, no fundo, identificava-se com o colega engenheiro. "Robin é barra-pesada", disse Musk a sua equipe. A reunião abriu caminho para um possível negócio. O destino da Tesla não estava mais vinculado exclusivamente à Panasonic.

Nessa viagem de verão à China, Musk viu muitos motivos para se animar com o potencial de um Modelo 3 de fabricação chinesa e vendido em território chinês. Apesar das robustas tarifas, as vendas do Modelo 3 na China já estavam ajudando a impulsionar os resultados financeiros da Tesla. As receitas cresceram 64% no terceiro trimestre de 2019. Esses números foram empurrados para cima também pelos amigos da Tesla na Europa. Na Noruega, as unidades do Modelo 3 estavam sendo devoradas tão logo chegavam. A arrecadação da montadora no país cresceu 56% nos primeiros nove meses do ano. O ritmo veloz das entregas de veículos faria do Modelo 3 o veículo mais vendido do país em 2019. Melhor ainda, como nos Estados Unidos no ano anterior, as vendas iniciais do Modelo 3 eram da variedade mais cara. A expansão internacional tinha sido um pouco complicada, mas à medida que o verão se transformava em outono, ficou claro que o plano geral de crescimento da Tesla vinha funcionando.

Em novembro de 2019, no momento em que a empresa divulgou seu vigoroso lucro do terceiro trimestre, já caminhava para um quarto trimestre lucrativo. Mais importante: fez o que Musk havia prometido em janeiro – a Tesla estava, inacreditavelmente, pronta para iniciar a produção na China. A velocidade de tudo isso colocava no chinelo os esforços da montadora em Nevada. As mídias sociais acompanharam toda a evolução das obras, mostrando vídeos primeiro de um campo lamacento em janeiro, depois guindastes entrevistos entre aço e contêineres de embarque. Em agosto, quando Musk estava na China, a estrutura de uma fábrica descomunal já havia surgido. Em outubro, o governo deu sinal verde para o início da produção de automóveis.

Primeiro veio a produção prévia, experimental. Nessa fase de testes, a Tesla divulgou fotos de maquinário novinho em folha e imaculado. Trabalhadores vestindo bonés azuis e uniformes alinhados da Tesla pareciam trabalhar em um Modelo 3 azul que estava próximo do fim de uma linha de montagem. Depois do badaladíssimo início da produção do Modelo 3 em 2017, era fácil descartar as fotos como mero estardalhaço publicitário. Ainda assim, os investidores se tranquilizaram com o que viram. Os vendedores a descoberto, entretanto, estavam sentindo a pancada. Estima-se que tenham perdido mais de 3 bilhões de dólares apostando contra a Tesla desde junho. Mas a dor deles ainda não havia acabado – longe disso.

Nos últimos dias de dezembro, a Tesla começou a entregar unidades do Modelo 3 de fabricação chinesa primeiro para seus funcionários. Um trabalhador aproveitou a oportunidade para propor casamento à namorada no chão de fábrica. A maior festa ainda estava por vir, à medida que as ações continuaram a subir, chegando a níveis que consolidariam a Tesla como a terceira montadora mais valiosa do mundo, atrás da Volkswagen e da Toyota – uma ascensão colossal.

Poucos dias depois desse marco – durante um período na China cujas repercussões abalariam o mundo –, Musk voou para a fábrica de Xangai a fim de comemorar o início oficial da produção, agora com a entrega de veículos para clientes, não funcionários. Em cima de um palco montado na fábrica, centenas de clientes e operários viram um Musk radiante. A Tesla tinha cruzado a linha de chegada. Não apenas fez um carro que os consumidores queriam e que as montadoras rivais cobiçavam, mas tinha os meios de produção em uma escala antes inimaginável, ao mesmo tempo que dava lucro. Musk comemorava o que um ano antes teria soado como uma fantasia – ou a mais desvairada ilusão.

Mas, pensando bem, a cada passo e reviravolta, desde que Martin Eberhard apareceu na porta de Musk em 2004, o desenvolvimento da Tesla sempre soou como uma ilusão. Onze anos antes, quase naquele mesmo dia, Musk chegou perto de perder a Tesla pela primeira vez, apostando tudo, incluindo sua fortuna pessoal, na ambiciosa visão que tinha do que o Roadster e o Modelo S poderiam fazer. Cada pequeno êxito deu a ele a confiança para seguir um passo adiante.

Logicamente, o sucesso da Tesla em um futuro distante ainda estava longe de ser uma garantia. Qual montadora tinha o sucesso assegurado? Diante dos caprichos da indústria – os fortes ventos contrários que as montadoras estabelecidas enfrentam, mesmo depois de mais de um século de vida; as carcaças de rivais falidos salpicando a acidentada estrada percorrida pelas fabricantes de automóveis rumo a seu destino –, a continuidade do sucesso da Tesla sempre permaneceria como um ponto de interrogação.

Naquele dia, no entanto, enquanto estava no palco como CEO de uma fabricante de automóveis elétricos legitimamente global, Musk era o vitorioso. Tinha construído um carro elétrico popular, para a inveja da indústria que havia procurado subverter. A única coisa que seus concorrentes poderiam fazer era sacudir a poeira – e tentar dar a volta por cima para recuperar o atraso a fim de competir ombro a ombro com a Tesla.

Enquanto as batidas da música eletrônica retumbavam nos alto-falantes, Musk tirou o paletó. Um sorriso gigante cruzou seu rosto e ele começou a requebrar, meio desajeitado – uma dança da vitória.

"Se fomos capazes de fazer isto", disse ele um momento depois, recuperando o fôlego, "o que mais podemos fazer?".

Epílogo

"O pânico do coronavírus é uma burrice", tuitou Elon Musk em 6 de março. Foi no mesmo dia em que a Apple começou a incentivar os funcionários a ficarem em casa, uma das muitas gigantes tecnológicas que se esforçavam para diminuir a propagação do novo vírus.

A pandemia global do início de 2020 ameaçava arruinar o momento da Tesla. Apenas algumas semanas antes, Musk estava no palco em Xangai comemorando o início da produção do Modelo 3 na China, desafiando os céticos que pensavam que ele não conseguiria realizar tamanha façanha em menos de um ano. Dois dias após sua apresentação, a Organização Mundial da Saúde (OMS) anunciou a descoberta de uma misteriosa doença, semelhante à pneumonia, em Wuhan, grande cidade chinesa mais de oitocentos quilômetros a oeste do país. Eram os primeiros dias do que viria a ser conhecido mundialmente como covid-19. Para muitas pessoas mundo afora, era fácil menosprezar a ameaça potencial como algo extremamente longe – se é que estavam prestando atenção.

Esse desdém era especialmente verdadeiro para os acionistas da Tesla, que se juntaram a Musk para comemorar, já que as ações da empresa continuaram a ultrapassar recordes. A inesperada vitória na China, sem falar em dois trimestres acumulados de rentabilidade no final de 2019, deram a Musk uma credibilidade renovada. Somando-se à empolgação do final de janeiro, Musk anunciou para as semanas seguintes a antecipação do início da produção do SUV compacto Modelo Y, incialmente programada para o outono de 2020. Com duas linhas de montagem a pleno vapor, e uma terceira em obras na Alemanha, a Tesla afirmou que cumpriria com folga a meta de entregar quinhentos mil veículos em 2020 – um número que, se alcançado, equivaleria a um salto de 36% em relação a 2019. A história de crescimento da Tesla estava viva novamente.

Nos dias seguintes, as ações continuariam a subir, valorizando a Tesla em mais de 100 bilhões de dólares e ultrapassando a Volkswagen AG como a segunda montadora mais valiosa do mundo, atrás apenas da Toyota Motor Corporation. Isso também colocou Musk mais perto de receber o primeiro dos doze pagamentos de seu plano de compensação, o ambicioso programa que visava, em última instância, a elevar o valor de mercado da empresa para 650 bilhões de dólares. Era uma avaliação que muitos consideravam improvável em um futuro breve. A despeito de alguns trimestres lucrativos aqui e ali, desde sua fundação em 2003 a Tesla jamais havia registrado um ano inteiro de rentabilidade; 2020, no entanto, trazia essa esperança de sucesso.

"Se a Tesla provar que é lucrativa [...], achamos que isso vai eliminar um dos maiores obstáculos que deixavam as [fabricantes de automóveis] tradicionais hesitantes e as impediam de ir 'com tudo' nos VEs", observou Adam Jonas, o analista de Wall Street cujo otimismo de longa data havia sido posto à prova um ano antes. Durante uma teleconferência com Jim Hackett, CEO da Ford (o segundo desde que a Tesla ultrapassara a montadora em valor de mercado em 2017), Jonas pressionou o executivo para que falasse sobre a ascensão da Tesla. "É meio que um dia histórico porque a Tesla agora vale mais de cinco vezes a capitalização de mercado da Ford", disse ele. "Isso faz sentido para vocês? Qual é a mensagem que o mercado está mandando para a Ford?" A resposta de Hackett acabaria tendo pouca importância; algumas semanas depois, anunciaria sua aposentadoria. A Ford, a General Motors e outras montadoras perdiam lugar na mente dos investidores que apostavam no futuro do automóvel. Musk fez o que se propôs a fazer: convencer o mundo de que o carro devia ser elétrico – mesmo que os compradores reais de automóveis ainda não estivessem aparecendo em massa para comprá-los. As forças da mudança pareciam estar ao seu lado.

Cada boa notícia para a Tesla era mais lenha no monte de chamas que se transformou em uma imensa fogueira. Nos três meses desde a publicação do surpreendente terceiro trimestre de lucro, as ações da empresa dobraram de valor. Um mês depois da dancinha da vitória de Musk em cima do palco em Xangai, o preço das ações dobrou de novo. Dias após a divulgação do quarto trimestre de lucro, as ações continuaram subindo. Os investidores não estavam apenas apostando que o futuro do automóvel era elétrico, estavam se arriscando a considerar que a Tesla seria a protagonista desse novo mundo.

Talvez com exagero. Brian Johnson, analista do banco Barclays, advertiu que o os preços sinalizavam que o mercado acreditava que a Tesla seria "a única vencedora", acrescentando que isso lembrava a bolha das empresas digitais da década de 1990, que desabou em cima de Martin Eberhard e Marc Tarpenning, entre tantos outros.

Apesar de dois trimestres fortes, a Tesla ainda lutava contra uma fraqueza fundamental que a atormentava desde o início: a necessidade de dinheiro para alimentar as ambições de Musk. Em várias ocasiões ele mostrou a capacidade de tirar proveito do entusiasmo do investidor quando necessário. Mas a pergunta teimava em não ir embora: o que aconteceria quando a música parasse? A natureza de altos e baixos, de ciclos de crescimento e desaquecimento da indústria automotiva havia derrubado muitas montadoras ao longo dos anos. A Grande Recessão quase matou a Tesla em seus primeiros dias, quando o dinheiro secou de repente. Musk encontrou uma maneira de sobreviver – por um triz. Nas semanas seguintes, enfrentaria outro teste, que determinaria se a Tesla era realmente uma empresa de automóveis ou um castelo de cartas.

No início de 2020, a Tesla estava pronta para antecipar a produção do SUV compacto Modelo Y, graças, em grande parte, a Doug Field, o executivo que supervisionou o desenvolvimento de novos veículos antes de deixar a empresa em 2018 em meio aos problemas na fábrica de Fremont. Da mesma forma que a Tesla havia planejado construir o sedã Modelo S e o SUV Modelo X com base na mesma plataforma de veículo, o Modelo Y compartilharia designs de engenharia com o Modelo 3. Porém, para evitar os ajustes e despesas que transformaram o Modelo X em um desastre, Field manteve o desenvolvimento do SUV compacto longe dos olhos de Musk, que de qualquer forma tinha ficado exaurido pelo inferno da produção. Nas ocasiões em que o veículo foi mostrado, Musk colocou em prática os sinais de interferência e protelação pelo qual era conhecido, como argumentar que o Modelo Y não precisava de volante porque seria totalmente autônomo.

No momento em que Musk encontrou tempo para se concentrar no Modelo Y, porém, a equipe de Field (ou o que restou dela) apresentou o carro envolto em um laço decorativo. Era uma versão repaginada de verdade do Modelo 3, do qual herdava cerca de 70% das peças. Para os puristas, o veículo era mais uma versão cupê do Modelo 3 do que um verdadeiro SUV. Talvez fosse 10% maior. O motorista se sentava em um banco alguns centímetros mais alto. O exterior parecia um pouco diferente do Modelo 3, ostentando uma traseira mais bulbosa a fim de dar espaço para um bagageiro com porta. Em sua essência, porém, era um Tesla, com um interior elegante, uma grande tela central e aceleração rápida.

O Modelo Y também foi fundamental para a popularização da marca Tesla, tendo como público-alvo os compradores dos chamados *crossovers*, SUVs construídos sobre a plataforma de um veículo de passeio em vez de um chassi de caminhão –, uma mudança que permitia uma dirigibilidade mais suave, ao mesmo tempo que mantinha os benefícios de um SUV tradicional, com um assento alto para o motorista e um interior espaçoso. Era um dos segmentos que mais rapidamente cresciam no mercado automotivo, sobretudo na China, onde, de cada cinco veículos vendidos, um estava na categoria SUV compacto. Musk acreditava que o Modelo Y poderia ofuscar o Modelo 3.

Até que, no início de fevereiro, no que pareceu ser um piscar de olhos, o futuro brilhante da Tesla adquiriu um matiz muito sombrio. As ações despencaram 17% em 5 de fevereiro, um dos piores dias de todos os tempos, com notícias de que a produção local do Modelo 3 na China sofreria novos atrasos devido à covid-19. A empolgação pelo potencial crescimento da Tesla na China havia alimentado um vertiginoso aumento de valor, semelhante à subida de um foguete, mas agora havia a preocupação crescente de que o novo vírus, que segundo o que os cientistas advertiram, era mortal e de rápida e fácil disseminação, poderia levar a economia do país a uma paralisação.

À medida que os investidores começaram a digerir essas notícias, tornou-se cada vez mais claro também que a covid-19 não era uma ameaça apenas para a China ou Ásia, como o surto das síndromes respiratórias agudas graves (SARS) tinha sido quase vinte anos antes. No estado natal da Tesla, a Califórnia, funcionários do governo local estavam cada vez mais preocupados. Alguns casos já haviam sido identificados no condado de Santa Clara, onde ficava a sede da Tesla.

Em 13 de fevereiro, a empresa inesperadamente anunciou um aumento de dois bilhões de dólares em uma venda de ações para reforçar seu balanço. Teria Musk aprendido uma lição com suas angústias de

2007 e 2008, a de que era bom guardar um fundo de emergência para as épocas de vacas magras?

Aproximadamente um mês depois, poucos dias após o presidente Donald Trump proibir as viagens pela Europa e a NBA suspender a temporada de basquete na tentativa de impedir a propagação do vírus, os governos locais na área da baía de São Francisco emitiram uma ordem de "quarentena", instruindo os residentes a ficarem em casa e decretando o fechamento de estabelecimentos e serviços considerados "não essenciais" – termo que se tornaria sujeito a debates. Enquanto a maioria das pessoas ficou perdida de medo, nesse dia a Tesla começou a entregar as primeiras unidades do Modelo Y saídas de sua fábrica de Fremont.

Obstinado, Musk estava decidido a continuar, independentemente do que as autoridades locais dissessem. No fim da noite, enviou um e-mail em tom de desafio aos funcionários da Tesla: "Estarei trabalhando de forma presencial, mas falo só por mim. Está tudo bem se vocês quiserem ficar em casa por alguma razão". A fábrica de Fremont continuou em atividade, mas no dia seguinte o escritório do xerife do condado declarou publicamente que a Tesla deveria parar a produção. No final da semana, à medida que paralisações semelhantes se espalharam pelos Estados Unidos, Musk cedeu, anunciando uma interrupção temporária da produção e garantindo aos investidores que tinha em mãos dinheiro suficiente para resistir à tempestade. Na ocasião, o governador da Califórnia, Gavin Newsom, alertou que, sem uma agressiva ação preventiva, 56% das pessoas no estado mais populoso do país poderiam estar infectadas em oito semanas.

No fim, para a Tesla, o fator tempo poderia ter sido pior. A fábrica da China fechou as portas apenas por um curto período. Fremont fechou no final do trimestre, num momento em que grande parte do estoque do período estava pronta para entrega, durante a típica arrancada de fim de trimestre.

Melhor ainda, algumas das decisões desvairadas que Musk tomara nos períodos sombrios de 2018 de repente pareciam proféticas, mesmo que tivessem sido apenas um acaso. Seu esforço para formar uma equipe de vendas de entregas em domicílio rendeu inesperados dividendos numa época em que os showrooms tiveram que ser fechados. As entregas globais da Tesla aumentaram 40% no trimestre, aquém das expectativas dos analistas, mas ainda assim muito melhores do que o restante da indústria. Na China, onde as vendas totais da indústria despencaram 42% no primeiro trimestre de 2020, as da Tesla *aumentaram*

63%, e estavam prontas para continuar nesse ritmo se fosse possível manter a fábrica em atividade. O governo parecia ansioso para garantir que isso acontecesse, providenciando dormitórios e transporte para centenas de trabalhadores e fornecendo dez mil máscaras, termômetros e caixas de desinfetante, medidas que permitiram à Tesla retomar o trabalho na fábrica em Xangai no primeiro dia útil após o feriado prolongado do Ano-Novo Lunar. O esforço foi saudado pela mídia local, com filmagens dos operários na linha de montagem do Modelo 3.

A decisão de Musk de seguir em frente com a fábrica de Xangai também se mostrou acertada. Significou que a Tesla teria um meio de sobrevivência se sua única fábrica nos Estados Unidos ficasse paralisada durante os meses seguintes. Acostumado a agir rapidamente, Musk reduziu o pagamento dos assalariados e dispensou funcionários sem remuneração fixa que não pudessem trabalhar de casa. A Tesla também começou a pedir aos proprietários de suas lojas por reduções no valor do aluguel.

Mesmo tomando essas medidas, um fechamento prolongado não seria nada bonito. Depois do seu último aumento de capital, a Tesla encerrou março com 8,1 bilhões de dólares em reservas. Adam Jonas, o analista de Wall Street, estimou que a empresa queimaria cerca de 800 milhões de dólares por mês enquanto durasse a paralisação. Musk esperava retomar o trabalho em 4 de maio – um dia depois da data marcada para a suspensão do confinamento total. Contudo, quando esse momento chegou, autoridades locais, ainda preocupadas com a ameaça do vírus, prorrogaram a paralisação.

Tudo isso ajuda a explicar por que Musk, apesar dos resultados de vendas bastante otimistas, não conseguiu conter sua raiva em relação às bem-intencionadas autoridades públicas que mantinham fechada a fábrica de Fremont. "Se alguém quiser ficar em casa, ótimo. As pessoas devem ter permissão para ficar em casa, e não devem ser obrigadas a sair", disse Musk em uma teleconferência pública com analistas no final de abril. "Mas dizer às pessoas que não podem sair de casa e que serão detidas caso o façam é fascista. Não é democrático. Isso não é liberdade. Devolvam a liberdade das pessoas, porra!"

Nos bastidores, Musk pressionava seu pessoal a se preparar para uma reabertura – com ou sem a aprovação das autoridades locais. Mais ou menos uma semana depois, Musk disse a seus funcionários que deveriam retornar à fábrica – embora o governo continuasse insistindo numa reabertura posterior, em junho. Essa retomada ocorreria depois que Michigan já tinha autorizado suas fábricas de automóveis a voltarem ao trabalho. Devido à cautela da Califórnia, a Tesla ficaria em desvantagem em comparação aos seus rivais nos Estados Unidos. "Ao longo de toda a semana passada, recebi várias queixas de que a Tesla violou a Ordem de Saúde do Condado de Alameda, ao ordenar que seus funcionários voltem ao trabalho para reabrir a linha de produção", declarou a polícia local em um e-mail enviado à Tesla em 8 de maio.

Na manhã seguinte, um sábado, Musk abriu uma guerra de múltiplas frentes por meio do Twitter e do tribunal. Anunciou que ia processar o governo local e, em sua rede social, chamou o oficial de saúde do condado de "não eleito e ignorante". "Francamente, é a gota d'água", continuou ele. "Agora a Tesla mudará imediatamente a sua sede e futuros programas para o Texas/Nevada. Se manteremos a atividade de manufatura em Fremont, vai depende [sic] de como a Tesla será tratada no futuro. A Tesla é a última montadora que sobrou na Califórnia."

Os trabalhadores assistiam a tudo com uma mistura de sentimentos; um desejo de ver a empresa, pela qual haviam se sacrificado tanto, sobreviver, a necessidade de ganhar a vida, mas também uma preocupação concreta com a própria saúde e segurança, sobretudo em uma fábrica que nem sempre parecia priorizar o bem-estar. "Estou preocupada com o que a Tesla pode fazer de forma realista para nos manter seguros", disse uma associada de produção na casa dos vinte e poucos anos. Outros se afligiam com a pressão que sofreriam para compensar mais de um mês de máquinas paradas de modo a atender às ambiciosas metas de produção de Musk.

Alguns decidiram que era hora de parar. Ainda estava fresco na memória o ritmo extenuante dos últimos anos, em meio à luta da empresa para aumentar a produção do Modelo 3. *Que novo inferno os aguardava?* Não queriam ficar para descobrir.

Muitos não se haviam se esquecido de que a ascensão meteórica da Tesla no início daquele ano aproximara Musk de receber a primeira parte de seu colossal pagamento de mais de 50 bilhões de dólares. Ele precisava que o valor médio de mercado da Tesla se mantivesse em 100 bilhões por um determinado período para desbloquear 1,69 milhão de ações, o que lhe permitiria um lucro nominal de mais de 700 milhões de dólares, se vendesse imediatamente (o que não faria). Os dividendos do plano de dez anos não seriam pagos na íntegra, a menos que a Tesla atingisse um valor de mercado de 650 bilhões de dólares. Alguns pensaram, na época, que em função do requisito de uma avaliação altíssima, essa primeira meta poderia ser uma das únicas parcelas que Musk conseguiria alcançar de forma razoável.

Ainda assim, na esteira de seu comentário sobre as medidas de isolamento "fascistas" adotadas em estados norte-americanos para combater o coronavírus, os investidores pareciam recompensar a atitude de afronta de Musk. As ações estavam se recuperando de uma baixa em fevereiro. Com seus novos rompantes de indignação minimizando o perigo da covid-19, Musk chafurdou na crescente agitação política que chacoalhou a nação. O debate girava em torno das alternativas de priorizar a contenção da pandemia ou alimentar a economia, e se dividiu em grande parte ao longo de linhas político-partidárias. Trump entrou na discussão, apoiando Musk em sua batalha para reabrir as fábricas.

Para aumentar as apostas, Musk desafiou publicamente as autoridades locais a impedi-lo. Anunciou no Twitter que os trabalhos seriam retomados, com a presença dele no chão de fábrica. "Vou estar na linha de montagem com todos os outros", tuitou Musk em 11 de maio. "Se alguém for preso, peço que seja apenas eu."

Diante de uma enorme pressão, as autoridades locais encolheram. Alguns dias depois, declararam um acordo para que a fábrica retomasse as atividades, citando protocolos de segurança propostos pela Tesla.

Àquela altura, já estava em andamento uma corrida para produzir o maior número possível de carros a fim de tentar recuperar o tempo perdido. Era um terreno que a Tesla conhecia bem – outro final de trimestre de "tudo ou nada", em que o sucesso ou fracasso só seria decidido nos últimos dias. "É muito importante fazermos tudo até o dia 30 de junho para garantirmos um bom resultado", disse Musk a seus trabalhadores. "Não diria isso se não fosse muito importante."

O empurrão ajudou. Wall Street esperava uma queda nas vendas na ordem de 25%; em vez disso, a Tesla conseguiu entregar 90.650 veículos, ou seja, sofreu um declínio de apenas 4,9% em relação ao mesmo trimestre do ano anterior. No mundo invertido da era Covid, esses resultados eram equivalentes a um crescimento espantoso, especialmente em comparação com os rivais da Tesla, que sofreram uma queda muito mais severa em termos globais. Os sólidos resultados permitiram a Musk divulgar um lucro trimestral de 104 milhões de dólares – um quarto trimestre consecutivo com resultado positivo, a mais longa sequência da história da empresa. (Mais uma vez, a venda de 428 milhões de dólares em créditos de emissões desempenhou um papel relevante na vitória.)

Para completar: Musk anunciou que escolheu um local nos arredores de Austin, Texas, para a próxima fábrica da Tesla. Ainda não tiraria da

Califórnia o quartel-general da montadora, mas o centro de gravidade da empresa estava se deslocando ligeiramente.

No verão, uma década depois de abrir o capital da Tesla, as ações da empresa entraram em modo ridiculamente absurdo. Se seis meses antes Musk havia renovado sua credibilidade por cumprir a promessa de abrir uma fábrica na China, agora consolidava seu lugar na história da indústria automotiva. Os resultados que obteve se tornaram mais impressionantes pelo fato de que o restante da indústria ainda estava se recuperando do fechamento de fábricas e quedas nas vendas. Turbinada, em parte, por jovens compradores de ações presos em casa durante a pandemia – usando serviços de compras fracionadas de ações como o aplicativo da corretora Robinhood –, a ação subiu para mais de mil dólares; a avaliação da empresa ultrapassou a da Toyota.

A pequena Tesla era agora a montadora mais valiosa do mundo.

E a ação continuou subindo. Em questão de semanas, subiu tanto que a empresa passou a valer tanto quanto a Toyota e a Volkswagen juntas. Musk atingiu o valor de mercado de 100 bilhões de dólares – sua meta de pagamento –, e em seguida ultrapassou os limites de 150 bilhões e 200 bilhões. Com o número de ações que Musk já tinha, sua riqueza aumentou cerca de 30 bilhões de dólares no início de 2020 para cerca de 200 bilhões de dólares no início de 2021, ultrapassando o fundador da Amazon, Jeff Bezos, na posição de pessoa mais rica do mundo, de acordo com o Índice de Bilionários Bloomberg.

A empolgação – alguns diriam loucura – se espalhou para outras empresas correlatas. Nos meses seguintes, várias startups abriram o capital. Entre aquelas que optaram por essa direção de se tornarem públicas estava a Lucid Motors, cujo CEO era Peter Rawlinson. Depois que o chefe de engenharia do Modelo S deixou a Tesla em 2012, foi trabalhar no que poderia ser considerada a próxima geração do sedã de luxo. A empresa foi fundada por Bernie Tse, também ligado a Tesla (era o ex-membro do conselho que saiu depois que Musk esmagou seus esforços para criar uma divisão de baterias).

O boom do carro elétrico também adicionava um entusiasmo renovado ao empreendimento automotivo da Apple, empresa para a qual Doug Field havia retornado após deixar a Tesla em 2018. O ex-chefe de engenharia estava ajudando a conduzir o projeto secreto do carro da fabricante do iPhone.

J. B. Straubel, o gênio das baterias, também estava recebendo muita atenção, inclusive investimentos da Amazon, em sua nova startup, uma empresa chamada Redwood Materials, cujo objetivo era reciclar resíduos de baterias de carros elétricos para uso em carros futuros. Essa ideia lhe ocorreu enquanto lutava para controlar o desperdício na Gigafábrica na primavera de 2018. A fortuna que Straubel ganhou na Tesla lhe deu a capacidade de colocar em prática muitas de suas ideias. As ações da Tesla que tinha ao sair da empresa valeriam mais de um bilhão de dólares no início de 2021 – se tivesse mantido todas elas.

Até mesmo Martin Eberhard podia assistir ao sucesso da Tesla com algum senso de posse. Mesmo tendo dito ao jornal The New York Times que planejava vender todas as suas ações da empresa depois da briga com Musk, Eberhard confidenciou que na verdade havia ficado com algumas.

"Sou o mais antigo acionista da Tesla no mundo", disse ele, com sentimento de orgulho. Além disso, ainda tem seu Roadster original e suas placas personalizadas de "Sr. Tesla".

Musk disse muitas vezes que seu dinheiro está basicamente amarrado na Tesla e na SpaceX. Mesmo que o valor desses investimentos tenha disparado, os registros judiciais novamente esclareceram as finanças pessoais de Musk no final de 2019, indicando que na época ele estava com pouco dinheiro. Musk continuou a financiar sua vida com empréstimos vinculados às ações de que era dono. Mais cedo ou mais tarde, disse ele, planeja vender suas ações da Tesla para pagar por um esforço de colonização de Marte, sem mencionar atos de caridade ligados à Terra, processo que imagina que pode começar para valer ao atingir a idade de aposentadoria, por volta dos 70 anos. Embora seja difícil imaginá-lo realmente abrindo mão do controle da Tesla.

Em meio a críticas de que era um bilionário que obrigava os trabalhadores a voltar para empregos perigosos durante uma pandemia, Musk anunciou que estava vendendo todas as suas casas. "É uma decisão muito pessoal, e não algo que eu queira defender de maneira ampla. Se você quiser ter uma propriedade ou construir uma casa e isso te faz feliz, acho muito legal", disse Musk. "Estou só tentando tornar minha vida o mais simples possível agora, então vou manter apenas as coisas que têm valor sentimental." Depois disso, morou principalmente perto de Boca Chica, instalação de lançamento da SpaceX no sul do Texas, revezando-se em voos de jatinho para Berlim e Austin a fim de inspecionar o andamento das obras das fábricas que pretendia abrir ainda em 2021.

Seus planos para a Tesla eram ambiciosos, como sempre. O veículo seguinte, uma picape apelidada de Cybertruck, tinha muitas das assinaturas características de um carro desenvolvido por Musk – recursos que o atraíram de maneira direta (incluindo uma aparência distópica, em teoria à prova de balas, e janelas à prova de estilhaçamento) e que são provavelmente difíceis de industrializar.

Os custos das baterias continuaram sendo o maior obstáculo. Musk admitiu que seus planos para fabricar as células poderiam causar atrasos. Como sempre, prometeu aos investidores em 2020 que o projeto Roadrunner da Tesla reduziria os custos pela metade graças a melhorias na fabricação de células e na composição química das baterias.

O próximo objetivo insano de Musk é tornar-se o maior fabricante de automóveis do mundo em entregas. Quer alcançar vinte milhões de veículos por ano até 2030 – cerca de duas vezes o que a líder de vendas Volkswagen vendeu em 2019. "Uma das coisas que mais me preocupam é que ainda não temos um carro acessível de verdade em termos financeiros, e é algo que vamos fazer no futuro", disse ele. "Para fazer isso, temos que reduzir o custo das baterias." Ainda persegue o objetivo de construir um carro elétrico de preço realmente acessível. Agora, em vez de 35 mil dólares, tem como meta chegar a 25 mil dólares dia.

Para a Tesla, o efeito prático da euforia no preço das ações foi que a empresa pôde, mais uma vez, e com extrema facilidade, extrair dinheiro de investidores. A Tesla executou um desdobramento de ações cinco por um de modo a tornar mais fácil para os pequenos acionistas comprar ações, e emitiu milhões de novas ações para acumular 19,4 bilhões de dólares – montante cerca de três vezes superior ao dinheiro que havia perdido nos dezesseis anos em que trabalhou para lançar no mercado o Roadster, o Modelo S e o Modelo 3. Esses recursos significavam que, durante os anos vindouros, Musk poderia continuar a alimentar suas custosas ambições. Tudo isso deu início a um ciclo virtuoso: os investidores acreditaram no potencial de crescimento, permitindo à Tesla arrecadar dinheiro barato para alimentar esse crescimento, o que, por sua vez, instigava ainda mais o entusiasmo por *mais* crescimento.

Era uma lógica que ainda irritava os críticos de Musk, especialmente à medida que apontavam as falhas que continuaram a ver na empresa – lucro graças à venda de créditos de emissão, a qualidade inconsistente dos veículos, a questão da máxima demanda por seus carros, as metas não alcançadas, as promessas exageradas do sistema de direção semiautônomo Autopilot, os desafios de lidar com uma base de clientes cada vez maior. Na condição de montadora mais valiosa, a Tesla enfrentava um enorme escrutínio. Perseguia uma coroa de vendas que havia derrubado muitas fabricantes de automóveis nos últimos anos. O golpe devastador estava sempre à espreita: poderia vir na forma de um desagradável recall exigido pelo governo ou da apresentação ruim de um produto – era o que bastava para a montadora ser ultrapassada por um rival mais antigo. A Tesla estava sempre a um batimento cardíaco de distância de se ver sem um líder forte. A bolha teria que estourar em algum momento, argumentavam os críticos.

Os vendedores a descoberto, como Chanos, admitiam que a aposta contra a Tesla era dolorosa, sobretudo em 2020, quando no papel perderam coletivamente mais de 38 bilhões de dólares. Ainda assim, não conseguiam se livrar da sensação de que um dia poderiam estar certos. As ações da Tesla permaneceram entre as mais vendidas do mercado. "Nunca me encontrei com Elon Musk pessoalmente. Nunca conversei com ele", disse Chanos no final de 2020, quando as ações da Tesla se aproximavam de um aumento de 800% no ano. Se o caminho dos dois se cruzasse, Chanos imaginava que diria: "Você fez um bom trabalho... até agora".

No início de 2021, era fácil argumentar que a Tesla estava supervalorizada – mesmo que a empresa tenha alcançado seu sexto trimestre lucrativo consecutivo (e seu primeiro ano completo ano de lucratividade), visando à meta de um aumento de vendas superior a 50% no ano à frente. O próprio Musk havia admitido meses antes que a Tesla estava supervalorizada. Enquanto os analistas se desdobravam para justificar o preço das ações, Jonas, o analista de longa data, atribuiu o aumento, em parte, ao "poder da esperança".

A ideia do Roadster tinha sido um farol de esperança para Musk, uma ideia à qual ele atribuía apenas 10% de chance de dar certo. O Modelo S que se seguiu foi uma arriscada aposta de que seria capaz de fabricar um carro elétrico tão bom quanto, ou melhor que, qualquer outro carro existente. E o Modelo 3 foi o produto de sua convicção de que as pessoas comuns, se tivessem a oportunidade, gostariam de um carro que funcionasse não à base de gasolina, mas de algo mais sustentável.

Musk vendeu uma visão de futuro ambiciosa. Apostou tudo na ideia de que outras pessoas compartilhariam sua visão, se ao menos tivessem a chance. Agora essas pessoas, investindo o próprio dinheiro na Tesla, bem como palavras e fé, diziam a Musk que também queriam uma fatia do bolo.

Nota do autor

O mito popular é que Elon Musk, dormindo no chão de fábrica, criou a Tesla do nada, a partir de sua pura força de vontade. Sua determinação e teimosia certamente desempenharam um papel importantíssimo na ascensão da empresa, e sem ele não existiria a Tesla Inc. Mas o processo por meio do qual a empresa passou, indo de uma ideia bastante improvável no verão de 2003 à montadora mais valiosa do mundo em 2020, é muito mais complexo do que a coragem e o vigor de um homem. Este livro tem como objetivo contar a história do surgimento da Tesla. Para tanto, baseia-se em centenas de entrevistas realizadas com valiosos contatos dentro da empresa – do passado e do presente. Muitas dessas entrevistas foram concedidas sob condição de anonimato, em parte porque alguns dos informantes assinaram acordos de confidencialidade, ao passo que outros alegaram temer represálias vindas de Musk. As motivações dessas pessoas eram as mais variadas. Algumas se sentiam desprezadas por Musk, muitas tinham orgulho do que realizaram e todas queriam que a história completa da Tesla finalmente fosse contada.

Embora este livro seja baseado em milhares de registros da empresa, processos judiciais e gravações de vídeo, também se fundamenta nas lembranças de pessoas que estiveram lá ao longo de quase duas décadas. A memória, é claro, pode falhar. Diálogos e cenas foram recriados a partir dos relatos de testemunhas em primeira mão, e todos os esforços foram empreendidos para confirmar, junto a fontes adicionais, o teor dos depoimentos. Alguns dos personagens do livro podem ter participado efetivamente dos fatos aqui expostos, ao passo que outros talvez apenas passem essa impressão, com base na profundidade de suas alegações acerca deles.

Agradecimentos

Este livro só foi possível graças às pessoas que confiaram em mim para contar suas histórias. Sou grato a elas. Também me baseei no trabalho daqueles que vieram antes de mim – repórteres obstinados que cobriram a Tesla ao longo dos anos e abriram a trilha que pude percorrer. Ashlee Vance escreveu a biografia definitiva de Elon Musk. Dana Hull, Lora Kolodny, Kirsten Korosec, Edward Niedermeyer, Alan Ohnsman, Susan Pulliam, Mike Ramsey e Owen Thomas estão entre os jornalistas que divulgaram algumas das histórias mais importantes sobre a empresa. Em especial, tenho uma dívida de gratidão para com Ramsey por seus conselhos.

Eu me beneficiei pessoalmente da ajuda de muitas pessoas que me procuraram ao longo dos anos. Foi uma grande honra fazer reportagens e escrever artigos para o *The Wall Street Journal*. Sem o apoio de Matt Murray, Jamie Heller, Jason Dean, Scott Austin, Christina Rogers, John Stoll e muitos outros nesse jornal, não teria sido capaz de escrever este livro.

No início da minha carreira, os editores Paul Anger e Randy Essex me convenceram a desistir de cobrir a política do estado de Iowa a fim de escrever reportagens sobre carros para o jornal *Detroit Free Press*. O editor Jamie Butters me ensinou tudo o que sei sobre a indústria automobilística – primeiro no *Free Press*, depois no programa *Bloomberg News*. Tom

Giles, Pui-Wing Tam e Reed Stevenson, da rede de TV Bloomberg, me apresentaram ao mundo da cobertura de tecnologia no Vale do Silício. Uma combinação de experiências em Detroit e São Francisco me preparou muito bem para mergulhar profundamente na Tesla.

Gostaria de agradecer a meu agente, Eric Lupfer, pela orientação e apoio; a meu editor na Doubleday, Yaniv Soha, pela paciência e presteza, e a meu verificador de fatos, Sean Lavery, pelos olhos de águia. Gostaria de agradecer também a meu editor e consultor de escrita de longa data, John Brecher, por sua sabedoria e incentivo. Eu e meus colegas autores Sarah Frier, Alex Davies e Tripp Mickle formamos uma fraternidade singular enquanto testávamos nossos talentos tentando escrever nossos primeiros livros. Por fim, um projeto como este teve o apoio do amor duradouro da família. Obrigado, Karin.

Notas

Os trechos a seguir se referem a complementos de informações dadas ao longo do livro. À frente deles, está o número da página em que a informação aparece.

PRÓLOGO

14 A indústria automotiva também se tornou: Scott Corwin, Eamonn Kelly e Joe Vitale, "The Future of Mobility", *Deloitte*, 24 de setembro de 2015, https://www2.deloitte.com/us/en/insights/focus/future-of-mobility/transportation-technology.html. Kim Hill et al., "Contribution of the Automotive Industry to the Economies of All Fifty States and the United States", Centro para Pesquisa Automotiva (janeiro de 2015).

15 O carro médio: o lucro operacional médio na América do Norte para montadoras norte-americanas em 2018, de acordo com pesquisa de Brian Johnson, analista do banco Barclays.

16 "Ou eles se tornam": Stephen Lacey, "Tesla Motors Raises More Than $ 1 Billion from Debt Equity", *Reuters*, 17 de maio de 2013.

16 As maiores montadoras do mundo: William Boston, "Start Your Engines: The Second Wave of Luxury Electric Cars", *The Wall Street Journal*, 22 de junho de 2018, https://www.wsj.com/articles/start-your-engines-the-second-wave-of-luxury-electric-cars-1529675976.

17 Se a Tesla tivesse sido avaliada: Philip van Doorn, "Tesla's Success Underscores the Tremendous Bargain of GM's shares", *MarketWatch* (28 de outubro de 2018), https://www.marketwatch.com/story/teslas-success-underscores-the-tremendous-bargain-of-gms-shares-2018-10-25.

CAPÍTULO 1

24 As células de íons de lítio: Sam Jaffe, "The Lithium Ion Inflection Point", *Battery Power On-line* (2013), http://www.batterypoweronline.com./articles/the-lithium-ion-inflection-point/.

27 A Rosen Motors torrou: Larry Armstrong, "An Electric Car That Hardly Needs Batteries", *Bloomberg News*, 23 de setembro de 1996, https://www.bloomberg.com/news/articles/1996-09-22/an-electric-car-that-hardly-needs-batteries.

27 "Numa indústria de grande porte, não são muitas as chances": Karen Kaplan, "Rosen Motors Folds After Engine's '50%' Success", *Los Angeles Times*, 19 de novembro de 1997.

28 Resultado: Chris Dixon, "Lots of Zoom, with Batteries", *The New York Times*, 19 de setembro de 2003.

29 "Se você gosta do espaço": vídeo postado pela Universidade de Stanford na série Entrepreneurial Thought Leader [Líderes do pensamento empreendedor] (8 de outubro de 2003), https://ecorner.stanford.edu/videos/career-development/.

31 Na visão dele, isso não fazia sentido quando comparado a outras tecnologias: vídeo do YouTube postado por shazmosushi em 12 de julho de 2013, https://youtu.be/afZTrfvB2AQ.

CAPÍTULO 2

34 Em 2000, antes de os negócios online estourarem: Michael Kozlowski, "The Tale of Rocketbook – the Very First E-Reader", *Good E-Reader* (2 de dezembro de 2018), https://goodereader.com/blog/electronic-readers/the-tale-of-rocketbook-the-very-first-e-reader.

34 "É uma espécie de tolice pensar": entrevista do autor com Martin Eberhard.

35 O pacote de baterias do EV1 pesava: dados sobre o peso médio do sedã retirados de U. S. Environmental Protection Agency's Automotive Trends [Tendências de dados automotivos da EPA – Agência de Proteção Ambiental], https://www.epa.gov/automotive-trends/explore-automotive-trends-data.

37 Concordou em desembolsar 100 mil dólares: detalhes incluídos nos registros do tribunal da Califórnia analisados pelo autor.

37 A esposa de Henry Ford teve um carro elétrico: Douglas Brinkley, *Wheels for the World* (Nova York: Viking Adult, 2003).

38 Um carro elétrico que talvez chegasse a custar: Michael Shnayerson, *The Car That Could* (Nova York: Random House, 1996).

41 "Parecia um carro de corrida": Ian Wright, "Useable Performance: A Driver's Reflections on Driving an Electric Sportscar", documento comercial criado pela Tesla Motors (11 de fevereiro de 2004).

42 "Elon tem dinheiro": entrevista ao autor.

44 Que tal converter o carro esportivo: e-mails analisados pelo autor.

44 Quebraram a cabeça analisando os números: revisão do "Plano Confidencial de Negócios" da Tesla Motors Inc., datado de 19 de fevereiro de 2004.

45 "Convençam-me de que vocês sabem": entrevistas do autor com pessoas familiarizadas com as conversas.

46 Musk [...] fora expulso da função: Jeffrey M. O'Brien, "The PayPal Mafia", *Fortune* (13 de novembro de 2007), https://fortune.com/2007/11/13/paypal-mafia/.

CAPÍTULO 3

50 Enquanto os motores EV1 empilhados: entrevistas do autor com os primeiros funcionários da Tesla.

52 Mais tarde, Straubel descobriria: entrevistas do autor com vários ex-funcionários da Tesla familiarizados com o assunto.

54 Em 2004 e 2005, a Apple: Damon Darlin, "Apple Recalls 1.8 Million Laptop Batteries", *The New York Times* (24 de agosto de 2006), https://www.nytimes.com/2006/08/24/technology/23cnd-apple.html.

54 Quando a LG Chem se deu conta: entrevistas do autor com vários ex-funcionários da Tesla familiarizados com o assunto.

56 "Cara, a chance é de": entrevistas do autor com vários ex-funcionários da Tesla.

CAPÍTULO 4

59 "Ele não é do tipo de homem": Justine Musk, "I Was a Starter Wife", *Marie Claire* (10 de setembro de 2010), https://www.marieclaire.com/sex-love/a5380/millionaire-starter-wife/.

60 Fala sobre seus sonhos: vídeo da entrevista à CNN postado no YouTube por misc.video em 17 de novembro de 2017, https://youtu.be/x3tlVE_QXm4.

60 "Eu sou o alfa dessa relação": Justine Musk, "I Was a Starter Wife".

62 Eberhard procurou o revendedor: entrevistas ao autor.

63 Na era pós-Segunda Guerra Mundial: Stewart Macaulay, *Law and the Balance of Power: The Automobile Manufacturers and Their Dealers* (Fundação Russell Sage, dezembro de 1966).

65 Musk exigiu a exclusividade de vendas online: entrevistas do autor com pessoas envolvidas nas discussões.

66 "Martin estava ficando hostil: entrevista ao autor com uma pessoa envolvida na auditoria.

67 Musk disse a eles que: detalhes das negociações a partir de entrevistas ao autor e da entrevista de Musk ao site *Pando Daily* postada no YouTube em 16 de julho de 2012, https://youtu.be/NIsYT1rqW5w.

CAPÍTULO 5

68 "Elon é o investidor perfeito": entrevista ao autor; comentários sobre a natureza do relacionamento retirados de troca de e-mails entre os homens, analisados pelo autor.

69 "Por que faríamos isso, porra?": Michael V. Copeland, "Tesla's Wild Ride", *Fortune* (21 de julho de 2008), https://fortune.com/2008/07/21/tesla-elon-musk-electric-car-motors/.

71 Ele sugeriu que Musk fosse vago: detalhes retirados da troca de e-mails entre os homens, analisados pelo autor.

72 Musk dispensou a agência: Michael V. Copeland, "Tesla's Wild Ride".

73 Comparecerem Michael Eisner, CEO da Disney: Sebastian Blanco, "Tesla Roadster Unveiling in Santa Monica", *Autoblog* (20 de julho de 2006), https://www.autoblog.com/2006/07/20/tesla-roadster-unveiling-in-santa-monica/.

74 Uma multidão fez fila: descrição do evento tirada de um vídeo postado no YouTube pela AP Archives, https://youtu.be/40pZmDdKqt0.

75 Joe Francis, criador do programa: entrevistas do autor com os primeiros funcionários da Tesla.

76 Foi o primeiro atrito: a história vem de entrevistas e registros, incluindo e-mails entre as partes analisados pelo autor.

77 "O que quero ouvir de você": citações e detalhes retirados de troca de e-mails entre os homens, analisados pelo autor.

78 Musk queria faróis especiais: Michael V. Copeland, "Tesla's Wild Ride".

79 "Tenho certeza de que você pode imaginar": os e-mails analisados pelo autor incluem a conversa e os detalhes da apresentação.

80 "Há vários problemas urgentes": e-mail analisado pelo autor.

80 "Muitos são da opinião": e-mail analisado pelo autor.

CAPÍTULO 6

83 Filho de imigrantes, nasceu em Detroit: Lynne Marek, "Valor Equity Takes SpaceX Approach to Investing", *Crain's Chicago Business* (14 de maio de 2016), https://www.chicagobusiness.com/article/20160514/ISSUE01/305149992/valor-equity-takes-spacex-approach-to-visionary-investments.

83 A empresa levantou 270 mil dólares, mais 130 mil: Antonio Gracias, biografia do Hispanic Scholarship Fund, https://www.hsf.net/stories-detail?storyId=101721718.

85 "Nunca tinha visto isso": entrevista ao autor.

85 O relacionamento deles contribuiria: Antonio Gracias, biografia do Hispanic Scholarship Fund.

86 Em sua primeira ida ao escritório, Musk: entrevistas do autor com executivos da Tesla na época.

87 "Ouvi Ron sugerir muitas vezes": troca de e-mails analisada pelo autor.

92 "Se isso for verdade": Michael V. Copeland, "Tesla's Wild Ride", *Fortune* (21 de julho de 2008), https://fortune.com/2008/07/21/tesla-elon-musk-electric-car-motors.

92 Watkins calculou que o custo de cada veículo: declaração de Tim Watkins registrada no tribunal da Califórnia em 29 de junho de 2009.

93 "Martin parece estar focado": e-mail analisado pelo autor.

93 "Essa empresa tem um monte de problemas": e-mail analisado pelo autor.

CAPÍTULO 7

94 "Notei algumas coisas": entrevistas com funcionários da Tesla na época.

96 "Tivemos problemas com a transmissão": entrevistas do autor com pessoas à mesa de reunião naquele dia.

97 "Aquilo foi a gota d'água para mim": Keith Naughton, "Bob Lutz: The Man Who Revived the Electric Car", *Newsweek* (22 de dezembro de 2007), https://www.newsweek.com/bob-lutz-man-who-revived-electric-car-94987.

99 Alguns gerentes da Tesla começaram a chamá-lo: entrevistas do autor com pessoas que trabalharam no projeto.

109 Fontes anônimas haviam dito: Josée Valcourt e Neal E. Boudette, "Star Engineer Quits Chrysler Job", *The Wall Street Journal* (26 de março de 2008), https://www.wsj.com/articles/SB120647538463363161.

109 Donoughe recebeu a opção: carta de oferta de ações a Donoughe (4 de junho de 2008), protocolada na SEC.

110 Straubel desmontou o carro inteiro: entrevistas do autor com vários funcionários da Tesla na época.

111 Basicamente, as únicas partes: os detalhes das diferenças entre o Elise e o Roadster vêm de uma postagem de blog feita por Darryl Siry, "Mythbusters Part 2: The Tesla Roadster Is Not a Converted Lotus Elise", Tesla.com (3 de março de 2008), https://www.tesla.com/blog/mythbusters-part-2-tesla-roadster-notconverted-lotus-elise.

112 Kelley enviou um e-mail: entrevista do autor com Kelley; Poorinma Gupta e Keven Krolicki, "Special Report: Is Tesla the Future or the New Government Motors?", *Reuters* (28 de junho de 2010), https://www.reuters.com/article/us-tesla-special-reports-idINTRE65R5EI20100628.

113 Lá, arrancaram pessoalmente: entrevistas do autor com pessoas envolvidas na empreitada.

114 O espaçoso sedã Mercedes CLS: entrevistas do autor com pessoas que trabalharam no projeto.

CAPÍTULO 8

115 "O pai dele tinha a *Encyclopaedia Britannica*": Sissi Cao, "At 71, Elon Musk's Model Mom, Maye Musk, Is at Her Peak as a Style Icon", *Observer* (7 de janeiro de 2020), https://observer.com/2020/01/elon-musk-mother-maye-model-dietician-interview-book-women-self-help/.

116 Anos depois, os executivos da Tesla: entrevistas do autor com funcionários da Tesla na época.

116 "De forma inequívoca, apoiarei": Kim Reynolds, "2008 Tesla Roadster First Drive", *Motor Trend* (23 de janeiro de 2008), https://www.motortrend.com/cars/tesla/roadster/2008/2008-tesla-roadster/.

116 "Eu realmente queria o carro": entrevista ao autor.

117 "Quero deixar bem claro": Jennifer Kho, "First Tesla Production Roadster Arrives", *Green Tech Media* (1º de fevereiro de 2008), https://www.greentechmedia.com/articles/read/first-tesla-production-roadster-arrives-546.

117 Um editor da *Motor Trend*: Kim Reynolds, "2008 Tesla Roadster First Drive".

117 Michael Balzary, mais conhecido como Flea: Michael Balzary, "Handing Over the Keys IV", blog da Tesla (6 de novembro de 2007), https://www.tesla.com/blog/handing-over-keys-iv-michael-flea-balzary.

117 Leno fez um test drive e ficou maravilhado: descrição retirada de um vídeo postado em 19 de abril de 2020 no canal Jay Leno's Garage no YouTube, https://youtu.be/jjZf9sgdDKc.

117 A Tesla havia percorrido uma estrada acidentada: entrevistas do autor com pessoas envolvidas no plano de financiamento.

118 Musk reclamou: entrevistas do autor com pessoas envolvidas com o plano de financiamento.

119 "Ou fazemos isso ou morremos": entrevistas do autor com funcionários da Tesla na época.

119 Corrigindo a narrativa: Elon Musk, "Extraordinary times require focus", blog da empresa (15 de outubro de 2008).

120 "Na verdade, convenci um amigo próximo": Owen Thomas, "Tesla Motors Has $ 9 Million in the Bank, May Not Deliver Cars," *Valleywag* (30 de outubro de 2008), https://gawker.com/5071621/tesla-motors-has-9-million-in-the-bank-may-not-deliver-cars.

120 "O mês passado foi muito difícil": Owen Thomas, "The Martyr of Tesla Motors", *Valleywag* (4 de novembro de 2008), https://gawker.com/5075487/the-martyr-of-tesla-motors.

121 Os funcionários entreouviram uma discussão: entrevistas do autor com funcionários da Tesla na época.

121 A Tesla "estava construindo um carro": entrevistas do autor com funcionários da Tesla na época.

122 "Sim, eu sei que ninguém": entrevistas do autor com funcionários da Tesla que testemunharam os esforços de Musk.

122 Em Los Angeles, Musk jantou: história contada por Jason Calacanis durante um podcast apresentado por Alyson Shontell, do site *Business Insider* (3 de agosto de 2017), https://play.acast.com/s/howididit/investorjasoncalacanis-howiwasbroke-thenrich-thenbroke-andnowhave-100million.

122 Havia outros benfeitores: Ibid.

122 "Elon, parece um carro incrível": Ibid.

123 Mas, segundo o próprio Musk: Ashlee Vance, *Elon Musk: Tesla, SpaceX, and the Quest for a Fantastic Future* (Nova York: HarperCollins, 2015), 157. [Ed. bras.: *Elon Musk: como o CEO bilionário da SpaceX e da Tesla está moldando nosso futuro*. Trad. Bruno Casotti. Rio de Janeiro: Intrínseca, 2015.]

123 Musk suspeitava de que todo esse atraso: Ibid.

123 Para atiçar sua gana competitiva: Ibid.

123 A VantagePoint participou: entrevista do autor com três pessoas que estavam a par do acordo relativo à dívida.

124 Agora Musk queria: Chuck Squatriglia, "Tesla Raises Prices to 'Guarantee Viability'", *Wired* (20 de janeiro de 2009).

125 O bilionário Larry Ellison: entrevista do autor com funcionários da Tesla na época.

125 "Não parecia valer a pena": blog de Tom Saxton (15 de janeiro de 2009), https://saxton.org/tom_saxton/2009/01/.

125 "Não consigo sequer expressar o grau de desgosto": transcrição das filmagens de *Revenge of the Electric Car*, 2011.

126 "Espero que vocês gostem do que vão ver": descrição do evento a partir do vídeo postado por Sival Teokal em 30 de junho de 2015, https://youtu.be/ZV8wOQsKV8Y.

CAPÍTULO 9

132 Depois de meses de conversa: Kate Linebaugh, "Tesla Motors to Supply Batteries for Daimler's Electric Mini Car", *The Wall Street Journal* (13 de janeiro de 2009), https://www.wsj.com/articles/SB123187253507878007.

136 "Não tenho orçamento": este episódio vem de entrevistas do autor com Peter Rawlinson; certos detalhes são corroborados por outras entrevistas com funcionários da Tesla na época.

139 Argumentaram que a Tesla: entrevistas do autor com duas pessoas que participaram das discussões.

CAPÍTULO 10

142 "Se você fosse minha funcionária": Justine Musk, "I Was a Starter Wife", *Marie Claire* (10 de setembro de 2010), https://www.marieclaire.com/sex-love/a5380/millionaire-starter-wife.

142 A preocupação de Musk era que: Elon Musk, "Correcting the Record About My Divorce", *Business Insider* (8 de julho de 2010), https://www.businessinsider.com/correcting-the-record-about-my-divorce-2010-7.

142 Procurando uma saída: Jeffrey McCracken, John D. Stoll e Neil King Jr., "U.S. Threatens Bankruptcy for GM, Chrysler", *The Wall Street Journal* (31 de março de 2009), https://www.wsj.com/articles/SB123845591244871499.

144 "Logo no início não estava claro": entrevista do autor com Yanev Suissa.

144 Herbert Kohler, chefe da equipe de engenharia avançada da Daimler: entrevista do autor com pessoas que conheciam as interações.

145 Mas nenhum dos dois queria: entrevistas do autor com pessoas envolvidas nas negociações.

146 "Era só um comunicado de imprensa": entrevista do autor com Suissa.

147 Além disso, soube em definitivo: *Martin Eberhard v. Elon Musk*, Tribunal Superior da Califórnia, ajuizado em maio de 2009.

148 "Provavelmente os piores comentários são": e-mails analisados pelo autor.

CAPÍTULO 11

150 Seus pedidos de ajuda: Leanne Star, "Alumni Profile: Deepak Ahuja", *McCormick Magazine* (outono de 2011), 42.

151 Em meados de 2009: entrevistas do autor com funcionários da Tesla na época.

154 A equipe de Straubel equipou um Volkswagen Golf: entrevistas do autor com pessoas envolvidas na demonstração.

154 E em seguida saiu bufando de raiva: os detalhes do processo de IPO vêm de entrevistas do autor com várias pessoas envolvidas no esforço.

159 "É como se Gutenberg dissesse": Jay Yarow, "Revealed: Tesla's IPO Roadshow", *Business Insider* (22 de junho de 2010), https://www.businessinsider.com/teslas-ipo-roadshow-2010-6.

161 "A essa altura, as pessoas": descrição da cena retirada de vídeo postado pelo canal CNBC em 29 de junho de 2010, https://www.cnbc.com/video/2010/06/29/tesla-goes-public.html.

162 "Foda-se o petróleo": entrevistas do autor com funcionários da Tesla no evento.

CAPÍTULO 12

163 "As vendas estão uma merda": entrevistas do autor com funcionários da Tesla presentes.

165 A teoria de Gracias e Watkins: Steven N. Kaplan, Jonathan Gol et al., "Valor and Tesla Motors", estudo de caso da Universidade de Chicago (2017), https://faculty.chicagobooth.edu/-/media/faculty/steven-kaplan/research/valortesla.pdf.

168 "Elon Musk gostaria": Nikki Gordon-Bloomfield, "From Gap to the Electric Car: Tesla's George Blankenship", *Green Car Reports* (24 de novembro de 2010), https://www.greencarreports.com/news/1051880_from-gap-to-the-electric-car-teslas-george-blankenship.

168 Os clientes de carros tendem a ser leais: "R. L. Polk: Automakers Improve Brand Loyalty in 2010", *Automotive News* (4 de abril de 2011), https://www.autonews.com/article/20110404/RETAIL/110409960/r-l-polkautomakers-improve-brand-loyalty-in-2010.

170 "É assim que tem que ser?": entrevista do autor com Blankenship.

172 "Não, não, não": entrevista do autor com funcionário da Tesla na época.

CAPÍTULO 13

175 "Culturalmente, somos muito diferentes": Ariel Schwartz, "The Road Ahead: A Tesla Car for the Masses?", *Fast Company* (11 de janeiro de 2011), https://www.fastcompany.com/1716066/road-ahead-tesla-car-masses.

176 Em um período de dois anos: John Voelcker, "Five Questions: Peter Rawlinson, Tesla Motors Chief Engineer", *Green Car Reports* (14 de janeiro de 2011), https://www.greencarreports.com/news/1053555_five-questions-peter-rawlinson-tesla-motors-chief-engineer.

176 "E se a ação chegar a cinquenta dólares?": entrevista do autor com Avalos.

177 Uma engenheira deixou Musk insatisfeito: entrevista do autor com funcionários da Tesla na época.

177 O plano da Tesla era: John Voelcker, "Five Questions: Peter Rawlinson, Tesla Motors Chief Engineer".

177 Seguia o "método do estabelecimento dos primeiros princípios": entrevistas do autor com vários funcionários que trabalharam na Tesla ao longo dos anos.

177 "A rápida tomada de decisão pode": Musk para o autor em conversa por e-mail.

177 Os engenheiros enviavam e-mails com pedidos de despesas: entrevistas do autor com os funcionários da Tesla na época.

178 "Vou vender um montão de carros": entrevista do autor com um passageiro a bordo do avião naquele dia.

179 "Esta é a coisa mais estúpida que já ouvi": entrevista do autor com funcionários da Tesla inteirados do episódio.

180 A empresa japonesa: comunicado à imprensa da Tesla (3 de novembro de 2010), https://ir.teslamotors.com/news-releases/news-release-details/panasonic-invests-30-million-tesla-companies-strenghten.

181 Um dos engenheiros da Tesla: entrevista do autor com pessoas presentes a essas reuniões.

181 Resolveram o problema: Mark Rechtin, "From an Odd Couple to a Dream Team", *Automotive News* (13 de agosto de 2012), https://www.autonews.com/article/20120813/OEM03/308139960/from-an-odd-couple-to-a-dream-team.

182 "Que porra é essa?": entrevista do autor com pessoa envolvida no assunto.

183 A vivência pessoal de Musk pesou: entrevistas do autor com funcionários da Tesla que trabalharam no projeto.

186 Em seu raro tempo livre: Hannah Elliott, "At Home with Elon Musk: The (Soon-to-Be) Bachelor", *Forbes* (26 de maio de 2012).

189 "Eu ainda a amo": Hannah Elliott, "Elon Musk to Divorce from Wife Talulah Riley", *Forbes* (18 de janeiro de 2012).

CAPÍTULO 14

193 "Aprendemos rapidamente": entrevista do autor com um gerente da Tesla.

193 Passin precisava: Pui-Wing Tam, "Idle Fremont Plant Gears Up for Tesla", *The Wall Street Journal* (21 de outubro de 2010), https://www.wsj.com/articles/SB10001424052748704300604575554662948527140.

193 Sabiam que não seria aprovado: Philippe Chain e Frederic Filloux, "How Tesla Cracked the Code of Automobile Innovation", *Monday Note* (12 de julho de 2020), https://mondaynote.com/how-the-tesla-way-keeps-it-ahead-of-the-pack-358db5d52add.

194 "Resolvam, caras": Ibid.

195 Essa instrução suscitou protestos: Mike Ramsey, "Electric-Car Pioneer Elon Musk Charges Head-On at Detroit", *The Wall Street Journal* (11 de janeiro de 2015), https://www.wsj.com/articles/electric-car-pioneer-elon-musk-charges-head-on-at-detroit-1421033527.

195 "Dimensionar a produção do Modelo S": e-mail analisado pelo autor.

196 Assim, em vez disso, ele e sua equipe: entrevistas do autor com funcionários da Tesla envolvidos na empreitada.

196 A equipe trabalhou quase ininterruptamente: entrevistas do autor com trabalhadores da Tesla.

197 Criou-se uma equipe para: entrevistas do autor com trabalhadores da Tesla.

197 Alguns dos pacotes de baterias de Straubel: Linette Lopez, "Leaked Tesla Emails Tell the Story of a Design Flaw...", *Business Insider* (25 de junho de 2020), https://www.businessinsider.com/tesla-leaked-emails-show-company-knew-model-s-battery-issues-2020-6.

197 Outros, pelas costas, chamavam-no de "o carrasco": entrevista do autor com o gerente da Tesla.

198 "O que qualquer outra montadora teria considerado": Philippe Chain e Frederic Filloux, "How Tesla Cracked the Code of Automobile Innovation."

200 "Nos últimos meses, maquiaram as coisas e apresentaram um retrato": a participação de Elon Musk registrada pelo canal de TV C-Span (29 de setembro de 2011), https://www.c-span.org/video/?301817-1/future-human-space-flight.

CAPÍTULO 15

202 Se a Tesla entregasse 4.750 sedãs: entrevista do autor com trabalhadores da Tesla na época.

203 "Sei que já pedi muito de todos vocês": entrevistas do autor com trabalhadores da Tesla presentes à reunião.

203 "O simples fato de o Modelo S da Tesla existir": Angus MacKenzie, "2013 Motor Trend Car of the Year: Tesla Model S", *Motor Trend* (10 de dezembro de 2012), https://www.motortrend.com/news/2013-motor-trend-car-of-the-year-tesla-model-s/.

204 "Não será neste ano nem no ano que vem": descrição dos eventos tirada da gravação de vídeo da Tesla postada pela empresa no YouTube em 17 de novembro de 2012, https://youtu.be/qfxXmIFfV7I.

205 A empresa enfrentava um crescimento negativo nas vendas: entrevistas do autor com funcionários da Tesla na época.

205 Instruiu um assistente a apagar os carros do quadro: entrevista ao autor.

205 "Isso parece promissor": entrevista do autor com Blankenship.

207 Musk se queixava com sua equipe: entrevistas do autor com trabalhadores da Tesla na época.

207 Embora a Tesla tenha defendido: Susan Pulliam, Rob Barry e Scott Patterson, "Insider-Trading Probe Trains Lens on Boards", *The Wall Street Journal* (30 de abril de 2013), https://www.wsj.com/articles/SB10001424127887323798104578453260765642292.

208 A avaliação técnica foi atipicamente arrebatadora: "Tesla Model S review", *Consumer Reports* (julho de 2013), https://www.consumerreports.org/cro/magazine/2013/07/tesla-model-s-review/index.htm.

209 O relacionamento de Musk com Blankenship: Ashlee Vance, *Elon Musk: Tesla, SpaceX, and the Quest for a Fantastic Future* (Nova York: HarperCollins, 2015), p. 216.

209 "Para que a Tesla tenha sucesso": entrevista do autor com Blankenship.

211 Na surdina, havia estendido a mão a seu amigo Larry Page: Ashlee Vance, *Elon Musk*, p. 217.

CAPÍTULO 16

214 **Mas as inovações deles não**: entrevistas do autor com pessoas familiarizadas com o pensamento de Akerson.

214 **O primeiro incêndio ocorreu em outubro**: Tom Krisher e Mike Baker, "Tesla Says Car Fire Began in Battery After Crash", *Seattle Times* (3 de outubro de 2013), https://www.seattletimes.com/business/tesla-says-car-fire-began-in-battery-after-crash/.

214 **Um segundo Modelo S pegou fogo**: Ben Klayman e Bernie Woodall, "Tesla Reports Third Fire Envolving Model S Electric Car", *Reuters* (7 de novembro de 2013), https://www.reuters.com/article/us-autos-tesla-fire/teslareports-third-fire-involving-model-s-electric-car-idUSBRE9A60U220131107.

215 **"Tive um Tesla"**: Tom Junod, "George Clooney's Rules for Living", *Esquire* (11 de novembro de 2013), https://www.esquire.com/news-politics/a25952/george-clooney-interview-1213/.

215 **Enquanto estudavam os incêndios**: entrevistas do autor com engenheiros envolvidos na questão.

216 **"Esse grupo de líderes recém-empossados"**: entrevista do autor com um membro da força-tarefa.

216 **Em 2012, o Mercedes-Benz Classe S**: os dados históricos sobre preços foram fornecidos ao autor por Edmunds.com, empresa dedicada a pesquisar a indústria automotiva.

217 **A empresa justificou a decisão alegando**: Don Reisinger, "Tesla Kills 40 kWh Battery for Model S over 'Lack of Demand'", *CNET* (1º de abril de 2013), https://www.cnet.com/roadshow/news/tesla-kills-40-kwh-battery-for-model-s-over-lack-of-demand/.

218 **Em comparação com os concorrentes**: pesquisa divulgada pela primeira vez em 7 de julho de 2014 pela Pied Piper Management Company LLC. As avaliações foram realizadas entre julho de 2013 e junho de 2014, segundo o fundador da empresa, Fran O'Hagan, informou o autor em e-mail de dezembro de 2019.

218 **"Quando me sentei pela primeira vez"**: Ronald Montoya, "Is the Third Drive Unit the Charm?", Edmunds.com (20 de fevereiro de 2014), https://www.edmunds.com/tesla/model-s/2013/long-term-road-test/2013-tesla-model-s-is-the-third-drive-unit-the-charm.html.

219 **"Se vocês não conseguirem"**: entrevista do autor com pessoa inteirada do assunto.

CAPÍTULO 17

221 **"Se houver uma festa"**: Tatiana Siegel, Elon Musk Requested to Meet Amber Heard via Email Years Ago", *Hollywood Reporter* (24 de agosto de 2016), https://www.hollywoodreporter.com/rambling-reporter/elonmusk-requested-meet-amber-922240.

221 **Alguns diziam que tentavam**: Tim Higgins, Tripp Mickle e Rolfe Winkler, and Rolfe Winkler, "Elon Musk Faces His Own Worst Enemy", *The Wall Street Journal* (31 de agosto de 2018), https://www.wsj.com/articles/elon-musk-faces-his-own-worst-enemy-1535727324.

221 Concessionárias em Massachusetts: Mike Ramsey e Valerie Bauerlein, "Tesla Clashes with Car Dealers", *The Wall Street Journal* (18 de junho de 2013), https://www.wsj.com/articles/SB10001424127887324049504578541902814606098.

221 Para Wolters, não fazia sentido: entrevista do autor com Wolters.

222 "Eu realmente admiro": entrevista do autor com Wolters.

223 "Vou gastar a porra de 1 bilhão de dólares": entrevista do autor com Wolters.

224 A Associação das Revendedoras de Automóveis do Estado do Texas: Texans for Public Justice, "Car-Dealer Cartel Stalled Musk's Tesla", *Lobby Watch* (10 de setembro de 2013), http://info.tpj.org/Lobby_Watch/pdf/AutoDealersvTesla.pdf.

224 "Eu amo o que você está fazendo": entrevista do autor com uma pessoa informada sobre o momento.

CAPÍTULO 18

232 As células custavam: dados de pesquisa fornecidos por Simon Moores, da Benchmark Mineral Intelligence.

232 Isso significava que: Csaba Csere, "Tested: 2012 Tesla Model S Takes Electric Cars to a Higher Level", Car and Driver (21 de dezembro de 2012), https://www.caranddriver.com/reviews/a15117388/2013-tesla-model-stest-review/.

232 Enquanto Straubel discutia sua matemática: entrevista do autor com Straubel.

233 Embora anos antes Musk tivesse: entrevistas do autor com vários trabalhadores da Tesla daquele período para detalhar a evolução do relacionamento com a Panasonic.

236 A fim de atender às necessidades da Tesla: entrevistas do autor com pessoas que trabalharam nesse esforço.

239 No Japão: entrevistas do autor com pessoas inteiradas das deliberações na Panasonic.

240 Tinha que ser convincente o bastante: entrevistas do autor com pessoas que trabalharam no esforço.

CAPÍTULO 19

242 "Aquela máquina estava repleta de coisas": entrevista do autor com Varadharajan.

243 A personalidade dele era um tanto bipolar: entrevistas do autor com gerentes da Tesla que trabalharam com Guillen.

244 Musk iniciou 2014 dizendo: Alan Ohnsman, "Musk Says China Potential Top Market for Tesla", *Bloomberg News* (24 de janeiro de 2014), https://www.bloomberg.com/news/articles/2014-01-23/tesla-to-sell-model-s-sedan-in-china-from-121-000.

246 Para Guillen, que sabia: entrevista do autor com funcionários da Tesla que trabalhavam neste setor.

247 As vendas despencaram 33%: os números sobre os registros da China foram fornecidos ao autor pela empresa de pesquisas JL Warren Capital.

248 Os dados mostravam: entrevista do autor com trabalhadores da Tesla nesse período.

248 Ao contrário dos Estados Unidos: os dados de pesquisa sobre clientes norte-americanos foram fornecidos ao autor por Alexander Edwards, da empresa de pesquisas Strategic Vision.

250 Musk recorreu a seus primos: entrevistas do autor com pessoas que trabalharam no episódio em questão.

CAPÍTULO 20
252 Uma matéria de 2013 da revista *Forbes*: Caleb Melby, "Guns, Girls and Sex Tapes: The Unhinged, Hedonistic Saga of Billionaire Stewart Rahr, 'Number One King of All Fun'", *Forbes* (17 de setembro de 2013), https://www.forbes.com/sites/calebmelby/2013/09/17/guns-girls-and-sex-tapes-the-saga-of-billionaire-stewart-rahr-number-one-king-of-all-fun/3ca48b2d3f86.

255 "Me ocorreu que": entrevista do autor com Fossi.

256 As posições vendidas registraram perdas estimadas: pesquisa fornecida ao autor pela empresa de pesquisas S3 Partners.

257 Exigia-se uma quantidade cada vez maior de capital: Cassell Bryan-Low e Suzanne McGee, "Enron Short Seller Detected Red Flags in Regulatory Filings", *The Wall Street Journal* (5 de novembro de 2001), https://www.wsj.com/articles/SB1004916006978550640.

258 Jim chamou a empresa de "castelo de cartas": Jonathan R. Laing, "The Bear That Roared", *Barron's* (28 de janeiro de 2002), https://www.barrons.com/articles/SB101191069416063240?tesla=y.

258 America On-line: Ibid.

260 Havia feito empréstimos pessoais: documentos apresentados pela Tesla à SEC.

260 Havia muito ele detestava a ideia de: Susan Pulliam, Mike Ramsey e Brody Mullins, "Elon Musk Supports His Business Empire with Unusual Financial Moves", *The Wall Street Journal* (27 de abril de 2016), https://www.wsj.com/articles/elon-musk-supports-his-business-empire-with-unusual-financial-moves-1461781962.

261 "Hoje eu fiquei tão nervosa que dava pena de ver": e-mails analisados pelo autor.

261 "Você sabe que na verdade eu não tenho dinheiro, certo?": detalhado em um depoimento que Kimbal Musk deu em 23 de abril de 2019.

CAPÍTULO 21
265 O sistema da GM registrava mais de seis mil reclamações trabalhistas pendentes: Wellford W. Wilms, Alan J. Hardcastle e Deone M. Zell, "Cultural Transformation at NUMMI", *Sloan Management Review* 36: 1 (15 de outubro de 1994): p. 99.

266 Em 1991: Ibid.

266 "Ele se gaba de você o tempo todo": entrevista do autor com Ortiz.

266 A estabilidade média: Harley Shaiken, "Commitment Is a Two-Way Street", relatório preparado para a Blue Ribbon Comission [Comissão de Excelência] da

NUMMI Toyota (3 de março de 2010), http://dig.abclocal.go.com/kgo/PDF/NUMMI-Blue-Ribbon-Commission-Report.pdf.

267 Agora ganhava 21 dólares por hora: os dados de pagamento da GM são provenientes do Centro para Pesquisa Automotiva.

268 Entretanto, à medida que as solicitações: entrevistas do autor com trabalhadores da Tesla envolvidos nos projetos.

269 O sistema hidráulico não passava no teste: entrevistas do autor com pessoas que trabalharam no veículo.

270 Musk manteve a frieza sob pressão: entrevistas do autor com pessoas que trabalharam no veículo.

271 Em 2015: Tim Higgins, "Tesla Faces Labor Discord as It Ramps Up Model 3 Production", *The Wall Street Journal* (31 de outubro de 2017), https://www.wsj.com/articles/tesla-faces-labor-discord-as-it-ramps-up-model-3-production-1509442202.

271 Os assentos chiques da segunda fileira: Ibid.

272 Na primavera, enquanto Depp: "Elon Musk Regularly Visit Amber Heard…", *Deadline* (17 de julho de 2020), https://deadline.com/2020/07/elon-musk-amber-heard-johnny-depps-los-angeles-penthouse-1202988261/.

273 Aparentemente, Musk vinha embarcando: entrevistas do autor com executivos da Tesla.

273 Musk era flagrado pelos tabloides: Lindsay Kimble, "Amber Heard and Elon Musk Party at the Same London Club Just Weeks After Hanging Out in Miami", *People* (3 de agosto de 2016), https://people.com/movies/amber-heard-and-elon-musk-party-at-same-london-club-weeks-after-miami-sighting/.

273 "A falta de sono": entrevista do autor com um ex-executivo da Tesla.

273 Um dos primeiros sinais: Tim Higgins e Dana Hull, "Want Elon Musk to Hire You at Tesla? Work for Apple", *Bloomberg Businessweek* (2 de fevereiro de 2015).

274 Muitos sabiam que Musk era sensível: entrevistas com funcionários da Tesla na época, e Will Evans e Alyssa Jeong Perry, "Tesla Says Its Factory Is Safer. But It Left Injuries Off the Books," Revealnews.org (16 de april de 2018), https://www.revealnews.org/article/tesla-says-its-factory-is-safer-but-it-left-injuries-off-the-books/.

276 Musk se viu prestes a: entrevistas do autor com pessoas familiarizadas com o assunto.

276 A pesquisa mostrou que a qualidade inicial da Tesla: o autor analisou a apresentação de J. D. Power de "Tesla: Beyond the Hype" (março de 2017).

CAPÍTULO 22

279 "Não havia um só eixo cultural": entrevista do autor com um executivo da Tesla daquele período.

288 "Vocês agora estão trabalhando em uma empresa diferente": Charles Duhigg, "Dr. Elon & Mr. Musk: Life Inside Tesla's Production Hell", *Wired* (13 de dezembro de 2018), https://www.wired.com/story/elon-musk-tesla-life-inside-gigafactory/.

289 Se uma estação de trabalho importante: entrevistas ao autor.

289 Musk retrucou e mandou o homem encontrar outro emprego: alegação em pedido de indenização apresentada em um processo federal contra a Tesla aberto em 2017.

289 Ainda estavam se esforçando para: entrevista do autor com gerentes da Tesla daquele período.

CAPÍTULO 23

291 Com o impacto, Brown morreu na hora: detalhes retirados do relatório da Administração Nacional de Segurança de Tráfego Rodoviário dos Estados Unidos (19 de janeiro de 2017), https://static.nhtsa.gov/odi/inv/2016/INCLA-PE16007-7876.PDF.

292 Não fez nenhuma tentativa de parar: *Ibid.*

292 Wheeler tinha 48 horas: depoimento de Jason Wheeler em 4 de junho de 2019.

294 Os gerentes executivos: entrevistas do autor com várias pessoas familiarizadas com as discussões.

294 Quando viram a imensidão do local: depoimento de Antonio Gracias em 18 de abril de 2019.

295 "Não vou negociar": depoimento de Courtney McBean prestado em 5 de junho de 2019.

295 "A missão da Tesla sempre esteve ligada à sustentabilidade": postagem no blog da Tesla em 21 de junho de 2016, https://www.tesla.com/blog/tesla-makes-offer-to-acquire-solarcity.

296 Carol Loomis, da revista *Fortune*: Carol J. Loomis, "Elon Musk Says Autopilot Death 'Not Material' to Tesla Shareholders'", *Fortune* (5 de julho de 2016), https://fortune.com/2016/07/05/elon-musk-tesla-autopilot-stock-sale/.

296 Essa mesma questão suscitou preocupações: Jean Eaglesham, Mike Spector e Susan Pulliam, "SEC Investigating Tesla for Possible Securities-Law Breach", *The Wall Street Journal* (11 de julho de 2016), https://www.wsj.com/articles/sec-investigating-tesla-for-possible-securities-law-breach-1468268385.

297 Denholm ouvia broncas diretamente: página de depoimento de Denholm em litígio de acionistas contra a Tesla, em 6 de junho de 2019, 154.

297 "Honestamente, odiamos ser uma empresa de capital aberto": depoimento de Kimbal Musk em 23 de abril de 2019.

297 "Elon gostava de correr riscos, mas": entrevista do autor com um gerente da Tesla.

298 "Há um sentimento péssimo dentro e fora da empresa": depoimento de Brad Buss em 4 de junho de 2019.

298 A equipe de Wheeler calculou: apresentação feita ao conselho de diretores da Tesla, datada de 24 de julho de 2016.

298 "Vamos dispensar uma boa quantidade de funcionários da SolarCity": depoimento de Elon Musk em 24 de agosto de 2019.

300 "O feedback mais recente dos principais investidores": e-mails analisados pelo autor.

301 Não era infalível: entrevistas do autor com engenheiros da Tesla.

301 Vinham monitorando o torque: entrevistas do autor com pessoas familiarizadas com os esforços de Anderson.

302 Os departamentos jurídico e de relações públicas da Tesla: entrevistas do autor com várias pessoas envolvidas com o Autopilot.

304 Naquele inverno, CEOs: entrevistas do autor com pessoas do círculo de Musk.

306 Em março, uma sala de reuniões no segundo andar: entrevistas do autor com várias pessoas envolvidas na reunião.

CAPÍTULO 24

310 A lista era curta: entrevistas ao autor e Tim Higgins, "Elon Musk has an Awkward Problem at Tesla: Employee Parking", *The Wall Street Journal* (11 de abril de 2017), https://www.wsj.com/articles/elon-musk-has-an-awkward-problem-at-tesla-employee-parking-1491926275.

311 "Seis das oito pessoas": Jose Moran, "Time for Tesla to Listen", Medium.com (9 de fevereiro de 2017), https://medium.com/@moran2017j/time-for-tesla-to-listen-ab5c6259fc88.

312 Foram feitas à mão pelos trabalhadores da Tesla: Tim Higgins, "Behind Tesla's Production Delays: Parts of Model 3 Were Being Made by Hand", *The Wall Street Journal* (6 de outubro de 2017), https://www.wsj.com/articles/behind-teslas-production-delays-parts-of-model-3-were-being-made-by-hand-1507321057.

312 Era um espaço tão apertado: entrevista do autor com operários.

312 A Panasonic também não estava nem um pouco feliz: entrevistas do autor com funcionários da Panasonic e da Tesla na época.

313 As declarações da Tesla sobre sua alegada produtividade: Dana Cimilluca, Susan Pulliam e Aruna Viswanatha, "Tesla Faces Deepening Criminal Probe over Whether It Misstated Production Figures", *The Wall Street Journal* (26 de outubro de 2018), https://www.wsj.com/articles/tesla-faces-deepening-criminal-probe-over-whether-it-misstated-production-figures-1540576636.

314 Em resposta, instalaram cerca de mil robôs: entrevistas do autor com trabalhadores da Tesla.

314 Os pacotes de baterias precisavam: Lora Kolodny, "Tesla Employees Say to Expect More Model 3 Delays, Citing Inexperienced Workers, Manual Assembly of Batteries", CNBC.com (25 de janeiro de 2018), https://www.cnbc.com/2018/01/25/tesla-employees-say-gigafactory-problems-worse-than-known.html.

314 Estimou que havia cem milhões de células: entrevista do autor com trabalhadores da Tesla.

315 Numa ocasião, Jon McNeill: Charles Duhigg, "Dr. Elon & Mr. Musk: Life Inside Tesla's Production Hell", *Wired* (13 de dezembro de 2018).

315 Obedientemente, descobriu uma maneira: entrevistas do autor com funcionários da Tesla.

315 "Eu gostaria que a Tesla fosse privada": Neil Strauss, "Elon Musk: The Architect of Tomorrow", *Rolling Stone* (15 de novembro de 2017), https://www.rollingstone.com/culture/culture-features/elon-musk-the-architect-of-tomorrow-120850/.

316 "Me diga quem são": detalhes retirados das conclusões de um juiz administrativo em 27 de setembro de 2019, em um caso do Conselho Nacional de Relações Trabalhistas contra a Tesla.

317 O quadro no escritório da UAW: entrevista do autor com um organizador sindical.

318 Como as vendas do Modelo S tinham diminuído: os detalhes sobre os planos de publicidade provêm de entrevistas do autor com ex-executivos da Tesla.

320 A Tesla ainda não havia divulgado: entrevistas do autor com executivos da Tesla na época.

321 Enquanto a fábrica enfrentava dificuldades com a linha de montagem automatizada: entrevista do autor com gerentes da Tesla na época.

322 Continuava falando sobre: entrevistas do autor com executivos da Tesla na época.

323 De acordo com um aliado: entrevistas do autor com pessoas inteiradas da questão.

323 "Quem diabos você é": entrevista do autor com um ex-engenheiro da Tesla.

323 "Não vejo como isso poderia me machucar": Tim Higgins, Tripp Mickle e Rolfe Winkler, "Elon Musk Faces His Own Worst Enemy", *The Wall Street Journal* (31 de agosto de 2018), https://www.wsj.com/articles/elon-musk-faces-his-own-worst-enemy-1535727324.

324 Em outra ocasião, queixou-se de: Edward Niedermeyer, *Ludicrous: The Unvarnished Story of Tesla Motors* (Dallas, Texas: BenBella Books, 2020), 190.

324 Mas estava na hora: entrevista do autor com pessoas familiarizadas com o pensamento de Field.

325 Por causa de um erro de automação: e-mail analisado pelo autor.

326 A arrogância de Musk não pegou bem entre os investidores: Tim Higgins, "Tesla's Elon Musk Turns Conference Call into Sparring Session", *The Wall Street Journal* (3 de maio de 2018), https://www.wsj.com/articles/teslas-elon-musk-turns-conference-call-into-sparring-session-1525339803.

CAPÍTULO 25

327 "Atualmente, trabalho para a Tesla": e-mails analisados pelo autor depois que Marty Tripp os divulgou no Twitter.

327 "Ele está sempre vendendo a próxima grande ideia": vídeo de entrevista postado no site *Business Insider* em 21 de fevereiro de 2018: https://www.businessinsider.com/jim-chanos-tesla-elon-musk-truck-video-2018-2.

330 Entendeu como o mesmo: detalhes do depoimento de Martin Tripp, parte de um litígio entre ele e Musk.

331 Seu expediente começava às cinco da manhã: depoimento de Sarah O'Brien em 5 de junho de 2019.

331 Desde 2014, Musk usava o Twitter: Susan Pulliam e Samarth Bansal, "For Tesla's Elon Musk, Twitter Is Sword Against Short Sellers", *The Wall Street Journal* (2 de agosto de 2018), https://www.wsj.com/articles/for-teslas-elon-musk-twitter-is-sword-against-short-sellers-1533216249.

332 Musk puxou conversa com ela: Emily Smith e Mara Siegler, "Elon Musk Quietly Dating Musician Grimes", *New York Post* (7 de maio de 2018), https://pagesix.com/2018/05/07/elon-musk-quietly-dating-musician-grimes/.

CAPÍTULO 26

335 "Acabei de acordar": e-mails analisados pelo autor.

336 "Paz e execução": Sarah Gardner e Ed Hammond, "Tesla Needs Period of 'Peace and Execution', Major Shareholder Says", *Bloomberg News* (11 de julho de 2018), https://www.bloomberg.com/news/articles/2018-07-11/tesla-ought-to-pipe-down-and-execute-major-shareholder-says.

337 "Precisamos parar de entrar em pânico": troca de e-mails analisados pelo autor.

337 "Eu simplesmente caí na gargalhada": e-mails analisados pelo autor.

338 A Tesla começou a pedir o reembolso: Tim Higgins, "Tesla Asks Suppliers for Cash Back to Help Turn a Profit", *The Wall Street Journal* (22 de julho de 2018), https://www.wsj.com/articles/tesla-asks-suppliers-for-cash-back-to-help-turn-a-profit-1532301091.

338 Estaria a Apple interessada: Tim Higgins, "Elon Musk Says He Once Approached Apple CEO About Buying Tesla", *The Wall Street Journal* (22 de dezembro de 2020), https://www.wsj.com/articles/elon-musk-says-he-once-approached-apple-ceo-about-buying-tesla-11608671609.

338 Iniciou-se um vaivém: entrevista do autor com uma pessoa familiarizada com as negociações.

339 "Esta postagem é verdadeira?": e-mails detalhados em documentos judiciais da SEC.

342 Em 2013, ajudaram Michael Dell: Miriam Gottfried, "Dell Returns to Public Equity Markets", *The Wall Street Journal* (28 de dezembro de 2018), https://www.wsj.com/articles/dell-returns-to-public-equity-markets-11546011748.

343 Stewart entrou em contato com Epstein: James B. Stewart, "The Day Jeffrey Epstein Told Me He Had Dirt on Powerful People", *The New York Times* (12 de agosto de 2019), https://www.nytimes.com/2019/08/12/business/jeffrey-epstein-interview.html.

343 "Epstein, uma das piores pessoas da Terra": troca de e-mail revisados pelo autor.

344 Musk começou a se autoimplodir: David Gelles, James B. Stewart, Jessica Silver-Greenberg e Kate Kelly, "Elon Musk Details 'Excruciating' Personal Toll of Tesla Turmoil", *The New York Times* (16 de agosto de 2018), https://www.nytimes.com/2018/08/16/business/elon-musk-interview-tesla.html.

344 "Eu o vi na cozinha": Kate Taylor, "Rapper Azealia Banks Claims She Was at Elon Musk's House over the Weekend as He Was 'Scrounging for Investors'", *Business Insider* (13 de agosto de 2018), https://www.businessinsider.com/azealia-banks-claims-to-be-at-elon-musks-house-as-he-sought-investors-2018-8

345 "Eles não têm outra coisa sobre o que escrever?": troca de e-mails analisados pelo autor.

345 De Los Angeles: Liz Hoffman e Tim Higgins, "Public Bravado, Private Doubts: Inside the Unraveling of Elon Musk's Tesla Buyout", The

Wall Street Journal (27 de agosto de 2018), https://www.wsj.com/articles/public-bravado-private-doubts-how-elon-musks-tesla-plan-unraveled-1535326249.

345 O diretor-gerente do fundo, Al-Rumayyan: Bradley Hope e Justin Scheck, *Blood and Oil: Mohammed Bin Salman's Ruthless Quest for Global Power* (Nova York: Hachette, 2020), p. 251.

346 Os consultores de Musk saíram procurando: depoimento de Kimbal Musk em 23 de abril de 2019.

346 Musk estava insatisfeito com: Liz Hoffman e Tim Higgins, "Public Bravado, Private Doubts: Inside the Unraveling of Elon Musk's Tesla Buyout", *The Wall Street Journal* (27 de agosto de 2018), https://www.wsj.com/articles/public-bravado-private-doubts-how-elon-musks-tesla-plan-unraveled-1535326249.

346 "Na minha opinião": Elon Musk disse ao autor em um e-mail datado 25 de agosto de 2018.

348 "Mais um ou dois destes": Troca de e-mails analisados pelo autor.

CAPÍTULO 27

350 A reserva de dinheiro extra que a Tesla tinha: Tim Higgins, Marc Vartabedian e Christina Rogers, "Some Tesla Suppliers Fret About Getting Paid", *The Wall Street Journal* (20 de agosto de 2018), https://www.wsj.com/articles/some-tesla-suppliers-fret-about-getting-paid-1534793592.

350 Internamente, Musk pressionava: entrevistas do autor com gerentes da Tesla na época.

351 Seus advogados foram falar com: Susan Pulliam, Dave Michaels e Tim Higgins, "Mark Cuban Prodded Tesla's Elon Musk to Settle SEC Charges", *The Wall Street Journal* (4 de outubro de 2018), https://www.wsj.com/articles/mark-cuban-prodded-teslas-elon-Musk-to-settle-sec-charges-1538678655.

352 Antes de Jon McNeill sair da presidência: entrevistas do autor com executivos da Tesla que trabalharam no plano.

353 À medida que faziam suas ligações: entrevistas do autor com gerentes de vendas da Tesla.

355 Kim despachou equipes: entrevistas do autor com gerentes da Tesla inteirados da situação.

358 Enquanto o final do trimestre se acelerava: entrevistas do autor com gerentes da Tesla envolvidos no esforço.

358 No ritmo em que estavam, atingiriam: entrevistas do autor com pessoas que participaram da teleconferência.

359 "Eu não quero aqui ninguém": entrevista do autor com o trabalhador da Tesla que testemunhou o episódio.

359 Foi um episódio tão feio e público: Dana Hull e Eric Newcome, Tesla Board Probed Allegation That Elon Musk Pushed Employee", *Bloomberg News* (5 de abril de 2019), https://www.bloomberg.com/news/articles/2019-04-05/tesla-board-probed-allegation-that-elon-musk-pushed-employee.

359 Depois do anúncio do processo: pesquisa fornecida ao autor pela empresa de pesquisas S3 Partners.

360 Os advogados de Musk passaram a noite em claro: Susan Pulliam, Dave Michaels e Tim Higgins, "Mark Cuban Prodded Tesla's Elon Musk to Settle SEC Charges", *The Wall Street Journal* (4 de outubro de 2018), https://www.wsj.com/articles/mark-cuban-prodded-teslas-elon-Musk-to-settle-sec-charges-1538678655.

360 Acreditava que tinha um acordo: entrevistas do autor com pessoas familiarizadas com o pensamento de Musk.

361 "Foi como um grande evento em família": entrevista do autor com um gerente da Tesla.

361 Felizmente para Musk: pesquisa fornecida ao autor pela empresa de pesquisas S3 Partners.

364 A investigação do conselho sobre a suposta: Dana Hull e Eric Newcomer, "Tesla Board Probed Allegation That Elon Musk Pushed Employee".

364 No final de 2018, quando Musk revelou: observações do autor sobre Denholm e o evento.

364 "Do meu ponto de vista": Angus Whitley, "Tesla's New Chairman Says Elon Musk Uses Twitter 'Wisely'", *Bloomberg News* (27 de março de 2019), https://www.bloomberg.com/news/articles/2019-03-27/tesla-chair-defends-musk-tweets-even-as-habit-lands-him-in-court.

365 As ações caíram quase 7% no dia do anúncio da diminuição dos preços: "Tesla Shares Sink on Model 3 Delivery Miss, Price Cut", *The Wall Street Journal* (2 de janeiro de 2019), https://www.wsj.com/articles/tesla-plans-to-trim-prices-as-fourth-quarter-deliveries-rise-11546437526.

365 No final de fevereiro: Dave Michaels e Tim Higgins, "SEC Asks Manhattan Federal Court to Hold Elon Musk in Contempt", *The Wall Street Journal* (25 de fevereiro de 2019), https://www.wsj.com/articles/sec-asks-manhattan-federal-court-to-hold-elon-musk-in-contempt-11551137500.

365 A mudança para as vendas (quase) exclusivamente on-line: Tim Higgins e Adrienne Roberts, "Tesla Shifts to On-line Sales Model", *The Wall Street Journal* (28 de fevereiro de 2019), https://www.wsj.com/articles/tesla-says-it-has-started-taking-orders-for-35-000-version-of-model-3-11551392059.

366 A Tesla "é uma empresa com um balanço viável": Esther Fung, "Landlords to Tesla: You're Still on the Hook for Your Store Loceases", *The Wall Street Journal* (8 de março de 2019), https://www.wsj.com/articles/landlords-to-tesla-youre-still-on-the-hook-for-your-store-leases-11552059041.

366 O acordo: Peter Campbell, "Fiat Chrysler to Spend € 1.8bn on CO2 Credits", *Financial Times* (3 de maio, 2019), https://www.ft.com/content/fd8d205e-6d6b-11e9-80c7-60ee53e6681d.

367 As apostas dos vendedores a descoberto estavam finalmente valendo a pena: pesquisa fornecida ao autor pela empresa de pesquisas S3 Partners.

367 A dívida havia caído: Sam Goldfarb, "Tesla Faces Steeper Costs to Raise Cash", *The Wall Street Journal* (29 de abril de 2019), https://www.wsj.com/articles/tesla-faces-steeper-costs-to-raise-cash-11556535600.

367 O pior de tudo: Trefor Moss, "Global Auto Makers Dented as China Car Sales Fall for First Time in Decades", *The Wall Street*

Journal (14 de janeiro de 2019), https://www.wsj.com/articles/chinese-annual-car-sales-slip-for-first-time-in-decades-11547465112.

CAPÍTULO 28

369 Quando era estudante na Universidade da Pensilvânia: entrevistas do autor com ex-executivos da Tesla daquele período.

370 Foram calorosamente recebidos: entrevistas do autor com gerentes da Tesla daquele período.

370 A revista de negócios *Bloomberg Businessweek:* Matthew Campbell et al., "Elon Musk Loves China, and China Loves Him Back – For Now", *Bloomberg Businessweek* (13 de janeiro de 2021), https://www.bloomberg.com/news/features/2021-01-13/china-loves-elon-musk-and-tesla-tsla-how-long-will-that-last?sref=PRBlrg7S.

370 Propôs uma ideia para cavar túneis: entrevista do autor com um gerente da Tesla inteirado da viagem.

371 À medida que as coisas se arrastaram até 2018: Bruce Einhorn et al., "Tesla's China Dream Threatened by Standoff Over Shanghai Factory", *Bloomberg News* (13 de fevereiro de 2018), https://www.bloomberg.com/news/articles/2018-02-14/tesla-s-china-dream-threatened-by-standoff-over-shanghai-factory?sref=PRBlrg7S.

372 A GM faria parceria com a LG Chem: Mike Colias, "GM, LG to Spend $2.3 Billion on Venture to Make Electric-Car Batteries," *The Wall Street Journal* (5 de dezembro de 2019), https://www.wsj.com/articles/gm-lg-to-spend-2-3-billion-on-venture-to-make-electric-car-batteries-11575554432.

372 A Volkswagen se comprometeu a investir: Stephen Wilmot, "Volkswagen Follows Tesla into Battery Business", *The Wall Street Journal* (13 de junho de 2019), https://www.wsj.com/articles/volkswagen-follows-tesla-into-battery-business-11560442193.

372 "A Tesla não é um nicho": Christoph Rauwald, "Tesla Is No Niche Automaker Anymore, Volkswagen's CEO Says", *Bloomberg News* (24 de outubro de 2019), https://www.bloomberg.com/news/articles/2019-10-24/volkswagen-s-ceo-says-tesla-is-no-niche-automaker-anymore.

372 Embora nem sempre agisse: entrevistas do autor com gerentes da Tesla ao longo dos anos.

373 "Estava muito feliz com os resultados": Dave Michaels e Tim Higgins, "Judge Gives Elon Musk, SEC Two Weeks to Strike Deal on Contempt Claims", *The Wall Street Journal* (4 de abril de 2019), https://www.wsj.com/articles/judge-asks-elon-musk-and-sec-to-hold-talks-over-contempt-claims-11554408620.

376 A montadora foi autorizada: Wang Zhiyan, Du Chenwei e Hu Xingyang, "Behind 'Amazing Shanghai Speed'" (traduzido para o inglês), *Jiefang Ribao* (1º de janeiro de 2020), https://www.jfdaily.com/journal/2020-01-08/getArticle.htm? Id = 285863.

376 A rede elétrica ampliou a capacidade: Luan Xiaona, "The Power Supply Project of Tesla Shanghai Super Factory Will Enter the Sprint Stage Before Production" (traduzido para o inglês), *The Paper* (17 de outubro de 2019), https://www.thepaper.cn/newsDetail_forward_4700380.

379 Em agosto, quando Musk: a descrição provém de um vídeo postado por Jason Yang no YouTube em 20 de outubro de 2019: https://youtu.be/bI-My94Ig5k.

379 Estima-se que tenham perdido: pesquisa fornecida ao autor pela empresa de pesquisas S3 Partners.

EPÍLOGO

386 O governo parecia ansioso: Chunying Zhang e Ying Tian, "How China Bent Over Backward to Help Tesla", *Bloomberg Businessweek* (18 de março de 2020), https://www.bloomberg.com/news/articles/2020-03-17/how-china-bent-over-backward-to-help-tesla-when-the-virus-hit?sref=PRBlrg7S.

386 Acostumado a agir rapidamente: Tim Higgins, "Tesla Cuts Salaries, Furloughs Workers Under Coronavirus Shutdown", *The Wall Street Journal* (8 de abril de 2020), https://www.wsj.com/articles/tesla-cuts-salaries-furloughs-workers-under-coronavirus-shutdown-11586364779.

386 A Tesla também começou a pedir: Tim Higgins e Esther Fung, "Tesla Seeks Rent Savings Amid Coronavirus Crunch", *The Wall Street Journal* (13 de abril de 2020), https://www.wsj.com/articles/tesla-seeks-rent-savings-amid-coronavirus-crunch-11586823630.

387 "Ao longo de toda a semana passada": Jeremy C. Owens, Claudia Assis e Max A. Cherney, "Elon Musk vs. Bay Area Officials: These Emails Show What Happened Behind the Scenes in the Tesla Factory Fight", *MarketWatch* (29 de maio de 2020), https://www.marketwatch.com/story/elon-musk-vs-bay-area-officials-these-emails-show-what-happened-behind-the-scenes-in-the-tesla-factory-fight-2020-05-29.

387 "Francamente, é a gota d'água": Tim Higgins, "Tesla Files Lawsuit in Bid to Reopen Fremont Factory", *The Wall Street Journal* (10 de maio de 2020), https://www.wsj.com/articles/elon-musk-threatens-authorities-over-mandated-tesla-factory-shutdown-11589046681.

388 "Vou estar na linha de montagem": Rebecca Ballhaus e Tim Higgins, "Trump Calls for California to Let Tesla Factory Open", *The Wall Street Journal* (13 de maio de 2020), https://www.wsj.com/articles/trump-calls-for-california-to-let-tesla-factory-open-11589376502.

388 "É muito importante": Fred Lambert, "Elon Musk Sends Cryptic Email to Tesla Employees About Going 'All Out'", *Electrek* (23 de junho de 2020), https://electrek.co/2020/06/23/elon-musk-cryptic-email-tesla-employees-all-out/.

392 "Nunca me encontrei com Elon Musk pessoalmente": Scarlet Fu, "Chanos Reduces 'Painful' Tesla Short, Tells Musk 'Job Well Done'", *Bloomberg News* (3 de dezembro de 2020), https://www.bloomberg.com/news/articles/2020-12-03/tesla-bear-jim-chanos-says-he-d-tell-elon-musk-job-well-done?sref = PRBlrg7S..

Índice remissivo

60 minutes, 364, 365

A123 (fornecedora de baterias automotivas), 152
Abou-Haydar, Antoin, 321
AC Propulsion (empresa), 165
    tzero (carro elétrico), 28, 36, 40-42, 49-50, 113,147,165, 280
Administração Nacional de Segurança de Tráfego Rodoviário dos Estados Unidos (NHTSA), 295, 303
Advanced Micro Devices (empresa), 102
Agência de Proteção Ambiental (epa), 156
Ahuja, Deepak, 109, 140, 143, 150-162
    infância e adolescência de, 150
Alemanha, 383
Alibaba, 306, 379
Allstate Insurance (empresa), 102
Al-Rumayyan, Yasir, 306, 341, 345
Amazon, 43, 66, 357, 390, 391
    Kindle, 304
America On-line, 258
Anderson, James, 336
Anderson, Sterling, 269,301
Apple Inc., 54
    iPad, 127
    iPhone, 12, 63, 127, 273, 274, 278, 391

    iPod, 167, 169
    lojas, 1676-168, 245-246
    pandemia de Covid-19 e, 382
    programa de carros elétricos de, 273--274, 390
    Tesla e, 273-274, 339
Aquecimento global, 34, 97, 143
Aristóteles, 177
Ásia, 102, 105, 107
    ver também China; Japão
Associação das Revendedoras de Automóveis do Estado do Texas, 222, 224
Associação de Veículos Elétricos, 35
Associação Nacional dos Revendedores de Automóveis, 222
Aston Martin, 98, 99,126
Audi, 45, 57, 155
Autodata Corp., 151n
Automação e robôs, 60, 85, 191, 193, 221, 267, 283, 299, 313, 314, 322, 325, 329
AutoNation Inc. (revendedora de carros), 223
Autopilot (software de assistência ao motorista e sistema de direção semiautônoma), 246, 262, 291, 296, 297, 300, 301-303, 393
    demonstrações de Musk do, 301-302
    envolvimento do motorista e, 301-302

investigação da nhtsa (Administração Nacional de Segurança de Tráfego Rodoviário dos Estados Unidos), 296, 303
  no acidente da Flórida, 292, 293, 296, 301
Avalos, Rik, 176, 202, 206

Baglino, Drew, 379
Baldwin-United, 258
Balzary, Michael (Flea), 117
Bancos, Azealia, 117
Barclays, 384
Barnard, Hayes, 250
Barnes & Noble, 34
Barron's (*revista financeira*), 257
Baterias, 24, 25
  corridas de arrancada e, 28
  de chumbo-ácido, 28
  no carro elétrico ev1 da gm, 33
Baterias de íons de lítio, ver baterias, íons de lítio
Begley, Ed, Jr, 73
Bentley, 62
Berdichevsky, Gene, 24, 51, 54, 69, 79, 107
Berkshire Hathaway, 118
Bernas, Greg, 118
Bezos, Jeff, 390
Blankenship, George, 167-173, 202, 204--205, 243, 244, 250, 312
Bloomberg Businessweek (revista de negócios), 371
Bloomberg News, 244, 398
Bloomberg, 262, 336
BMW, 10, 12, 14, 34, 39, 99, 127, 137, 139, 154, 166, 178, 223, 238, 242, 262, 280, 283
BorgWarner, 111, 112, 121
Boring Co., 371n
Boucher, Claire (Grimes), 332, 333, 361
Breyer, Charles, 313n
Bridgman, Colette, 53, 69, 73
Brin, Sergey, 42, 89, 122, 156
Brown, Joshua, no acidente do Model s, 291
Brown, Mary Beth, 168
Buffett, Warren, 118
Bush, George W., 124, 142, 143
Business Insider (*site de notícias*), 327
Buss, Brad, 342
BuzzFeed, 347-348

Calacanis, Jason, 122
Caminhões, elétricos, 284-285, 299
  Chevrolet Bolt, 310
  créditos fiscais para compra,127, 143, 277, 364, 365
  custo de, 239, 241, 257
  Cybertruck (*picape*), 392
  Ford, 37-38
  gm, 373
  gm ev1, 28, 35-36, 47, 50, 106, 136, 213
  híbridos, *ver* carros elétricos híbridos <sn>
  lucratividade dos, 40, 375
  o trabalho inicial de Straubel com, 23-32,52
  peso de, 35,36, 40-41
  preço dos, 37-38
  programa da Apple para, 273, 390-391
  promoção da China de, 242
  Tesla, *ver* modelos específicos <sn>
  Tzero, 28, 36-37, 40-42, 50, 73, 113, 147, 165, 280
  usuários de primeira hora, 39, 86, 163, 219, 364
  Volkswagen e, 37, 373
Camry, 11, 109, 137, 280
Capitalistas de risco (VCs), 30, 42, 60
Car2Go (*empresa de compartilhamento de carros*), 243
Carros autônomos, 269
  ver também Autopilot
Carros elétricos, 9, 14-17, 25, 28, 32, 35, 38, 44, 48, 58, 65, 73, 82, 100, 133, 143, 147, 163, 170, 181, 199, 225, 231, 235, 239, 243, 255, 262, 318, 329, 345, 373, 391
  baterias para; *ver* baterias, carregamento de baterias de íons de lítio
Carros elétricos híbridos, 26, 98, 100
Chevrolet Volt, 97, 175, 212, 215, 239, 373
  Toyota Prius, 39, 166
Casner, Stephen, 35, 36, 69, 116
CATL (*Contemporary Amerex Technology Co., fabricante chinesa de baterias*), 379
Centro Espacial Kennedy, 303
Chain, Philippe, 194
Chanos, Jim, 257-260, 262, 295-296, 327, 334, 393
Chevrolet, 218, 222
  Bolt, 310
  Volt, 97, 175, 212, 215, 239, 373

China, 105, 117
 Gigafábrica da Tesla na, 372, 373, 376-381, 382, 385, 386
 GM e, 245,372
 montadoras na, 217
 montadoras ocidentais e a, 245-246
 pandemia de Covid-19 na, 382, 385
 produção do Modelo 3 da Tesla na, 335, 369-372, 376-380, 382, 385, 386
 promoção de carros elétricos na, 242-243
 vendas da Tesla na, 244-245
 vendas de automóveis na, 367-368, 370
 vendas do Modelo 3 da Tesla na, 364, 366, 367, 380
Chrysler, 15, 96, 99-100, 109, 118, 124, 133, 142
Cisco, 34
Clifford Eletronics, 102
Clooney, George, 75, 215
Clube de Imprensa, 200
Clube de Proprietários Tesla da Noruega, 248
CNBC, 161, 259, 261, 295
CNN, 59, 327
Cocconi, Alan, 28, 29, 36-37, 49
 cofundador da Tesla Motors, 139
Colbert Report, The, 158
Combustíveis fósseis, 15, 23, 38, 41, 75, 225
 ver também petróleo
Comissão de Valores Mobiliários (SEC), 155, 207, 297, 351
 Mark Cuban e, 360
 investigação e acordo da Tesla, 207, 297, 340
Compaq Computer Corp., 26, 27
Concessionárias franqueadas, 62-66, 132, 142, 171-172, 216, 218, 220-226, 229, 246-248
Confinity Inc., 60
Congestionamento de trânsito, 371
 conselho diretivo da Tesla e, 102-103
Conselho Nacional de Segurança de Transporte, 54
Constituição dos Estados Unidos, 374
Consumer Reports, 208
Contemporary Amerex Technology Co. (*catl, fabricante chinesa de baterias*), 379
Cook, Tim, 273, 338
Corridas de arrancada, 27
Covid-19, pandemia, 382, 385, 389

Crise financeira e Grande Recessão, 124, 212, 384
Cruise (*startup*), 299
Cuban, Mark, 360
Cybertruck (*picape*), 392

Daimler AG, 132, 243
 carros Smart, 144, 181
 DaimlerChrysler, 87, 99
 Divisão mbtech da, 138
 Jerome Guillen na, 243
 Mercedes-Benz, 10, 27, 126, 132, 139, 153, 216, 217, 282
 Tesla e, 140, 145-146, 157, 185, 240-24
Dallas Mavericks, 360
Dees, Dan, 305
Dell, 342, 370
Dell, Michael, 306, 342, 370
Denholm, Robyn, 295, 342, 364
Departamento de Energia (DOE), 132, 142, 155, 199
 empréstimos para a Tesla, 142-143,145, 199, 210, 253
Departamento de Justiça dos Estados Unidos, 313, 320
Depp, Johnny, 272
Desperate Housewives (*série de TV*), 300
Detroit Free Press, 110n, 397
DiCaprio, Leonardo, 252
Diess, Herbert, 373
Doerr, John, 67, 67n
Donner, Richard, 73
Donoughe, Mike, 109, 133, 138
Downey, Robert Jr., 18
Drori, Ze'ev, 102, 104
Durban, Egon, 342

eBay, 29, 46
 mercado automotivo do, 65
Eberhard, Martin, 33, 48, 60, 68, 85, 94, 101, 109, 116, 122, 125, 143, 146, 165, 184, 312, 391
 cofundador da Tesla Motors, 139
 como o rosto da marca Tesla, 75, 76
 conselho diretivo da Tesla e, 102-103
 experiência de compra de automóveis e, 62
 expulso da Tesla, 103-104, 116, 125, 146
 investidores da Tesla e, 66

Michael Marks e, 94
Musk e, 76, 125, 137, 145, 184, 188, 373-374
  na revelação do Roadster, 73-74
  o primeiro protótipo da Tesla e, 53, 54
  o Roadster de, 113, 148-149
  perigos da bateria e, 54-55
  plano de negócios da Tesla de, 61, 62
  preços do Roadster e, 71
  processo judicial de, 141-142
  substituído como ceo da Tesla, 143
eBooks (livros eletrônicos), 34
Edmunds.com, 218, 376n
Edson, Zak, 163
Eficiência de combustível, 34
Eisner, Michael, 73
Ellison, Larry, 125, 305, 340, 342, 364
Emissões, 34, 300, 366, 392-393
  regras da União Europeia sobre, 366-367
  zero, 17n, 28, 60, 75, 143, 206
Enron Corp., 257
Ensign, Josh, 270, 288
Epstein, Jeffrey, 343
Esquire, 204n, 215.
Estações Supercharger (supercarregadoras), 231, 245, 284
Estações Tesla", 254
Estrin, Judy, 42
Europa
  Noruega, 242, 248, 251, 380
  pandemia de Covid-19 e, 385
  regras sobre emissões na, 366-367
  vendas do Tesla Modelo 3 na, 364, 380
EV1, 28, 33-46, 47, 50, 97, 106, 173, 213
Evanson, Jeff, 297, 298
Evercore, 296
  experiência de compra de automóveis e, 62
  expulso da Tesla, 103-104, 116, 125, 146

Fábrica da Tesla em Fremont, 264, 308
  as instalações pertenciam anteriormente à GM-Toyota, 153, 267
  pandemia de Covid-19 e a, 382
  passeio de Musk com jornalistas na, 331
  passeio de Musk pelas dependências da fábrica, 321-323

postagem de Moran sobre a vida na, 186
problemas na, 322
robôs e automação na, 191, sindicalização na, 264-266
Fábrica da Tesla em Sparks, *ver* Gigafábrica, Sparks, Nevada
Fábrica de Fremont, *ver* fábrica da Tesla em Fremont
Facebook, 43, 156, 250, 316-318
Falcon (foguete), 178
Fast Company, 250
FedEx, 54
Ferber, Rob, 49
Ferrari, 15
Fiat, 276, 366
Fidelity, 340, 345
Field, Doug, 238, 278, 285, 309, 310, 312, 339, 352, 377, 384, 391
Financial Times, 339
Fisker Automotiva, 198-199
  Karma, 208
Fisker Coachbuild, 98, 100
Fisker, Henrik, 98-100, 186, 374
Flea (Michael Balzary), 117
Flextronics, 93, 94, 95
Flywheel (volante), 27
Forbes, 189, 252
Ford Motor Company, 10, 12, 15, 38, 48, 56, 63, 87, 109, 118, 135, 150, 168, 208, 238, 383
  aquisição da Jaguar, 134-135
  carro elétrico da, 37
  concessionárias e, 64
  corrida de vendas com a GM, 63
  Deepak Ahuja na, 109, 140, 150-151
  e crise financeira de 2008, 117-118
  finanças da, 15
  Hau Thai-Tang na, 88
  Modelo T, 10, 38, 63
  valor de mercado da Tesla ultrapassa, 334
Ford, Henry, 27, 37, 63, 237
Fortune, 257, 296
Fossi, Lawrence, 252-253, 255, 258, 263
  textos do "Cético de Montana", 263, 310, 337
Fox News, 327
Francis, Joe, 75
Fundo de riqueza soberana da Arábia Saudita, 306

Tesla e, 339
Fundos mútuos, 345

Gage, Tom, 36, 49
Galileu Galilei, 263
Gap, 167
Gates, Bill, 223
General Motors (GM), 10, 15, 24, 28, 38, 47, 87, 95, 97, 118, 124, 132, 142, 151, 196, 198, 214-216, 218-219, 245, 264-265, 299, 303, 334, 338, 383
    aquisição da Cruise, 299-300
    Chevrolet Bolt, 310, 373
    Chevrolet Volt, 97, 101, 171, 212, 215, 239, 373
    Chevrolet, 65, 222
    China e, 372-373
    corrida de vendas com a Ford, 64
    crise financeira e reestruturação da, 153
    Dan Akerson na, 212-216
    EV1, 28, 33-46, 47, 50, 97, 106, 173, 213
    fábrica de Fremont operada com a Toyota (nummi), 190-191, 265-266, 275, 310-311
    finanças e avaliação da, 15-16
    pesquisa e desenvolvimento, 214, 222
    Pontiac Solstice, 96
    publicidade e promoções da, 221
    Roadster da Tesla, 96
    tecnologia de telefonia celular e, 214
    Toyota e, 97
    valor de mercado da Tesla ultrapassa o da, 304
Gifford, Baillie, 336
Gigafábrica, Austin, Texas, 390
Gigafábrica, Sparks, Nevada, 239-240, 312, 313, 339, 375
    desenvolvimento da, 237-241, 280-281, 315-316
    festa no telhado da, 315
    ideia para. 233-234
    número de trabalhadores na, 329
    Panasonic e, 294, 312, 314
    problemas na, 327-328
    resíduos na, 328
    robôs na, 328
    tamanho da, 378-379
Gigafábrica, Xangai, 372, 387, 377-381, 382, 385, 386, 390

Girsky, Steve, 159, 259
Gizmodo, 311, 336
Glover, Juleanna, 344, 347-348
Goldberg, Mark, 155
Goldman Sachs, 83, 155, 161, 258, 260, 305
Google, 23, 42, 66, 89, 156, 159, 176, 211, 293, 301
    Musk cogita vender a Tesla para a, 211
Gore, Al, 122
Gracias, Antonio, 63, 82, 101, 147, 164, 207, 250, 294, 336, 351, 361
Grande Depressão, 63, 119
Grande Depressão, 63, 119
Grande Recessão, 124, 212, 384
Grimes (Claire Boucher), 332, 333, 344, 361
Grupo de private equity Silver, 342, 344n
Grupo Rover, 134
Guarda Nacional do Exército, 358
Guillen, Jerome, 193, 201, 243, 285, 317, 355, 376

Hackett, Jim, 383
Handelsblatt, 274
Heard, Amber, 221, 272, 304, 315, 333
Hearst, 30
Homem de Ferro 2, 155
Homem de Ferro, 18, 304
Honda, 70,
Hunter, Cayle, 352

IDEO (empresa de design), 51, 57, 71
Índia, 306
"Índice Q", 304
Indústria automotiva, 10, 14, 15, 18, 67, 69, 113, 127, 132, 134, 136, 150-151
    avaliações de empresas na, 17
    carros elétricos, *ver* carros elétricos (sn)
    concessionárias franqueadas e, 44, 62, 63-66, 172, 216, 218, 221-223, 225, 239, 246, 248
    conversão de modelos e, 248
    e crise financeira de 2008, 120, 122, 124, 131-132, 142-143, 151, 266
    governo Obama e, 132
    indústria automotiva, 10, 14, 15, 18, 67, 69, 113, 127, 132, 134, 136, 150-151
    investidores e, 42-43

ÍNDICE REMISSIVO   **423**

lucros na, 15, 27
Ocidente e China, 244-245
tempo de produção na, 11
ver também indústria automotiva de Detroit

Indústria automotiva de Detroit, 14, 37, 95, 103-104, 112, 122, 159, 176, 208
executivos e engenheiros da, e da Tesla, 66, 67, 87, 99, 136, 137, 178
ver também indústria automotiva; Chrysler; Ford Motor Company; General Motors

Internet, 29-31

J. D. Power, 266, 276, 277
J. P. Morgan, 296
Jackson, Lisa, 156
Jackson, Shen, 289
Jaguar, 134
Jalopnik, 125
Japão, 101, 105-106, 179, 239, 241, 282
Jobs, Steve, 167, 170, 238, 274
Joe Rogan Experience, The, 348
Johnson, Brian, 384
Jonas, Adam, 159-160, 303, 314, 367, 383, 387
Jurvetson, Steve, 196

Kalanick, Travis, 336
Karma, 199
Kassekert, Kevin, 312, 378
Kelley, Bill, 111
Kelley, Brian, 66
Kelty, Kurt, 105, 179, 232, 233, 312, 378
Kim, Dan, 352, 357, 363
Kleiner Perkins (*KP, empresa de capital de risco*), 66-67, 101
Knight Ridder, 66
Kohler, Herbert, 144
Kynikos Associates, 258

Lamborghini, 34
Lane, Ray, 66
LeBeau, Phil, 161, 289
Lee, Bill, 122
Lehman Brothers, 117
Leno, Jay, 117
Letterman, David, 143
Lexus, 39, 153, 178, 191, 208, 376n

LG Chem, 52, 54, 373, 379
Livros digitais, 40
Lloyd, Ron, 86, 98
Loomis, Carol, 296
Lopez, Linette, 327
Lotus (*fabricante de carros esportivos do Reino Unido*), 40, 44, 45, 49-50, 54, 62, 66, 77, 79, 91, 100n, 111, 113, 135-136, 164-165
Elise, 40, 45, 50-51, 53, 78, 100n, 111, 135, 183
Roadster da Tesla e, 75, 76, 120, 175
Lucid Motors, 390
Lutz, Bob, 96
Lyft, 320, 358
Lyons, Dave, 51, 71, 91, 104

Ma, Jack, 379
Mac, Ryan, 347
Machete mata, 220
Madeira, Simon, 79
Magna (*fornecedora de peças*), 111
Mardel, Joe, 281
Marks, Michael, 93, 94, 148
Maron, Todd, 142, 262, 336, 364
Marte, 43, 178, 303, 391
Marver, Jim, 76, 79, 121
Mazda, 9, 52, 96, 104, 151
McDonnell-Douglas, 258
McLaren Racing, 281
McLean, Bethany, 257
McNeill, Jon, 285, 288, 301, 315, 352
Medium, 311
Mercedes-Benz, 10, 27, 127, 132, 139, 153, 216, 217, 282
Método do estabelecimento dos primeiros princípios", 177
MG Capital, 83-85
Michael Marks e, 94
Milken, Michael, 258
Mobileye (*fornecedor de peças*), 301
Modelo 3 (Tesla), 9, 10, 12, 13, 16, 117, 209, 210, 226, 231, 232, 236, 238, 245, 249, 251, 276, 279, 280, 282-290, 292, 304, 305, 309-312, 314, 317, 320-322, 324, 326-328, 332, 338, 344, 350, 354-356
agendamento de entregas aos clientes, 350-364, 366, 379-380
análise de Lawrence Fossi do, 263
coletas de clientes de, 355-356

comparação com o Modelo s, 352
créditos fiscais e, 364-365
cronograma de produção acelerado, 11, 287, 290
custos da bateria para o, 375
entregas em domicílio do, 363
envolvimento de Musk, 365
especificações do, 317, 318
melhorias na eficiência do, 280-281
pedidos de clientes, 9-10, 293-294, 353-354, 362-363perfil do comprador do, 362
planos de melhorias da fábrica para o, 280
preço do, 353
primeiros trinta unidades produzidas, 308, 310
produção do, 308, 318, 329
produção na China, 334-335, 369-373, 376, 382, 383
rentabilidade do, 353-354, 378
revelação do, 9, 12, 285, 287, 292
sistema de ventilação, 281
vendas do, 375-378, 380
vendas europeias do, 366, 380
vendas na China, 363-366, 380
Modelo S (Tesla), 66, 86, 87, 97-100,109, 110, 113,114,117, 118, 120, 122,125-127, 132, 133, 137-138, 142, 143-144, 152, 159-161, 166, 174, 178, 180, 182301, 384, 390, 392, 393
    aceleração de, 317-318
    Akerson e o, 212-213
    altura do, 186
    aparência do, 87
    avaliação da *Consumer Reports,* 208
    características da suspensão do, 178
    clientes chineses e, 245-246
    clubes de proprietários e, 248
    comparação com o Modelo 3, 117
    custos de produção do, 132
    demanda pelo, 235
    Departamento de Energia e, 132, 143
    desenvolvimento do, 136, 174, 179
    entregas de, 350-359, 365-366, 380equipe de Detroit e o, 87, 88, 98equipe do, 174-177,
    estrutura de alumínio do, 177
    fábrica para o, 152-153, 184-185, 190-198,231-232

festa de revelação do, 125-126Fisker Coachbuild e, 98, 100
incidentes de incêndios com, 214
interesse da Daimler, 99-100
ipo (oferta pública inicial de ações) e, 43
lacunas no painel, 197
lançamento da nova versão, 169
maquete de argila do, 122
orçamento, financiamento e custo do, 87-88, 94-95
pacote de baterias no, 213-214, 217, 232-233, 254
passeios de teste do, 218
pedidos cancelados, 124
plano de Musk para arrecadar dinheiro com os pedidos, 118-119
plataforma do veículo, 175, 183
preço do, 127, 132, 166, 216, 286-287
pré-encomendas do, 288
prêmio de "carro do ano" da revista *Motor Trend,* 203
problemas dos proprietários do, 249
produção do, 161, 164
promessas de desempenho do, 127
protótipo do, 113
sistema Autopilot envolvido em acidente do, 291-293, 296, 300
sistema Autopilot no, 201, 392-393
sistema de transmissão do, 126
testes de segurança do, 111
teto solar do, 185
trem de força do, 181
trocas de bateria, 254
vazamento de água, 197
vendas do, 166, 183, 204-205, 210, 217, 318, 352
Modelo T (Ford Motor Company), 10, 38, 63
Modelo X (Tesla), 183, 186, 187, 210, 231--232, 238, 242, 249, 263, 268, 276, 282-284, 288, 300-301, 384
    a apresentação de Musk do, 187
    bancos da segunda fileira, 268
    janelas do passageiro do, 274
    para-brisa dianteiro do, 268
    portas do, 183, 185, 187, 269
    produção do, 262, 267, 293, 309, 324
    reformulação do, 282-283,384

reunião dos desenvolvedores de automóveis e engenheiros de fábrica sobre o, 282
sistema de filtro de ar do, 281
Modelo Y (Tesla), 299, 324, 364, 383-386
Monolithic Memories *(empresa de semicondutores),* 102
Montadoras japonesas, 213
   ver também Toyota
Moran, Jose, 310
Morgan Stanley, 155, 159, 161, 260, 296, 303, 314, 367
Motor Trend, 117, 203, 208, 212, 309, 310
   mudança climática, 34, 68, 69, 85, 109
Mudança climática, 34, 97, 115-116, 142-143
Museu da História do Computador, 374
   Musk e, 76, 125, 137, 145, 184, 188, 373-374
Musk, Elon
   ação judicial de Eberhard contra, 147
   Alan Salzman e, 120-121
   apresentação de troca de baterias, 254
   ataque a Vernon Unsworth, 335
   Bill Wolters e, 220
   Blankenship e, 351-352
   casamento com Justine, 116
   cogita abrir o capital da Tesla, 339-346, 351, 359-360
   cogita vender a Tesla para a Google, 210-211
   compra de mansão, 305
   conselho diretivo da Tesla e, 319
   contrai malária, 60
   crescente influência na Tesla, 103-104
   cultura da Tesla e, 177
   demonstrações do sistema Autopilot, 246
   depósitos de clientes para compra do Modelo s, 118-119
   divórcio de Justine, 146
   Eberhard e, 33-36, 43, 52-53, 65, 67, 68-74, 76-79, 88, 90, 101, 103, 109, 184, 188, 373-374
   entrevista ao programa *60 minutes,* 364
   entrevista de Joe Rogan com, 348
   Epstein e, 343-344
   fama de, 344, 345
   festa na Gigafábrica e, 315
   filhos de, 46, 141, 143, 157n

finanças pessoais e empresariais entrelaçadas, 260
Gigafábrica de Xangai e, 372
Guillen e, 376
infância e primeiros anos de, 115
influência nos projetos de carros da Tesla,184
investigação da Comissão de Valores Mobiliários (sec) e acordo com investimento da Tesla,298-299, 340, 341n, 346, 348, 351, 359-361
Masayoshi Son e, 305, 306, 340
Modelo y, 385
na Universidade da Pensilvânia, 29-30, 59, 370
opinião sobre o sistema judiciário, 374
orçamentos e, 178, 279
pandemia de Covid-19 e, 382, 389
PayPal e, 29-30, 34, 46, 60, 84, 141, 147, 164, 260-261
"plano mestre secreto – parte dois", 299
"plano mestre secreto da Tesla Motors", 61, 74, 86, 261
problemas de sono de, 344
Rawlinson e, 131, 134, 185-186
rejeita a ideia de publicidade, 72
relacionamento com Amber Heard, 220-221
relacionamento com Boucher (Grimes), 332, 333
relacionamento com Talulah Riley, 117
remuneração como ceo, 319
resgate na caverna da Tailândia e, 334
reuniões do comitê executivo de, 185
reuniões informais com compradores do Roadster, 80
revelação do Modelo 3, 9, 10,12, 286
revelação do Modelo X, 269-270
riqueza de, 14
Robin Ren e, 30,369, 370
sobre os turnos da fábrica de Fremont. 322-323
Straubel e, 29, 42, 48, 49, 319, 374
Tim Cook e, 273, 338
torna-se CEO da Tesla, 118
Tripp e, 330
Trump e, 304
uso do Twitter, 12, 18, 159, 188, 221, 246, 257, 285, 303-304, 308, 322, 329,

331, 334-336, 339, 342, 344, 346, 347, 360, 364-365, 369, 388, 389
vende casas, 391-392
viagens de jato, 178
visita a investidores, 158-159
Musk, Justine, 77, 137-138
Musk, Kimbal, 156
na revelação do Roadster, 73-74

NASA, 152, 303-304
NASDAQ, 161, 339
Nasser, Jacques, 66
Nathan, Alisson, 374
Nesbit, Jeff, 347
New York (revista), 258
New York Post (tabloide), 252
New York Times, The, 30,73, 200, 343, 343
New Yorker (revista), 143
Newsom, Gavin, 386
Nissan Leaf, 239
Noble (*carro esportivo*), 44
Noguchi, Naoto, 180, 391
Norman, Bonnie, 166, 169, 196, 249, 286, 337, 341, 361
Noruega, 242, 248, 251, 380
NUMMI (New United Motor Manufacturing Inc.; fábrica GM-Toyota), 265, 266, 275, 310, 311
Nutter, Brian, 325
NuvoMedia Inc., 34
o primeiro protótipo da Tesla e, 53, 54
o Roadster de, 113, 148-149

O'Brien, Sarah, 331, 340
O'Connell, Diarmuid, 220, 222, 239, 249
Obama, Barack, 132, 142, 168, 198
OnStar (sinal de telefone veicular), 214
Oppenheimer, 296
Oracle, 66, 125, 305
Organização Mundial da Saúde (oms), 382
Ortiz, Richard, 264-268, 271, 277, 310, 311, 315-317
Osottanakorn, Narongsak, 335

Packet Design (incubadora), 42
Page, Larry, 42, 156, 211
Panasonic, 105-107, 179, 180, 232- 237, 239, 240, 259

China e, 378, 379
Gigafábrica e, 280, 294, 305
Yoshi Yamada na, 239, 286
Passin, Gilbert, 153, 191, 193, 196, 199, 201, 269
PayPal, 29
Musk e, 30, 34, 46, 60, 84, 141, 147, 164, 261
Pearson, Kate. 358, 362
perigos da bateria e, 54-55
Petróleo, 26, 27
fundo saudita e, 343
Pontiac Solstice, 96
Popple, Ryan, 91
Porsche, 16, 27, 34, 35, 47
Pratt, Travis, 315
preços do Roadster e, 71
Prêmio de "carro do ano na América do Norte", 175
Priestley, Dan, 284
Prius, 39, 52, 97, 166
processo judicial de, 141-142
Programa espacial, 31,

Quem Matou o Carro Elétrico? (*filme documentário*), 97
Questões ambientais, 39
mudança climática, 34, 68, 69, 85, 109

Rahr, Stewart, 252
RAV4 (*utilitário esportivo popular e compacto da Toyota*), 181, 182
Rawlinson, Peter, 131, 174, 190, 193, 207, 214, 238, 243, 268, 269, 279, 312, 390
RBC Capital Markets (*banco de investimentos*), 325
Reckhorn, Dag, 175, 191
Redwood Materials (*empresa de reciclagem de resíduos de baterias de carros elétricos*), 391
Reichow, Greg, 238, 270, 276, 282, 324
Ren, Robin, 30, 369, 370
Renault, 194
Reuters, 327, 336
Reuther, Walter, 265
Reyes, Ricardo, 175
Ricardo PLC, 112
Rice, Linda Johnson, 342
Riley, Talulah, 117, 161, 186, 188, 204n, 221, 272

Rive, Lyndon, 261Rive, Peter, 261, 300
Road & Track (revista), 135
Roadrunner *(programa)*
Roadster (Tesla), 28, 41, 44-45, 50, 53, 58, 61, 66, 69, 73, 75, 76, 80, 87, 88, 90, 96-97, 100, 103, 108, 114, 131, 195, 197, 207, 233, 250, 253, 261, 270, 274, 282, 286. 299
    ações da Tesla para clientes do, 305-306, 318, 352, 393
    Akio Toyoda e, 153
    aparência do, 73
    assentos do, 76
    carroceria do, 68-69
    compradores europeus do, 108
    custo de produção do, 110
    desenvolvimento do, 54, 56,
    edição de fundação", 318
    Lotus (*fabricante de carros esportivos do Reino Unido*), 80, 91
    no foguete da SpaceX, 318
    nova versão do, 317
    opções para, 124-125
    para Eberhard, 86, 92
    preço do, 73, 92-93, 124, 183
    pré-encomendas e depósitos para a compra do, 71, 72, 115, 163, 352
    primeiro carro de produção em série, 146
    produção do, 108, 111, 138
    protótipos do, 69, 77
    projeção de receitas do, 62
    reclamações de George Clooney sobre o, 215
    reuniões informais de Musk com clientes, 126
    revelação do, 70-72, 320
    test drives do, 73-74, 117, 165, 172-173
    transmissão do, 71, 79, 94, 95, 112-113
    trem de força do, 78-79, 180-181
    vendas do, 62, 65, 74, 125, 185
Robôs e automação, 191, 193, 196, 221, 293, 299, 312-314, 321, 329
Rocket eBook (leitor de livros eletrônicos), 34
Rodriguez, Robert, 220-221
Rogan, Joe, 348
Rolling Stone, 60, 315
Romney, Mitt, 198
Rosen Motors, 26-27, 108, 116
Rosen, Ben, 26
Rosen, Harold, 26, 29, 48
Rothman, Simon, 65

Sacks, David, 84
Salzman, Alan, 76, 120-123
Sampson, Nick, 188
San Jose Mercury News, 171
Sandberg, Sheryl, 250
Sanyo, 78, 106-107, 179-180
Saxton, Tom, 125
Schmidt, Eric, 89
Schwarzenegger, Arnold, 73
Scion, 50
Seeking Alpha (site de conteúdo para investidores), 263
Segway, 238
Sindicato dos Consumidores, 208
Siry, Darryl, 119
Sistemas de painéis solares, 294
Skilling, Jeffrey, 257
Skoll, Jeff, 73
Smart (marca de minicarros da Daimler), 132, 144, 145, 181
Smythe, Bill, 62
Snyder, Michael, 298
Sofer, Miki, 166
SoftBank, 305-307
SolarCity Corp., 75, 122, 142, 159, 196, 207, 250, 259, 260, 292, 294, 295, 297-298, 352, 367
    ações da, 259-261
    aquisição da Tesla, 293
    cultura da, 298
    finanças da, 262
    IPO da, 261
    Jim Chanos e a, 262
    painéis solares de telhado, 260
    SpaceX e a, 207, 287
Solyndra (*empresa de painéis solares do Vale do Silício chamada Solyndra*), 145, 198
Son, Masayoshi, 305, 340
Sony, 24
SpaceX, 9, 30, 31, 45, 49, 60, 69, 75, 108, 116-117, 122, 124, 126, 143, 292, 303-304, 392
    Falcon Heavy (foguete jumbo), 318
    sede da, 152
    SolarCity e a, 121, 207, 260
Sprint, 305

Startups, 34, 35
Sterling Collisions Centers Inc. (*rede de oficinas mecânicas*), 251
Stewart, James, 343
Straubel, Boryana, 237
Straubel, J. B., 23, 33, 42, 47, 66, 69, 86, 91, 94, 144, 148, 154, 179, 190, 231, 279, 280, 284, 287, 319, 325, 352, 364, 374, 391
    baterias e, 280, 294
    casamento de, 237
    coleção de motores de VE, 48
    como cofundador da Tesla, 189
    contratado pela Tesla, 234
    corridas de arrancada e, 27
    desenvolvimento da Gigafábrica, 237--238, 280, 284, 288, 294
    desenvolvimento do caminhão elétrico, 284
    infância de, 25
    Kurt Kelty e, 232
    Martin Tripp e, 60
    Musk e, 144
    o primeiro protótipo da Tesla e, 69
    primeiros experimentos com carros elétricos, 25
    protótipo do Modelo S, 125
    Rosen e, 26, 108, 376
    saída da Tesla, 49
    test drive do Roadster, 73-74
Suissa, Yanev, 144
Switzer, Jessica, 72

T. Rowe Price, 297
Tailândia, 101
    resgate na caverna, 334, 335
Tao, Grace, 371
Tarpenning, Marc, 34, 48, 94, 148, 384
    como cofundador da Tesla Motors, 75
    saída da Tesla, 104
Taubman Centers Inc., 366
Taubman, Robert, 366
Teller, Sam, 286, 335, 339
Telstra (*gigante australiana de telecomunicações*), 295
Tesla Motors Club, 170
Tesla, Inc.
    a crescente influência de Musk na, 103
    a palavra "Motors" sai do nome oficial da empresa, 303
    acidentes de trabalho na, 311
    Apple e, 54, 124
    aquisição da SolarCity, 75
    assembleia anual de acionistas, 374
    atraso nos pagamentos a fornecedores, 102, 199
    Autopilot, *ver* Autopilot
    avaliação de, 46, 67, 118, 208, 259, 296, 306, 310
    avaliação do J. D. Power, 266
    centros de entregas da, 352, 354
    Chrysler e, 96
    clientes como embaixadores da marca, 249
    concessionárias franqueadas, 132
    conselho diretivo da, 98, 104, 156
    contratação de Donoughe, 109
    contratação de funcionários, 243-244
    contratação de Straubel, 49
    cultura da, 176
    Cybertruck (*picape*), 392
    Daimler e, 139, 144
    demissões na, 118, 120
    descarta publicidade, 85
    desdobramento de ações da, 382
    dívida e possível falência da, 95, 101, 123
    divisão entre os caras dos carros e os caras da tecnologia, 279
    Eberhard como rosto da marca, 75
    Eberhard expulso da, 46
    Eberhard substituído como ceo da, 143
    em "modo furtivo", 71
    empréstimos do Departamento de Energia, 112
    engenheiros em acidente aéreo, 157
    Epstein e, 343-344
    estúdio de design da, 9, 182
    executivos e engenheiros de Detroit e a, 85, 136, 317
    fábrica da Tesla em Fremont, *ver* fábrica de Fremont (sN)
    fundo de riqueza soberana da Arábia Saudita, 306, 339
    Gigafábrica em Austin, Texas, 390
    Gigafábrica em Sparks, Nevada, *ver* Gigafábrica, Sparks, Nevada(284)
    Gigafábrica em Xangai, 372, 387, 377--381, 382, 385, 386, 390
    investidores em, 232, 239, 240, 255, 257, 259, 262, 267-268, 272-273, 288, 295-298,

300, 304, 313, 318, 320, 327, 330-331, 336-337, 339-345
investigação da SEC e acordo com a, 155, 207, 351
investigação do Departamento de Justiça dos Estados Unidos, 313
IPO da, 91, 152
Jim Chanos e, 258
liderança pós-Eberhard em, 96, 102
lojas e estratégia de vendas diretas da, 65
Marks como CEO interino da, 93
mercado da China e, 244
Modelo 3, *ver* Modelo 3
Modelo S, *ver* Modelo S
Modelo X, *ver* Modelo X
Modelo Y, 299, 324, 364, 383-386
Musk cogita abrir o capital da, 284, 360
Musk cogita vender a empresa para a Google, 211
Musk se autonomeia CEO da, 317-318
Noruega e, 109, 242, 248, 251, 380
o "plano mestre secreto – parte dois" de Musk, 399
o "plano mestre secreto da Tesla Motors" de Musk, 61, 74, 86, 261
o investimento de Musk na, 43
Panasonic e, *ver* Panasonic
pandemia de Covid-19, 382, 385, 389
Peng Zhou vaza informações financeiras da empresa, 120, 329
plano de negócios original de Eberhard, 57, 61
política e, 198
preço das ações da, 207, 297
primeiro trimestre lucrativo da, 212, 217, 256, 366
problemas de fluxo de caixa da, 102
produção de baterias, 232, 236, 329
remuneração de Musk como ceo da, 102
Roadster, *ver* Roadster
saída de Straubel, 49
serviço de entregas em domicílio de, 251
showrooms-galerias da, 173
sistema de ações perpétuas de classe dupla, 156
Tarpenning como cofundador da, 104
tecnologia de pacote de baterias, 181, 186, 214, 217, 232, 254

Tesla pede reembolso a fornecedores, 338
textos do "Cético de Montana" de Lawrence Fossi, 263, 310, 337
Toyota e, 10, 14, 39, 97, 109, 137, 153--154, 159, 166, 180-182, 185, 190-191, 193, 213, 231, 240-241, 264-267, 271, 280, 390
validação do trem de força em, 154, 181
valor de mercado ultrapassa Ford e GM, 304
VantagePoint (empresa de capital de risco), 67, 75-76
vazamento de informações e alegações de Tripp sobre a, 329, 334
vendas on-line da, 65, 352
vendedores a descoberto e, 355, 359, 361, 364, 367, 380, 393
Ze'ev Drori como CEO da, 102, 118
Tesla, Nikola, 39, 69
Texas, 153, 171-172, 220-228, 239, 248, 257--258, 357, 390, 392
Gigafábrica no, 390
Thai-Tang, Hau, 88
Think (*startup norueguesa de veículos elétricos*), 101
Times, The (jornal de Londres), 157
Toledano, Gabrielle, 316
Toyoda, Akio, 153, 180
Toyota, 10, 11, 14, 15, 39, 97, 137, 153, 154, 180-182, 190-191, 193, 213, 241, 264-266, 281, 390
Camry, 109, 280
fábrica de Fremont operada com a GM (NUMMI), 265
finanças da, 13
Lexus, 153, 178, 191
Prius, 39, 166
RAV4, 181, 182
Scion, 50
Tesla e a, 159, 181
Transmissão, 34, 45, 70
Tripp, Martin, 327, 334
Trump, Donald, 304, 372, 386
pandemia de Covid-19 e, 382, 389
Tse, Bernie, 46, 103, 390
Tsuga, Kazuhiro, 235, 379,
Twitter, 12, 18, 147, 159, 188, 221, 246, 257, 285, 303, 304, 308, 310, 322, 329, 331, 332, 333-339, 344, 347, 360, 364, 365, 369
Tzero, 28, 36, 37, 40-42, 49, 50, 73, 113, 147, 165

Uber, 336, 357, 358
United Auto Workers (*UAW, central sindical*), 265
Universal Studios, 300
Universidade da Pensilvânia, 370
Universidade Stanford, 23, 25, 29, 105, 147
Unsworth, Vernon, 385
Usuários de primeira hora, 163

Valleywag (blog), 119, 120, 147
Valor, 85, 164
VantagePoint Capital Partners (empresa de capital de risco), 67
Varadharajan, Satheesh, 242
Vendedores a descoberto, 380, 393
VentureBeat (site de tecnologia), 157
Volkswagen, 9, 10, 15, 37, 154, 245, 346, 373, 381, 383, 390, 392
    carros elétricos e, 37, 373
    finanças de, 15
    Fusca, 9
    operações na China, 246
Von Holzhausen, Franz, 9, 96, 109, 126, 131, 133-134, 182, 186, 268, 282-283, 358

Wagoner, Rick, 90, 95, 142,
Wall Street Journal, The, 109, 151, 152, 202, 216, 231, 257, 258, 259, 270, 276, 293, 299, 303, 313, 314, 325, 330, 339, 343, 345
Walmart, 358
Watkins, Tim, 83, 90, 101, 112, 164, 197, 205, 250, 321

Westworld (série de TV), 221
Wheeler, Jason, 287, 292
Whitford, Bradley, 73
Winkelman, Karen, 261
Winterkorn, Martin, 154
Wolters, Bill, 220
Wood, L. Lin
Wright, Ian, 148
Wu, Veronica, 244

X.com, 60, 84

Xi Jinping, 371
XtremeIO, 369

Yahoo!, 370
Yamada, Yoshi, 180, 236, 286, 378
Yen, Anna, 155
Ying Yong, 369
Yoler, Laurie, 42, 43, 46, 61, 77, 103, 146

Zeng, Robin, 379
Zetsche, Dieter, 243
Zhou, Peng, 120, 329
Zhu, Tom, 371
Zip2, 30, 59
Zuckerberg, Mark, 43, 156,

**Acreditamos
nos livros**

Este livro foi composto em Loos e Source Serif e impresso
pela Geográfica para a Editora Planeta do Brasil em maio de 2022.